高等学校土建类专业信息化系列教材

建筑工程资料管理

主　编　余　沛　杨阿兰　韩晓勇

副主编　张彦鸽　杨文民　张建伟

陈廷君　高素芹

西安电子科技大学出版社

内 容 简 介

本书根据《建筑工程资料管理规程》(JGJ/T 185—2021)、《建设工程文件归档规范》(GB/T 50328—2019)等系列规范、标准编写而成。全书共 6 章，主要内容包括：绪论，工程准备阶段资料编制与整理，工程监理资料编制与整理，施工资料编制与整理，竣工图、竣工验收及备案资料，建筑工程资料管理软件。

本书可作为高等学校土建类专业的教学用书，也可作为相关专业及从事相关工作人员的参考用书。

图书在版编目(CIP)数据

建筑工程资料管理 / 余沛，杨阿兰，韩晓勇主编. —西安：西安电子科技大学出版社，2023.3
(2025.6 重印)
ISBN 978-7-5606-6756-0

Ⅰ. ①建…　Ⅱ. ①余…　②杨…　③韩…　Ⅲ. ①建筑工程—技术档案—档案管理
Ⅳ. ①G275.3

中国国家版本馆 CIP 数据核字(2023)第 038209 号

策　　划　李鹏飞
责任编辑　李鹏飞
出版发行　西安电子科技大学出版社(西安市太白南路 2 号)
电　　话　(029)88202421　88201467　　　邮　　编　710071
网　　址　www.xduph.com　　　　　　　　电子邮箱　xdupfxb001@163.com
经　　销　新华书店
印刷单位　咸阳华盛印务有限责任公司
版　　次　2023 年 3 月第 1 版　2025 年 6 月第 2 次印刷
开　　本　787 毫米×1092 毫米　1/16　印 张　18.5
字　　数　438 千字
定　　价　49.00 元
ISBN 978-7-5606-6756-0
XDUP 7058001-2
如有印装问题可调换

前　　言

近年来，随着建筑行业的发展，建筑工程资料管理已成为建筑工程项目管理的重要工作任务之一。为适应当前高等教育"大力推行工学结合，突出实践能力培养，改革人才培养模式"的教学改革需要，我们根据多年的施工经验和教学工作实践，编写了本书。

本书根据《建筑工程资料管理规程》(JGJ/T 185—2021)、《建设工程文件归档规范》(GB/T 50328—2019)等系列规范、标准编写而成。在编写过程中，我们尽量将理论与实际相结合，做到通俗易懂。在编写形式上，我们采用了文字和表格结合的方式，做到系统介绍、重点突出，力求以点带面。

本书内容丰富，实践性强。每一章都包含专业知识目标、职业技能目标、相关知识、习题版块，其中还穿插有知识扩展，以扩大读者相关知识面，增加本书可读性。通过本书的学习，读者能够掌握建筑工程资料管理的基本知识，并能够运用这些知识，灵活地进行资料管理工作。

本书可作为高等学校土建类专业的教学用书，也可作为相关专业及从事相关工作人员的参考用书。

本书由余沛、杨阿兰、韩晓勇担任主编，张彦鸽、杨文民、张建伟、陈廷君、高素芹担任副主编。在编写过程中我们参考并借鉴了许多专家学者的研究成果，在此一并对他们表示衷心的感谢。

由于编者水平有限，书中难免存在疏漏和不妥之处，敬请广大读者批评指正。

编　者

2022 年 11 月

目　　录

第1章 绪 论

❯❯ 专业知识目标

1. 了解建筑工程资料的特征、建筑工程资料管理的意义、建筑工程资料的分类。
2. 理解建筑工程资料构成体系、建筑工程档案的验收与移交。
3. 掌握建筑工程资料的相关概念、参建各方对建筑工程资料的管理职责、立卷文件的要求、案卷的编目与装订、建筑工程资料验收条件和移交要求。

❯❯ 职业技能目标

1. 能及时收集建筑工程资料并科学分类。
2. 能按照建筑工程资料规范对建筑工程资料组卷。
3. 能按照当地档案馆标准装订建筑工程资料案卷。
4. 能用 CAD 或办公软件画出建筑工程资料案卷结构图。

❯❯ 相关知识

建筑工程资料员的工作内容主要是负责工程项目资料、图纸等档案的收集、管理等工作，参加分部分项工程的验收工作，负责计划、统计的管理工作，负责工程项目的内业管理工作，完成项目技术负责人交办的其他任务。建设单位、勘察单位、设计单位、施工单位、监理单位、分包单位都需要资料员，以完成本单位的工程质量资料的收集、整理工作。

1.1 建筑工程资料的基本知识

1.1.1 建筑工程资料的相关概念

建筑工程资料是工程建设从项目的提出、筹备、勘测、设计、施工到竣工投产等过程中形成的文件材料、图纸、图表、计算材料和声像材料等各种形式的信息总和，简称为工程资料。

建筑工程资料是建设工程合法身份与合格质量的证明文件，是工程竣工交付使用的必备文件，也是对工程进行检查、验收、维修、改建和扩建的原始依据。在我国，国家立法和验收标准都对工程资料提出了明确的要求，比如《中华人民共和国建筑法》《建设工程质量管理条例》(中华人民共和国国务院令第 279 号)等法律、法规，《建筑工程施工质量验收统一标准》(GB 50300—2013)、《建设工程文件归档规范》(GB/T 50328—2019)等标准，均把建筑工程资料放在重要的位置。

1．建筑工程

建筑工程是为新建、改建或扩建房屋建筑物和附属构筑物设施所进行的规划、勘察、设计和施工、竣工等各项技术工作和完成的工程实体，主要包含以下方面：

(1) 建设工程项目(construction project)：经批准按照一个总体设计进行施工，经济上实行统一核算，行政上具有独立组织形式，实行统一管理的工程基本建设单位。它由一个或若干个具有内在联系的工程所组成。

(2) 单位工程(single project)：具有独立的设计文件，竣工后可以独立发挥生产能力或工程效益的工程，是建设工程项目的组成部分。

(3) 分部工程(subproject)：单位工程中可以独立组织施工的工程。

2．建筑工程资料

建筑工程资料简称为工程资料或工程文件，是在工程建设全过程中形成并收集、汇编的资料或文件的统称，包括工程准备阶段资料、监理资料、施工资料、竣工图和竣工验收资料。

(1) 工程准备阶段资料是指建筑工程开工前，在立项、审批、征地、勘察、设计及工程招投标等工程准备阶段形成的资料。

(2) 监理资料是指监理单位在履行建设工程监理合同过程中形成或获取的，以一定形式记录、保存的文件资料。

(3) 施工资料是指施工单位在工程施工管理过程中形成的各种资料。

(4) 竣工图是指工程竣工验收后，真实反映建筑工程施工结果的图纸。各项新建、改建、扩建的工程均须编制竣工图。

(5) 竣工验收资料是指竣工验收申请资料、竣工决算资料、竣工交档资料、竣工总结资料等四类资料。

3．建筑工程档案

建筑工程档案是在工程建设活动中直接形成的具有保存价值的文字、图表、声像等各种形式的历史记录，这些记录经整理形成工程档案。

知识拓展

中华人民共和国住房和城乡建设部公告第 193 号，由住建部会同有关部门共同修订的《建筑工程施工质量验收统一标准》，经有关部门会审，批准为国家标准，编号为 GB 50300—2013，自 2014 年 6 月 1 日起施行。原《建筑工程施工质量验收统一标准》(GB 50300—2001)同时废止。本标准由我部标准定额研究所组织中国建筑工业出版社出版发行。

中华人民共和国住房和城乡建设部

2013 年 11 月 1 日

本规范涉及的专业术语如下：

(1) 建筑工程(building engineering)。通过对各类房屋建筑及其附属设施的建造和与其配套线路、管道、设备等的安装所形成的工程实体。

(2) 检验(inspection)。对被检验项目的特征、性能进行量测、检查、试验等，并将结果与标准规定的要求进行比较，以确定项目每项性能是否合格的活动。

(3) 进场检验(site inspection)。对进入施工现场的建筑材料、构配件、设备及器具，按相关标准的要求进行检验，并对其质量、规格及型号等是否符合要求作出确认的活动。

(4) 见证检验(evidential testing)。施工单位在工程监理单位或建设单位的见证下，按照有关规定从施工现场随机抽取试样，送至具备相应资质的检测机构进行检验的活动。

(5) 复验(repeat test)。建筑材料、设备等进入施工现场后，在外观质量检查和质量证明文件核查符合要求的基础上，按照有关规定从施工现场抽取试样送至试验室进行检验的活动。

(6) 检验批(inspection lot)。按相同的生产条件或按规定的方式汇总起来供抽样检验用的，由一定数量样本组成的检验体。

(7) 验收(acceptance)。建筑工程质量在施工单位自行检查合格的基础上，由工程质量验收责任方组织，工程建设相关单位参加，对检验批、分项、分部、单位工程及其隐蔽工程的质量进行抽样检验，对技术文件进行审核，并根据设计文件和相关标准以书面形式对工程质量是否达到合格作出确认。

(8) 主控项目(dominant item)。建筑工程中对安全、节能、环境保护和主要使用功能起决定性作用的检验项目。

(9) 一般项目(general item)。除主控项目以外的检验项目。

(10) 抽样方案(sampling scheme)。根据检验项目的特性所确定的抽样数量和方法。

(11) 计数检验(inspection by attributes)。通过确定抽样样本中不合格的个体数量，对样本总体质量做出判定的检验方法。

(12) 计量检验(inspection by variables)。以抽样样本的检测数据计算总体均值、特征值或推定值，并以此判断或评估总体质量的检验方法。

(13) 观感质量(quality of appearance)。通过观察和必要的测试所反映的工程外在质量和功能状态。

(14) 返修(repair)。对施工质量不符合标准规定的部位采取的整修等措施。

(15) 返工(rework)。对施工质量不符合标准规定的部位采取的更换、重新制作、重新施工等措施。

1.1.2　建筑工程资料的特征

1. 建筑工程资料与档案的载体形式

在建筑工程建设过程中，各种工程建设信息以不同的形式存在，主要有四种载体。

(1) 纸质载体：以纸张为基础的载体形式。

(2) 光盘载体：以光盘为基础，利用计算机技术对工程资料进行存储的载体形式。

(3) 缩微品载体：以胶片为基础，利用缩微技术对工程资料进行保存的载体形式。

(4) 磁性载体：以磁性记录材料(磁带、磁盘等)为基础，对工程资料的电子文件、声音、图像进行存储的方式。

根据工程资料和档案管理工作需要，工程资料主要采用纸质载体、光盘载体和磁性载体三种形式。工程档案则采用包括缩微品载体在内的上述四种形式。三种形式的工程资料都要在工程建设过程中形成、收集和整理。采用缩微品载体的工程档案，要在纸质载体档案经城建档案馆和有关部门验收合格的前提下，凭工程所在地城建档案馆发给的准可缩微证明书进行缩微制作。

2. 建筑工程资料的特征

建筑工程资料具有以下几个方面的特征：

(1) 真实性和全面性。真实性是对工程中所有资料、档案的共同要求，但对建筑工程的资料和档案来讲，这方面的要求更加重要。建筑工程资料和档案只有全面反映建筑工程的各类信息，形成一个完整的系统，才更有实用价值，只言片语地记录往往会起到误导作用。所以，建筑工程资料和档案必须真实地反映建筑工程的情况，包括发生的工程事故和存在的工程安全隐患。

(2) 分散性和复杂性。建筑工程项目周期长且影响因素多，生产工艺复杂，建筑材料种类多，建筑阶段性强且工序相互穿插，由此导致了建筑工程资料和档案的分散性和复杂性。这个特征决定了建筑工程资料和档案是多层次、多环节、相互关联的复杂系统。

(3) 继承性和时效性。随着建筑技术、施工工艺、新材料和施工企业管理水平的不断提高，建筑工程资料和档案可被继承和不断积累。新的项目在建筑中可以吸取以前的经验和教训，避免重犯以前的错误。同时，建筑工程资料和档案具有很强的时效性，其作用会随着时间的推移而衰减，有时，资料和档案一经形成就必须尽快报送当地城建档案馆进行预验收。

(4) 随机性。建筑工程资料和档案产生于项目建设的整个过程中，工程前期、工程开工、施工和竣工等各个阶段和环节都会产生各种资料和档案。虽然各类报批文件的产生具有规律性，但是还是有相当一部分资料和档案的产生是由具体工程事件引发的，因此具有随机性。

(5) 多专业性和综合性。建筑工程资料和档案依附于不同的专业对象而存在，又依赖于不同的载体而流动，涉及建筑、市政、公用、消防等各个专业，也涉及力学、电子、声学等多种学科，同时综合了质量、进度、造价、合同、组织、协调等方面的内容，因此，具有多专业性和综合性的特点。

1.2　建筑工程资料管理及质量要求

1.2.1　建筑工程资料管理

1. 建筑工程资料管理的目的及意义

建筑工程资料管理是对建筑工程资料形成过程中各个管理环节的统称，包括工程资料的填写、编制、审核、审批、收集、整理、验收、组卷和移交等环节的管理，简称工程资料管理。建筑工程作为一个工程实体，在建设过程中涉及规划单位、勘察单位、设计单位、施工单位和监理单位等各项技术工作，在不同阶段形成的工程资料或文件，经过规划院、勘察单位、设计单位、施工单位、监理单位等不同单位相关人员积累、收集、整理，形成了具有归档保存价值的工程档案。

建筑工程资料管理是保证工程质量与安全的重要环节，是建筑工程施工管理程序化、规范化和制度化的具体体现。因此，做好建筑工程资料管理工作具有重要意义，其意义主要有以下几点：

(1) 按照规范的要求积累而成的完整、真实、具体的工程技术资料，是工程竣工验收交付的必备条件。一个质量合格的工程必须要有一份内容齐全、原始技术资料完整、文字记载真实可靠的技术资料。对于优良工程的评定，更有赖于技术资料的完整无缺。

(2) 工程技术资料为工程的检查、维护、改造、扩建提供可靠的依据。

(3) 做好建筑工程资料和档案管理工作是项目管理工作的重要内容。

(4) 建筑工程资料和档案是建设单位对建筑工程管理的依据。

2. 建筑工程资料管理的依据

建筑工程资料要依据现行的国家法律法规，依据国家、行业标准进行规范管理，同时还要适应地方性法规和标准的要求。在我国，国家立法和验收标准都对工程资料提出了明确的要求，《中华人民共和国建筑法》《工程建设施工企业质量管理条例》《城市建设档案管理规定》等法律、法规，《建设工程监理规范》(GB/T 50319—2019)、《建筑工程施工质量验收统一标准》《建设工程文件归档规范》(GB/T 50328—2019)等国家标准，均把工程资料与档案管理放在重要位置。

近几年行业管理部门加大了政策指导力度，住房和城乡建设部在总结近年来我国建筑工程档案管理的实践经验，借鉴国际先进科研成果和标准规范的基础上，先后修改和发布了《房屋建筑和市政基础设施工程竣工验收备案管理办法》（中华人民共和国建设部令第78 号）、《建筑工程资料管理规程》(JGJ/T185—2021)等部门规章和行业标准，增加、更新了工程资料与档案管理的内容和方法。尤其是随着电子信息技术的发展，建设领域电子文件与电子档案大量产生并广泛应用，保证信息时代城乡建设活动的真实历史记录长期保存和随时利用，已成为各地建设部门，特别是城建档案管理部门、建设系统各业务管理部门以及工程建设、施工单位、勘察设计、监理单位所面临的一项重要任务，为此，原建设部于 2007 年将电子档案管理纳入了工程资料管理的范围，发布了《建设电子文件与电子档案管理规范》(CJJ/T 117—2007)，使得工程资料管理向着更加科学、更加规范的方向发展。

知识拓展

住房和城乡建设部关于发布国家标准《建设工程文件归档规范》局部修订的公告：现批准国家标准《建设工程文件归档规范》(GB/T 50328—2014)局部修订的条文，自 2020年 3 月 1 日起实施。经此次修订的原条文同时废止。

局部修订条文及具体内容在住房和城乡建设部门户网站(www.mohurd.gov.cn)公开，并将刊登在近期出版的《工程建设标准化》刊物上。

中华人民共和国住房和城乡建设部

2019 年 11 月 29 日

1.2.2 建筑工程资料管理的质量要求

1. 进行过程控制和同步整理

工程资料管理应建立岗位责任制，进行过程控制。工程资料具有分散性和复杂性等特点，建立不同参建单位的工程资料管理岗位责任制，针对资料形成过程进行控制管理，才能有效保证不同建设阶段形成的工程资料收集完整齐全。

工程资料应随工程进度同步收集、整理、组卷，并按规定移交。工程资料产生于建设工程的整个过程，部分文件资料的产生具有规律性，但相当多的文件资料是由具体工程事件引发的，存在很大的随机性；同时，工程建设周期长，资料管理跨度大，对工程资料管理的时效性要求也就非常高，只有随工程进度同步收集、整理、组卷，才能保证工程资料的真实性和有效性。

2. 保证资料真实有效和符合相关要求

(1) 工程资料应保证真实有效、完整齐全，严禁随意修改。全面性和真实性是工程资料的重要特征，工程资料只有全面反映项目的各类信息，真实反映工程情况，包括发生的事故和存在的隐患，才更有实用价值。工程资料的有效性主要是指资料是否经过责任单位及责任人员的签字及盖章确认，包括责任单位及人员要对材料的真实性承担责任。

(2) 工程资料应保证字迹清楚，图样清晰，图表整洁。工程资料签字必须使用档案规定用笔，字迹清晰，签字、盖章手续要齐全；计算机形成的工程资料应采用内容打印、手工签名的方式；所有竣工图均应加盖竣工图章。

(3) 工程资料应利于长期保存。采用耐久性强的书写材料，如碳素墨水、蓝黑墨水，不得使用易褪色的书写材料，如红色墨水、纯蓝墨水、圆珠笔、复写纸、铅笔等。工程资料用纸应采用能够长期保存的韧力大、耐久性强的纸张。图纸一般采用蓝晒图，竣工图应是新蓝图。计算机出图必须清晰，不得使用计算机出图的复印件。

(4) 工程资料的内容及其深度必须符合国家有关工程勘察、设计、施工、监理等方面的技术规范、标准和规程。

3. 原则上使用原件

工程资料应使用原件，当使用复印件时应保证工程资料的可追溯性。因各种原因不能使用原件时，应在复印件上加盖原件存放单位公章，注明原件存放处，并有经办人签字及时间。

4. 明确资料编者的责任主体

工程物资质量证明文件由采购单位负责，应保证其内容真实有效，完整齐全。需多方签认的资料应由主要责任单位负责，内容应真实有效，签字、盖章应齐全。

5. 进行档案预验收并办理移交手续

工程档案应按法律法规规定进行档案预验收并办理移交手续。备案机关发现建设单位在竣工验收过程中有违反国家有关建设工程质量管理规定行为的，应当在收讫竣工验收备案文件15日内，责令停止使用，重新组织竣工验收。

制作缩微品载体档案需要城建档案管理部门批准并取得准可缩微证明书，证明书包括案卷目录、验收签章、城建档案馆的档号、胶片代数、质量要求等，并将证书缩拍在胶片片头上。报送缩微品载体工程竣工档案的种类和数量，一般要求报送三代片：

(1) 第一代(母片)卷片一套，做长期保存使用。

(2) 第二代(拷贝片)卷片一套，做复制工作用。

(3) 第三代(拷贝片)卷片或者开窗卡片、封套片、平片，做提供日常利用(阅读或复原)使用。

向城建档案馆移交的缩微卷片、开窗卡片、封套片、平片，以及电子工程档案的封套、格式必须按城建档案馆的要求进行标注。

6. 逐步实行计算机管理

工程资料宜逐步实行计算机管理。宜采用配套软件形成、整理，并逐步过渡到以电子媒介为基础的存放形式。对于参与各类规范化施工管理及参加政府、社会评优的工程宜采用光盘、缩微品载体。

采用光盘载体的电子工程档案，首先需要城建档案馆和有关部门对纸质载体的工程档案进行验收；验收合格后，再对电子工程档案进行核查；核查无误后，才能进行电子工程档案的光盘刻制。

1.2.3 参建各方对工程资料的管理职责

1. 通用职责

(1) 工程的参建各方应该把工程资料的形成和积累纳入工程建设管理的各个环节和相关人员的职责范围。

(2) 工程档案资料应该实行分级管理，由建设单位、勘察单位、设计单位、监理单位、施工单位等主管(技术)负责人主持各自单位的工程资料管理的全过程工作。在工程建设过程中工程资料的收集、整理和审核工作应由熟悉业务的专业技术人员负责。

(3) 工程资料应随着工程进度同步收集、整理和立卷，并按照有关规定进行移交。

(4) 工程各参建单位应该确保各自资料的真实、准确、有效、完整、齐全，字迹清楚，无未了事项。所用表格应按相关规定统一格式，若有特殊要求需要增加表的格式，应按有关规定统一归类。

(5) 工程参建各方所提供的文件和资料，必须符合国家和地方的法律、法规，《建筑工程施工质量验收统一标准》《建设工程文件归档规范》(GB/T 50328—2019)及工程合同等相关要求与规定。

(6) 对工程的文件、资料进行涂改、伪造、随意抽撤或损毁、丢失的，应按有关规定予以处罚。情节严重的，还应依法追究法律责任。

2. 建设单位的职责

(1) 负责本单位工程档案资料的管理工作，并设专人进行收集、整理、立卷和归档工作。

(2) 在工程招标及与勘察单位、设计单位、施工单位、监理单位等签订协议、合同时，应明确竣工图的编制单位、工程档案的编制套数、编制费用及承担单位、工程档案的质量要求和移交时间等。

(3) 向勘察单位、设计单位、施工单位、监理单位等参建各方提供所需的工程资料，并保证所提供的资料真实、准确、齐全。

(4) 本单位自行采购的建筑材料、构配件和设备等，应该符合设计文件和合同的要求，并保证相关质量证明文件的完整、齐全、真实、有效。

(5) 监督和检查参建各方工程资料的形成、积累和立卷工作。也可委托监理单位或其他单位监督和检查参建各方工程资料的形成、积累和立卷工作。

(6) 对需本单位签字的工程资料应及时签署意见。

(7) 及时收集和汇总勘察、设计、监理和施工等参建各方立卷归档的工程资料。

(8) 组织竣工图的绘制、组卷工作，可自行完成，也可委托设计单位和监理单位、施工单位来完成。

(9) 工程开工前，与城建档案管理机构签订建设工程竣工档案责任书，工程竣工验收前，提请城建档案管理机构对列入城建档案管理机构接收范围的工程档案进行预验收。

(10) 在工程竣工验收 3 个月内，将一套符合规范、标准规定的工程档案原件，移交给城建档案管理机构，并与城建档案管理机构办理好移交手续。

3. 勘察、设计单位的职责

(1) 按照合同和规范的要求及时提供完整的勘察、设计文件。

(2) 对需要勘察、设计单位签字的工程资料应签署意见。

(3) 在工程竣工验收时，应据实签署本单位对工程质量检查验收的意见。

4. 监理单位的职责

(1) 应由熟悉业务的专业技术人员来负责监理资料的收集、整理、归档等方面的管理工作。

(2) 依据合同约定，在工程的勘察、设计阶段，对勘察、设计文件的形成、积累、立卷、归档工作进行监督和检查；在施工阶段，对施工资料的形成、积累、立卷、归档进行监督和检查，使施工资料符合有关规定，并确保其完整、齐全、准确、真实、可靠。

(3) 负责对施工单位报送的施工资料进行审查、签字。

(4) 对列入城建档案管理机构接收范围内的监理资料，应在工程竣工验收后，及时移交给建设单位。

5. 施工单位的职责

(1) 负责施工资料的管理工作，实行技术负责人负责制，逐级建立健全施工资料管理岗位责任制。

(2) 总包单位负责汇总各分包单位编制的施工资料，分包单位负责其分包范围内施工资料的收集、整理、汇总，并对所提供资料的真实性、完整性及有效性负责。

(3) 在工程竣工验收前，负责施工资料整理、汇总和立卷。

(4) 按照合同的要求和有关规定，负责编制施工资料，自行保存一套，其他几份及时移交建设单位。

6. 城建档案管理机构的职责

(1) 负责对工程档案的接收、收集、保管和利用等日常性的管理工作。

(2) 负责对工程档案的编制、整理、归档工作，对工程资料进行监督、检查、指导。

(3) 组织精通业务的专业技术人员，对国家和省、市重点工程项目建设过程中工程档案的编制、整理和归档等工作进行业务指导。

(4) 在工程开工前，与建设单位签订工程竣工档案责任书；在工程竣工验收前，对工程档案进行预验收，并出具工程竣工档案预验收意见。

(5) 在工程竣工后的 3 个月内，对工程档案进行正式验收。合格后，接收入馆，并发放工程项目竣工档案合格证。

知识拓展

《住房和城乡建设部关于修改部分部门规章的决定》已经 2019 年 2 月 15 日第 6 次部常务会议审议通过，现予发布，自发布之日起施行。将《城市建设档案管理规定》(建设部令第 61 号，根据建设部令第 90 号、住房和城乡建设部令第 9 号修改)第八条"列入城建档案馆档案接收范围的工程，建设单位在组织竣工验收前，应当提请城建档案管理机构对工程档案进行预验收。预验收合格后，由城建档案管理机构出具工程档案认可文件"修改为"列入城建档案馆档案接收范围的工程，城建档案管理机构按照建设工程竣工联合验收的规定对工程档案进行验收"。

1.3　资料员的基本要求、工作职责与内容

1.3.1　资料员的基本要求

资料员是建筑施工企业八大员(施工员、质量员、标准员、机械员、劳务员、安全员、材料员、资料员)之一。建设工程的质量一方面反映在建筑物的实体质量，即所谓硬件上；另一方面反映在该项工程的技术资料质量，即所谓软件上。工程资料的形成主要靠资料员的收集、整理、编制成册，因此资料员在施工过程中担负着十分重要的责任。

要做好资料员，除了要有认真、负责的工作态度外，还必须了解工程项目的工程概况，熟悉本工程的施工图、施工基础知识、施工技术规范、施工质量验收规范、建筑材料的技术性能、质量要求及使用方法，以及有关政策、法规和地方性法规、条文等，还要了解和掌握施工管理的全过程，此外还需具备以下基本条件：

(1) 具有中专以上学历，能够熟练操作计算机；

(2) 具有一年以上相关工作经验；

(3) 熟悉档案管理办法，熟悉计算机档案管理信息系统；

(4) 了解建筑企业承包方式、合同签订、施工预算、现场经济活动分析管理的基本知识；

(5) 好学上进、工作踏实认真、吃苦耐劳、有较好的沟通能力和团队协作精神；

(6) 了解设计、施工验收规范和安全生产的法律、法规、标准及规范；

(7) 熟练使用办公软件，了解国家、项目所在地各级政府有关档案管理的规定。

1.3.2　资料员的工作职责

资料员负责工程项目的资料档案管理、计划、统计管理及内业管理工作。

(1) 负责工程项目资料、图纸等档案的收集、管理。具体内容包括：

① 负责工程项目的所有图纸的接收、清点、登记、发放、归档、管理工作。在收到工程图纸并进行登记以后，按规定向有关单位和人员签发，由收件方签字确认。负责收存全部工程项目图纸，且每一项目应收存不少于两套正式图纸，其中至少一套图纸有设计单位图纸专用章。竣工图采用散装方式折叠，按资料目录的顺序，对建筑平面图、立面图、剖面图、建筑详图、结构施工图等建筑工程图纸进行分类管理。

② 收集整理施工过程中所有技术变更、洽商记录、会议纪要等资料并归档。负责对每日收到的管理文件、技术文件进行分类、登录、归档。负责项目文件资料的登记、分办、催办、签收、用印、传递、立卷、归档和销毁等工作。负责做好各类资料积累、整理、处理、保管和归档立卷等工作，注意保密的原则。来往文件资料收发应及时登记台账，视文件资料的内容和性质，准确及时递交项目经理批阅，并及时送往有关部门办理。确保设计变更、洽商的完整性，要求各方严格执行接收手续，所接收到的设计变更、洽商，须经各方签字确认，并加盖公章。设计变更(包括图纸会审纪要)原件存档。所收存的技术资料须为原件，无法取得原件的，应详细备注，并加盖公章。做好信息收集、汇编工作，确保管理目标的全面实现。

(2) 参加分部分项工程的验收工作。具体内容包括：

① 负责备案资料的填写、会签、整理、报送、归档。负责工程备案管理，对竣工验收相关指标(包括质量资料审查记录、单位工程综合验收记录)进行备案。对桩基工程、基础工程、主体工程、结构工程备案资料核查。严格遵守资料整编要求，符合分类方案、编码规则，资料份数应满足资料存档的需要。

② 监督检查施工单位施工资料的编制、管理，做到完整、及时，与工程进度同步。对施工单位形成的管理资料、技术资料、物资资料及验收资料，按施工顺序进行全程督查，保证施工资料的真实性、完整性、有效性。

③ 按时向建设单位档案室移交有关资料。在工程竣工后，负责将文件资料、工程资料立卷移交建设单位。文件材料移交与归档时，应有归档文件材料交接表，交接双方必须根据移交目录清点核对，履行签字手续。移交目录一式两份，双方各持一份。

④ 负责向市城建档案馆的档案移交工作。提请城建档案馆对列入城建档案馆接收范围的工程档案进行预验收，取得工程竣工档案预验收意见，在竣工验收后将工程档案移交城建档案馆。

⑤ 指导工程技术人员对施工技术资料(包括设备进场开箱资料)的保管。指导工程技术人员对施工组织设计及施工方案、技术交底记录、图纸会审记录、设计变更通知单、工程洽商记录等技术资料分类保管交资料室。指导工程技术人员对工作活动中形成的、经过办理完毕的、具有保存价值的文件材料，基建工程进行鉴定验收时归档的文件材料，已竣工验收的工程资料分级保管交资料室。

(3) 负责计划、统计的管理工作。具体内容包括：

① 负责对施工部位、产值完成情况的汇总、申报，按月编制施工统计报表。在平时

统计资料的基础上，编制整个项目当月进度统计报表和其他信息统计资料。编报的统计报表要按现场实际完成情况严格审查核对，不得多报、早报、重报、漏报。

② 负责与项目有关的各类合同的档案管理。负责对签订完成的合同进行收编归档，并开列编制目录。做好借阅登记，不得擅自抽取、复制、涂改，不得遗失，不得在案卷上随意画线、抽拆。

③ 负责向销售策划提供工程主要形象进度信息。向各专业工程师了解工程进度，随时关注工程进展情况，为销售策划提供准确、可靠的工程信息。

(4) 负责工程项目的内业管理工作。具体内容包括：

① 协助项目经理做好对外协调、接待工作。协助项目经理对内协调施工单位部门间、对外协调施工单位间的工作。做好与有关部门及外来人员的联络接待工作，树立企业形象。

② 负责工程项目的内业管理工作。汇总各种内业资料，及时准确统计，登记台账，报表按要求上报。通过实时跟踪、反馈监督、信息查询、经验积累等多种方式，保证汇总的内业资料反映施工过程中的各种状态和责任，能够真实地再现施工时的情况，从而找到施工过程中的问题所在。对产生的资料进行及时收集和整理，确保工程项目的顺利进行。有效地利用内业资料记录、参考、积累，更好地发挥它们的潜在作用。

③ 负责工程项目的后勤保障工作。负责做好文件收发、归档工作；负责部门成员考勤管理和日常行政管理等经费报销工作；负责对竣工工程档案整理、归档、保管，便于有关部门查阅调用；负责企业文件及有关表格等的打印工作；负责保管工程印章，对工程盖章登记，并留存备案。

(5) 完成工程部经理交办的其他任务。

1.3.3 资料员的工作内容

资料员的工作内容按不同阶段划分，可分为施工前期阶段、施工阶段、竣工验收阶段。

1. 施工前期阶段

(1) 熟悉建设项目的有关资料和施工图。

(2) 协助编制施工技术组织设计(施工技术方案)，并填写施工组织设计(方案)报审表给现场监理机构要求审批。

(3) 填报工程开工报审表，填写开工通知单。

(4) 协助编制各工种的技术交底材料。

(5) 协助制定各种规章制度。

2. 施工阶段

(1) 及时搜集整理进场的工程材料、构配件、成品、半成品和设备的质量保证资料(出厂质量证明书、生产许可证、准用证、交易证)，填报工程材料、构配件、设备报审表，由监理工程师审批。

(2) 与施工进度同步，做好隐蔽工程验收记录及检验批质量验收记录的报审工作。

(3) 及时整理施工试验记录和测试记录。

(4) 阶段性地协助整理施工日记。

3. 竣工验收阶段

(1) 建筑工程竣工资料的组卷。具体包括以下方面：

① 单位(子单位)工程质量验收资料。

② 单位(子单位)工程质量控制资料核查记录。

③ 单位(子单位)工程安全与功能检验资料核查及主要功能抽查资料。

④ 单位(子单位)工程施工技术管理资料。

(2) 归档资料。归档资料(提交当地城建档案馆)包括以下方面：

① 施工技术准备文件，包括图纸会审记录、控制网设置资料、工程定位测量资料、基槽开挖线测量资料。

② 工程图纸变更记录，包括设计会议会审记录、设计变更记录、工程洽谈记录等。

③ 地基处理记录，包括地基钎探记录、钎探平面布置点、验槽记录、地基处理记录、桩基施工记录、试桩记录等。

④ 施工材料预制构件质量证明文件及复试试验报告。

⑤ 施工试验记录，包括土壤试验记录、砂浆混凝土抗压强度试验报告、商品混凝土出厂合格证和复试报告、钢筋接头焊接报告等。

⑥ 施工记录，包括工程定位测量记录、沉降观测记录、现场施工预应力记录、工程竣工测量记录、新型建筑材料、施工新技术等。

⑦ 隐蔽工程检查记录，包括基础与主体结构钢筋工程、钢结构工程、防水工程、高程测量记录等。

⑧ 工程质量事故处理记录。

1.4　建筑工程资料的分类与组卷

1.4.1　建筑工程资料的分类

建筑工程资料是按照文件资料的来源、类别、形成的先后顺序及其收集和整理单位的不同来进行分类的。整体上把全部的建筑工程资料划分为四大类，即建设单位的文件资料、监理单位的文件资料、施工单位的文件资料、竣工图资料。其中，建设单位的文件资料又划分为立项文件、建设规划用地文件、勘察设计文件、工程招投标及合同文件、工程开工文件、商务文件、工程竣工验收及备案文件、其他工程文件 8 小类；监理单位的文件资料划分为监理管理资料、进度控制资料、质量控制资料、造价控制资料、合同管理资料、竣工验收资料 6 小类；施工单位的文件资料划分为施工管理资料、施工技术资料、进度造价资料、施工物资资料、施工记录、施工试验记录、施工质量验收记录、竣工验收资料 8 小类；竣工图资料划分为综合竣工图、室外专业竣工图、专业竣工图 3 小类。

1.4.2　建筑工程资料的编号

建筑工程资料的编号应填入相关表格右上角的编号栏。

通常情况下，资料编号应采用 7 位编号，由分部工程代号(2 位)、资料类别编号(2 位)

和顺序号(3 位)组成,每部分之间用横线隔开。编号形式如下:

$$\underline{\times\times} \ — \ \underline{\times\times} \ — \ \underline{\times\times\times} \text{(共 7 位编号)}$$
$$\quad (1) \quad\quad (2) \quad\quad (3)$$

(1) 为分部工程代号(共 2 位),应根据资料所属的分部工程,按表 1-1 规定的代号填写。

(2) 为资料类别编号(共 2 位),应根据资料所属类别填写。

(3) 为顺序号(共 3 位),应根据相同表格、相同检查项目、按时间自然形成的先后顺序号填写。

对于应单独组卷的子分部(分项)工程,资料编号应为 9 位编号,由分部工程代号(2 位)、子分部(分项)工程代号(2 位)、资料类别编号(2 位)和顺序号(3 位)组成,每部分之间用横线隔开。编号形式如下:

$$\underline{\times\times} \ — \ \underline{\times\times} \ — \ \underline{\times\times} \ — \ \underline{\times\times\times} \text{(共 9 位编号)}$$
$$\quad (1) \quad\quad (2) \quad\quad (3) \quad\quad (4)$$

(1) 为分部工程代号(共 2 位),应根据资料所属的分部工程,按表 1-1 规定的代号填写。

(2) 为子分部(分项)工程代号(共 2 位),应根据资料所属的子分部(分项)工程,按表 1-1 规定的代号填写。

(3) 为资料类别编号(共 2 位),应根据资料所属类别填写。

(4) 为顺序号(共 3 位),应根据相同表格、相同检查项目、按时间自然形成的先后顺序号填写。

表 1-1 分部工程代号

分部工程代号、名称	子分部工程代号、名称	分 项 工 程
地基与基础(01)	地基(01)	素土、灰土地基(01),砂和砂石地基(02),土工合成材料地基(03),粉煤灰地基(04),强夯地基(05),注浆地基(06),预压地基(07),砂石桩复合地基(08),高压旋喷注浆地基(09),水泥土搅拌桩地基(10),土和灰土挤密桩复合地基(11),水泥粉煤灰碎石桩地基(12),夯实水泥土桩地基(13)
地基与基础(01)	基础(02)	无筋扩展基础(01),钢筋混凝土扩展基础(02),筏形与箱形基础(03),钢结构基础(04),钢管混凝土结构基础(05),型钢混凝土结构基础(06),钢筋混凝土预制桩基础(07),泥浆护壁成孔灌注桩基础(08),干作业成孔桩基础(09),长螺旋钻孔压灌桩基础(10),沉管灌注桩基础(11),钢桩基础(12),锚杆静压桩基础(13),岩石锚杆基础(14),沉井与沉箱基础(15)
	基坑支护(03)	灌注桩排桩围护墙(01),板桩围护墙(02),咬合桩围护墙(03),型钢水泥土搅拌墙(04),土钉墙(05),地下连续墙(06),水泥土重力式挡墙(07),内支撑(08),锚杆(09),与主体结构相结合的基坑支护(10)
	地下水控制(04)	降水与排水(01),回灌(02)
	土方(05)	土方开挖(01),土方回填(02),场地平整(03)
	边坡(06)	喷锚支护(01),挡土墙(02),边坡开挖(03)
	地下防水(07)	主体结构防水(01),细部构造防水(02),特殊施工法防水(03),排水(04),注浆(05)

分部工程代号、名称	子分部工程代号、名称	分 项 工 程
主体结构(02)	混凝土结构(01)	模板(01)，钢筋(02)，混凝土(03)，预应力(04)，现浇结构(05)，装配式结构(06)
	砌体结构(02)	砖砌体(01)，混凝土小型空心砌块砌体(02)，石砌体(03)，配筋砌体(04)，填充墙砌体(05)
	钢结构(03)	钢结构焊接(01)，紧固件连接(02)，钢零件加工(03)，钢构件组装及预拼装(04)，单层钢结构安装(05)，多层及高层钢结构安装(06)，钢管结构安装(07)，预应力钢索和膜结构(08)，压型金属板(09)，防腐涂料涂装(10)，防火涂料涂装(11)
	钢管混凝土结构(04)	构件现场拼装(01)，构件安装(02)，钢管焊接(03)，构件连接(04)，钢管内钢筋骨架(05)，混凝土(06)
	型钢混凝土结构(05)	型钢焊接(01)，紧固件连接(02)，型钢与钢筋连接(03)，型钢构件组装及预拼装(04)，型钢安装(05)，模板(06)，混凝土(07)
	铝合金结构(06)	铝合金焊接(01)，紧固件连接(02)，铝合金零部件加工(03)，铝合金构件组装(04)，铝合金构件预拼装(05)，铝合金框架结构安装(06)，铝舍金空间网架结构安装(07)，铝合金面板(08)，铝合金幕墙结构安装(09)，防腐处理(10)
	木结构(07)	方木和原木结构(01)，胶合板结构(02)，轻型木结构(03)，木结构防护(04)
建筑装饰装修(03)	建筑地面(01)	基层铺设(01)，整体面层铺设(02)，板块面层铺设(03)，木、竹面层铺设(04)
	抹灰(02)	一般抹灰(01)，保温层薄抹灰(02)，装饰抹灰(03)，清水砌体勾缝(04)
	外墙防水(03)	外墙砂浆防水(01)，涂膜防水(02)，透气膜防水(03)
	门窗(04)	木门窗安装(01)，金属门窗安装(02)，塑料门窗安装(03)，特种门安装(04)，门窗玻璃安装(05)
	吊顶(05)	整体面层吊顶(01)，板块面层吊顶(02)，格栅吊顶(03)
	轻质隔墙(06)	板材隔墙(01)，骨架隔墙(02)，活动隔墙(03)，玻璃隔墙(04)
	饰面板(07)	石材安装(01)，阿瓷板安装(02)，木板安装(03)，金属板安装(04)，塑料板安装(05)
	饰面砖(08)	外墙饰面砖粘贴(01)，内墙饰面砖粘贴(02)
	幕墙(09)	玻璃幕墙安装(01)，金属幕墙安装(02)，石材幕墙安装(03)，陶板幕墙安装(04)
	涂饰(10)	水性涂料涂饰(01)，溶剂型涂料涂饰(02)，美术涂饰(03)
	裱糊与软包(11)	裱糊(01)，软包(02)
	细部(12)	橱柜制作与安装(01)，窗帘盒和窗台板制作与安装(02)，门窗套制作与安装(03)，护栏和扶手制作与安装(04)，花饰制作与安装(05)

续表二

分部工程代号、名称	子分部工程代号、名称	分 项 工 程
屋面(04)	基层与保护(01)	找坡层和找平层(01)，隔汽层(02)，保护层(03)
	保温与隔热(02)	板状材料保温层(01)，纤维材料保温层(02)，喷涂硬泡聚氨酯保温层(03)，现浇泡沫混凝土保温层(04)，种植隔热层(05)，架空隔热层(06)，蓄水隔热层(07)
	防水与密封(03)	卷材防水层(01)，涂膜防水层(02)，复合防水层(03)，接缝密封防水(04)
	瓦面与板面(04)	烧结瓦和混凝土瓦铺装(01)，沥青瓦铺装(02)，金属板铺装(03)，玻璃采光顶铺装(04)
	细部构造(05)	檐口(01)，檐沟和天沟(02)，女儿墙和山墙(03)，水落口(04)，变形缝(05)，伸出屋面管道(06)，屋面出入口(07)，反梁过水孔(08)，设施基座(09)，屋脊(10)，屋顶窗(11)
建筑给水排水及采暖(05)	室内给水系统(01)	给水管道及配件安装(01)，给水设备安装(02)，室内消火栓系统安装(03)，消防喷淋系统安装(04)，防腐(05)，绝热(06)，管道冲洗、消毒(07)，试验与调试(08)
	室内排水系统(02)	排水管道及配件安装(01)，雨水管道及配件安装(02)，防腐(03)，试验与调试(04)
	室内热水系统(03)	管道及配件安装(01)，辅助设备安装(02)，防腐(03)，绝热(04)，试验与调试(05)
	卫生器具(04)	卫生器具安装(01)，卫生器具给水配件安装(02)，卫生器具排水管道安装(03)，试验与调试(04)
	室内采暖系统(05)	管道及配件安装(01)，辅助设备安装(02)，散热器安装(03)，低温热水地板辐射供暖系统安装(04)，电加热供暖系统安装(05)，燃气红外辐射供暖系统安装(06)，热风供暖系统安装(07)，热计量及调控装置安装(08)，试验与调试(09)，防腐(10)，绝热(11)
	室外给水管网(06)	给水管道安装(01)，室外消火栓系统安装(02)，试验与调试(03)
	室外排水管网(07)	排水管道安装(01)，排水管沟与井池(02)，试验与调试(03)
	室外供热管网(08)	管道及配件安装(01)，系统水压试验(02)，土建结构(03)，防腐(04)，绝热(05)，试验与调试(06)
	建筑饮用水供应系统(09)	管道及配件安装(01)，水处理设备及控制设施安装(02)，防腐(03)，绝热(04)，试验与调试(05)
	建筑中水系统及雨水利用系统(10)	建筑中水系统(01)，雨水利用系统管道及配件安装(02)，水处理设备及控制设施安装(03)，防腐(04)，绝热(05)，试验与调试(06)
	游泳池及公共浴池水系统(11)	管道及配件系统安装(01)，水处理设备及控制设施安装(02)，防腐(03)，绝热(04)，试验与调试(05)
	水景喷泉系统(12)	管道系统及配件安装(01)，防腐(02)，绝热(03)，试验与调试(04)
	热源及辅助设备(13)	锅炉安装(01)，辅助设备及管道安装(02)，安全附件安装(03)，换热站安装(04)，防腐(05)，绝热(06)，试验与调试(07)
	监测与控制仪表(14)	检测仪器及仪表安装(01)，试验与调试(02)
通风与空调(08)	围护系统节能(01)	墙体节能(01)，幕墙节能(02)，通风与空调窗节能(03)，屋面节能(04)，地面节能(05)

1.4.3 建筑工程资料的组卷

1. 组卷的概念

组卷是指按照一定的原则和方法，将有保存价值的文件分门别类地整理成案卷，亦称立卷。

案卷是由互有联系的若干文件组合而成并放入卷夹、卷皮的档案保管单位，也是全宗内档案系统排列、编目和统计的基本单位。

2. 组卷的原则和方法

(1) 组卷应遵循工程文件的自然形成规律，保持卷内文件的有机联系，便于档案的保管和利用。

(2) 一个建设工程由多个单位工程组成时，工程文件应按单位工程组卷。

(3) 建筑工程文件的组卷可采用如下方法：

① 工程准备阶段文件可按建设程序、专业、形成单位等组卷。

② 监理文件可按单位工程、分部工程、专业、阶段等组卷。

③ 施工文件可按单位工程、分部工程、专业、阶段等组卷。

④ 竣工图可按单位工程、专业等组卷。

⑤ 竣工验收文件可按单位工程、专业等组卷。

(4) 组卷过程中要遵循以下要求：

① 案卷不宜过厚，一般不超过 40 mm。

② 案卷内不应有重份文件，不同载体的文件一般应分别组卷。

3. 卷内文件的排列

(1) 文字材料按事项、专业顺序排列。同一事项的请示和批复，同一文件的印本与定稿、主件与附件不能分开，并按批复在前、请示在后，印本在前、定稿在后，主件在前、附件在后的顺序排列。

(2) 图纸按专业排列，同专业图纸按图号顺序排列。

(3) 既有文字材料又有图纸的案卷，如果文字是针对整个工程或某个专业进行的说明或指示，则文字材料排前，图纸排后；如果文字是针对图纸或问题或局部的一般说明，则图纸排前，文字材料排后。

4. 案卷的编目

(1) 编制卷内文件页号的有关规定：

① 卷内文件均按有书写内容的页面编号。每卷单独编号，页号从"1"开始。

② 页号编写位置：单面书写的文件在右下角；双面书写的文件，正面在右下角，背面在左下角；折叠后的图纸一律在右下角。

③ 成套图纸或印刷成册的科技文件材料自成一卷的，原目录可代替卷内目录，不必重新编写页码。

④ 案卷封面、卷内目录、卷内备考表不编写页号。

(2) 卷内目录编制的有关规定：

① 卷内目录排列在卷内文件首页之前。

② 样式：宜符合当地档案馆的要求。

③ 序号：以一份文件为单位，按文件的排列顺序用阿拉伯数字从"1"开始依次标注。

④ 文件编号：填写工程文件原有的文号或图号。

⑤ 责任者：填写文件的直接形成单位和个人。有多个责任者时，选择两个主要责任者，其余用等代替。

⑥ 文件题名：填写文件标题或图名的全称。

⑦ 日期：填写文件形成的日期。

⑧ 页次：填写文件在卷内所排的起始页号。最后一份文件须填写起止页号。

⑨ 备注：填写需要说明的情况。

(3) 编制案卷备考表的有关规定：

① 案卷备考表排列在卷内文件的尾页之后。

② 样式：应符合当地档案馆的要求。

③ 页数：填写卷内文件材料的总页数、各类文件页数(照片张数)，以及组卷单位对案卷情况的说明。

④ 时间：填写完成组卷时间，年代编写为四位数。

(4) 编制案卷封面的有关规定：

① 样式：宜符合当地档案馆的要求，案卷封面印刷在卷盒、卷夹的正表面，也可采用内封面的形式。

② 档号：应由分类号、项目号和档案号组成，由档案保管单位填写。

③ 档案馆代号：应填写国家给定的本档案馆的编号，由档案馆填写。

④ 案卷题名：应简明准确地揭示卷内文件的内容，包括工程名称、专业名称等卷内文件的内容。

⑤ 编制单位：编制单位应填写案卷内文件的形成单位或主要责任者，即组卷单位。

⑥ 编制日期：编制日期应填写档案整编日期。

⑦ 保管期限：保管期限分为永久、长期、短期三种。永久是指工程档案需永久保存，长期是指工程档案的保存期限等于该工程的使用寿命，短期是指工程档案保存 20 年以下。同一案卷有不同保管期限的文件时，该案卷保管期限应从长。

⑧ 密级：分为绝密、机密、秘密三种。同一案卷内有不同密级的文件时，应以高密级为本卷密级。

(5) 制作要求：卷内目录、卷内备考表、案卷内封面应用 70 g 以上白色书写纸制作，幅面统一采用 A4 幅面。

5. 案卷的装订及装具

(1) 案卷的装订形式。案卷可采用装订和散装两种形式。文字材料必须装订，既有文字材料又有图纸的案卷应装订。采用线绳三孔左侧装订法，要整齐、牢固，便于保管和利用。装订时必须剔除金属物。

(2) 案卷的装具。案卷装具一般采用卷盒、卷夹两种形式。卷盒、卷夹应采用无酸纸制作。卷盒的外表尺寸为 310 mm × 220 mm，厚度分别为 20 mm、30 mm、40 mm 和 50 mm。

卷夹的外表尺寸为 310 mm × 220 mm，厚度一般为 20～30 mm。

(3) 案卷脊背。案卷脊背的内容包括档号和案卷题名，如图 1-1 所示。图中，尺寸单位为 mm，D = 20 mm、30 mm、40 mm、50 mm。

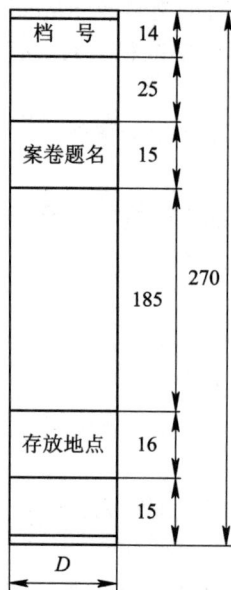

档　号	14
	25
案卷题名	15
	185
存放地点	16
	15
D	

（右侧标注：270）

图 1-1　案卷脊背

1.5　建筑工程资料的验收、移交与归档

1.5.1　建筑工程资料的验收

建筑工程竣工验收前，参建各方单位的主管(技术)负责人应对本单位形成的工程资料进行竣工审查；建设单位应按照国家验收规范规定和有关规定的要求，对参建各方汇总的资料进行验收，使其完整、准确。

列入城建档案馆(室)档案接收范围的工程，建设单位在组织工程竣工验收前，应提请城建档案管理机构对工程档案进行预验收。建设单位未取得城建档案管理机构出具的认可文件时，不得组织工程竣工验收。

验收主要包括以下内容：

(1) 工程资料是否齐全、系统、完整。

(2) 工程资料的内容是否真实、准确地反映了工程建设活动和工程实际状况。

(3) 工程资料是否已整理立卷，并符合相关标准的规定。

(4) 竣工图绘制方法、图式及规格等是否符合专业技术要求，图面是否整洁，是否加盖竣工图章等。

(5) 文件的形成、来源是否符合实际，单位或个人的签章、手续是否完备等。

(6) 文件材质、幅面、书写、绘图、用墨、托裱等是否符合要求。

知识拓展

托裱是我国传统的技艺，是行之有效的加固方法。一般可分单面托裱和双面托裱。单面托裱，就是在有文字的背面进行裱托。双面托裱，则适用于两面有文字的纸张。单面托裱和双面托裱的工艺基本相同，所不同的是使用的托纸要求不同。

托裱目前应用较为广泛，操作方法是：把需托裱的纸张用湿毛巾覆盖在上，或以清水喷湿，使之润湿，舒展平整。施以浆水，再把托纸盖在上面，用糊帚把它刷平。在上刷托纸时，左手拿着纸张另一头，时时将托纸和纸张书页轻轻掀松，并要与右手动作配合，既不能刷得太紧，又不能刷得太松，以不刷出夹皱为度。待全部刷好后，再翻转放到一张干纸上，用糊帚排刷，使之黏接牢固。托裱又分湿托和干托。其操作方法基本上相同，主要区别在于干托是把糨糊刷在托纸上，而湿托却是把糨糊刷在文件上。使用时应根据字迹的耐水程度来选择干托或湿托。

1.5.2 建筑工程资料的移交

建筑工程资料的移交按照以下方式进行：

(1) 施工、监理等工程参建单位应将工程资料按合同或协议在约定的时间按规定的套数移交给建设单位，并填写移交目录，双方签字、盖章后按规定办理移交手续。

(2) 列入城建档案馆接收范围的工程，建设单位在工程竣工验收后 3 个月内必须向城建档案馆移交一套符合规定的工程档案资料，并按规定办理移交手续。若推迟报送日期，应在规定报送时间内向城建档案馆申请延期报送，并说明延期报送的原因，经同意后方可办理延期报送手续。停建、缓建工程的档案，暂由建设单位保管。改建、扩建和维修工程，建设单位应当组织设计、施工单位根据实际情况修改、补充和完善原工程资料。对改变的部分，应当重新编制工程档案，并在工程验收后 3 个月内向城建档案馆移交。建设单位向城建档案馆移交工程档案时，应办理移交手续，填写移交目录，双方签字、盖章后交接。

1.5.3 建筑工程资料的归档

1. 归档

归档是指工程资料形成单位完成其工作任务后，将形成的工程资料整理组卷后，按规定移交档案馆及企业档案管理部门的工作。建筑工程资料的归档是指建筑工程资料形成单位完成其工作任务后，将形成的资料整理组卷，按规定移交档案管理机构。

归档包括两方面含义：一是建设、勘察、设计、施工、监理等单位将本单位在建筑工程建设过程中形成的资料向本单位档案管理机构移交；二是勘察、设计、施工、监理等单位将本单位在工程建设过程中形成的资料向建设单位档案管理机构移交。

归档应符合下列规定：

(1) 归档资料必须完整、准确、系统，能够反映建筑工程建设的全过程。归档的资料必须经过分类整理，并应组成符合要求的案卷。

(2) 根据工程建设的程序和特点，归档可以分阶段进行，也可以在单位或分部工程通过竣工验收后进行。一般规定勘察、设计单位应当在任务完成时，施工、监理单位应当在工程竣工验收前，将各自形成的有关工程档案向建设单位归档。

(3) 勘察、设计、施工单位在收齐工程文件并整理立卷后，建设单位、监理单位应根据城建管理机构的要求对档案文件的完整、准确、系统情况和案卷质量进行审查，审查合格后向建设单位移交。

(4) 工程档案一般不少于两套，一套由建设单位保管，一套(原件)移交当地城建档案馆。

(5) 勘察、设计、施工、监理等单位向建设单位移交档案时，应编制移交清单，双方签字、盖章后方可交接。

(6) 凡设计、施工及监理单位需要向本单位归档的文件，应按国家有关规定的要求单独组卷归档。

2. 建设单位办理工程竣工验收备案

建设单位办理工程竣工验收备案应当提交下列文件：

(1) 工程竣工验收备案表。

(2) 工程竣工验收报告。竣工验收报告应当包括工程报建日期，施工许可证号，施工图设计文件审查意见，勘察、设计、施工、工程监理等单位分别签署的质量合格文件及验收人员签署的竣工验收原始文件，市政基础设施的有关质量检测和功能性试验资料以及备案机关认为需要提供的有关资料。

(3) 法律、行政法规规定应当由规划、环保等部门出具的认可文件或者准许使用文件。

(4) 法律规定应当由公安消防部门出具的对大型的人员密集场所和其他特殊建设工程验收合格的证明文件。

(5) 施工单位签署的工程质量保修书。

(6) 法规、规章规定必须提供的其他文件。

3. 竣工图章

竣工图章的基本内容应包括 "竣工图"字样、施工单位、编制人、审核人、技术负责人、编制日期、监理单位、专业监理工程师、总监理工程师，如图1-2所示。

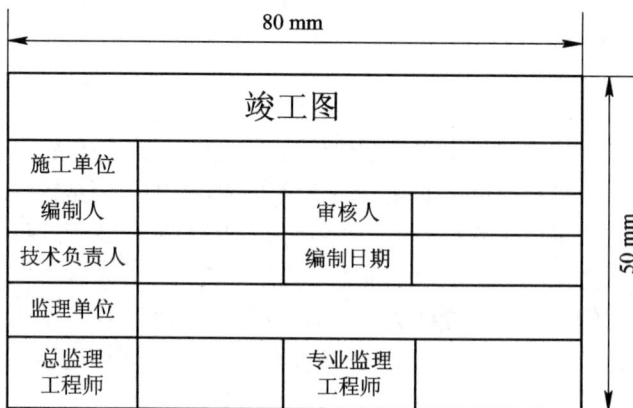

竣工图			
施工单位			
编制人		审核人	
技术负责人		编制日期	
监理单位			
总监理工程师		专业监理工程师	

图 1-2   竣工图章

4. 竣工图

利用施工图改绘竣工图，必须标明变更修改依据；凡施工图结构、工艺、平面布置等有重大改变，或变更部分超过图面 1/3 的，应当重新绘制竣工图。

5. 工程图纸

不同幅面的工程图纸应按《技术制图复制图的折叠方法》(GB/T 10609.3—2009)统一折叠成 A4 幅面(297 mm × 210 mm)，折叠后图标栏应露在外面。

知识拓展

工程档案归档由建设单位负责办理，必要时由施工单位协助，工程监理单位参与，把工程施工过程中有价值的资料进行归档，可方便后期查询及扩建工程施工。工程档案归档流程图如图 1-3 所示。

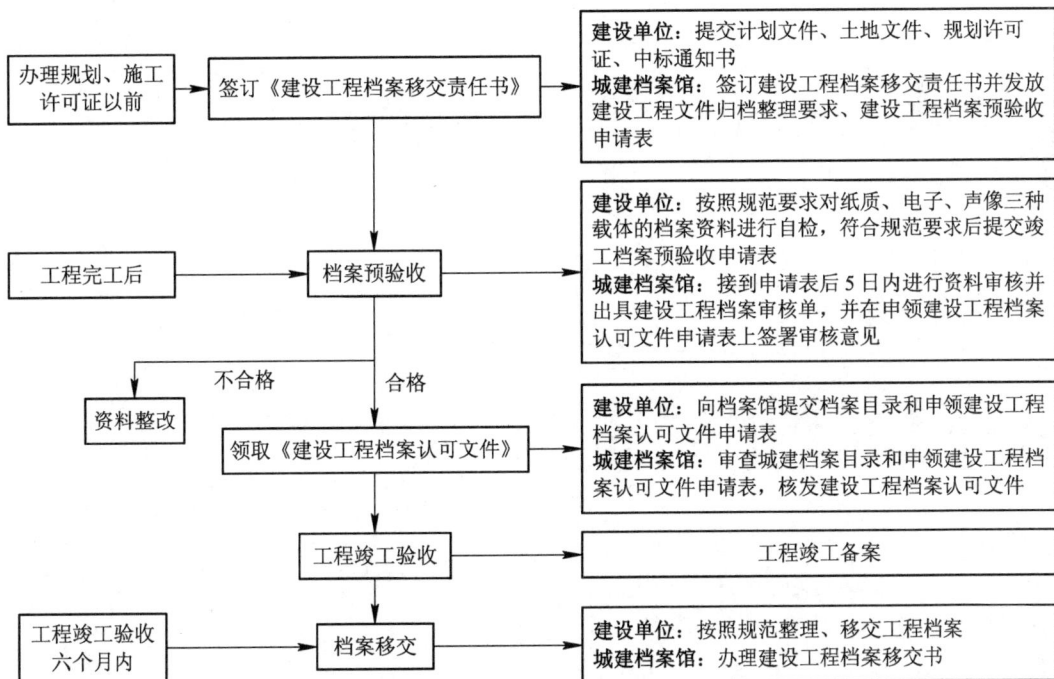

图 1-3　工程档案归档流程图

本 章 习 题

1. 什么是建筑工程资料？
2. 工程档案与工程资料有何区别？
3. 简述建筑工程资料的特征。

4. 施工单位资料员的岗位职责有哪些?

5. 工程文件在质量方面有哪些要求?

6. 立卷的方法有哪些?

7. 简述建筑工程档案验收的程序。

8. 工程资料卷内资料排列顺序有什么规定?

9. 工程档案的作用是什么?

10. 施工员、技术员、预算员是否需要开展建筑工程资料的相关工作?

第2章　工程准备阶段资料编制与整理

❯❯ 专业知识目标

1. 了解建设项目决策立项阶段文件的形成过程。
2. 理解建设规划用地、勘察、设计文件以及商务文件的形成过程。
3. 掌握招投标阶段，开工审批阶段，工程质量监督文件的形成过程。

❯❯ 职业技能目标

1. 能解释各种文件的形成过程。
2. 能按照文件形成的顺序进行整理、组卷并按有关要求加以应用。

❯❯ 相关知识

　　咨询工程师（投资）职业资格考试设"宏观经济政策与发展规划"、"工程项目组织与管理"、"项目决策分析与评价"和"现代咨询方法与实务"4个科目。其中"现代咨询方法与实务"为主观科目，其他科目均为客观科目。注册咨询工程师(投资)可在以下范围执业：① 经济社会发展规划、计划咨询；② 行业发展规划和产业政策咨询；③ 经济建设专题咨询；④ 投资机会研究；⑤ 工程项目建议书的编制；⑥ 工程项目可行性研究报告的编制；⑦ 工程项目评估；⑧ 工程项目融资咨询，绩效追踪评价，后评价及培训咨询服务；⑨ 工程项目招投标技术咨询；⑩ 国家发展和改革委员会规定的其他工程咨询业务。

2.1　决策立项文件

2.1.1　项目建议书

　　项目建议书是建设单位向主管部门提出要求建设某一项目的建议性文件，是对拟建项目的轮廓设想，要从宏观上论述拟建项目的必要性，把项目投资的设想变成概括的投资建议。

项目建议书经批准后，才能进行可行性研究，也就是说，项目建议书并不是项目的最终决策，而仅仅是为可行性研究提供依据和基础。

1. 项目建议书的内容

项目建议书大多由项目法人委托有资质的咨询单位、设计单位负责。基本建设项目的项目建议书应包括以下内容：

(1) 建设项目提出的必要性和依据；

(2) 拟建工程规模和建设地点的初步设想；

(3) 资源情况、建设条件、协作关系等的初步分析；

(4) 投资估算和资金筹措的初步设想；

(5) 项目的进度安排；

(6) 经济效益和社会效益的估计。

2. 项目建议书的审查

编制完成的项目建议书审批前建设单位应组织有关部门和专家参与审查，经审查符合要求的项目建议书才能报请有关部门审批。

3. 项目建议书的报批

大中型基本建设项目、限额以上更新改造项目的可行性研究报告，按隶属关系由国务院主管部门或省、区、市提出审查意见，报国家发展和改革委员会(以下简称国家发改委)审批，其中重大项目由国家发改委审查后报国务院审批；小型基本项目及限额以下更新改造项目的可行性研究报告，按隶属关系由国务院主管部门或省、区、市发改委审批。

4. 项目建议书批复文件

项目建议书批复文件是建设单位的上级主管单位或国家有关主管部门(一般是发改委)对该项目建议书的批复文件，包括以下内容：

(1) 建设项目名称；

(2) 建设规模及主要建设内容；

(3) 总投资及资金来源；

(4) 建设年限；

(5) 批复意见说明、批复单位及批复时间。

2.1.2 可行性研究报告及附件

项目建议书经批准后，应紧接着进行可行性研究工作。可行性研究是项目决策的核心，是对建设项目在技术上是否先进、经济上是否可行，进行全面的科学分析论证工作，是对建设项目进行全面技术经济分析的深入论证阶段，为项目决策提供可靠的技术经济依据。

1. 可行性研究的主要内容

(1) 建设项目提出的背景、必要性、经济意义和依据；

(2) 建设项目规模、产品方案、市场预测；

(3) 技术工艺、主要设备、建设标准；

(4) 资源、材料、燃料供应和运输及水、电条件；

(5) 建设地点、场地布置及项目设计方案；

(6) 环境保护、防洪、防震等要求与相应措施；

(7) 劳动定员及培训；

(8) 建设工期和进度建议；

(9) 投资估算和资金筹措方式；

(10) 经济效益和社会效益分析。

可行性研究的主要任务是对多种方案进行比较、分析，提出科学的评价意见，推荐最佳方案。在可行性研究的基础上，编制可行性研究报告。

2. 可行性研究报告

可行性研究报告是根据可行性研究成果编制的综合报告。它是根据国家国民经济发展的长远规划和地区布局的要求，按照建设项目隶属关系，由主管部门组织计划、经济、设计等部门，在可行性研究的基础上选择最佳经济效益方案的文件。其主要内容包括以下几方面：

(1) 概述；

(2) 需求预测和拟建规模；

(3) 资源、原材料、辅助材料、燃料及公用设施落实情况；

(4) 建设条件和建设方案；

(5) 设计方案；

(6) 环境保护；

(7) 生产组织、劳动定员和人员培训；

(8) 实施进度的建议；

(9) 投资估算和资金筹措；

(10) 社会及经济效果评价。

3. 可行性研究报告附件

除可行性研究报告正文外，还须具备以下几个附件：

(1) 选址意向。选址就是具体选择建设项目的建设地点，确定坐落位置和东西南北四至。它是建设项目前期工作的重要环节，是设计工作的基础。

在城市规划区域内进行建设的建设项目，都需要向城市规划管理部门申请用地，提出选址报告，又称为工程选址意向书。

(2) 选址意见书。新建、改建、扩建的工程项目，建设单位的选址意向书应报城市规划管理部门备案，并需征得规划管理部门的意见。对其安排在城市规划区内的建设项目，城市规划管理部门应从城市规划方面提出选址意见书。在可行性研究报告报请有关部门审批时，城市规划管理部门的选址意见书是必备的附件。

(3) 外协意向性协议，外协意向性协议是与建设项目有关的外部协作单位主管部门进行磋商，双方签订供应使用的协议意向书。

项目建议书批准后，建设单位应与有关部门协商办理外协意向性协议。需要办理外协意向性协议的项目主要有征用土地、原材料及燃料供应、动力供应、通信、交通运输条件、配套措施、辅助设施等内容。

4. 可行性研究报告的审批

建设单位完成编制可行性研究报告后，向有关主管发改委或行业主管部门申报和审批。可行性研究报告审批意见书是对可行性研究报告进行客观、全面、准确地评价和认定，应包括以下主要内容：

(1) 项目的必要性；

(2) 建设规模与产品方案；

(3) 工艺、技术及设备的先进性、实用性和可靠性；

(4) 建址或线路方案；

(5) 项目的建设方案和标准；

(6) 外部协作和配套工程；

(7) 环境保护；

(8) 投资结算及投资来源；

(9) 财务评价与国民经济评价；

(10) 不确定性分析；

(11) 社会效益评价；

(12) 项目总评价。

可行性研究报告经正式批准后，建设项目即正式立项。正式立项的建设项目应当按审批意见严格执行，任何部门、单位和个人都不得随意修改和变更，如因建设条件变化、建设内容变化或建设投资变化，确实需要变更或调整可行性研究报告的指标和内容时，要经过原批准单位同意，并正式办理变更手续。

5. 可行性研究工作程序

从接到建设项目前期工作通知书后，到建设项目正式立项，可行性研究工作程序见图2-1。

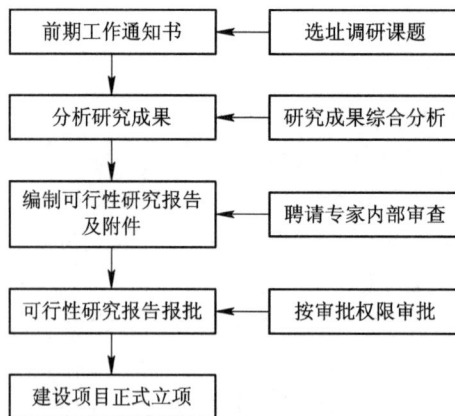

图 2-1 可行性研究工作程序

6. 项目评估研究资料

项目评估研究资料是指对可行性研究报告的客观性、全面性、准确性进行评价与选择，并出具评估报告。通过批准后审批立项，颁发批准文件。其基本内容如下：

(1) 项目建设的必要性；

(2) 建设规模和产品方案；

(3) 工艺、技术和设备的先进性、适用性和可靠性;

(4) 厂址(地址或路线规划方案);

(5) 建设工程的方案和标准;

(6) 外部协作配备项目和配合条件;

(7) 环境保护;

(8) 投资结算及投资来源;

(9) 财务评价;

(10) 国民经济评价。

7. 建设项目立项文件

建设单位根据批复的可行性研究报告，召开立项会议，组织关于立项的事宜。立项会议以纪要的形式对立项进行全面的概括阐述，对专家们立项的建议进行组织和整理，形成文件，并对项目评估做出研究。其归档文件有项目建议书、对项目建议书的批复文件、可行性研究报告、对可行性研究报告的批复文件、关于立项的会议纪要、领导批示、专家对项目的有关建议文件、项目评估研究资料、计划部门批准的立项文件、计划部门批准的设计任务等。

2.2　建设规划用地文件

2.2.1　规划用地审批

1. 建设项目选址申请及选址规划意见通知书

(1) 建设项目选址申请。在城市规划区域内进行建设的建设项目，申请人根据申请条件、依据，向城市规划管理部门提出选址申请，填写建设项目规划审批及其他事项申报表。

(2) 选址规划意见通知书。建设单位的工程项目选址申请经城市规划管理部门审查，符合有关法规标准的，即时收取申请材料，填写选址规划意见通知书两份。将选址规划意见通知书1份加盖收件专用印章后交申请人;将申请材料和选址规划意见通知书1份装袋，填写移交单，移交有关管理部门。选址规划意见通知书由城市规划主管部门下发，如图2-2所示。

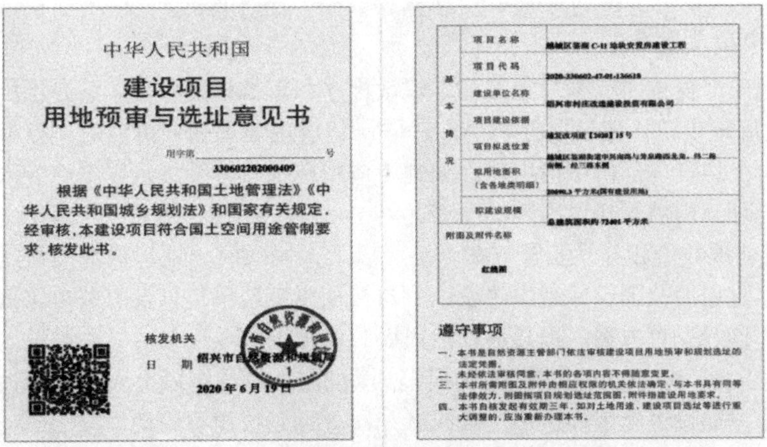

图 2-2　选址规划意见通知书(选址意见书)

2. 建设用地规划许可证及附件

(1) 规划用地申请。建设单位持有按国家基本建设程序批准的建设项目立项的有关证明文件，向城市规划管理部门提出用地申请，填写规划审批申报表并准备好有关文件。

建设用地规划许可证申报表主要内容为建设单位、申报单位、工程名称、建设内容、地址、规模等概况。需要准备的有关文件，主要有计划主管部门批准的征用土地计划、土地管理部门的拆迁安置意见、地形图和规划管理部门选址意见书，以及要求取得的有关协议、意向书等文件和图样。

填写的申报表要加盖建设单位和申报单位公章。经审查符合申报要求的用地申请，发给建设单位或申报单位建设用地规划许可证立案表，作为取件凭证。

(2) 建设用地规划许可证征用土地是工程项目建设的最基本条件，要在工程设计时办理完成规划用地许可证和拆迁安置协议等有关事宜。

规划管理部门根据城市总体规划的要求和建设项目的性质、内容，以及选址定点时初步确定的用地范围界限，提出规划设计条件，核发建设用地规划许可证。建设用地规划许可证是确定建设用地位置、面积、界限的法定凭证，如图 2-3 所示。

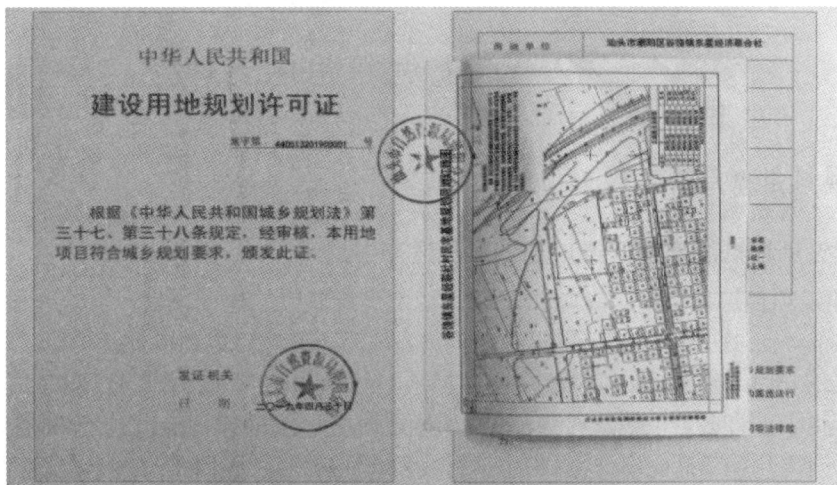

图 2-3　建设用地规划许可证

3. 用地申请及批准书

征用土地应严格按照国家规定的基本建设程序和审批权限办理。其办理程序如下：

(1) 建设用地申请。建设单位和个人在取得建设用地规划许可证后，方可向县级以上地方人民政府土地管理部门申请用地，编制申请用地报告。经县级以上地方人民政府批准后，由土地管理部门填发建设用地批准书。

(2) 协商征地数量和补偿安置方案。县级以上人民政府土地管理部门对建设用地申请进行审核，划定用地范围，并组织建设单位与被征用土地单位以及有关单位依法商定征用土地协议和补偿、安置方案，报县级以上人民政府批准。

(3) 划拨土地。建设用地的申请，依照法律规定，经县级以上人民政府批准后，由土地管理部门根据建设进度需要进行一次或者几次分期划拨建设用地。

(4) 核发国有土地使用证。建设项目竣工后，由城市规划管理部门会同土地管理部门、房地产管理部门核查实际用地后，由县级以上人民政府办理土地登记手续，核发国有土地使用证(建设用地批准书)，如图 2-4 所示。

建 设 用 地 批 准 书

[2017] 路土字第 16 号

用地单位名称	台州市路桥区第二中学				
建设项目名称	路桥区第二中学扩建工程				
批准文号	台供地[2017]0050 号				
批准用地面积	0.6485 公顷		建筑物占地面积		平方米
土地所有权性质	国有	土地取得方式	划拨	土地用途	科教用地
四　　至	东：用地范围线　　　　　　南：用地范围线 西：用地范围线　　　　　　北：用地范围线				
批准的建设工期	自　2017 年 5 月 31 至　2020 年 5 月 31 日				
本批准书有效期	自　2017 年 5 月 31 至　2020 年 5 月 31 日				
审批意见	同意核发建设用地批准书。 2017 年 5 月 31 日				
备注					

注：本意见书一式两份

图 2-4　建设用地批准书(国有土地使用证)

2.2.2　工程建设项目的报建资料

为有效掌握建设规模，规范工程建设实施阶段程序管理，达到加强建筑市场管理的目的，根据住建部《工程建设项目报建管理办法》(建字〔1994〕482 号)规定，凡在我国境内投资兴建的工程建设项目，都必须实行报建制度，接受当地建设行政主管部门或其授权机构的监督管理。工程建设项目的报建内容主要包括：① 工程名称；② 工程地点；③ 投资规模；④ 资金来源；⑤ 当年投资额；⑥ 工程规模；⑦ 开工、竣工日期；⑧ 发包方式；⑨ 工程筹建情况。工程建设项目报建表，如表 2-1 所示。

表 2-1　工程建设项目报建表

报建单位：(章)　　　　　　　　　　　　　　　　　　　　　　编号：×××

建设单位			单位性质			
法人		经办人			联系电话	
工程名称						
工程地点						
投资总额		万元		当年投资		万元
资金来源	政府投资：　%；自筹资金：　%；贷款：　%；外资：　%					
批准文件	立项文件名称					
	文号					
工程规模						
计划开工日期			计划竣工日期			
发包方式						
银行资信证明						
工程筹建情况说明：			建设行政主管部门意见： 　　　　　　　年　　月　　日			
备注：此表一式两份，建设单位留存一份，报建设主管部门一份。 　　　　　　　　　　　　　　　填报日期：　年　　月　　日						

建设单位到建设行政主管部门或其授权机构领取工程建设项目报建表，按报建表的内容及要求认真填写；向建设行政主管部门或其授权机构报送工程建设项目报建表，并按要求进行招标准备。

2.3　勘察设计文件

2.3.1　工程地质勘察报告

勘察工作是基本建设管理中的一项重要的基础工作，勘察成果是工程设计的基本依据。工程地质勘察报告是为查明建筑地区工程地质条件，进行综合性的地质勘察工作所获得的成果而编写的报告。通过工程地质勘察，对建筑地区工程地质情况和存在问题作出评价，为工程建设的规划、设计、施工提供必需的参考依据。

工程地质勘察报告的内容分为文字和图表两部分。文字部分的内容包括前言、地形、地貌、地层结构、含水层构造、不良地质现象、土的最大冻结深度、地震基本烈度、预测环境工程地质的变化和不良影响，以及工程地质建议等。图表部分包括工程地质分区图、平面图、剖面图、勘探点平面位置图、钻孔柱状图不良地质现象的平剖面图、物探剖面和地层的物理力学性质、试验成果资料等。

工程地质勘察报告要由经国家批准的有资质等级的单位进行工程地质勘察工作后再进行编写。

2.3.2　工程测量与规划设计审批

1. 工程测量、测绘

工程测量是工程建设中各种测量工作的总称。工程设计阶段的工程测量，按工作程序和作业性质主要有地形测量和拨地测量：

(1) 地形测量。工程建设的地形测量指建设用地范围内的地形测量，反映地貌、水文、植被、建筑物和居民点。地形测量大都采用实地测量，测量结果直接，内容较详尽。基建项目地形测量所绘地形图的比例尺一般为 1∶1000 或 1∶500。根据测绘地点的水平位置、高程和地面形态及建筑物、构筑物等实测结果，绘制出建设用地范围内的地形图。

(2) 拨地测量。征用的建设用地，要进行位置测量、形状测量和确定四至，一般称为拨地测量。拨地测量一般采用解析实钉法。

根据拨地条件，一般以规划部门批准的建设用地钉桩通知单中规定的条件，选定测量控制点，进行拨地导线测量、距离测量、测量成果计算等一系列工作，编制出征用土地的测量报告。

测量报告的内容为拨地条件、成果表、工作说明、略图、条件坐标、内外作业计算记录手簿等资料，并将拨地资料和定线成果展绘在 1∶1000 或 1∶500 的地形图上，建立图档。

测量报告是征用土地的依据性文件，也是工程设计的基础资料。

2. 建设用地钉桩(验线)通知单

规划行政主管部门在核发规划许可证时，应当向建设单位一并发放建设用地钉桩(验线)通知单。建设单位在施工前应当向规划行政主管部门提交编写完整的建设用地钉桩(验线)通知单，如表 2-2 所示。规划行政主管部门应当在收到验线申请后 3 个工作日内组织验线，经验线合格后，持建设工程施工验线通知单方可施工。

表 2-2　建设用地钉桩(验线)通知单

申请日期：　　　年　　月　　日

报建单位			工程项目		
建设地点			许可证号		
验线记录					
建设单位签字		施工单位签字	验线人	复核人	日期
平面布置图					
说明	1. 建设单位应于每次验线前 5 日向规划局提出验线申请。 2. 每次验线后须经审查同意后，方可继续动工。否则造成任何损失由建设单位自行承担。 3. 本通知书一式四份，建设单位、施工单位、规划局、验线单位各持一份备查。				

3. 规划设计条件通知书

规划设计条件通知书包括的内容有用地情况、用地使用性质、用地使用强度率、建筑密度、居住人口毛密度、居住建筑面积毛密度、建筑设计要求、建筑规模、建筑高度、建筑层数、后退规划用地边界线距离、建筑间距、交通出入口方位、停车数量、绿化、城市设计要求、市政要求、遵守事项等。城市规划行政主管部门在接到建设单位申请规划设计条件后，应该根据城市规划，有关法律、法规和技术规范、技术标准，无论是对修建性详细规划，还是对具体建设工程，都要及时提出规划设计条件，同时应向建设单位发出规划设计条件书面通知书。

(1) 建设单位申报规划设计条件。建设项目立项后，建设单位应向规划行政管理部门申报规划设计条件，并准备好相关文件和图样：

　　① 计划部门批准的可行性研究报告。

　　② 建设单位对拟建项目的说明。

　　③ 拟建方案示意图。

　　④ 地形图和用地范围。

　　⑤ 其他。

　　(2) 规划行政管理部门签发规划设计条件通知书，如表 2-3 所示。规划行政主管部门对建设单位申报的规划设计条件进行审查和研究，同意进行设计时，签发规划设计条件通知书作为方案设计的依据。规划设计条件通知书的主要内容包括以下几方面：

　　① 用地情况。包括规划建设用地面积和代征城市公共用地面积(代征道路用地和绿化用地面积)。

　　② 用地使用性质。土地使用性质及其可兼容性质。

　　③ 用地使用强度。用地强度是指用地范围的容积率、建筑密度、居住人口和居住建筑面积毛密度。

　　④ 建筑设计要求。建筑规模、建筑高度、建筑层数(地上、地下)、建筑规划用地边界线、建筑物间距、交通出入的方位(机动车、人流)、停车数量(机动车、自行车)、绿化(绿地率、绿地位置、保留古树及其他树木)、人均集中绿地面积。

　　⑤ 城市设计要求。

　　⑥ 市政要求。

　　⑦ 配套要求。

　　⑧ 其他遵守事项。

表 2-3　规划设计条件通知书

编号：×××

建设项目名称					
建设单位名称					
建设用地情况	具体位置	四至：北至、南至、西至、东至			
	用地面积/m²	总用地面积			
		建设用地面积			
	规划性质				
建设项目性质					
建设用地强度要求	建筑密度%			容积率	
	建筑面积/m²	地上		建筑高度(m)	
		地下		临时建筑	
	建筑后退道路红线距离/m	应符合城乡规划管理技术导则和日照、消防、视觉卫生、防火、抗震等要求。			
	建筑间距/m	同上			
绿化要求	绿地率(%)	25～30	绿化占地面积(m²)		
停车泊位要求	机动车停车位	停车按 5 辆/100m²，并满足临时停车需要		非机动车停车位	按 15 辆/100m²计算
市政工程设计要求	道路交通	沿城市规划道路设置出入口，并做好交通组织，适当进行人车分流，人行道和建筑物出入口必须设置无障碍通道			

续表

市政工程设计要求	竖向设计	结合场地地形和项目特点，按规范要求编制竖向设计
	消防	满足当地消防设计要求
	电力、电信	与城市管网衔接，按项目特点和规范要求做好规划设计
	给水、排水	与城市管网衔接，按项目特点和规范要求做好规划设计
	供热、燃气	与城市管网衔接，按项目特点和规范要求做好规划设计
	防灾(地质灾害)	做好场地防灾规划
	其他	落实各项市政配套设施，做好竖向设计及各类工程管线规划，并纳入城市管网体系
城市景观及色彩要求		建筑色彩应与周边建筑环境、自然环境相互协调，符合城市空间色彩要求。规划方案应结合用地特点灵活布局，各建筑群疏密相同、高低错落、功能分区合理、空间环境优美、配套设施完善，使用方便安全
文物保护要求		
备注		委托设计资质符合要求的设计单位，编制三个以上的规划方案报我局审批

注：① 本规划设计条件是规划建设行政主管部门审批设计方案的依据，是国有土地使用权出让合同的重要组成部分，用地受让单位应严格按规划设计条件要求进行建设。

② 本项目应提供多个方案进行比选。

③ 建设单位应按有关要求报送项目设计文件、图纸及电子文件(含 CAD 格式图纸和 JPG 格式图片)，文本含用地布局规划、给排水规划及电力、有线电视、通信规划、建筑方案、景观鸟瞰图、日照分析文件等内容，送审方案采用 A3 规格软封面文本形式。

④ 本规划设计条件有效期为一年，自出让合同签订之日算起，一年内完成方案设计并办理报批手续。

⑤ 正式设计方案必须经规划技术审查通过后，按 A3 规格装订成册，公示 7 日后，方可办理工程规划报建手续。

⑥ 与本规划设计条件通知书同时核发的还有规划条件通知书附图，文图一体方为有效文件，一式四份。

2.3.3　设计文件

所有新建、扩建、改建和技术改造项目在计划任务被批准以后，应当及时委托设计单位根据规划管理部门签发的工程设计条件通知书及附图，进行工程设计，编制设计文件。委托设计是指建设项目主管部门对有设计能力的设计单位或者经过招投标的中标单位提出委托设计的委托书，建设单位和设计单位签订设计合同。

一般建设项目实行两阶段设计，即初步设计和施工图设计。对于技术比较复杂，采用新工艺、新技术的重大项目，而又缺乏设计经验的，通常采用三阶段设计，即初步设计、技术设计和施工图设计。

1. 初步设计图样及说明书

初步设计图样主要包括总平面图、建筑图、结构图、给水排水图、电气图、弱电图、采暖通风及空气调节图、动力图、技术与经济概算等。

初步设计说明书由设计总说明和各专业的设计说明书组成。

2. 技术设计

技术设计是对初步设计的补充和深化，对于一些技术比较复杂或有特殊要求的建设项目，以及采用新工艺、新技术的重大项目，而又缺乏设计经验的，通常增加技术设计要求。

3. 施工图设计及说明书

施工图设计主要包括总平面图、建筑图、结构图、给水排水图、电气图、弱电图、采暖通风及空气调节图、动力图设计、预算等。

在图样目录中先列新绘制图样，后列选用的标准图、通用图或重复利用图。

施工图说明书由设计总说明和各专业的设计说明书组成。

一般工程的设计说明，可分别写在有关的图样上。如重复利用某一专门的施工图样及其说明时，应详细注明其编制单位资料名称和编制日期。如果施工图设计阶段对初步设计有改变，应重新计算并列出主要技术经济指标表。这些表可列在总平面布置图上。

各专业施工图设计说明书的内容详见《建筑工程设计文件编制深度的规定》。

4. 施工图设计文件审查

建筑工程施工图设计文件审查是为了加强工程项目设计质量的监督和管理，保护国家和人民生命财产安全，保证建设工程设计质量而实施的行政管理工作。

《建设工程质量管理条例》规定"建设单位应当将施工图设计文件报县级以上政府建设行政主管部门或者其他有关部门审查""施工图设计文件未经审查和批准的不得使用"。目前实施的是对各类新建、改建、扩建的建筑工程项目的施工图设计文件的审查。

(1) 管理部门和审查机构各级建委(县级以上)负责本市施工图审查的管理工作，并委托施工图审查机构审查，建筑业管理办公室负责对施工图审查机构的考核管理和工程施工图审查的备案等监督管理工作，并委托质量监督总站实施备案。

(2) 审查范围。审查范围是行政地域范围内符合建筑工程设计等级分级标准中的各类新建、改建、扩建的建筑工程项目。

(3) 审查内容。施工图设计文件的审查内容包括：是否符合工程建设强制性标准；地基基础和主体结构的安全性；是否符合民用建筑节能强制性标准，对执行绿色建筑标准的项目，还应当审查是否符合绿色建筑标准；勘察设计企业和注册执业人员以及相关人员是否按规定在施工图上加盖相应的图章和签字；法律、法规、规章规定必须审查的其他内容。

(4) 建设单位应当向审查机构提供作为勘察、设计依据的政府有关部门的批准文件及附件；全套施工图；其他应当提交的材料(如工程勘察成果报告、结构计算书及计算软件名称)等资料并对所提供资料的真实性负责。

2.4 工程招投标及合同文件

2.4.1 勘察设计招投标文件

1. 勘察设计招投标

勘察设计招标是招标人在实施工程勘察设计工作之前，以公开或邀请书的方式提出招标项目的指标要求、投资限额和实施条件等，由愿意承担勘察设计任务的投标人按照招标文件的要求和条件，分别报出工程项目的构思方案和实施计划，然后由招标人通过开标、评标、定标确定中标人的过程。

　　勘察设计投标是指勘察设计单位根据招标文件的要求编制投标书和报价，争取获得承包权的活动。凡具有国家批准的勘察、设计许可证，并具有经有关部门核准的资质等级证书的勘察、设计单位，都可以按照批准的业务范围参加投标。

2. 勘察设计招标应具备的条件

(1) 具有经过审批机关批准的设计任务书或项目建议书；

(2) 具有国家规划部门划定的项目建设地点、平面布置图和用地红线图；

(3) 具有开展设计必需的可靠的基础资料；

(4) 成立了专门的招标工作机构，并有指定的负责人。

3. 勘察招标文件的主要内容

(1) 投标须知包括工程名称、地址、竞选项目、占地范围、建筑面积、竞选方式等；

(2) 设计依据文件包括经过批准的设计任务书或项目建议书及有关行政文件的复印件；

(3) 项目说明书包括对工程内容、设计范围或深度、图样内容、张数和图幅、建设周期和设计进度等方面的说明，工程项目建设的总投资限额；

(4) 合同的主要条件和要求；

(5) 设计基础资料包括提供设计所需资料的种类、方式、时间以及设计文件的审查方式；

(6) 现场勘察和标前会议的时间和地点；

(7) 投标截止时间；

(8) 文件编制要求及评标原则；

(9) 招标可能涉及的其他有关内容。

4. 设计投标书的主要内容

设计单位应严格按照招标文件的规定编制投标书，并在规定的时间内送达。设计投标书的主要内容一般有以下几个方面：

(1) 方案设计综合说明书；

(2) 方案设计内容及图样；

(3) 工程投资估算和经济分析；

(4) 项目建设工期；

(5) 主要的施工技术要求和施工组织设计方案；

(6) 设计进度计划；

(7) 设计费报价。

2.4.2　勘察设计承包合同

　　发包人通过招标方式与选择的中标人就委托的勘察、设计任务签订合同。订立合同委托勘察、设计任务是发包人与承包人的自主市场行为，但必须遵守《中华人民共和国民法典》《中华人民共和国建筑法》《建设工程勘察设计管理条例》《建设工程勘察设计市场管理规定》等法律、法规的要求。为了保证勘察、设计承包合同的内容完整，责任明确，风险责任合理分担，原建设部和国家工商行政管理总局在 2000 年颁布了《建设工程勘察合同示范文本》和《建设工程设计合同示范文本》(简称范本)。

1. 勘察合同

依据范本订立建筑工程勘察合同时，双方应根据工程项目的特点，通过协商，在合同的相应条款内明确以下具体内容：

(1) 发包人应提供的勘察依据文件和资料。

① 提供工程批准文件(复印件)、用地(附红线范围)、施工、勘察许可等批准文件(复印件)。

② 提供工程勘察任务委托书、技术要求和工作范围的地形图、建筑总平面布置图。

③ 提供勘察工作范围已有的技术资料及工程所需的坐标和高程资料。

④ 提供勘察工作范围内地下已有埋藏物的资料(如电力、通信电缆、各种管道、人防设施、洞穴等)及具体位置图。

⑤ 其他必要的相关资料。

(2) 委托任务的工作范围。

① 工程勘察内容。

② 技术要求。

③ 预计的勘察工作量。

④ 勘察成果资料提供的份数。

(3) 合同工期。合同约定的勘察工作的开始时间和终止时间。

(4) 勘察费用。

① 勘察费用的预算金额。

② 勘察费用的支付程序和每次支付的百分比。

(5) 发包人应为勘察人提供现场工作条件。

根据工程项目的具体情况，合同双方当事人可以在合同内约定由发包人负责保证勘察工作顺利开展应提供的条件。

(6) 违约责任。

① 承担违约责任的条件和处理办法。

② 违约金的计算方法等。

(7) 合同争议的最终解决方式。合同中应明确约定解决合同争议的最终解决方式是采用仲裁还是诉讼。采用仲裁时，约定仲裁委员会的名称。

2. 设计合同

依据范本订立建筑工程设计合同时，双方应根据工程项目的特点，通过协商，在合同的相应条款内明确以下具体内容：

(1) 发包人应提供的文件和资料。

① 设计依据文件和资料。主要包括经批准的项目可行性研究报告或项目建议书，城市规划许可文件，工程勘察资料等。

② 项目设计的要求。主要包括工程的范围和规模，限额设计的要求，设计依据的标准。法律、法规规定应满足的其他条件。

(2) 委托任务的工作范围。

① 设计范围。合同内应明确建设规模，详细列出工程分项的名称、层数和建筑面积。

② 建筑物的合理使用年限要求。

③ 委托的设计阶段和内容。包括方案设计、初步设计和施工图设计的全过程，也可以是其中的某个阶段。

④ 设计深度的要求。方案设计文件应当满足编制初步设计文件和控制概算的需要，初步设计文件应当满足编制施工招标文件、主要设备材料订货和编制施工图设计文件的需要，施工图设计文件应当满足设备材料、非标准设备制作和施工的需要。具体的内容应根据项目的特点在合同中约定。设计人应根据国家有关标准进行设计，设计标准可以高于国家规范的强制性规定。

⑤ 设计人配合施工的要求。包括向发包人和施工承包人进行设计交底，处理有关设计问题，参加重要隐蔽工程部位验收和竣工验收等。

(3) 设计人交付设计资料的时间。合同约定的方案设计、初步设计和施工图设计交付时间。

(4) 设计费用。

① 合同双方应根据国家有关规定，确定最低的设计费用。

② 设计费用的分阶段支付进度款的条件和每次支付总设计费的百分比及金额。

(5) 发包人应为设计人提供的现场服务。包括发包人在施工现场为设计人提供的工作条件、生活条件及交通等内容。

(6) 违约责任。

(7) 合同争议的最终解决方式。

2.4.3　施工招投标文件

建筑工程施工招投标，是指建设单位通过招标的方式，将工程建设任务一次或分步发包，由具有相应资质的承包单位通过投标竞争的方式承接。

建设工程施工招标的必备条件包括：

(1) 招标人已经依法成立；

(2) 初步设计及概算应当履行审批手续的，已经批准；

(3) 招标范围、招标方式和招标组织形式等应当履行核准手续的，已经核准；

(4) 有相应资金或资金来源已经落实；

(5) 有招标所需的设计图样及技术资料。

1．招投标程序

建筑工程施工招投标程序与设计招投标程序基本相同，一般按下述程序进行：

(1) 招标准备阶段。招标准备阶段的工作由招标人单独完成，投标人不参与。主要工作包括选择招标方式、办理招标备案手续、组织招标班子和编制招标有关文件。

(2) 招投标阶段。在招投标阶段，招标人应做好招标的组织工作，投标人则按照招标有关文件规定程序和具体要求进行投标报价的竞争。此阶段工作是发布招标公告，资格预审，确定投标单位名单，分发招标文件以及图样和技术资料，组织踏勘现场和招标文件答疑，接受投标文件，建立评标组织，制定评标、决标的办法。

(3) 决标阶段。从开标日到签订合同这一时期称为决标阶段，是对各投标书进行评审比较，最终确定中标人的过程。此阶段工作是召开开标会议，审查投标标书，组织评标，公开标底，决标前谈判，决定中标单位，发布中标通知书，签订施工承发包合同。

(4) 工程施工招投标程序见图 2-5。

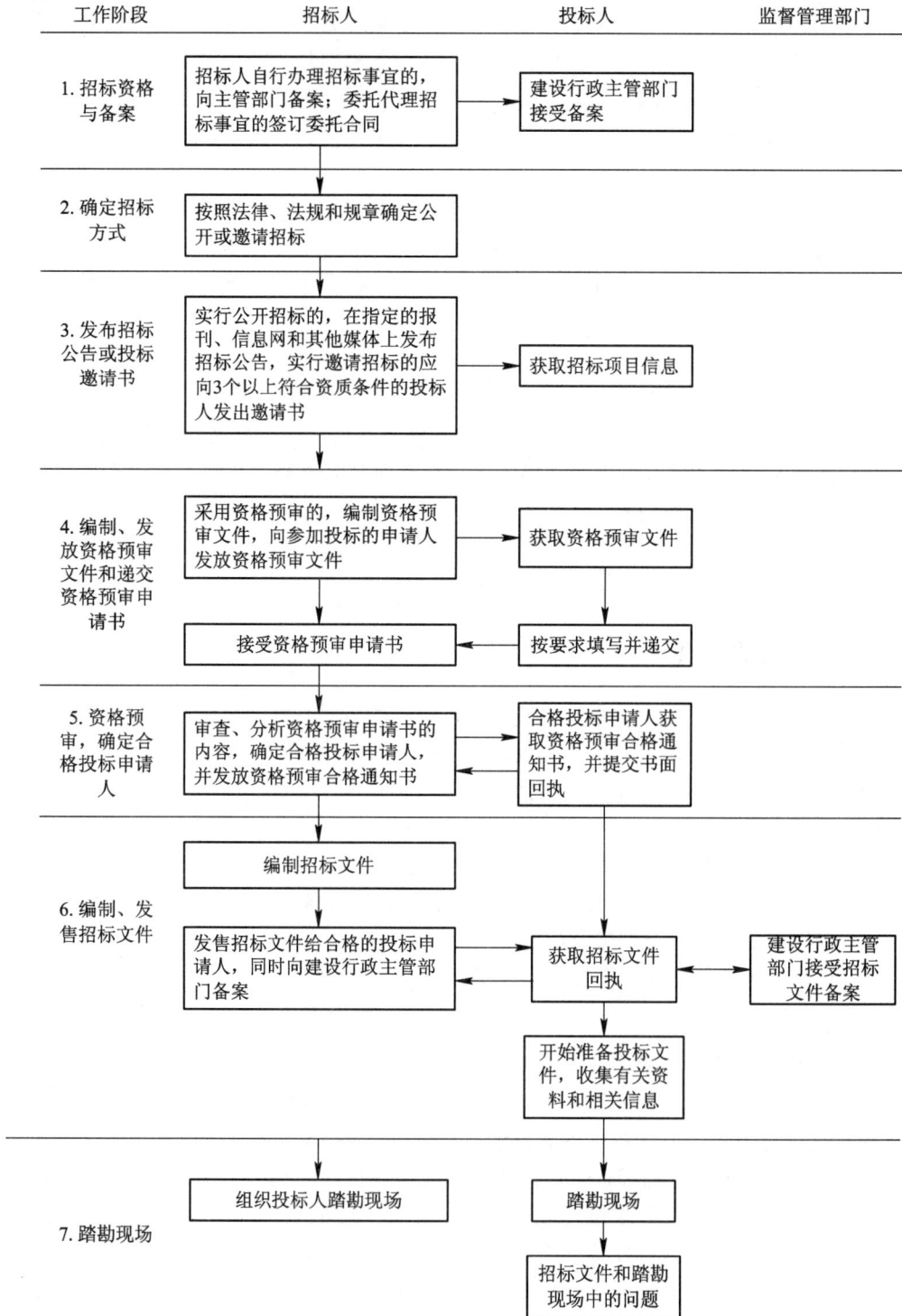

工作阶段	招标人	投标人	监督管理部门
1. 招标资格与备案	招标人自行办理招标事宜的，向主管部门备案；委托代理招标事宜的签订委托合同	建设行政主管部门接受备案	
2. 确定招标方式	按照法律、法规和规章确定公开或邀请招标		
3. 发布招标公告或投标邀请书	实行公开招标的，在指定的报刊、信息网和其他媒体上发布招标公告，实行邀请招标的应向3个以上符合资质条件的投标人发出邀请书	获取招标项目信息	
4. 编制、发放资格预审文件和递交资格预审申请书	采用资格预审的，编制资格预审文件，向参加投标的申请人发放资格预审文件	获取资格预审文件	
	接受资格预审申请书	按要求填写并递交	
5. 资格预审，确定合格投标申请人	审查、分析资格预审申请书的内容，确定合格投标申请人，并发放资格预审合格通知书	合格投标申请人获取资格预审合格通知书，并提交书面回执	
6. 编制、发售招标文件	编制招标文件		
	发售招标文件给合格的投标申请人，同时向建设行政主管部门备案	获取招标文件回执	建设行政主管部门接受招标文件备案
		开始准备投标文件，收集有关资料和相关信息	
7. 踏勘现场	组织投标人踏勘现场	踏勘现场	
		招标文件和踏勘现场中的问题	

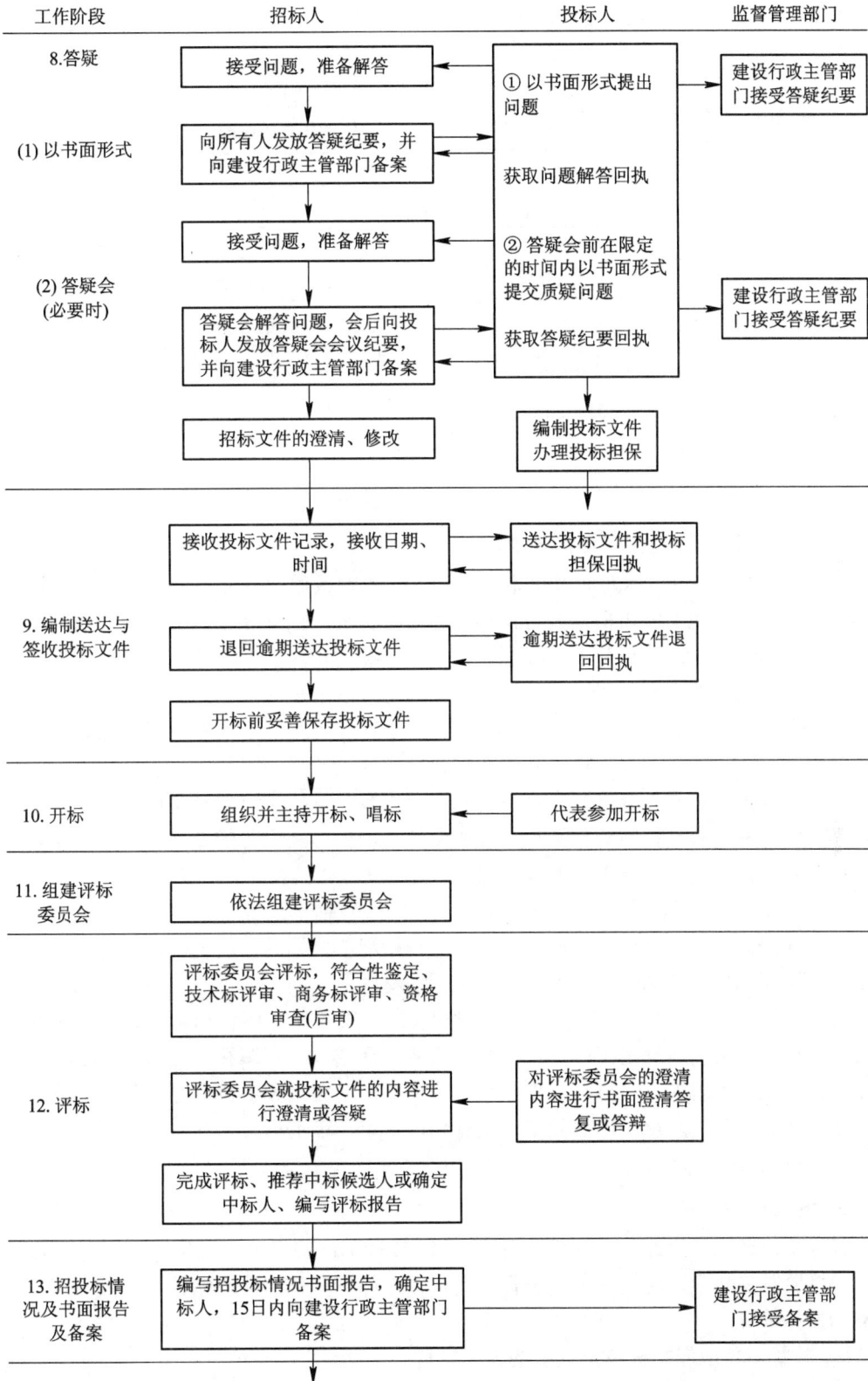

工作阶段	招标人	投标人	监督管理部门

8.答疑

接受问题，准备解答　←　① 以书面形式提出问题　　建设行政主管部门接受答疑纪要

(1) 以书面形式

向所有人发放答疑纪要，并向建设行政主管部门备案

获取问题解答回执

接受问题，准备解答　←　② 答疑会前在限定的时间内以书面形式提交质疑问题　　建设行政主管部门接受答疑纪要

(2) 答疑会 (必要时)

答疑会解答问题，会后向投标人发放答疑会会议纪要，并向建设行政主管部门备案

获取答疑纪要回执

招标文件的澄清、修改　　编制投标文件 办理投标担保

接收投标文件记录，接收日期、时间　←　送达投标文件和投标担保回执

9.编制送达与签收投标文件

退回逾期送达投标文件　←　逾期送达投标文件退回回执

开标前妥善保存投标文件

10. 开标　　组织并主持开标、唱标　←　代表参加开标

11. 组建评标委员会　　依法组建评标委员会

12. 评标

评标委员会评标，符合性鉴定、技术标评审、商务标评审、资格审查(后审)

评标委员会就投标文件的内容进行澄清或答疑　←　对评标委员会的澄清内容进行书面澄清答复或答辩

完成评标、推荐中标候选人或确定中标人、编写评标报告

13. 招投标情况及书面报告及备案　　编写招投标情况书面报告，确定中标人，15日内向建设行政主管部门备案　→　建设行政主管部门接受备案

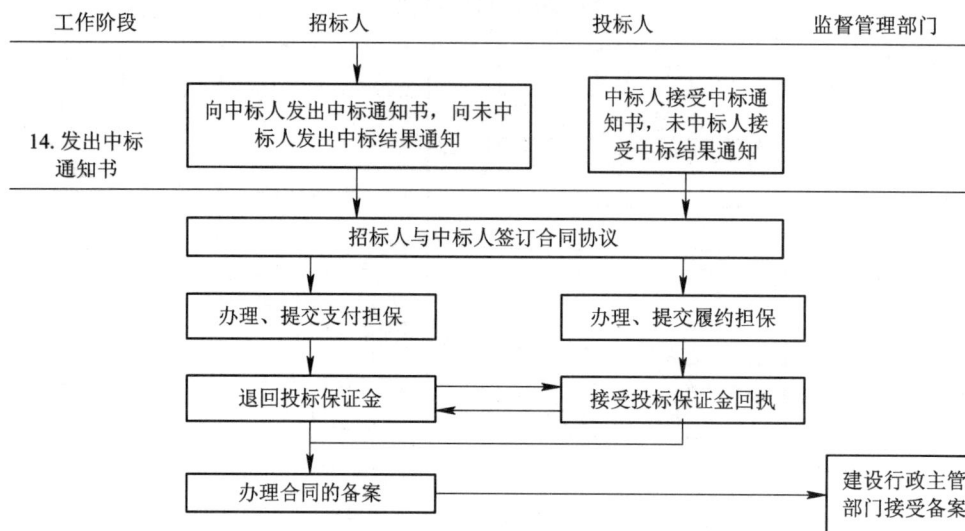

图 2-5　工程施工招投标程序

2. 招标人在招标过程中形成的文件

(1) 招标公告。由招标人通过指定的报刊、信息网或其他媒介，并同时在中国工程建设网和建筑业信息网上发布招标公告；实行邀请招标的，应向 3 个以上符合资质条件的投标人发出投标邀请书。招标公告和投标邀请书应当载明招标人的名称和地址、招标项目的性质、数量、实施地点和时间以及获取招标文件的办法等事项。

(2) 资格预审文件。为使招标人全面而详细地对潜在的投标人进行资格预审，招标人应编制投标申请人资格预审文件，其中包括投标申请人资格预审须知、投标申请人资格预审申请书以及投标申请人资格预审合格通知书等内容。资格预审须知是明确参加投标单位应知事项和申请人应具备的资历及有关证明文件。由投标人编写的资格预审申请表是按照招标单位对投标申请人的要求条件而编写的。

(3) 招标文件。工程建设项目施工招标文件一般包括下列内容：投标邀请书、投标人须知、合同主要条款、投标文件格式；采用工程量清单招标的，应当提供工程量清单、技术条款、设计图样、评标标准和方法、投标辅助材料。

(4) 标底。工程施工招投标通常要编制标底，一般委托工程咨询单位编制。编制标底应根据图样和有关资料确定工程量，标底价格要考虑成本、利润和税金，而且要与市场实际相一致，还要考虑人工、材料、机械台班价格等变动因素和不可预见因素的影响，既利于竞争，又保证工程质量。标底须报请主管部门审定，审定后应密封保存，严格保密，不得泄露，直至开标。

3. 编制投标文件

投标单位在正式投标前进行投标资格预审，投标单位要填写资格预审文件，申请投标。招标单位要对参加申请的投标单位进行资质审查，并将审查结果通知各申请投标人，确定合格的投标单位。

(1) 投标单位应向招标单位提供的文件材料。

① 企业的营业执照和资质证书。

② 企业概况。

③ 自有资金情况和财务状况。

④ 目前剩余劳动力和施工机具设备情况。

⑤ 近三年承建的主要工程和工程质量状况。

⑥ 现有主要施工任务。

(2) 编写投标文件。建设工程投标人应按照招标文件的要求编制投标文件。从合同订立过程来分析，招标文件属于要约邀请，投标文件属于要约，其目的在于向招标人提出订立合同的意愿。投标文件作为一种要约，必须符合以下条件：

① 必须明确向招标人表示愿以招标文件的内容订立合同的意思。

② 必须对招标文件提出的实质性要求和条件作出响应(包括技术要求、投标报价要求、评标标准等)。

③ 必须按照规定的时间、地点提交给招标人。

投标文件是由一系列有关投标方面的书面资料组成的。一般来说，投标文件由投标函部分、商务部分和技术部分三部分组成，采用资格后审的还应包括资格审查文件。

4. 开标、评标和中标

(1) 开标。

① 开标由招标人主持，邀请所有的投标人参加。

② 由投标人或其推选的代表检查投标文件的密封情况，也可以由招标人委托的公证机构检查并公证。

③ 当众宣读投标人名称，投标价格和投标文件的其他主要内容。

(2) 评标。

① 评标由招标人依法组建的评标委员会负责，在严格保密的情况下进行。

② 评标委员会应当客观公正地履行职责，遵守职业道德，对所提的评审意见承担个人责任。

(3) 中标。

中标单位确定后，招标单位向中标单位发出通知书，然后招标单位与中标的施工单位签订施工合同。

2.4.4　建筑工程施工合同

建筑工程施工合同是建设单位(招标单位)与施工单位根据有关法律、法规，遵循平等、自愿、公平和诚实信用的原则，签订完成某一建筑工程施工任务，明确相互权利、义务关系的有法律效力的协议。《建设工程施工合同示范文本》(简称施工合同文本)中把合同分为协议书、通用条款、专用条款三个部分，并附有三个附件。

1. 协议书

合同协议书是施工合同的总纲性法律文件，经双方当事人签字盖章后合同即成立。协议书虽然文字量并不大，但它规定了合同当事人双方最主要的权利、义务，规定了组成合同的文件及合同当事人对履行合同义务的承诺，并且合同双方当事人要在这份文件上签字盖章，因此具有很高的法律效力。施工合同文本中合同协议书共计 13 条，主要包括：工程概况、合同工期、质量标准、签约合同价和合同价格形式、项目经理、合同文件构成、承诺词语含义、签订时刻、签订地点、补充协议以及合同生效条件和合同份数等重要内容，集中约定了合同当事人基本的合同权利义务。

2. 通用条款

通用条款是根据《中华人民共和国民法典》《中华人民共和国建筑法》《建设工程施工合同管理办法》等法律、法规，对承发包双方的权利、义务作出的规定，除双方协商一致对其中的某些条款作出修改、补充或取消外，其余条款双方都必须履行。它是将建设工程施工合同中共性的一些内容抽出来编写的一份完整的合同文件。通用条款具有很强的通用性，基本适用于各类建设工程。通用合同条款共计 20 条，具体条款分别为：一般约定、发包人、承包人、监理人、工程质量、安全文明施工与环境保护、工期和进度、材料与设备、试验与检验、变更、价格调整、合同价格、计量与支付、验收和工程试车、竣工结算、缺陷责任与保修、违约、不可抗力、保险、索赔和争议解决。前述条款安排既考虑了现行法律、法规对工程建设的有关要求，也考虑了建筑工程施工管理的特殊需要。

3. 专用条款

考虑到建筑工程的内容各不相同，工期、造价也随之变动，承包人、发包人各自的能力、施工现场的环境也不相同，通用条款不能完全适用于各个具体工程，因此配之以专用条款对其作必要的修改和补充，使通用条款和专用条款共同成为双方统一意愿的体现。专用条款的条款号与通用条款相一致，由当事人根据工程的具体情况予以明确或者对通用条款进行修改。

4. 附件

施工合同文本的附件则是对施工合同当事人的权利、义务的进一步明确，并且使得施工合同当事人的有关工作一目了然，便于执行和管理。涉及到的三个附件如下：

(1) 承包人承揽工程项目一览表；

(2) 发包人供应材料设备一览表；

(3) 工程质量保修书。

2.4.5 监理招投标文件

监理招投标文件是指建设单位选择工程项目监理单位过程中所形成的招标、投标活动的文件资料。

1. 招标文件

监理招标文件应包括以下几方面的内容：

(1) 投标须知，投标须知一般涉及以下内容：

① 工程项目综合说明，包括主要的建设内容、规模、工程等级、地点、总投资、现场条件。

② 开竣工日期。

③ 委托的监理范围和监理业务。

④ 投标文件的格式、编制、递交。

⑤ 无效投标文件的规定。

⑥ 投标起止时间，开标、评标、定标的时间和地点。

⑦ 招标文件、投标文件的澄清与修改。

⑧ 评标的原则等。

(2) 合同条件。

(3) 业主提供的现场办公条件(包括交通、通信、住宿、办公用房等)。

(4) 对监理单位的要求(包括现场监理人员、检测手段、工程技术难点等)。

(5) 有关技术规定。

(6) 必要的设计文件、图样、有关资料。

(7) 其他事宜。

2. 投标文件

投标人根据招标文件编制投标文件，投标文件应注意以下几方面的合理性：

(1) 投标人的资质(包括资质等级、批准的监理业务范围、主管部门或股东单位、人员综合情况等)；

(2) 监理大纲的合理性；

(3) 拟派项目的主要监理人员(总监理工程师和主要专业监理工程师)；

(4) 人员派驻计划和监理人员的素质(学历证书、职称证书、上岗证书等)；

(5) 监理单位提供用于工程的检测设备和仪器，或委托有关单位检测的协议；

(6) 近几年监理单位的业绩和奖惩情况；

(7) 监理费报价和费用的组成；

(8) 招标文件要求的其他情况。

2.4.6　建设工程监理合同

建设工程监理合同是委托人与监理人就委托的工程项目管理内容签订的明确相互权利、义务关系的有法律效力的协议。《建设工程监理合同示范文本》中把合同分为协议书、通用条件、专用条件三个部分。

1. 协议书

协议书是纲领性的法律文件，经双方当事人签字盖章后合同即成立。合同中需要明确和填写的主要内容包括：工程概况、词语限定、组成合同的文件、总监理工程师、签约酬金、期限、双方承诺、合同订立等。

2. 通用条件

通用条件是委托监理合同的通用性文件，适用于各类建设工程项目监理，委托人和监理人都必须遵守。其内容包括：定义与解释，监理人的义务，委托人的义务，违约责任，支付，合同生效、变更、暂停、解除与终止，争议解决，其他。

3. 专用条件

专用条件是对通用条件原则性约定的细化、完善、补充、修改或另行约定的条款。合同当事人可以根据不同建设工程的特点及具体情况，通过双方的谈判、协商对相应的专用的合同条款进行修改补充。

2.5 开工审批文件

2.5.1 建设工程规划许可证及附件

新开工的项目应列入年度计划，建设单位应向建设行政主管部门和工程规划部门申请开工许可，申请开工的建设项目需办理建设工程规划许可证和建设工程开工证。

1. 开工应具备的条件

(1) 有经过审批的可行性研究报告和初步设计文件；

(2) 已列入国家和地方的年度基本建设计划；

(3) 完成了征用土地、拆迁安置工作；

(4) 落实了三通一平(或四通一平、五通一平、六通一平、七通一平、九通一平等)；

(5) 施工图样和原材料物资准备能满足工程施工进度的要求；

(6) 办理了施工招标手续，与施工单位签订了施工合同；

(7) 选定了建设监理部门，并与监理单位签订了工程施工监理合同；

(8) 资金到位，并取得了审计机关出具的开工前审计意见书；

(9) 建设项目与市政有关部门协调，落实了配套工程设计并签订了合同；

(10) 办理了建设工程规划许可证；

(11) 办理了建设工程施工许可证。

根据开工项目应具备的条件，建设单位基本落实前九项的条件，即可申请办理建设工程规划许可证和建设工程施工许可证。

2. 建设工程规划许可证

建设工程规划许可证是建设单位在城市规划区内新建、改建、扩建的建筑物、构筑物、道路、管线和其他工程设施，必须持有相关批准文件向城市规划行政主管部门提出申请，根据城市规划，由城市规划主管部门提出规划要求，并审查设计施工图等有关文件，核发的法规性文件。

(1) 建设工程规划许可证申报程序。

① 建设单位领取并填写规划审批申请表，加盖建设单位和申报单位公章。

② 提交申报建设工程规划许可证所要求报送的文件和图样。

③ 城市规划行政管理部门填发建设工程规划许可证立案表，作为申报建设工程规划许可证的回执。

④ 城市规划行政管理部门进行审查，对不符合规划要求的初步设计提出修改意见，发出修改工程图样通知书，修改后重新申报。

⑤ 经审查合格的建设工程，建设单位在取件日期内在规划管理单位领取建设工程规划许可证。

⑥ 办理建设工程规划许可证要经过建设单位申请和规划行政管理部门审查批准。

(2) 申报建设工程规划许可证要求报送的文件和图样。

① 年度施工任务批准文件。

② 人防、消防、环保、园林、市政、文物、通信、教育、卫生等有关行政主管部门的审批意见和要求，以及取得的审查意见书。

③ 工程竣工档案登记表。

④ 工程设计图，包括总平面图，各层平、立、剖面图，基础平面图和设计图样目录。

⑤ 其他。

(3) 核发建设工程规划许可证。

建设工程规划许可证还包括建设工程规划许可证附图与附件。附图与附件由发证机关确定，与建设工程规划许可证具有同等的法律效力。

建设工程规划许可证中除正文外，还规定了应注意的事项，具体如下：

① 建设工程放线后，由测绘院、规划行政管理部门验线，合格后方可施工。

② 与消防、交通、环保、市政等部门未尽事宜，由建设单位负责与有关行政主管部门联系，妥善解决。

③ 建设工程规划许可证发出后两年内工程未动工，本许可证自动失效，再需要建设时应向审批机关重新申报，经审核批准后方可动工。

④ 建设工程竣工后应按规定编制工程竣工档案，报送城市建设档案馆。

2.5.2　建设工程施工许可证

1. 建设工程施工许可证申请表

建设工程开工前，建设单位应当按照国家有关规定向工程所在地建设行政主管部门申请领取施工许可证。申请办理施工许可证的程序如下：

(1) 建设单位向工程所在地建设行政主管部门领取建筑工程施工许可证申请表；

(2) 建设单位持加盖单位及法定代表人印鉴的建筑工程施工许可证申请表，并附相关证明文件，向工程所在地建设行政主管部门提出申请；

(3) 工程所在地建设行政主管部门在收到建设单位报送的建筑工程施工许可证申请表和所附证明文件后，对于符合条件的，应当自收到申请之日起十五日内颁发施工许可证；对于证明文件不齐全或者失效的，应当限期要求建设单位补正，审批时间可以自证明文件补正齐全后作相应顺延；对于不符合条件的，应当自收到申请之日起十五日内书面通知建设单位，并说明理由。

2. 建设工程施工许可证

建设工程施工许可证是新建、改建、扩建工程开工必备的依据性文件，开工的建设项目经审查具备开工条件后，由具有审批权限的建设行政主管部门核发建设工程施工许可证。建设单位申请领取施工许可证，应当具备下列条件：

(1) 已经办理该建筑工程用地批准手续；

(2) 在城市规划区的建筑工程，已经取得规划许可证；

(3) 需要拆迁的，其拆迁进度符合施工要求；

(4) 已经确定建筑施工企业；

(5) 有满足施工需要的施工图纸及技术资料；

(6) 有保证工程质量和安全的具体措施；

(7) 建设资金已经落实；

(8) 法律、法规规定的其他条件。

建设单位应当自领取施工许可证之日起三个月内开工。因故不能按期开工，应当向发证机关申请延期。延期以两期为限，每次不超过三个月。因故不能按期开工超过六个月的，应当重新办理开工报告的审批手续。

2.5.3　工程质量监督手续

根据国务院《建设工程质量管理条例》和建设部《关于建设工程质量监督机构深化改革的指导意见》，政府质量监督机构必须建立和遵循严格的工程质量监督程序，以加大建设工程质量监督的力度，保证建设工程质量。质量监督机构对建设工程质量监督的依据是国家的法律、法规和强制性标准，主要目的是保证建设工程使用安全和环境质量，主要内容是监督工程建设各方主体质量行为和地基、基础、主体结构和使用功能，主要监督方式是巡回抽查。对建设单位组织的竣工验收实施监督，工程竣工后出具工程质量监督报告。

1. 工程质量监督登记表

凡新建、改建、扩建的建设工程，在工程项目施工招标投标工作完成后，建设单位申请领取施工许可证之前，应携有关资料到所在地建设工程质量监督机构办理工程质量监督登记手续，填写工程质量监督登记表并按规定交纳工程质量监督费用。

办理工程质量监督注册手续时，建设单位应提供下列文件资料：

(1) 工程规划许可证；

(2) 施工、监理中标通知书；

(3) 施工、监理合同及其单位资质证书(复印件)；

(4) 施工图设计文件审查意见；

(5) 其他规定需要的文件资料。

建设单位在提交上述文件后，并填写建设工程质量监督注册登记表，由监督注册部门审查符合要求后，方可办理监督注册手续，指定监督机构并发出质量监督通知书及工程质量监督计划。

2. 见证取样和送检见证人授权书

为了加强建设工程质量管理和监督，每个单位工程必须有 1～2 名取样和送检见证人，见证人由施工现场监理人员或建设单位委派具有一定建筑施工试验知识的专业技术人员担任。见证人确定后，建设单位根据建设工程质量监督的有关规定，向工程质量监督机构办理见证取样和送检见证人授权备案书，一式四份(质量监督机构、质量检测试验室、施工单位、见证人各一份)。工程竣工后备案书存工程档案。见证人和送检单位对送检试验样品的真实性和代表性负法律责任。

2.6　商　务　文　件

2.6.1　工程投资估算资料

工程投资估算资料是投资决策阶段拟建项目编制项目建议书、可行性研究报告的重要组成部分，是项目决策的重要依据之一。它包括该工程项目从筹建到竣工验收、交付使用所需要的全部费用。具体包括建筑安装工程费，设备、工器具购置费，工程建设其他费用，预备费，固定资产投资方向调节税，建设期利息等。

工程投资估算资料由建设单位编制或委托设计单位(或咨询单位)编制，主要依据相应建设项目投资估算，参照以往类似工程的造价资料编制。它对初步设计概算和工程造价起控制作用。

(1) 建筑安装工程费用。建筑安装工程费用是指建设单位为从事该项目建筑安装工程所支付的全部生产费用。包括直接用于各单位工程的人工、材料、机械使用费、其他直接费以及分摊到各单位工程中的管理费、利润和税金。

(2) 设备、工器具费用。设备、工器具费用是指建设单位按照建设项目设计文件要求而购置或自备的设备及工器具所需的全部费用，包括需要安装与不需要安装设备及未构成固定资产的各种工具、器具、仪器、生产家具的购置费用。

(3) 工程建设其他费用。工程建设其他费用是指除上述工程和设备、工器具费用以外的，根据有关规定在固定资产投资中支付，并列入建设项目总概算或单项工程综合概算的费用。

(4) 预备费。预备费是指初步设计和概算中难以预料的工程和费用。其中包括实行按施工图概算加系数包干的概算包干费用。

(5) 固定资产投资方向调节税。固定资产投资方向调节税是对我国境内用各种资金进行固定资产投资的单位和个人，按其投资额征收的一种税。征收目的在于贯彻国家产业政策，控制投资规模，引导投资方向，改善投资结构，加强重点建设，促进国民经济持续、稳定、协调地发展。

(6) 建设期利息。建设期利息是指工程项目在建设期间内发生并计入固定资产的利息。

2.6.2　工程设计概算书和工程施工图预算书

(1) 工程设计概算书。初步设计阶段，设计单位根据初步设计规定的总体布置及单项工程的主要建筑结构和设备清单来编制建设项目总概算。

工程设计概算一般包括：建筑安装工程费用，设备、工器具购置费用，工程建设其他工程费用，预备费等。

工程设计概算经批准后是确定建设项目总造价、编制固定资产投资计划、签订建设项目贷款总合同的依据，也是控制建设项目拨款、考核设计经济合理性的依据。

(2) 工程施工图预算书。工程招标投标阶段，根据施工图设计确定的工程量编制施工图预算。招标单位(或委托单位)编制的施工图预算是确定标底的依据，投标单位编制的施工图预算是确定报价的依据，标底、报价是评标、决标的重要依据。施工图预算经审核后，是确定工程造价、签订工程承包合同、实行建筑安装工程造价包干的依据。

2.7　工程竣工验收及备案文件

2.7.1　竣工报告

竣工报告是指单位工程具备竣工条件后，施工单位向建设单位报告，提请建设单位组织竣工验收的报表和文字的工程竣工报告。

竣工报告形式如表 2-4 所示。

表 2-4　竣工报告

施工许可证号：　　　　　　　　　　　　　　　　　　　　　　　　编号：×××

工程名称		结构类型			建设单位	
工程地点		建筑面积		层数		施工单位	
工程造价		竣工条件说明	工程项目完成情况			
计划开工日期			现场清理情况			
实际开工日期			施工资料整理情况			
计划竣工日期			施工质量验收情况			
实际竣工日期			未完工程盘点情况			
计划工作日数						
实际工作日数						
审核意见	建设单位		监理单位		施工单位	
	项目负责人：(公章)		总监理工程师：(公章)		单位负责人：(公章)	
	年　月　日		年　月　日		年　月　日	

2.7.2　竣工验收证明书

竣工验收证明书是指单位工程按设计和施工合同规定的内容全部完工，达到验收规范及合同要求，满足生产、使用，并通过竣工验收的证明文件。

建设单位接到竣工报告后，由建设单位项目负责人组织施工总包单位、施工分包单位、设计单位、勘察单位、监理单位及有关部门，以国家颁发的施工质量验收规范为依据，按设计和施工合同的内容对工程进行全面检查和验收，通过后办理竣工验收证明书。由施工单位填写竣工验收证明书，报建设、监理等单位签认。

1. 竣工验收证明书格式

竣工验收证明书格式如表 2-5 所示。

表 2-5　竣工验收证明书

施工许可证号：　　　　　　　　　　　　　　　　　　　　　　　　编号：×××

工程名称		建筑面积		层数		工程地点	
结构类型		工程造价				开工日期	
						竣工日期	
工程内容及检查情况							
验收意见	验收日期：　年　月　日						
建设单位	监理单位	设计单位	勘察单位	施工单位	有关部门		
项目负责人： (公章)	总监理工程师： (公章)	项目负责人 (公章)	项目负责人 (公章)	单位负责人： (公章)	单位负责人： (公章)		

知识拓展

竣工验收应具备的条件如下：

(1) 工程项目按施工合同规定和施工图样要求施工完毕，达到国家规定的建筑工程质量标准，已办理质量竣工验收记录，施工质量控制资料符合要求，安全和功能检测抽查合格；

(2) 工程达到窗明、地净、水通、灯亮，有采暖、通风和电梯的要运转正常；

(3) 设备调试、试运转达到设计要求；

(4) 建筑物四周场地整洁，排水通畅。

2. 工程质量验收证明书

工程质量验收证明书(地基、基础、主体)的封面及资料表格形式如图 2-6 所示。

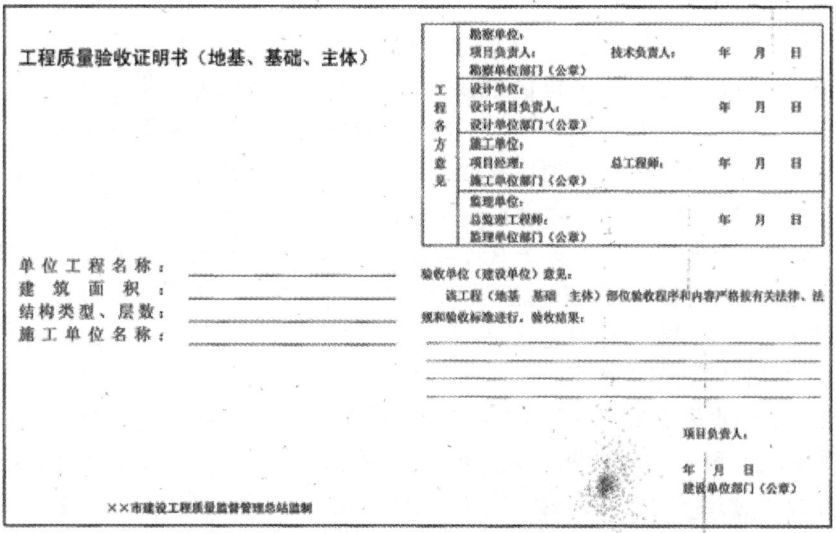
工程质量验收证明书（地基、基础、主体）

单位工程名称：
建筑面积：
结构类型、层数：
施工单位名称：

××市建设工程质量监督管理总站监制

工程各方意见	
	勘察单位： 项目负责人：　技术负责人：　年　月　日 勘察单位部门（公章）
	设计单位： 设计项目负责人：　年　月　日 设计单位部门（公章）
	施工单位： 项目经理：　总工程师：　年　月　日 施工单位部门（公章）
	监理单位： 总监理工程师：　年　月　日 监理单位部门（公章）

验收单位（建设单位）意见：

该工程（地基　基础　主体）部位验收程序和内容严格按有关法律、法规和验收标准进行，验收结果：

项目负责人：

年　月　日

建设单位部门（公章）

图 2-6　工程质量验收证明书

2.7.3　竣工图

1. 竣工图的概念

设计单位在施工图设计阶段完成之后,最终将施工图交付给建设单位通过招投标所选择的施工单位组织实施,施工单位在施工过程中难免会因为原材料、工期、气候、使用功能、施工技术等因素的制约而发生变更、修改。因此,工程竣工后,就必须由各专业施工技术人员,按有关设计变更文件和工程洽商记录,遵循一定的法则进行改绘,使竣工后建筑实体与图纸相符。经过这样改绘的,真实反映建筑实体施工结果的图样称为竣工图。

房屋建筑工程竣工图包括:建筑竣工图、结构竣工图、装饰装修竣工图、电气工程竣工图、给排水工程竣工图、采暖工程竣工图、通风工程竣工图、空调工程竣工图、燃气工程竣工图等。

2. 竣工图的作用

竣工图是工程竣工档案资料的重要组成部分,其作用如下:

(1) 竣工图是进行管理维修、改扩建的技术依据;

(2) 竣工图是城市规划、建设审批等活动的重要依据;

(3) 竣工图是司法鉴定裁决的法律凭证;

(4) 竣工图是抗震、防灾、战后恢复重建的重要保障。

3. 竣工图的绘制及要求

竣工图的绘制及要求主要有以下几个方面:

(1) 按图施工没有变动的,由竣工图的编制单位在原施工图上加盖竣工图印章后,即可作为竣工图;

(2) 在施工中虽有一般性设计变更,但能将原施工图加以修改、补充即可反映工程实际情况,并符合技术图样改绘方法的,可不重新绘制竣工图,由编制单位负责在原施工蓝图上修改,加盖修改专用章和加盖竣工图印章后,即可作为竣工图;或在修改部位说明设计变更单编号,同时在图的空白位置汇总标出设计变更的各编号,附上设计变更通知单和施工说明等,经施工单位或设计单位与工程实际核对无误,加盖竣工图印章后,即可作为竣工图。该方法节约人力物力,简单易行,是一种编制竣工图行之有效的方法。这种方法适用工程变更不大,经过修改后就能反映工程实际情况时使用;

(3) 结构形式改变、工艺改变、平面布置改变、项目改变或其他重大修改的,以及图面变更面积超过35%的,不宜在原施工图上修改、补充内容,应重新绘制竣工图,经施工单位或设计单位与工程实际核对无误后,按原图编号,末尾加注竣字,或在新图图标内注明竣工阶段,加盖竣工图印章后,方可作为竣工图;

(4) 引进工程的竣工图,应在外商提供的最终版施工图上按实际修改,经外商审核后加盖竣工图章,方可作为竣工图。竣工图章的基本内容应包括:竣工图字样、施工单位、编制人、审核人、技术负责人、编制日期、监理单位、现场监理、总监。竣工图章尺寸为50 mm × 80 mm。

知识拓展

绘制竣工图应注意的几个问题：

(1) 未采用或全改的施工蓝图不归档，但应修改设计目录；

(2) 有变更的施工图按照前面规定的改绘方法修改后，必须经过施工单位的技术负责人和审核人核对审核，再送监理单位经总监理工程师和现场监理审阅无误后，加盖规定的竣工图章并签字后视为竣工图；

(3) 竣工图章必须使用不易褪色的红色印泥盖在图标栏的上方空白处或者其他空白处。当图面内容饱和时盖在图签的背面；

(4) 在蓝图上改绘竣工图各专业图样都必须相应地修改，使各个专业的衔接关系相互吻合；

(5) 不得把洽商纪要或附图贴在原设计图上作为竣工图，也不许把洽商纪要原封不动地抄在原图上，应该画图的，一定要用图形符号、线条表达清楚，便于直观看图。画图所使用的图形图识符号必须符合国家制图标准，禁止徒手绘图；

(6) 编绘竣工图所使用的图样必须是新晒制的蓝图，反差要明显。计算机出图必须清晰，不得使用计算机出图的复印件。使用的墨水必须是碳素墨水，字体要求仿宋体或者楷体字，严禁草字、错别字；

(7) 编绘的内容不要出图框线，图样封面、目录均加盖竣工图章；

(8) 在施工蓝图上改绘竣工图，严禁刮改、涂抹，要能反映设计原貌；

(9) 凡修改处，必须注明变更的依据、出处。例如，此处变更见×××年××月××日变更第×条。

2.7.4　竣工验收备案表

1. 竣工验收备案程序

(1) 单位工程竣工验收 7 日前，建设单位到设立在承接监督该工程的监督站工程竣工验收备案管理部门领取建设工程竣工验收备案表。同时，建设单位将竣工验收的时间、地点及验收组名单和各项验收报告报送负责监督该项工程的质量监督部门，准备对该工程竣工验收进行监督；

(2) 自工程竣工验收合格之日起 15 个工作日内，建设单位将建设工程竣工验收备案表一式两份和竣工验收备案文件报送工程竣工验收备案管理部门，经备案工作人员初审验证符合要求后，在表中备案意见栏加盖备案文件收讫章；

(3) 工程质量监督部门在工程竣工验收合格后 5 个工作日内，向工程竣工验收备案管理部门报送工程质量监督报告；

(4) 备案管理部门负责人审阅建设工程竣工验收备案表和备案文件，符合要求后，在表中备案管理部门处理意见栏填写准予该工程竣工验收备案意见，加盖工程竣工验收备案专用章。监督管理费结算完毕后，备案管理部门将备案表一份发给建设单位，一份备案表及全部备案资料和工程质量监督报告留存档案；

(5) 建设单位报送的建设工程竣工验收备案表和竣工验收备案文件如不符合要求的，备案工作人员应填写备案审查记录表，提出备案资料存在的问题，双方签字后，交建设单位修改；

(6) 建设单位根据规定对存在的问题进行整改和完善，符合要求后重新报送备案管理部门备案；

(7) 备案管理部门依据工程质量监督报告或其他方式发现在工程竣工过程中存在有违反国家建设工程质量管理规定行为的，应当在收讫工程竣工验收文件 15 个工作日内，责令建设单位停止使用，并重新组织竣工验收。建设单位在重新组织竣工验收前，工程不得自行投入使用，违者按有关规定处理；

(8) 建设单位采用虚假证明文件办理竣工验收备案，工程竣工验收无效，责令停止使用，重新组织竣工验收，并按有关规定进行处理；

(9) 建设单位在工程竣工验收合格后 15 日内未办理工程竣工验收备案，责令其限期改正，并按有关规定处理。

2. 竣工验收备案流程图

竣工验收备案流程如图 2-7 所示。

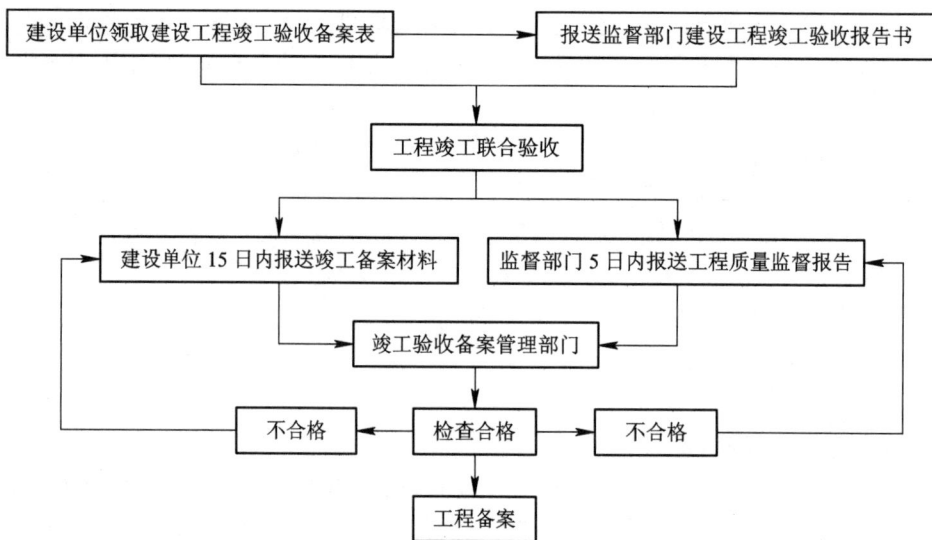

图 2-7　竣工验收备案流程图

3. 建设工程竣工验收备案表

建设工程竣工验收备案表填写说明如表 2-6 所示。

表 2-6　建设工程竣工验收备案表填写说明

项目名称	序号	内　容
封面	1	工程名称：同封面名称
	2	工程地址：填写邮政地址，写明区(县)街道门牌号码
	3	工程规模：建筑工程填写竣工建筑面积，市政、公用等工程填写工程实际造价时超出规划允许偏差面积时，要补办规划手续，并附上补办的规划手续
第一页	1	工程名称：同封面名称

续表

项目名称	序号	内　　容
第一页	2	工程地址：填写邮政地址，写明区(县)街道门牌号码
	3	工程规模：建筑工程填写竣工建筑面积，市政、公用等工程填写工程实际造价时超出规划允许偏差面积时，要补办规划手续，并附上补办的规划手续
	4	工程类别：公用或民用等
	5	结构类型：混合，框架，剪力墙，钢结构等
	6	规划许可证号：按工程规划许可证号码填写
	7	施工许可证号：按工程施工许可证号码填写
	8	监督注册号：按工程质量监督注册登记表的号码填写
	9	单位名称和负责人：建设单位、勘察单位、设计单位、施工单位、监理单位的名称均用法人单位名称，负责人即法人代表的姓名。监督部门填写监督室、站名称；负责人填写室、站负责人的姓名
	10	备案理由：在建设单位处加盖法人单位公章，负责人处法人代表签字
	11	报送时间：填写建设工程竣工验收备案表和工程验收备案资料初步验收符合要求的日期
第二页	1	表内的竣工验收意见：勘察单位意见、设计单位意见、施工单位意见、监理单位意见，均要有结论性评语，如：合格、良好、优秀
	2	勘察单位意见：如某工程地基为我院勘察，勘察报告标号为××××-××××，经验槽槽底土质为××土，与勘察报告相符。基底局部处理意见见洽商××××号，同意竣工验收
	3	设计单位意见：如某工程为我院设计，现已施工完毕，经检查施工符合设计图样和工程洽商要求，同意竣工验收
	4	施工单位意见：如某工程已按设计图样及变更洽商和施工合同完成，符合国家施工验收规范及标准，工程质量等级自评为合格，同意竣工验收
	5	监理单位意见：如某工程为我公司监理，该工程施工符合设计图样及变更洽商和国家施工验收规范及标准，工程质量等级为合格，同意竣工并验收
	6	建设单位意见：如某工程经我单位组织勘察、设计、施工、监理单位共同检查，满足设计要求，符合国家规范及标准要求，工程质量等级为合格，同意竣工验收。以上各栏中签字可以是单位负责人，也可以是项目负责人，签字后加盖公章
第三页	1	竣工验收备案文件清单：由建设单位提供
	2	份数栏：由建设单位填写
	3	验证情况：由备案经办人员填写，符合要求的加盖符合要求章
	4	备注栏：由备案经办人员填写
	5	备案意见：由备案室备案经办人填写备案文件收讫的日期，加盖备案文件收讫章
	6	备案管理部门负责人，由备案室主任签字
	7	经办人：由备案室备案经办人签字
	8	日期：备案管理部门负责人签字的时间，备案以此日期为准
	9	公章：加盖备案管理部门竣工验收备案专用章
第四页	1	备案管理部门处理意见：由备案室主任签署同意备案的意见后，填写日期，加盖工程竣工验收备案专用章
总体要求：① 建设工程竣工验收备案表一律用钢笔、墨笔填写。 ② 字迹清楚，字体工整。 ③ 所有签字栏，一律由本人手写签字，不得代签。 ④ 所填内容必须真实、准确，不得随意涂改。		

4. 竣工验收备案文件

竣工验收备案文件说明如表 2-7 所示。

表 2-7 竣工验收备案文件说明

项目名称	序号		说　明
规划许可证及其他规划批复文件	1		地方城市规划管理部门颁发的建设工程规划许可证
施工图、设计文件审查报告	2		施工图审查机构审查
工程质量监督手续	3		由地方建设工程质量监督机构或区(县)监督机构、专业监督机构办理的工程质量监督注册登记表
工程施工许可证或开工报告	4		地方建设主管部门颁发的建筑工程施工许可证。按照国务院规定的权限和程序批准开工的为开工报告
公安消防部门出具的认可(批准)使用文件	5		由地方消防部门对该工程的消防工程验收合格后签发的××地方建筑工程消防验收意见书或批复报告
环保部门出具的认可(准许)使用文件	6		工厂、车间、住宅小区、商店、宾馆、饭店等依据《建设项目环境保护管理办法》，由地方环境保护局出具《环境影响报告书》或批复报告
卫生部门出具的认可(准许)使用文件	7		公共或民用建筑工程中，涉及生活饮用水的项目，要有卫生防疫部门出具的水质检验报告
质量合格文件	8	①	勘察部门对地基及处理的验收文件。隐蔽工程检查记录中的地基验收记录，建设、勘察、设计、监理、施工单位签字要齐全，无未完事项
		②	单位工程验收记录。由建设单位组织勘察、设计、监理、施工单位在工程竣工验收合格后签署的单位工程验收记录各方签字要齐全，并加盖单位公章
		③	单位工程质量评定文件。依据《建筑工程施工质量验收统一标准》，施工单位自评记录，包括单位(子单位)工程安全和功能检验资料核查及主要功能抽查记录、单位(子单位)工程观感质量检查记录及室内环境检测报告等
		④	监理部门签署的竣工移交证书。依据建设工程监理规程，由建设、监理单位共同办理竣工移交手续，竣工移交证书由总监理工程师和建设单位代表签字，双方加盖公章
地基与基础、结构工程验收记录及检测报告	9		包括基础结构工程验收记录、主体结构工程验收记录。建设、设计、监理、施工单位四方签字齐全，并加盖单位公章。按照国家规范要求，进行检测的应提交检测报告。例如复合地基要有复合地基检测报告，工程因质量问题实施的检测，备案时要有检测报告
工程竣工验收报告	10		设计单位、勘察单位、监理单位提供的工程质量评估报告、施工单位提供的工程质量检查报告、施工单位提供的工程竣工报告、建设单位提供的单位工程竣工验收报告，以上报告要经项目负责人签字，并加盖公章
工程质量保修书	11		按照《建设工程质量管理条例》，建设单位和施工单位共同签署房屋建筑工程质量保修书，其内容包括：质量保修范围、质量保修期、质量保修责任、保修费用和其他

续表

项目名称	序号	说　明
住宅质量保证书	12	住宅质量保证书由建设单位编写，其内容包括：工程在正常使用条件下各部位、部件保修内容与保修期、地基基础和主体结构在合理使用寿命年限内承担保修、用户报修的单位，答复和处理的时限
住宅使用说明书	13	住宅使用说明书由建设单位编写，应当对住宅的结构、性能和各部位(部件)的类型、性能、标准等做出说明，并提出使用注意事项。一般应当包括开发单位、设计单位、施工单位、监理单位，结构类型，装修、装饰注意事项，上水、下水、电、燃气、热力、通信、消防等设施配置的说明，有关设备、设施安装预留位置的说明和安装注意事项，门、窗类型及使用注意事项，配电负荷，承重墙、保温墙、防水层、阳台等部位注意事项的说明，其他需说明的问题，住宅中的设备、设施，生产厂家另有使用说明书的，应附于住宅使用说明书中
其他文件	14	凡属需要说明、报告的其他事项，不能归到前13项资料中的，可归纳在其他文件中

备案文件要求：

① 所有备案文件应由建设单位收集、整理，符合要求后由建设单位报送备案。

② 备案文件要求真实、有效，不得提供虚假证明文件。

③ 备案文件要求提供原件。如为复印件应注明原件存放单位，复印人签名，日期，并加盖建设单位公章。复印件应清晰、整洁，无黑斑，歪斜等缺陷。

④ 文件规格尺寸为 A4 幅面(297 mm × 210 mm)，左部预留尺寸 30 mm，上部预留尺寸 25 mm。

知识拓展

在正常使用条件下，建设工程的最低保修期限如下：

(1) 地基基础工程和主体结构工程，为设计文件规定的该工程的合理使用年限；

(2) 屋面防水工程、有防水要求的卫生间、房间和外墙面的防渗漏，保修期限为 5 年；

(3) 电气管线、给排水管道、设备安装和装修工程，保修期限为 2 年；

(4) 墙面、顶棚抹灰层脱落，保修期限为 1 年；地面空鼓开裂、大面积起砂，保修期限为 1 年；

(5) 门窗翘裂、五金件损坏，保修期限为 1 年；

(6) 管道堵塞，保修期限为 2 个月；

(7) 供热与供冷系统和设备保修期限为 2 个采暖期、供冷期；

(8) 卫生洁具保修期限为 1 年；

(9) 灯具、电器开关保修期限为 6 个月；

(10) 其他项目的保修期限由建设单位和施工单位约定。

5. 建筑工程竣工验收备案证书

建筑工程竣工验收备案是指建设单位在建筑工程竣工验收后，将建筑工程竣工验收报告和规划、公安消防、环保等部门出具的认可文件或者准许使用文件报建设行政主管部门审核的行为。建设单位收到建设工程竣工报告后，应当组织设计、施工、工程监理等有关单位进行竣工验收。备案机关在验证竣工验收备案文件齐全后，在竣工验收备案表上签署验收备案意见并签章。工程竣工验收备案表一式两份，一份由建设单位保存，一份留备案机关存档。建筑工程竣工验收备案证书的格式如图 2-8 所示。

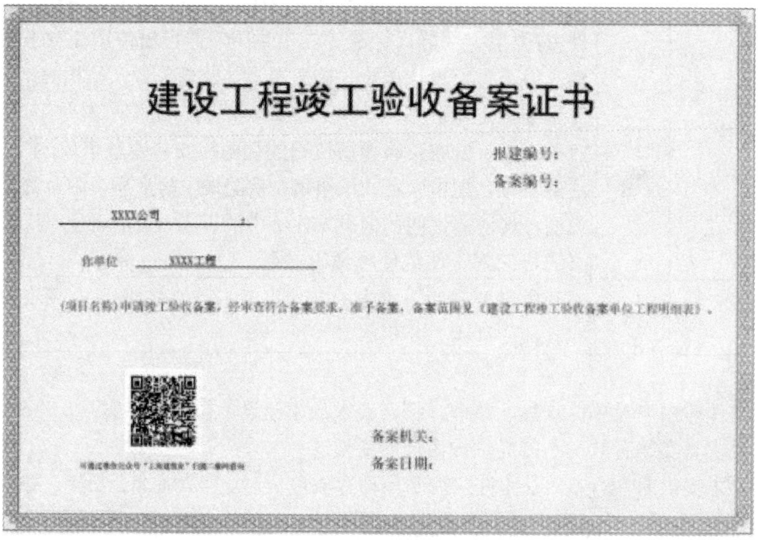
建设工程竣工验收备案证书

报建编号：
备案编号：

XXXX公司：

你单位 XXXX工程

(项目名称)申请竣工验收备案，经审查符合备案要求，准予备案，备案范围见《建设工程竣工验收备案单位工程明细表》。

备案机关：
备案日期：

图 2-8 建设工程竣工验收备案证书

6. 工程质量保修书

建筑工程实行质量保修制度。建筑工程承包单位在向建设单位提交工程竣工验收报告时，应当向建设单位出具质量保修书。质量保修书中应当明确建筑工程的保修范围、保修期限和保修责任等。

建筑工程的保修范围应当包括地基基础工程、主体结构工程、屋面防水工程和其他土建工程，以及电气管线、上下水管线的安装工程，供热，供冷系统工程等项目；保修的期限应当按照保证建筑物合理寿命年限内正常使用。建筑物在合理使用寿命内必须保证地基基础和主体工程质量。建筑工程竣工时，屋顶、墙面不得有渗漏、开裂等质量缺陷。

建筑工程的保修期，自竣工验收合格之日起计算。保修期的起始日是竣工验收合格之日，是指建设单位收到建筑工程竣工报告后，组织设计、施工、监理、勘察、设计等有关单位进行竣工验收，验收合格并各方签收竣工验收文本的日期。

房屋建筑工程在保修范围和保修期限内发生质量缺陷，施工单位应当履行保修义务。对在保修期限和保修范围内发生质量问题的，一般应先由建设单位组织勘察、设计、施工等单位分析产生质量问题的原因，确定保修方案，再由施工单位负责保修。但当问题严重和紧急时，不管是什么原因造成的，均先由施工单位履行保修义务，不得推诿。对引起质量问题的原因要实事求是，科学分析，分清责任，按责任大小由责任方承担不同比例的经济赔偿。

这里的损失，既包括因工程质量问题造成的直接损失，即用于返修的费用，又包括间接损失，如给使用人或第三人造成的财产或非财产损失等。

> **知识拓展**
>
> 　　为规范建设工程质量保证金管理，落实工程在缺陷责任期内的维修责任，根据《中华人民共和国建筑法》《建设工程质量管理条例》《国务院办公厅关于清理规范工程建设领域保证金的通知》和《基本建设财务管理规则》等相关规定，制定本办法。
>
> 　　本办法所称建设工程质量保证金(以下简称保证金)是指发包人与承包人在建设工程承包合同中约定，从应付的工程款中预留，用以保证承包人在缺陷责任期内对建设工程出现的缺陷进行维修的资金。缺陷是指建设工程质量不符合工程建设强制性标准、设计文件，以及承包合同的约定。缺陷责任期一般为 1 年，最长不超过 2 年，由发、承包双方在合同中约定。
>
> 　　发包人应当在招标文件中明确保证金预留、返还等内容，并与承包人在合同条款中对涉及保证金的下列事项进行约定：
>
> 　　(1) 保证金预留、返还方式；
> 　　(2) 保证金预留比例、期限；
> 　　(3) 保证金是否计付利息，如计付利息，利息的计算方式；
> 　　(4) 缺陷责任期的期限及计算方式；
> 　　(5) 保证金预留、返还及工程维修质量、费用等争议的处理程序；
> 　　(6) 缺陷责任期内出现缺陷的索赔方式；
> 　　(7) 逾期返还保证金的违约金支付办法及违约责任。

2.8　施工影像资料

　　施工影像资料包括建筑工程未开工前的原貌、竣工新貌照片，建设工程开工、施工、竣工的影像资料。能很好地再现施工现场的施工管理状况和进行情况，并且是了解隐蔽工程的必需资料。施工影像资料包括反映项目建设全过程的照片、可视光盘、电子文件等，它是记录工程从原始状态到工程完工全过程、全方面建设管理的重要文档，为提高工程项目建设管理和工程质量水平，促进项目建设管理的标准化、科学化和规范化提供依据。建设工程未开工前的原貌、竣工新貌照片由建设单位收集、提供。建设工程开工、施工、竣工的影像资料由建设单位、施工单位、监理单位及相关利益方收集，最后统一由建设单位报送备案。

2.8.1　施工影像资料的特性

　　施工影像资料一般具有以下特性。

1. 具有直观性和及时性

　　施工影像资料展示的进度、质量、工程缺陷的整改以及安全文明情况等一目了然，使参建各方都能够直观、及时地掌握工程的进展和质量状态。

2. 具有长期保存、简易操作的特性

目前的影像资料一般都以刻录光盘、照片等电子文件格式保存，具有操作简单，便于长期保存、不占据较大空间的优点。

3. 具有对比性和可追溯性

常用于工程缺陷整改、质量和安全事故的调查，往往是最重要的取证方法之一。通过影像资料可以将整改前后、事故发生前后过程进行对比和追溯，从而确认效果和事故原因。

4. 具有真实性和权威性

在工程变更申报、监理指令等方面，影像资料能对所述事项进行详细描述，其反映的内容更具真实性和权威性。

2.8.2　施工影像资料的分类

施工影像资料的分类如下。

1. 原始状态的施工影像资料

原始状态的施工影像资料主要反映原始地形地貌，原有建筑、障碍的位置、形状；沿线河塘位置、走向、河面河底标高和护坡类型；地上地下管线布置、走向，原有周边道路状况等。

2. 隐蔽工程的施工影像资料

隐蔽工程的施工影像资料主要反映基坑开挖至设计标高时地基土质情况，以及地基处理前后的状况，如钻孔灌注桩、粉喷桩、地下连续墙等事故全过程。

3. 材料和机械设备的施工影像资料

材料和机械设备的施工影像资料主要反映碎石土、土工格栅、砂石料、沥青、钢筋等原材料，级配碎石、混凝土、基层混合料、面层混合料等拌和后的粒径、配比情况，装载机、挖土机、摊铺机、压路机等设备的型号和数量。

4. 施工过程的施工影像资料

施工过程的影像资料主要反映工程施工各环节、各工序施工过程中的人员、机械配置情况；主要施工方法，特殊情况的处理方案等，尤其要重视影响过程造价、进度、质量和安全隐患的因素。

5. 施工质量和安全控制的施工影像资料

施工质量和安全控制的施工影像资料主要反映质量和安全问题整改前后的情况，重点是关键部位、关键工序和隐蔽工程的质量控制情况以及安全隐患的控制情况。

6. 施工标准化展示宣传的施工影像资料

施工标准化展示宣传的施工影像资料主要是企业文化理念、企业行为文化、企业视觉文化。包括质量理念、成本理念、品牌理念、创新理念、人本理念、企业精神、企业宗旨、职业道德、企业的规章制度和员工行为规范、产品形象、企业标识、文明环境、资源管理(设备物资管理)、员工风貌、内刊、宣传栏、口号、企业文化传播网络以及各种有益活动等。

此外还有整洁的工程临时用房视频录像(包括项目部各办公室、员工宿舍、食堂、员工学校、会议室等)、旗帜旗台、大门及维护设施、各类标牌等。

2.8.3　施工影像资料的建立

(1) 要针对施工项目的特点分类建立施工影像资料。如项目部驻地建设、施工现场、质量巡查、安全检查和企业文化宣传等。

(2) 明确拍摄目的和反映的内容。如拍摄地基和基础工程的影像资料的目的是标识基坑开挖方法、基地土质情况、基础结构施工方法和质量情况，内容应包括基坑开挖使用设备、基坑边坡坡度、基坑降水情况、地基土质情况、基础施工过程质量控制、基础结构的外观、基坑回填施工前后情况等。

(3) 取景的方法。全景拍摄适合描述整体施工概况、原始状态、模板支架支撑、管道铺设后的全景、竣工时全貌等；局部拍摄适合描述细部或个体情况，比如基坑开挖尺寸、节点钢筋布置、预埋构件、或者突出反应个体情况等，采用卷尺附加拍摄，比如管径、钢筋直径、钢筋网间距、路基路面摊铺厚度、宽度、管道回填厚度等。

2.8.4　施工影像资料的整理

施工影像资料拍摄后，项目部应设专人及时进行整理和保存。整理时可利用软件对照片、电子文件进行标注、排序和附加说明，如日期、部位、尺寸、情况说明和施工状况等，对于质量整改，将处理前和整改后的照片集中或对比，说明处理结果或整改效果。

项目部应(时间不超过 30 d)向总监理工程师提供表明时间和工程进度的彩色照片副本两份，数码影像资料电子文件两份。

本 章 习 题

1. 什么是项目建议书?
2. 什么是选址意见书?
3. 工程建设项目报建的主要内容有哪些?
4. 什么是拨地测量?
5. 规划设计条件主要应包括哪些内容?
6. 施工图审查的内容有哪些?
7. 简述施工招投标的程序。
8. 建设工程施工合同示范文本包括哪几部分内容?
9. 简述建设工程前期文件的整理顺序。
10. 试述建设工程开工应具备的条件。
11. 试述办理施工许可证时应准备的资料。

第 3 章　工程监理资料编制与整理

❯❯ 专业知识目标

1. 了解工程监理资料的主要内容、工程监理资料的编制要求。
2. 理解各种监理资料的作用。
3. 掌握监理资料的组成，各种监理资料的概念、表式、填写要求及填表方法。

❯❯ 职业技能目标

1. 能熟练地填写、收集、整理、归档各类监理资料。
2. 能解释各种监理资料的作用并加以熟练应用。

❯❯ 相关知识

> 　　监理工程师职业资格考试设"建设工程监理基本理论和相关法规"、"建设工程合同管理"、"建设工程目标控制"、"建设工程监理案例分析"4 个科目。其中"建设工程监理基本理论和相关法规"、"建设工程合同管理"为基础科目，"建设工程目标控制"、"建设工程监理案例分析"为专业科目。专业科目分为土木建筑工程、交通运输工程、水利工程 3 个专业类别，考生在报名时可根据实际工作需要选择。

3.1　监理单位文件资料管理流程

3.1.1　监理单位文件资料管理的概念

　　监理单位文件资料的管理是指监理工程师受建设单位的委托，在其进行监理工作期间，对工程建设实施过程中所形成的建设监理资料进行收集积累、加工整理、组卷归档和检索利用的一系列工作。

3.1.2　监理单位资料管理流程

监理单位资料管理流程如图 3-1 至图 3-5 所示。

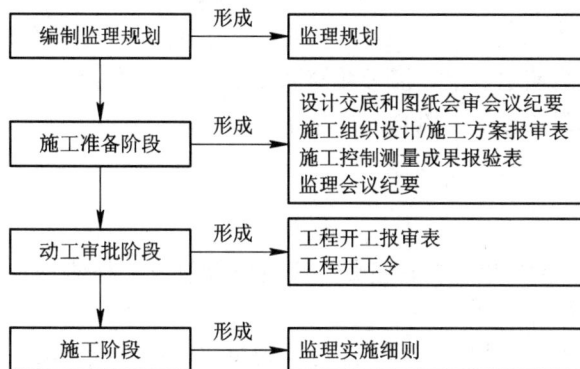

图 3-1　监理过程资料形成(一)　　　　图 3-2　监理过程资料形成(二)

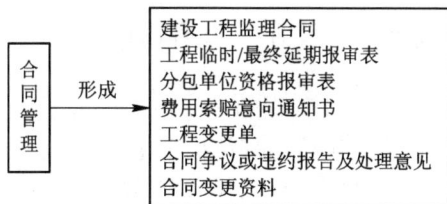

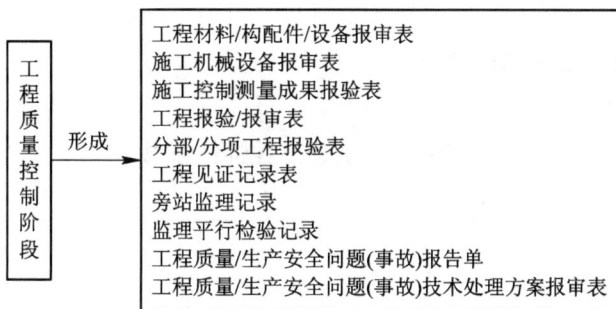

图 3-3　监理过程资料形成(三)

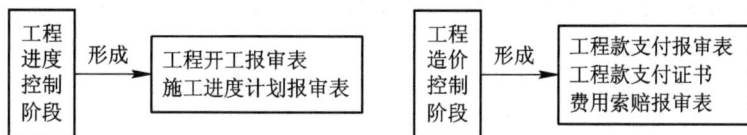

图 3-4　监理过程资料形成(四)

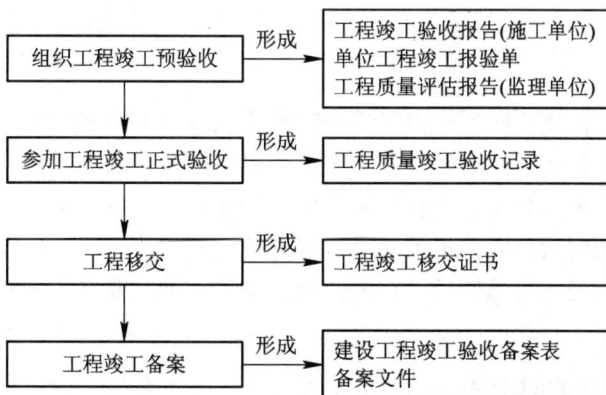

图 3-5　监理过程资料形成(五)

3.2　监理管理资料

监理管理资料主要包括总监理工程师任命书、监理规划、监理实施细则、工程开工令、监理会议纪要、监理日志、工作联系单、监理通知单、监理通知回复单、工程暂停令、工程复工报审表、工程复工令、监理报告、监理月报、监理工作总结等内容。

3.2.1　总监理工程师任命书

总监理工程师是指由工程监理单位法定代表人书面任命，负责履行建设工程监理合同、主持项目监理机构工作的注册监理工程师。

总监理工程师任命书适用于建设工程监理合同签订后，工程监理单位将对总监理工程师的任命及相应的授权范围书面通知建设单位。此任命书为《建设工程监理规范》中监理单位用表 A.0.1。

1. 总监理工程师任命书的样例

总监理工程师任命书样例如表 3-1 所示。

表 3-1　总监理工程师任命书

工程名称：×××大学行政大楼工程　　　　　　　　　　　　　编号：×××

致：×××大学 (建设单位)

　兹任命 ×××(注册监理工程师注册号：33100898)为我单位×××大学行政大楼工程项目总监理工程师。负责履行建设工程监理合同、主持项目监理机构工作。

　　　　　　　　　　　　　　　　　　　　工程监理单位(盖章)
　　　　　　　　　　　　　　　　　　　　法定代表人(签字) ×××
　　　　　　　　　　　　　　　　　　　　2022 年××月××日

---

2. 填写说明

在签订建设工程监理合同后，由工程监理单位在任命书中相应空格内填写本公司即将委派的总监理工程师姓名、注册号以及实施监理的工程项目名称，然后由工程监理单位法定代表人签字并加盖单位公章，并在任命书中明确相应的授权范围。

工程监理单位法定代表人应根据建设工程监理合同的约定，任命有类似工程管理经验的注册监理工程师担任项目总监理工程师，总监理工程师需要具备 8 年以上工程经验且有高级工程师职称。

3. 总监理工程师的职责

项目总监理工程师在实施建设工程监理过程中应履行下列职责：

(1) 确定项目监理机构人员及其岗位职责。

(2) 组织编制监理规划，审批监理实施细则。

(3) 根据工程进展及监理工作情况调配监理人员，检查监理人员工作。

(4) 组织召开监理例会。

(5) 组织审核分包单位资格。

(6) 组织审查施工组织设计、(专项)施工方案。

(7) 审查工程开复工报审表，签发工程开工令、暂停令和复工令。

(8) 组织检查施工单位现场质量、安全生产管理体系的建立及运行情况。

(9) 组织审核施工单位的付款申请，签发工程款支付证书，组织审核竣工结算。

(10) 组织审查和处理工程变更。

(11) 调解建设单位与施工单位的合同争议，处理工程索赔。

(12) 组织验收分部工程，组织审查单位工程质量检验资料。

(13) 审查施工单位的竣工申请，组织工程竣工预验收，组织编写工程质量评估报告，参与工程竣工验收。

(14) 参与或配合工程质量安全事故的调查和处理。

(15) 组织编写监理月报、监理工作总结，组织整理监理文件资料。

3.2.2　监理规划

监理规划是工程监理单位接受业主委托监理合同之后，在总监理工程师的主持下，根据建设工程监理合同，在监理大纲的基础上，结合工程的具体情况，广泛收集工程信息和资料的情况下编制的、经监理单位技术负责人批准的、用来指导项目监理机构全面开展建设工程监理工作的指导性文件。

监理规划可在签订建设工程监理合同及收到工程设计文件后由总监理工程师组织编制，并应在召开第一次工地会议前 7 天报送建设单位。

1. 监理规划的编制依据

(1) 建设工程的相关法律、法规及项目审批文件。

(2) 与建设工程项目有关的标准、设计文件、技术资料。

(3) 监理大纲、建设工程监理合同文件以及与建设工程项目相关的合同文件。

2. 监理规划的主要内容

(1) 工程概况。

(2) 监理工作范围、内容、目标。

(3) 监理工作依据。

(4) 监理组织形式、人员配备及进退场计划、监理人员岗位职责。

(5) 监理工作制度。

(6) 工程质量控制。

(7) 工程造价控制。

(8) 工程进度控制

(9) 安全生产管理的监理工作。

(10) 合同与信息管理。

(11) 组织协调。

(12) 监理工作设施。

注意: 在实施建设工程监理过程中,实际情况或条件发生变化而需要调整监理规划时,应由总监理工程师组织专业监理工程师修改,并应经工程监理单位技术负责人批准后报建设单位。

3. 监理规划的封面形式

监理规划的封面形式如表 3-2 所示。

表 3-2　监理规划的封面

×××大学行政大楼工程监理规划
总监理工程师(编制): ××× 公司技术负责人(审核): ××× 监理单位(章): ××监理公司 编制日期: ××××年××月××日

3.2.3　监理实施细则

监理实施细则是根据监理规划由专业监理工程师编写,并经项目总监理工程师批准,针对工程项目中的某一专业或某一方面建设工程监理工作的可操作性文件。

监理实施细则应在相应工程施工开始前由专业监理工程师编制,并应报总监理工程师审批。

1. 监理实施细则的编写依据

(1) 已批准的监理规划。

(2) 工程建设标准、工程设计文件。

(3) 施工组织设计、(专项)施工方案。

2. 监理实施细则的主要内容

(1) 专业工程特点。

(2) 监理工作流程。

(3) 监理工作要点。

(4) 监理工作方法及措施。

注意: 监理细则应做到详细、具体、具有可操作性。对专业性较强、危险性较大的分部分项工程,项目监理机构应编制监理实施细则。

在实施建设工程监理过程中,监理实施细则可根据实际情况进行补充、修改,并应经总监理工程师批准后实施。

3. 监理实施细则的封面形式

监理实施细则的封面形式如表 3-3 所示。

表 3-3　监理实施细则的封面

<u>×××大学行政大楼</u>工程建筑节能工程监理实施细则
(土建或水、电、暖)

专业监理工程师(编制)：<u>×××</u>
总监理工程师(批准)：<u>×××</u>
项目监理机构(章)：<u>××监理公司×××大学行政大楼</u>工程项目监理部
编制日期：<u>××××</u>年<u>××</u>月<u>××</u>日

3.2.4　工程开工令

签发工程开工令是总监理工程师应履行的职责。在建设单位对工程开工报审表签署同意意见后，总监理工程师可签发工程开工令。

1. 工程开工令的样例

工程开工令的样例如表 3-4 所示。

表 3-4　工程开工令

工程名称：<u>×××大学行政大楼工程</u>　　　　　　　　　　　　编号：<u>×××</u>

致：<u>××建设工程有限公司</u> (施工单位)

经审查，本工程已具备施工合同约定的开工条件，现同意你方开始施工，开工日期为：<u>××××</u>年<u>××</u>月<u>××</u>日。

附件：工程开工报审表

项目监理机构(盖章)
总监理工程师(签字、加盖执业印章)：<u>×××</u>
<u>××××</u>年<u>××</u>月<u>××</u>日

2. 填表说明

总监理工程师应组织专业监理工程师审查施工单位报送的工程开工报审表及相关资料，同时具备下列条件时，由总监理工程师签署审核意见，并报建设单位批准，之后总监理工程师签发工程开工令。

(1) 设计交底和图纸会审已完成。

(2) 施工组织设计已由总监理工程师签认。

(3) 施工单位现场质量、安全生产管理体系已建立，管理及施工人员已到位，施工机械具备使用条件，主要工程材料已落实。

(4) 进场道路及水、电、通信等已满足开工要求。

总监理工程师应在开工日期 7 天前向施工单位发出工程开工令。工期自总监理工程师发出的工程开工令中载明的开工日期起计算。施工单位应在开工日期后尽快施工。

3.2.5 监理会议纪要

监理会议纪要是由项目监理机构负责整理的会议纪要，它主要包括第一次工地会议的会议纪要、监理例会纪要和由项目监理机构主持的专题会议纪要。

第一次工地会议由建设单位主持召开。监理例会是由总监理工程师或其授权的专业监理工程师定期主持召开的会议。专题会议是由总监理工程师或其授权的专业监理工程师主持或参加的、为解决监理过程中的工程专项问题而不定期召开的会议。

1. 监理会议纪要样例

监理会议纪要样例如表 3-5 所示。

表 3-5　监理会议纪要

工程名称：×××大学行政大楼工程　　　　　　　　编号：×××

各与会单位：×××大学、×××建设公司

现将第五次监理例会会议纪要印发给你们，请查收。附会议纪要正文 2 页。

项目监理机构(盖章)

总监理工程师：×××

××××年××月××日

会议地点	现场会议室	会议时间	××××年××月××日
组织单位	×××监理公司	主持人	×××
会议议题			第五次监理例会
各与会单位及人员签到栏	与会单位		与会人员
	×××技术创新中心		×××，×××
	×××建设公司		×××，×××，×××，×××
	×××监理公司		×××，×××，×××，×××
备注：参会人员必须手写			

2. 会议主要内容

(1) 第一次工地会议应包括以下主要内容：

① 建设单位、施工单位和工程监理单位分别介绍各自驻现场的组织机构、人员及分工；

② 建设单位介绍工程开工准备情况；

③ 施工单位介绍施工准备情况；

④ 建设单位代表和总监理工程师对施工准备情况提出意见和要求；

⑤ 总监理工程师介绍监理规划的主要内容；

⑥ 研究确定各方在施工过程中参加监理例会的主要人员，召开监理例会的周期、地点及主要议题；

⑦ 其他有关事项。

(2) 监理例会的主要内容如下：

① 检查上次例会议定事项的落实情况，分析未完事项原因；

② 检查分析工程项目进度计划完成情况，提出下一阶段进度目标及落实措施；

③ 检查分析工程项目质量、施工安全管理状况，针对存在的问题提出改进措施；

④ 检查工程量核定及工程款支付情况；

⑤ 解决需要协调的有关事项；

⑥ 其他有关事宜。

(3) 专题会议纪要的内容包括会议主要议题、会议内容、与会单位、参加人员及召开时间等。工程项目各主要参建单位均可向项目监理机构书面提出召开专题会议的动议。

3. 监理会议纪要的相关规定及要求

(1) 主要议题应简明扼要地写清楚会议的主要内容及中心议题(即与会各方提出的主要事项和意见)，监理例会还包括检查上次例会议定事项的落实情况。

(2) 解决或议定事项应写清楚会议达成的一致意见、下步工作安排和对未解决问题的处理意见。

注意：监理会议纪要由项目监理机构起草。监理例会上对重大问题有不同意见时，应将各方的主要观点，特别是相互对立的意见记入其他事项中，会议纪要内容应准确如实、简明扼要，经总监理工程师审阅，与会各方代表会签，发至合同有关各方，并应有签收手续。

3.2.6　监理日志

监理日志是项目监理机构每日对建设工程监理工作及施工进展情况所做的记录。

监理日志应使用统一制式，每册封面应标明工程名称、册号、记录时间段及建设单位、设计单位、施工单位、监理单位名称。总监理工程师应定期审阅监理日志，全面了解监理工作情况。

1. 监理日志的样例

监理日志的样例如表 3-6 所示。

表 3-6　监理日志

工程名称：×××大学行政大楼工程　　　　　　　　　　　编号：×××

施工单位	××建设公司	日期	××××年××月××日
气象情况	最高 32℃，最低 24℃；气候上午(晴√、雨、雪)，下午(晴√、雨、雪)		
当日施工进展情况	+6.000 m 楼面①~④/A~E 轴现浇板钢筋绑扎，各工件埋件固定，塔吊作业(××型号)，钢筋班组 15 人。 +6.000m 楼面④~⑧/A~E 轴梁钢筋开始绑扎，塔吊作业(××型号)，钢筋班组 8 人。项目监理部安排×××对以上部位钢筋情况进行巡视检查。		
当日监理情况	对+3.000 m 楼面④~⑧/A~E 轴梁的混凝土浇筑工作予以验收，工程主控项目、一般项目符合施工质量验收规范要求。 　　　　　　监理验收人员：×××，施工单位验收人员：×××		
存在问题、处理情况	经巡视检查，发现①~④/A~E 轴现浇板钢筋绑扎过程中，钢筋保护层、搭接长度不够，存在绑扎随意的现象。向浙江××建设公司发出了监理通知单(编号：×××)，签收人为浙江××建设公司施工现场负责人×××。		
其他有关事项			

2. 监理日志的主要内容

(1) 当日施工情况。施工部位及内容；主要材料、机械、劳动力进出场情况；原材料、构配件等的抽样和现场检测情况；验收情况(包括参加人员)。

(2) 当日监理情况，包括施工过程巡视、旁站、见证取样、平行检验等情况。

(3) 存在问题及处理情况，包括工程质量、进度、安全生产等方面存在的问题；对问题处理的情况及处理结果；签发的证书和单据(监理通知单、工程联系单、监理会议记录、监理月报、工程变更等)。

(4) 其他有关事项，包括专业协调、专题现场会议、停工情况、合理化建议等；上级主管部门及公司领导巡视检查情况。

注意： 监理日志应由总监理工程师根据工程实际情况指定专业监理工程师负责记录。监理日志不等同于监理日记。监理日记是每个监理人员的工作日记。

专业监理工程师的监理日记主要记录当日主要的施工和监理情况，而监理员的监理日记则记录当日的检查情况和发现的问题。监理人员应及时填写监理日记并签字，不得补记，不得隔页或扯页以保持其原始记录。

3.2.7　工作联系单

工作联系单是工程建设有关方相互之间的日常书面工作联系用表，包括告知、督促、建议等事项。即与监理有关的某一方需向另一方或几方告知某一事项、或督促某项工作、或提出某项建议等，对方执行情况不需要书面回复时均用此表。此表为《建设工程监理规范》中通用表 C.0.1。

项目监理机构与工程建设相关方(包括建设、施工、监理、勘察、设计及上级主管部门)相互之间的日常书面工作联系，除另有规定外宜采用工作联系单形式进行。

1. 工作联系单样例

工作联系单样例如表 3-7 所示。

表 3-7　工作联系单

工程名称：×××大学行政大楼工程　　　　　　　　　　　编号：×××

致：××建设公司×××大学行政大楼工程项目部

事由：注意栏杆下料时预留足够长度的事

内容：×××大学行政大楼工程室内外楼梯及栏杆安装将全面铺开，为保证室内外楼梯及栏杆高度满足相关规范强制性条文的要求，我项目监理机构曾于××××年××月××日第××次工地例会上专门就栏杆(护栏)高度进行了解读。再次重申如下，希望总承包和专业施工单位狠抓落实，栏杆(护栏)高度在材料制作时就要考虑预留地面装饰层的厚度，严格按规范和设计图纸组织楼梯及栏杆(护栏)安装施工，确保安装牢固和高度满足要求。

1. 栏杆(护栏)高度计算(测量)示意图(略)

2. 技术要求

(1) 外窗窗台距楼面、地面的净高低于 0.90 m 时，应有防护设施。注意：窗外有阳台或平台时可不受此限制；窗台的净高或防护栏杆的高度均应从可踏面起算，保证净高 0.90 m。

(2) 栏杆必须采用防止少年儿童攀爬的构造；对于采用水平杆件的栏杆或花式栏杆应设防攀爬措施(金属密网、安全玻璃等)。

(3) 六层及六层以下住宅的阳台、外廊、内天井及上人屋面等临空处栏杆净高不应低于 1.05 m，七层及七层以上其净高不应低于 1.10 m。栏杆高度应从楼地面或屋面至栏杆扶手顶面垂直高度计算，如底部有宽度大于或等于 0.22 m，且高度低于或等于 0.45 m 的可踏部位，应从可踏部位顶面起计算。

(4) 防护栏杆的垂直杆件间净距不应大于 0.11 m，正偏差应不大于 3 mm。

(5) 护栏玻璃应使用公称厚度不小于 12 mm 的钢化玻璃或钢化夹层玻璃。当护栏一侧距楼地面高度为 5 m 及以上时，应使用钢化夹层玻璃。安全玻璃必须有 3C 安全标识。

3. 施工注意事项

(1) 认真审查图纸，必须按规范要求设置护栏，不得遗漏。

(2) 施工总承包必须对栏杆专业分包单位制作及安装栏杆的质量进行过程管理。

(3) 栏杆施工必须坚持样板领路。在样板中重点注意栏杆的形式(是否横向设置杆件)、杆件间距、栏杆高度、栏板玻璃(是否为安全玻璃、是否应为钢化夹层玻璃)等。

(4) 楼梯转角休息平台处必须留设大于 100 mm 高的挡水线。

(5) 按各专业施工质量验收规范和省市建筑工程质量通病防治要求，及时做好施工过程质量管理、工序交接验收和完工自验收工作。

　　　　　　　　　　　　　　　　　　　　发文单位(章)

　　　　　　　　　　　　　　　　　　　　　负责人：×××

　　　　　　　　　　　　　　　　　　　　　××××年××月××日

---

2. 表格填写内容说明

(1) 事由：需要联系的事项的主题。

(2) 内容：需要联系的事项的详细说明。要求内容完整、齐全，技术用语规范，文字简练明了。

(3) 发文单位：提出工作联系事项的单位。填写本工程现场管理机构名称全称并加盖公章。

(4) 负责人：提出工作联系事项单位在本工程的负责人。如建设单位的现场代表、施工单位的项目经理、监理单位的项目总监理工程师、设计单位的本工程设计负责人及项目其他参建单位的相关负责人。

3. 联系事项

联系事项主要包括以下内容：

(1) 监理例会时间、地点安排。

(2) 建设单位向监理机构提供的设施、物品及监理机构在监理工作完成后向建设单位移交的设施及剩余物品。

(3) 建设单位及施工单位就本工程及本合同需要向监理机构提出保密要求的有关事项。

(4) 建设单位向监理机构提供与本工程合作的原材料、构配件、机械设备生产厂家名录以及与本工程有关的协作单位、配合单位的名录。

(5) 建设工程监理合同的监理单位应履行的职责中需向委托人书面报告的事项。

(6) 监理单位调整监理人员；建设单位要求监理单位更换监理人员。

(7) 监理费用支付通知。

(8) 监理机构提出的合理化建议。

(9) 建设单位派驻及变更施工场地履行合同的代表姓名、职务、职权。

(10) 紧急情况下无法与专业监理工程师取得联系时，项目经理采取了保证人员生命和财产安全的紧急措施，在采取措施后 48 h 内向专业监理工程师提交的报告。

(11) 对不能按时开工提出延期开工理由和要求的报告。

(12) 实施爆破作业、在放射毒害环境中施工及使用毒害性、腐蚀性物品施工，施工单位在施工前 14 天以内向专业监理工程师提出的书面通知。

(13) 可调价合同发生实体调价的情况时，施工单位向专业监理工程师发出的调整原因、金额的意向通知。

(14) 发生不可抗力事件，施工单位向专业监理工程师通报受害损失情况。

(15) 在施工中发现的文物、地下障碍物向专业监理工程师提出的书面汇报。

(16) 其他各方需要联系的事宜。

注意： 当工作联系单不需回复时应有签收记录，并应注明收件人的姓名、单位和收件日期。

3.2.8　监理通知单

在监理工作中，项目监理机构按建设工程监理合同授予的权限和国家有关规定，针对施工出现的各种问题，对施工单位所发出的指令、提出的要求，除另有规定外，均应采用监理通知单。监理工程师现场发出的口头指令及要求，也应采用监理通知单予以确认。此表为《建设工程监理规范》中工程监理单位用表 A.0.3。

监理通知单的内容，施工单位应认真执行，并将执行结果用监理通知回复单报监理机构复核。

1. 监理通知单样例

监理通知单样例见表 3-8 所示。

表 3-8　监理通知单

工程名称：×××大学行政大楼工程　　　　　　　　　　　　　编号：×××

致：××建设公司×××大学行政大楼工程项目部(施工项目经理部)

　事由：拆除基坑支护内支撑梁作业前必须履行报批手续事宜

　内容：贵部于××××年××月××日安排打凿拆除××施工区域基坑支护内支撑梁时，该区域负一层楼板混凝土浇捣结束才第四天，正值冬季其强度远未达到拆除要求的设计强度，因基坑支护内支撑梁的拆除而会引起基坑变形。若变形严重，则极容易造成该区域负一层楼板混凝土破坏，故要求贵部立即对此种混凝土未达龄期而要拆除基坑支护内支撑梁的施工作业必须履行报批手续，严禁未经总监批准而擅自进行实质性拆除作业行为。我部申明拆除基坑支护内支撑梁的施工作业必须具备如下条件：

　(1) 混凝土同条件留置的试块经现场监理人员见证取样送检，其试压强度达到设计文件规定的内支撑梁实质性拆除强度；

　(2) 按附表拆除基坑支护内支撑梁报批表格式及时履行向我监理机构填表报批手续。

　　同时要求：在××施工区和××施工区的负一层楼板混凝土浇捣时，除按验收规范和市建设工程质量监督管理规定留足试块外，对同标号同一时间段完成的负一层楼板混凝土，要多留三组同条件试块的留置工作。拆除作业前后除第三方要对基坑变形加密观测外，施工单位也要自行独立并加强进行基坑变形观测工作，要进行信息化管理，用数据说话，按科学方法组织施工。实质性拆除顺序建议先从跨度小的支撑梁开始。

　接通知后，请立即进行整改，并于××××年××月××日中午前，把整改情况回复我部。

　附件：拆除基坑支护内支撑梁报批表

项目监理机构(章)

总/专业监理工程师：×××

××××年××月××日

2. 表格填写说明

(1) 事由：应填写监理通知内容的主题词，相当于标题。

(2) 内容：应写明发生问题的具体部位、具体内容，并写明监理工程师的要求、依据。必要时，应补充相应的文字、图纸、图像等作为附件进行具体说明。

本表可由总监理工程师或专业监理工程师签发，对于一般问题可由专业监理工程师签发，对于重大问题应由总监理工程师或经其同意后签发。

3. 相关规定

施工单位发生下列情况时，项目监理机构应发出监理通知：

(1) 在施工过程中出现不符合设计要求、工程建设标准、合同约定的情况。

(2) 使用不合格的工程材料、构配件和设备。

(3) 在工程质量、进度、造价等方面存在违法、违规等行为。

施工单位对监理工程师签发的监理通知单中的要求有异议时，应在收到通知后 24h 内向监理机构提出修改申请，要求总监理工程师予以确认，但在未得到总监理工程师修改意见前，施工单位应执行专业监理工程师下发的监理通知单。

> **知识拓展**
>
> 　　监理通知单与监理联系单的主要区别在于：监理通知单需要承包单位将执行结果用监理通知回复单报告监理机构，监理通知单一般由总监理工程师下达，专业监理工程师或监理员无权下达监理通知单；而监理联系单一般可由专业监理工程师或监理员下达，不需要对方书写回复执行情况。

3.2.9　监理通知回复单

　　监理通知回复单是指监理单位发出监理通知单，施工单位对监理通知单执行完成后，报项目监理机构请求复查的回复用表。施工单位完成监理通知回复单中要求继续整改的工作后，仍用此表回复。此表为《建设工程监理规范》中施工单位报审、报验用表 B.0.9。

1. 监理通知回复单样例

　　监理通知回复单样例如表 3-9 所示。

表 3-9　监理通知回复单

工程名称：×××大学行政大楼工程　　　　　　　　　　　　　　　编号：×××

致：××监理公司×××大学行政大楼工程项目监理部(监理单位)
我方接到编号为 TZ005 的监理通知单后，已按要求完成了关于××区支撑梁拆除的整改工作，现报上，请予以复查。
详细内容：
(1) 我部已停止了对××区支撑梁两条长大梁的打凿拆除工作，现按谢××总监意见，从短支撑(里面)往长支撑(外面)逐条打凿。
(2) 我部已按相关规定留置负一层梁板混凝土抗压试件外，另外增加多留几组试件，并将采取混凝土提高一个级别和采用早强剂的措施；在支撑梁拆除前，将送试验室进行抗压试验，并按要求规范填写拆除基坑支护内支撑梁报批表，报送监理单位审批。
(3) 在支撑梁拆除施工过程中，我部将加强进行基坑变形观测工作，确保基坑的稳定、安全。
<div align="right">施工项目经理部(盖章) 项目经理(签字)：××× ××××年××月××日</div>
复查意见：经现场检查，施工单位于××××年××月××日傍晚接到项目总监签发的编号：×××的监理通知单后立即停止了支撑梁拆除施工。要求待××区负一层梁板混凝土强度等级达到 70% 的设计强度等级后方可申报拆除手续，并填报拆除基坑支护内支撑梁报批表经项目总监批准后方能进行支撑梁拆除施工。
<div align="right">项目监理机构(盖章) 总/专业监理工程师(签字)：××× ××××年××月××日</div>

2. 填写说明

　　(1) 我方收到编号为 ＿＿＿＿＿：填写所需回复的监理通知单的编号。

(2) 完成了 _____ 工作：按监理通知单要求完成的工作填写。

(3) 详细内容：针对监理通知单的要求，简要说明落实整改过程、结果及自检情况，必要时附整改相关证明资料，包括检查记录、对应部位的影像资料等。

(4)复查意见：专业监理工程师应详细核查施工单位所报的有关资料，符合要求后针对工程质量实体的缺陷整改进行现场检查，符合要求后填写"已按监理通知单整改完毕，经检查符合要求"的意见，如不符合要求，应具体指明不符合要求的项目或部位，签署"不符合要求，要求施工单位继续整改"的意见。

3.2.10　工程暂停令

工程暂停令是指在施工过程中发生了需要停工处理的事件，总监理工程师签发停工指令用表。此表为《建设工程监理规范》中工程监理单位用表 A.0.5。

总监理工程师签发工程暂停令，应事先征得建设单位同意。在紧急情况下，未能事先征得建设单位同意的，应在事后及时向建设单位书面报告。施工单位未按要求停工或复工的，项目监理机构应及时报告建设单位。

1. 工程暂停令样例

工程暂停令样例如表 3-10 所示

表 3-10　工程暂停令

工程名称：×××大学行政大楼工程　　　　　　　　　　　　　　编号：×××

致：××建设公司×××大学行政大楼工程项目部(施工项目经理部)

由于召开两会原因，通知你方于××××年××月××日××时起，暂停×××大学行政大楼工程所有施工部位(工序)施工，并按下述要求做好后续工作。

要求：

(1) 及时做好已完工程的成品保护工作，整理完善工地现场的文明施工，保证工地现场及周边的环境不影响市容市貌，不拖迎两会的后腿。

(2) 对临边洞口做好安全防护，及时消除工地存在的安全隐患，保证停工期间的工地安全。

(3) 加强工地的安保工作，禁止与工程无关人员进入工地，以免造成物资丢失和意外安全事故的发生。

项目监理机构(盖章)

总监理工程师(签字、加盖执业印章)：×××

××××年××月××日

---

2. 填写说明

(1) 由于____原因：应简明扼要地准确填写工程暂停原因。暂停原因主要有：

① 建设单位要求暂停施工且工程需要暂停施工；

② 施工单位未经批准擅自施工或拒绝项目监理机构管理的；

③ 施工单位未按审查通过的工程设计文件施工的；

④ 施工单位违反工程建设强制性标准的；

⑤ 施工存在重大质量、安全事故隐患或发生质量、安全事故的。

(2) _____部位(工序)：指根据停工原因的影响范围和影响程度，填写本暂停指令所停工工程的范围。

(3) 要求：工程暂停后要求施工单位所做的有关工作，如对停工工程的保护措施，针对工程质量问题的整改、预防措施等。

(4) 工程暂停令的签发：建设单位要求停工的，监理工程师经过独立判断，也认为有必要暂停施工时，可签发工程暂停指令；反之，经过总监理工程师的独立判断，认为没有必要停工，则不应签发工程暂停令。

发生情况②时，施工单位擅自施工的，总监理工程师应及时签发工程暂停令；施工单位拒绝执行项目监理机构的要求和指令时，总监理工程师应视情况签发工程暂停令。

发生情况③～⑤时，总监理工程师均应及时签发工程暂停令。

3. 相关规定及要求

(1) 总监理工程师应根据暂停工程的影响范围和影响程度，按照施工合同和建设工程监理合同的约定签发工程暂停指令。

(2) 工程暂停原因是由施工单位的原因造成的，施工单位申请复工时，除了填报工程复工报审表外，还应报送针对导致停工原因所进行的整改工作报告等有关材料。

(3) 工程暂停原因是非施工单位的原因造成时，也就是建设单位的原因或应由建设单位承担责任的风险或其他事件时，总监理工程师在签发工程暂停令之后，应尽快按施工合同的规定处理因工程暂停引起的工期、费用等有关问题。

(4) 当引起工程暂停的原因不是非常紧急(如由于建设单位的资金问题、拆迁等)，同时工程暂停会影响一方(尤其是施工单位)的利益时，总监理工程师应在签发暂停令之前，就工程暂停引起的工期和费用补偿等与施工单位、建设单位进行协商，如果总监理工程师认为暂停施工是妥善解决的较好办法时，也应当签发工程暂停令。

(5) 签发工程暂停令时，必须注明是全部停工还是局部停工，不得出现引起双方争议的事宜。

3.2.11 工程复工报审表

工程复工报审表用于工程暂停原因消失时，施工单位申请恢复施工。对项目监理机构不同意复工的复工报审，施工单位按要求完成后仍用该表报审。此表为《建设工程监理规范》中施工单位报审、报验用表 B.0.3。

1. 工程复工报审表样例

工程复工报审表样例如表 3-11 所示。

表 3-11 工程复工报审表

工程名称：×××大学行政大楼工程   编号：×××

致：××监理公司×××大学行政大楼工程项目监理部(项目监理机构)
编号为 ZT003《工程暂停令》所停工的×××大学行政大楼工程所有部位，现已满足复工条件，我方申请于××××年××月××日圆满结束，现已满足复工条件，我方申请于××××年××月××日起复工，请予以审批。 附件：证明文件资料 施工项目经理部(盖章) 项目经理(签字)：××× ××××年××月××日

审查意见：经审查两会于××××年××月××日已圆满结束，现已具备复工条件，同意本工程于××××年××月××日 7：00 时起全面复工。复工日定为××××年××月××日，请建设单位领导审批。 项目监理机构(盖章) 总监理工程师(签字)：××× ××××年××月××日
审批意见： 同意本工程于××××年××月××日 7：00 时起全面复工，复工日定为××××年××月××日，请复工单位加大人、材、物及机械设备等资源的投入，科学组织复工，确保预期目标的实现。 建设单位(盖章) 建设单位代表(签字)：××× ××××年××月××日

2. 填写说明

(1) 编号为＿＿＿工程暂停令所停工的＿＿＿部位：填写工程暂停令的编号，及所要求停工的具体部位。

(2) 附件(证明文件资料)：包括相关检查记录、有针对性的整改措施及其落实情况、会议纪要、影像资料等。当导致暂停的原因是危及结构安全或使用功能时，整改完成后，应有建设单位、设计单位、监理单位各方共同认可的整改完成文件，其中涉及建设工程鉴定的文件必须由有资质的检测单位出具。

(3) 审查意见：总监理工程师应指定专业监理工程师对复工条件进行复核，在施工合同约定的时间内完成对复工申请的审批，符合复工条件的则签同意复工，并注明同意复工的时间；不符合复工条件的，则签不同意复工，并注明不同意复工的原因和对施工单位的要求。

3. 复工申请的审查程序

(1) 工程暂停是由施工单位原因引起的，当暂停施工原因消失、具备复工条件时，施工单位应填写工程复工报审表申请复工；项目监理机构应对施工单位的停工整改过程、结果进行检查、验收，符合要求的，对施工单位的工程复工报审表予以审核，并报建设单位；建设单位审批同意后，总监理工程师应及时签发工程复工令，施工单位接到工程复工令后组织复工。

(2) 施工单位未提出复工申请的，总监理工程师应根据工程实际情况指令施工单位恢复施工。

注意：项目监理机构应在收到工程复工报审表后 48 h 内完成审批工作。项目监理机构未在收到施工单位复工申请后 48 h(或施工合同规定时间)内提出审查意见，施工单位可自行复工。

3.2.12　工程复工令

工程复工令适用于导致工程暂停施工的原因消失、具备复工条件时，施工单位提出复工申请，并且其复工报审表及相关资料经审查符合要求后，总监理工程师签发指令同意或要求施工单位复工；施工单位未提出复工申请的，总监理工程师应根据工程实际情况指令施工单位恢复施工。此表为《建设工程监理规范》中监理单位用表 A.0.7。

1. 工程复工令样例

工程复工令样例如表 3-12 所示。

表 3-12　工程复工令

工程名称：×××大学行政大楼工程　　　　　　　　　　　　　编号：×××

致：××建设公司×××大学行政大楼工程项目部(施工项目经理部) 　我方发出的编号为×××工程暂停令，要求暂停施工的××部位(工序)，经查已具备复工条件。经建设单位同意，现通知你方于××××年××月××日××时起恢复施工。 　附件：工程复工报审表 　　　　　　　　　　　　　　　　　　　项目监理机构(盖章) 　　　　　　　　　　　　　　　　　　　总监理工程师(签字、加盖执业印章)：××× 　　　　　　　　　　　　　　　　　　　　　　　　　××××年××月××日

2. 填写说明

(1) 因建设单位原因或非施工单位原因引起工程暂停的，在具备复工条件时，应及时签发工程复工令指令施工单位复工。

(2) 因施工单位原因引起工程暂停的，施工单位在复工前应使用工程复工报审表申请复工；项目监理机构应对施工单位的整改过程、结果进行检查、验收，符合要求的，对施工单位的工程复工报审表予以审核，并报建设单位；建设单位审批同意后，总监理工程师应及时签发工程复工令，施工单位接到工程复工令后组织复工。

(3) 本表必须注明复工的部位和范围、复工日期等，并附工程开工报审表等其他相关证明文件。

3.2.13　监理报告

项目监理机构在实施监理过程中，发现工程存在安全事故隐患，发出监理通知单或工程暂停令后，施工单位拒不整改或者不停工的，应当采用监理报告及时向政府有关主管部门报告，同时应附相应监理通知单或工程暂停令等证明监理人员所履行安全生产管理职责的相关文件资料。监理报告为《建设工程监理规范》中监理单位用表 A.0.4。

1. 监理报告样例

监理报告样例如表 3-13 所示。

表 3-13　监理报告

工程名称：×××大学行政大楼工程　　　　　　　　　　　　　编号：×××

致：×××市建设局、×××市建设工程质量安全监督站、×××大学(主管部门) 　由××建设单位(施工单位)施工的基坑土方开挖工程，由于不按照经我方审批同意的施工方案设定的开挖顺序和深度施工，严重超挖，造成基坑支护工程西南角 30 m 范围内的水平位移已临报警值，仍未有效采取措施，(工程部位)，存在安全事故隐患。我方已于××××年××月××日发出编号为

续表

×××的监理通知单/×××工程暂停令，但施工单位未整改/停工。

特此报告

附件：□监理通知单

　　　□工程暂停令

　　　□其他

项目监理机构(盖章)

总监理工程师(签字)：×××

××××年××月××日

2. 填写说明

(1) 本表填报时应说明工程名称、施工单位、工程部位，并附监理处理过程文件(监理通知单、工程暂停令等，应说明时间和编号)，以及其他检测资料、会议纪要等。

(2) 紧急情况下，项目监理机构通过电话、传真或电子邮件方式向政府有关主管部门报告的，事后应以书面形式将监理报告送达政府有关主管部门，同时抄报建设单位和工程监理单位。

3.2.14　监理月报

监理月报是由项目总监理工程师组织各专业监理工程师编写，由总监理工程师签认，就工程实施情况和监理工作定期向建设单位和本监理单位所作的报告。

1. 监理月报的主要内容

(1) 本月工程实施情况：

① 工程进展情况，实际进度与计划进度的比较，施工单位人、机、料进场及使用情况，本期在施部位的工程照片；

② 工程质量情况，分项分部工程验收情况，工程材料、设备、构配件进场检验情况，主要施工试验情况，本月工程质量分析；

③ 施工单位安全生产管理工作评述；

④ 已完工程量与已付工程款的统计及说明。

(2) 本月监理工作情况：

① 工程进度控制方面的工作情况；

② 工程质量控制方面的工作情况；

③ 安全生产管理方面的工作情况；

④ 工程计量与工程款支付方面的工作情况；

⑤ 合同其他事项的管理工作情况；

⑥ 监理工作统计及工作照片。

(3) 本月施工中存在的问题及处理情况：

① 工程进度控制方面的主要问题分析及处理情况；

② 工程质量控制方面的主要问题分析及处理情况；

③ 施工单位安全生产管理方面的主要问题分析及处理情况；

④ 工程计量与工程款支付方面的主要问题分析及处理情况；

⑤ 合同其他事项管理方面的主要问题分析及处理情况。

(4) 下月监理工作重点：

① 在工程管理方面的监理工作重点；

② 在项目监理机构内部管理方面的工作重点。

2. 监理月报的封面形式

监理月报的封面样例如表 3-14 所示。

表 3-14　监理月报的封面

×××大学行政大楼工程监理月报
第××期
××××年××月××日至××××年××月××日

　　　　　总监理工程师(编制)：　×××

　　　　　项目监理机构(章)：　＿＿＿＿＿＿

　　　　　编制日期：××××年××月××日

备注：监理月报每月 25 日报送建设单位。

3.2.15　监理工作总结

监理工作总结是监理单位对履行委托监理合同情况及监理工作的综合性总结。

(1) 监理工作总结由总监理工程师组织项目监理机构有关人员编写。

(2) 监理工作总结由总监理工程师和监理单位负责人签字，并加盖监理单位公章。

(3) 施工阶段监理工作结束时，监理单位应向建设单位提交监理工作总结。

(4) 监理工作总结应包括以下内容：

① 工程概况。

② 项目监理机构、监理人员和投入的监理设施。

③ 建设工程监理合同履行情况。建设工程监理合同履行情况应进行总体概述，并详细描述质量、进度、投资控制目标的实现情况；建设单位提供的建设设施的归还情况；如建设工程监理合同执行过程中出现纠纷，应叙述主要纠纷事实，并说明通过友好协商取得合理解决的情况。

④ 监理工作成效。着重叙述工程质量、进度、投资三大目标控制及完成情况，对此所采取的措施及做法；监理过程中往来的文件、设计变更、报审表、命令、通知等名称、

份数；质保资料的名称、份数；独立抽查项目质量记录份数；工程质量评定情况以及合理
化建议产生的实际效果情况。

⑤ 监理工作中出现的问题及其处理情况。视具体情况对监理过程中出现的问题及处
理情况进行阐述。

⑥ 说明和建议。可附上各施工阶段有代表性的照片，尤其是隐蔽工程、质量事故的
照片，使用新材料、新产品、新技术的照片等。每张照片都要有简要的文字材料，能准确
说明照片内容，如照片类型、位置、拍照时间、作者、底片编号等。

3.3 进度控制资料

监理单位的进度控制资料主要包括工程开工报审表、施工进度计划报审表等内容。

3.3.1 工程开工报审表

工程满足开工条件后，施工单位填写工程开工报审表报项目监理机构复核和批复开工
时间。此表为《建设工程监理规范》中施工单位报审、报验用表 B.0.2。

如整个项目一次开工，则只填报一次；如工程项目中涉及较多单位工程，且开工时间
不同，则每个单位工程开工都应填报一次。

1. 工程开工报审表样例

工程开工报审表样例如表 3-15 所示。

表 3-15 工程开工报审表

工程名称：×××大学行政大楼工程　　　　　　　　　　　　　　　　编号：×××

致：××研究中心(建设单位) 　　××监理公司(监理单位) 　我方承担的×××大学行政大楼工程,已完成相关准备工作,具备开工条件,申请于××××年××月××日开工,请予以审批。 　附件：相关证明材料 　1. 工程建设前期法定建设程序检查表 　2. 施工现场质量管理检查记录 　3. 单位工程开工申请报告 　4. 项目监理机构要求的其他文件 　　　　　　　　　　　　　　　　　　　　　　　施工单位(盖章) 　　　　　　　　　　　　　　　　　　　　　　　项目经理(签字)：××× 　　　　　　　　　　　　　　　　　　　　　　　××××年××月××日
审查意见： 　(1) 拟开工项目的施工图纸已委托符合资格的施工图审查机构进行审查,设计单位对审查机构出具的审查意见进行了修改和完善。 　(2) 拟开工项目的施工图纸已经消防部门、建筑节能管理机构审查备案并符合要求。 　(3) 拟开工项目的施工图纸已经建设、设计、监理、施工单位进行会审,图纸会审记录经设计、建设单位和监理单位确认。

(4) 拟开工项目施工承包合同已经签订,工程预付款已支付,生产人员意外伤害保险已办理。 (5) 拟开工项目施工组织设计(或施工方案)已报审并得到批准。 (6) 施工现场管理权和使用权已向施工单位办理移交手续,现场水、电、路、通信等四通一平工作已具备,临时设施已搭设完成并能满足本阶段工程开工需要。 (7) 拟开工项目施工许可证已颁发,工程质量和安全生产监督手续也已办理完毕。 综上因素,本项目施工准备工作已基本就绪,具备施工条件,满足开工要求,同意本工程于××××年××月××日正式开工。 　　　　　　　　　　项目监理机构(盖章) 　　　　　　　　　　总监理工程师(签字、加盖执业印章):××× 　　　　　　　　　　　　　　　××××年××月××日
审批意见: 　同意开工,本工程正式开工日为:××××年××月××日。 　　　　　　　　　　建设单位代表(签字):××× 　　　　　　　　　　　　　　　××××年××月××日

2. 填写说明

(1) 工程名称:相应的建设项目或单位工程名称,应与施工图的工程名称一致。

(2) 相关证明材料:证明已具备开工条件的相关资料(施工组织设计的审批,施工现场质量管理检查记录表的内容审核情况,主要材料、设备的准备情况,现场临时设施等的准备情况说明)。

(3) 审查意见:总监理工程师应组织专业监理工程师审查施工单位报送的工程开工报审表及相关资料。如同时具备下列条件,应由总监理工程师签署审核意见,并应报建设单位批准后,总监理工程师签发工程开工令。

① 设计交底和图纸会审已完成;

② 施工组织设计已由总监理工程师签认;

③ 施工单位现场质量、安全生产管理体系已建立,管理及施工人员已到位,施工机械具备使用条件,主要工程材料已落实;

④ 进场道路及水、电、通信等已满足开工要求。

否则,应简要指出不符合要求之处。

3. 工程开工报审的一般程序

(1) 施工单位自查认为施工准备工作已完成,具备开工条件时,应向项目监理机构报送工程开工报审表及相关证明材料。

(2) 专业监理工程师审查施工单位报送的工程开工报审表及相关证明材料,现场核查各项准备工作的落实情况,报项目总监理工程师审核。

(3) 项目总监理工程师根据专业监理工程师的审查情况,签署审核意见,具备开工条件时报建设单位审批。

4. 相关规定

总监理工程师应在签署工程开工报审表审核意见后报建设单位批准,并应在开工日期7 天前向施工单位发出工程开工令。工期自总监理工程师发出的工程开工令中载明的开工日期起计算。

3.3.2　施工进度计划报审表

　　施工进度计划报审表是指施工单位向项目监理机构报审工程进度计划的用表，由施工单位填报，项目监理机构审批。此表为《建设工程监理规范》中通用表 B.0.12。

　　施工总进度计划、阶段性施工进度计划(年、季、月、周进度计划及关键工程进度计划)，报审时均使用本表。

1. 施工进度计划报审表样例

　　施工进度计划报审表样例如表 3-16 所示。

表 3-16　施工进度计划报审表

工程名称：×××大学行政大楼工程　　　　　　　　　　　　编号：×××

致：××监理公司×××大学行政大楼工程项目监理部(项目监理机构)
我方根据施工合同的有关规定，已完成<u>×××大学行政大楼</u>工程施工进度计划的编制和批准，请予以审查。 　　附件：□施工总进度计划 　　　　　□阶段性进度计划 　　　　　　　　　　　　　　　　　　　　施工项目经理部(盖章) 　　　　　　　　　　　　　　　　　　　　项目经理(签字)：××× 　　　　　　　　　　　　　　　　　　　　××××年××月××日
监理审核意见： 　同意按本次申报的施工总进度计划组织施工，近期应按××××年××月××日召开的工期协调会议纪要要求加大人、材、物及管理等资源的投入，确保里程碑节点工期如期实现。 　　　　　　　　　　　　　　　　　　　　专业监理工程师(签字)：××× 　　　　　　　　　　　　　　　　　　　　××××年××月××日
审核意见： 　同意批准本次申报的施工总进度计划，确保里程碑节点工期如期实现。 　　　　　　　　　　　　　　　　　　　　项目监理机构(盖章) 　　　　　　　　　　　　　　　　　　　　总监理工程师(签字)：××× 　　　　　　　　　　　　　　　　　　　　××××年××月××日

2. 填写说明

　　(1)　____ 工程施工进度计划：填写所报进度计划的名称(工程名称)或调整计划的工程项目名称。

　　(2) 施工进度计划：根据监理机构批准的施工组织设计(专项施工方案)，结合工程的大小、规模等情况，施工单位应分别编制按合同工期目标制定的施工总进度计划；按单位工程或按施工单位划分的分目标施工进度计划；按不同计划期(年、季、月)制定的阶段性施工进度计划。并将这些施工进度计划进行报审。

　　(3) 施工进度计划审查应包括下列基本内容：

　　① 施工进度计划是否符合施工合同中工期的约定；

　　② 施工进度计划中主要项目有无遗漏，是否满足分批投入试运行、分批动用的需要，

阶段性施工进度计划是否满足总进度控制目标的要求；

③ 施工顺序的安排是否符合施工工艺的要求；

④ 施工人员、工程材料、施工机械等资源供应计划是否能满足施工进度计划的需要；

⑤ 施工进度计划是否符合建设单位提供的资金、施工合同、施工场地、物资等施工条件。

(4) 通过专业监理工程师的审核，提出审查意见报总监理工程师，总监理工程师审核后签署意见。如不同意，则应简要列明不同意的原因及理由。

3. 施工进度计划报审程序

(1) 施工单位按施工合同要求的时间编制好施工进度计划，并填报施工进度计划报审表报项目监理机构。

(2) 总监理工程师指定专业监理工程师对施工单位所报的施工进度计划报审表及有关资料进行审查，并向总监理工程师报告。

(3) 总监理工程师按施工合同要求的时间，对施工单位所报施工进度计划报审表予以确认或提出修改意见。

施工单位项目经理部应提前 5 日提出月施工进度计划报审表，一般为每月 25 日申报。

群体工程中单位工程分期进行施工的，施工单位应按照建设单位提供图纸及有关资料的时间，分别编制各单位工程的进度计划，并向项目监理机构报审。

施工单位报审的总体进度计划必须经其技术负责人审批，且由编制、审核、批准人员签字并加盖单位公章。

注意：项目监理机构应检查施工进度计划的实施情况，发现实际进度严重滞后于计划进度且影响合同工期时，应签发监理通知单，要求施工单位采取调整措施加快施工进度。总监理工程师应向建设单位报告工期延误风险。

项目监理机构应比较分析工程施工实际进度与计划进度，预测实际进度对工程总工期的影响，并应在监理月报中向建设单位报告工程实际进展情况。

知识拓展

1. 施工进度计划编制依据

(1) 施工合同、施工组织设计、合同工期以及工期延误、调整及加快的约定。

(2) 要求的施工进度目标。

(3) 工程量。

(4) 有关资料：施工档案资料、地质资料、环境资料等。

(5) 主要机械的生产能力。

(6) 施工人员的技术素质及劳动效率。

(7) 施工部署及土方填筑工程施工方案。

(8) 设计图纸的要求。

(9) 国家现行的建筑施工技术、质量、安全规范、操作规程和技术经济指标。

2. 施工进度计划编制步骤

(1) 划分施工过程。

(2) 计算工作量。

(3) 确定劳动量和机械台班数量。

(4) 确定各施工过程的持续施工时间(天或周)。

(5) 编制施工进度计划的初始方案。

(6) 检查和调整施工进度计划初始方案。

3. 施工进度计划的表示方法

(1) 横道图法(又称甘特图法)：使施工管理人员能集中注意力去抓关键，而且在执行中还可预测出情况变化对工期和以后工作的影响，以便及时采取对策。

(2) 工程网络计划：包括双代号网络计划，单代号网络计划，双代号时标网络计划，单代号搭接网络计划。

4. 施工进度计划的编制原则

从实际出发，注意施工的连续性和均衡性；按合同规定的工期要求，做到好中求快，提高竣工率；讲求综合经济效果。

施工进度计划的编制是按流水作业原理的网络计划方法进行的。流水作业是在分工协作和大批量生产的基础上形成的一种科学的生产组织方法。它既保证了各施工队组工作的连续性，又使后一道工序能提前插入施工，充分利用了空间，又争取了时间，缩短了工期，使施工能快速而稳定地进行。利用网络计划方法编制施工进度计划可将整个施工进程联系起来，形成一个有机的整体，反映出各项工作(工程或工序)的工艺联系和组织联系，为管理人员提供各种有用的管理信息。

3.4　质量控制资料

质量控制资料主要包括施工组织设计/(专项)施工方案报审表，施工控制测量成果报验表，工程材料、构配件、设备报审表，主要施工机械设备报审表，报审、报验表，分部工程报验表，工程见证记录表，旁站记录，平行检验记录，工程质量/生产安全问题(事故)报告单，工程质量/生产安全问题(事故)技术处理方案报审表等。

3.4.1　施工组织设计/(专项)施工方案报审表

此表除用于施工单位报审施工组织设计/(专项)施工方案及施工组织设计/(专项)施工方案发生改变后的重新报审外，还可用于对危及结构安全或使用功能的分项工程整改方案的报审及重点部位、关键工序的施工工艺、四新技术的工艺方法和确保工程质量的措施报审。此表为《建设工程监理规范》中施工单位报审、报验用表 B.0.1。

1. 施工组织设计/(专项)施工方案报审表样例

施工组织设计/(专项)施工方案报审表样例如表 3-17 所示。

表 3-17　施工组织设计/(专项)施工方案报审表

工程名称：×××大学行政大楼工程　　　　　　　　　　　　编号：×××

致：××建设公司×××大学行政大楼工程项目监理部(项目监理机构)
我方已经完成××技术创新中心大厦工程施工组织设计/(专项)施工方案的编制，并按规定完成审批手续，请予以审查。 　附件：□施工组织设计 　　　　□专项施工方案 　　　　□施工方案   　　　　　　　　　　　　　　　　　　　　　　　　施工项目经理部(盖章) 　　　　　　　　　　　　　　　　　　　　　　　　项目经理(签字)：××× 　　　　　　　　　　　　　　　　　　　　　　　　××××年××月××日
审查意见： 　审查意见详见工作联系单(编号：×××)中提出的需修改和补充的事项，抓紧提交尚需完善的并符合工程建设标准强制性条文规定和要求的资料。   　　　　　　　　　　　　　　　　　　　　　　　　专业监理工程师(签字)：××× 　　　　　　　　　　　　　　　　　　　　　　　　××××年××月××日
审核意见： 　同意专业监理工程师的审查意见；涉及工程质量和施工安全的关键工序、重要部位和高危作业等，总施工单位、专业分包单位的项目部负责人、安全主任、技术负责人及质量安全管理人员必须亲自把关，只有自检合格并申报验收合格后，方能进入下道工序施工；严格按照经审查批准的施工组织(方案)组织施工，确保符合国家工程建设标准强制性条文的要求，确保本工程安全和质量万无一失。同时，此施工组织设计及专项(高危作业)施工方案的批准，不涉及工程造价的变化。   　　　　　　　　　　　　　　　　　　　　　　　　项目监理机构(盖章) 　　　　　　　　　　　　　　　　　　　　　　　　总监理工程师(签字、加盖执业印章)：××× 　　　　　　　　　　　　　　　　　　　　　　　　××××年××月××日
审批意见(仅对超过一定规模的危险性较大的分部分项工程专项施工方案)：   　　　　　　　　　　　　　　　　　　　　　　　　建设单位(盖章) 　　　　　　　　　　　　　　　　　　　　　　　　建设单位代表(签字)××× 　　　　　　　　　　　　　　　　　　　　　　　　××××年××月××日

2. 填写说明

(1) ____施工组织设计/(专项)施工方案：填写相应的建设项目、单位工程、分部工程、分项工程或关键工序名称。

(2) 附件：需要审核的施工组织设计/(专项)施工方案、施工方案。

(3) 审查意见：专业监理工程师对施工组织设计/(专项)施工方案应审核其完整性、符合性、适用性、合理性、可操作性及实现目标的保证措施。

如符合要求，专业监理工程师审查意见应签署"施工组织设计/(专项)施工方案合理、可行，且审批手续齐全，拟同意施工单位按该施工组织设计/(专项)施工方案组织施工，请总监理工程师审核"。如不符合要求，专业监理工程师审查意见应简要指出不符合要求之处，并提出修改补充意见后签署"暂不同意(部分或全部应指明)施工单位按该施工组织设计/(专项)施工方案组织施工，待修改完善后再报，请总监理师工程师审核"。

(4) 审核意见：总监理工程师对专业监理工程师的结果进行审核，如同意专业监理工程师的审查意见，应签署"同意专业监理工程师审查意见，同意施工单位按该施工组织设计/(专项)施工方案组织施工"；如不同意专业监理工程师的审查意见，应简要指明与专业监理工程师审查意见中的不同之处，签署修改意见；并签认最终结论"不同意施工单位按该施工组织设计／(专项)施工方案组织施工(修改后再报)"。

3. 专业监理工程师审查要点

(1) 施工组织设计审查内容：

① 编审程序是否符合相关规定；

② 施工进度、施工方案及工程质量保证措施是否符合施工合同要求；

③ 资金、劳动力、材料、设备等资源供应计划是否满足工程施工需要；

④ 安全技术措施是否符合工程建设强制性标准；

⑤ 施工总平面布置是否科学合理。

项目监理机构还应审查施工组织设计中的生产安全事故应急预案，重点审查应急组织体系、相关人员职责、预警预防制度、应急救援措施。

(2) (专项)施工方案审查内容：

① 编审程序是否符合相关规定；

② 安全技术措施(工程质量保证措施)是否符合工程建设强制性标准(有关标准)。

对于超过一定规模的危险性较大的分部分项工程的专项施工方案，还应检查施工单位组织专家进行论证、审查的情况，以及是否附具安全验算结果。

4. 施工组织设计报审程序

(1) 施工单位应在施工合同约定的时间内(一般为工程项目开工前 7 天)完成施工组织设计的编制及自审工作，与施工组织设计/(专项)施工方案报审表一并报送项目监理机构。

(2) 总监理工程师应在施工合同约定的时间(一般为 7 天)内，组织专业监理工程师审查，需要修改的，由总监理工程师签发书面意见，退回修改；符合要求的，由总监理工程师签认。

(3) 已签认的施工组织设计由项目监理机构报送建设单位。

(4) 对于规模大、结构复杂或属新结构、特种结构的工程，项目监理机构对施工组织设计审查后，还应报送监理单位技术负责人审查，待其提出审查意见后，由总监理工程师签发。必要时与建设单位协商，组织有关专业部门和有关专家会审。

(5) 对于规模大、工艺复杂的工程，以及群体工程或分期出图的工程，经建设单位批准，可分阶段报审施工组织设计。

(6) 对于技术复杂、重点部位、关键工序或采用新材料、新工艺、新技术、新设备的分项、分部工程，施工单位还应编制该分项、分部工程的施工方案，填报施工组织设计/(专项)施工方案报审表并报项目监理机构审核、签认。

注意：分包单位编制的施工组织设计/(专项)施工方案均应由施工单位按相关规定完成相关审批手续后，报项目监理机构审核。

施工单位编制的施工组织设计经施工单位技术负责人审批同意并加盖施工单位公章。

对于危及结构安全或施工功能的分项工程整改方案的报审，在证明文件中应有建设单位、设计单位、监理单位各方共同认可的书面意见。

📁 知识拓展

《危险性较大的分部分项工程安全管理规定》已经 2018 年 2 月 12 日第 37 次部常务会议审议通过，现予发布，自 2018 年 6 月 1 日起施行。部分条文如下：

第十条　施工单位应当在危大工程施工前组织工程技术人员编制专项施工方案。

实行施工总承包的，专项施工方案应当由施工总承包单位组织编制。危大工程实行分包的，专项施工方案可以由相关专业分包单位组织编制。

第十一条　专项施工方案应当由施工单位技术负责人审核签字、加盖单位公章，并由总监理工程师审查签字、加盖执业印章后方可实施。

危大工程实行分包并由分包单位编制专项施工方案的，专项施工方案应当由总承包单位技术负责人及分包单位技术负责人共同审核签字并加盖单位公章。

第十二条　对于超过一定规模的危大工程，施工单位应当组织召开专家论证会对专项施工方案进行论证。实行施工总承包的，由施工总承包单位组织召开专家论证会。专家论证前专项施工方案应当通过施工单位审核和总监理工程师审查。

专家应当从地方人民政府住房和城乡建设主管部门建立的专家库中选取，符合专业要求且人数不得少于 5 名。与本工程有利害关系的人员不得以专家身份参加专家论证会。

第十三条　专家论证会后，应当形成论证报告，对专项施工方案提出通过、修改后通过或者不通过的一致意见。专家对论证报告负责并签字确认。

专项施工方案经论证需修改后通过的，施工单位应当根据论证报告修改完善后，重新履行本规定第十一条的程序。专项施工方案经论证不通过的，施工单位修改后应当按照本规定的要求重新组织专家论证。

3.4.2　施工控制测量成果报验表

施工控制测量成果报验表用于施工单位控制测量完成并自检合格后，报送项目监理机构复核确认。此表为《建设工程监理规范》中施工单位报审、报验用表 B.0.5。

测量放线的专业人员资格(测量人员的资格证书)及测量设备资料(施工测量放线使用测

量仪器的名称、型号、编号、校验资料)也应经项目监理机构确认。

施工控制测量成果报验分为：开工前的交桩复测及施工平面控制网、高程控制网、临时水准点的测量成果；施工过程中的施工测量放线成果。

1. 施工控制测量成果报验表样例

施工控制测量成果报验表样例如表 3-18 所示。

表 3-18　施工控制测量成果报验表

工程名称：×××大学行政大楼工程　　　　　　　　　　　　　　　　编号：×××

致：××监理公司×××大学行政大楼工程项目监理部(项目监理机构) 　　我方已完成原地貌标高和建筑红线的施工控制测量，经检验合格，请予以查验。 　　附件：1. 施工控制测量依据资料 　　　　　2. 施工控制测量成果表   　　　　　　　　　　　　　　　　　施工项目经理部(盖章) 　　　　　　　　　　　　　　　　　项目技术负责人(签字)：××× 　　　　　　　　　　　　　　　　　　　　×××× 年 ×× 月 ×× 日
审查意见： 　　经设计、监理和建设单位现场代表于×××× 年 ×× 月 ×× 日至 ×× 月 ×× 日对施工方申报部位的控制测量成果进行了现场复测核验，符合设计图纸及规划局放线要求，符合相关规范要求精度，放线结果正确，现场检验合格，同意向政府规划部门(或建设单位)申报施工放线核准手续，申领《××市建设工程放线记录册》后可进行下道工序的施工。   　　　　　　　　　　　　　　　　　项目监理机构(盖章) 　　　　　　　　　　　　　　　　　监理工程师(签字)：××× 　　　　　　　　　　　　　　　　　　　　×××× 年 ×× 月 ×× 日

2. 填写说明

(1) ＿＿＿的施工控制测量：若是工程定位测量则填写工程名称，若是轴线、标高测量则填写所测量项目部位名称。

(2) 测量依据资料及测量成果内容：

① 平面、高程控制测量需报送控制测量依据资料、控制测量成果表(包含平差计算表)及附图；

② 定位放样报送放样依据、放样成果表及附图。

(3) 审查意见：专业监理工程师按标准规范有关要求，进行控制网布设、测点保护、仪器精度、观测规范、记录清晰等方面的检查、审核，意见栏应填写是否符合技术规范、设计等的具体要求，重点应进行必要的内业及外业复核；如不符合要求，填写"纠正差错后再报"，并应简要指出不符合之处。

注意： 依据材料是指施工测量方案、建设单位提供的红线桩、水准点等材料；放线成果指施工单位测量放线所放出的控制线及其施工测量放线记录表(依据材料应是已经项目监理机构确认的)。

3. 施工控制测量成果报验程序

(1) 施工单位在施工控制测量成果完成后，应先进行自检，自检合格后填写施工控制测量成果报验表，再附上控制测量依据材料及施工测量成果表，报送项目监理机构。

(2) 专业监理工程师主要审核施工单位的测量依据、测量人员资格和测量成果是否符合规范及标准要求，符合要求的，由专业监理工程师予以签认，并在其基槽及各层放线测量及复测记录上签字盖章。

3.4.3　工程材料、构配件、设备报审表

工程材料、构配件、设备报审表适用于施工单位对工程材料、构配件、设备自检合格后，向项目监理机构报审。此表为《建设工程监理规范》中施工单位报审、报验用表 B.0.6。

1. 工程材料、构配件、设备报审表样例

工程材料、构配件、设备报审表样例如表 3-19 所示。

表 3-19　工程材料、构配件、设备报审表

工程名称：×××大学行政大楼工程　　　　　　　　　　　　　　编号：×××

致：××监理公司×××大学行政大楼工程项目监理部(项目监理机构) 　　于××××年××月××日进场的拟用于工程 1～5 / A～E 轴，+3.000～+6.000 现浇混凝土柱、梁、板墙部位的工程材料/构配件/设备数量如下(见附件)，经我方检验合格，现将相关资料报上，请予以审查。 　　附件：1. 工程材料、构配件或设备清单 　　　　　2. 质量证明文件(出厂合格证 5 页，厂家质量检验报告 5 页，进场复试报告 5 页) 　　　　　3. 自检结果(工程材料质量证明资料齐全，观感质量及进场复试检验结果合格)   　　　　　　　　　　　　　　　　　　　　　　　　施工项目经理部(盖章) 　　　　　　　　　　　　　　　　　　　　　　　　项目经理(签字)：××× 　　　　　　　　　　　　　　　　　　　　　　　　××××年××月××日
审查意见： 　　经复查上述工程材料，符合设计文件和规范的要求，同意进场并用于拟定部位。   　　　　　　　　　　　　　　　　　　　　　　　　项目监理机构(盖章) 　　　　　　　　　　　　　　　　　　　　　　　　专业监理工程师(签字)：××× 　　　　　　　　　　　　　　　　　　　　　　　　××××年××月××日

2．填写说明

(1) 拟用于_____部位的_____：工程材料、构配件、设备拟用于工程的具体部位，及工程材料、构配件、设备的名称、规格等。

(2) 工程材料、构配件或设备清单：应用表格形式填报，内容包括名称、规格、单位、数量、生产厂家、出厂合格证、批号、复试/检验记录编号等内容。每一材料品种、每一批量填报一表，不得多品种、多批量一表混报。

(3) 质量证明文件：生产单位提供的合格证、质量证明书、性能检测报告等证明资料。进口材料、构配件、设备应有商检的证明文件；新产品、新材料、新设备应有相应资质机构的鉴定文件。如无证明文件原件，需提供复印件，并应在复印件上加盖证明文件提供单位的公章。

(4) 自检结果：施工单位核对所购工程材料、构配件、设备的清单和质量证明资料后，对工程材料、构配件、设备实物及外部观感质量进行验收核实的结果。

由建设单位采购的主要设备则由建设单位、施工单位、项目监理机构进行开箱检查，并由三方在开箱检查记录上签字。

(5) 审查意见：专业监理工程师对报验单所附的材料、构配件、设备清单、质量证明文件及自检结果认真核对，在符合要求的基础上对所进场材料、构配件、设备进行实物核对及观感质量验收，查验是否与清单、质量证明文件合格证及自检结果相符、有无质量缺陷等情况，并将检查情况记录在监理日志中。根据检查结果，填写审查意见；如不符合要求，应指出不符合要求之处。

3．工程材料、构配件、设备报审程序

(1) 施工单位应对拟进场的工程材料、构配件和设备(包括建设单位采购的工程材料、构配件、设备)，按有关规定对工程材料进行自检和复检，对构配件进行自检，对设备进行开箱检查，符合要求后填写工程材料、构配件、设备报审表，并附上清单、质量证明文件及自检结果报项目监理机构。

(2) 专业监理工程师应对施工单位报送的工程材料、构配件、设备报审表及其质量证明文件等资料进行审核，并应对进场的工程材料、构配件和设备实物，按照有关规定和建设工程监理合同约定的比例，进行见证取样和送检(见证取样和送检情况应记录在监理日志中)。

(3) 对进口材料、构配件和设备，应按照事先约定，由建设单位、施工单位、供货单位、项目监理机构及其他有关单位进行联合检查，检查情况及结果应整理成纪要，并由有关各方代表签字。

(4) 专业监理工程师经审核检查合格，签认工程材料、构配件、设备报审表，对未经专业监理工程师验收或验收不合格的工程材料、构配件和设备，专业监理工程师应拒绝签认，并应签发监理通知单，书面通知施工单位限期撤出现场。

3.4.4　主要施工机械设备报审表

主要施工机械设备报审表用于主要施工机械设备进场，施工单位自检合格后报项目监理机构进行复核确认。

1. 主要施工机械设备报审表样例

主要施工机械设备报审表样例如表 3-20 所示。

表 3-20 主要施工机械设备报审表

工程名称：×××大学行政大楼工程   编号：×××

致：××监理公司×××大学行政大楼工程项目监理部(项目监理机构)					
下列施工机械设备已按施工组织设计/(专项)施工方案要求进场，请予以核查并准予使用。					
设备名称	规格型号	数量	进场日期	技术状况	备注
工程桩机	GPS-10	1	××××年××月××日		
工程桩机	GPS-10	0	××××年××月××日		
施工项目经理部(盖章) 项目经理(签字)：××× ××××年××月××日					
审查意见：经审查 □准予进场使用的设备：2 台 GPS-10 工程桩机 □需要更换后再报的设备： □需补充的设备：					
项目监理机构(盖章) 专业监理工程师(签字)：××× ××××年××月××日					

2. 填写说明

(1) 设备名称：选用施工机械、计量设备的名称。

(2) 规格型号：选用施工机械、计量设备的规格型号。

(3) 数量：选用施工机械、计量设备实际进场的数量。

(4) 进场日期：施工机械、计量设备的实际进场时间(需现场安装调试的施工机械指其安装调试完毕的时间)。

(5) 技术状况：施工机械、计量设备的技术性能、运行状态的完好程度。

(6) 备注：对需要补充说明的事项在此说明，如对设备检测周期的起始时间等。

(7) 审查意见：专业监理工程师对施工机械、计量设备及所附资料进行审查，对其是否符合批准的施工组织设计、是否能满足施工需要和保证质量要求签署意见；对性能、数量满足施工要求的设备，将其设备名称填写在"准予进场使用的设备"一栏上；对性能不符合施工要求的设备，将其设备名称填写在"需要更换后再报的设备"一栏上；对数量或性能不足的设备，将其设备名称填写在"需补充的设备"一栏上。当有性能不符合施工要求、数量或性能不足的设备时，还应对施工单位下步工作提出要求。

3. 相关规定

(1) 凡直接影响工程质量的施工机械、计量设备，未经项目监理机构确认，不得用于工程施工。

(2) 专业监理工程师对主要施工机械设备报验审查时应实地检查施工设备安装、调试情况，经审查符合要求后方可签认主要施工机械设备报审表。

3.4.5　报审、报验表

报审、报验表为报审/报验的通用表式，主要用于隐蔽工程、检验批、分项工程的报验。此表为《建设工程监理规范》中施工单位报审、报验用表 B.0.7。

此外，也可用于关键部位或关键工序施工前的施工工艺质量控制措施和施工单位试验室、试验测试单位、重要材料/构配件/设备供应单位、试验报告、运行调试等其他内容的报审。报验时按实际完成的工程名称填写。

有分包单位的，分包单位的报验资料应由施工单位验收合格后向项目监理机构报验。

1. 报审、报验表样例

报审、报验表样例如表 3-21 所示。

表 3-21　检验批质量检验报审、报验表

工程名称：×××大学行政大楼工程　　　　　　　　　　　　　编号：×××

致：××监理公司×××大学行政大楼工程项目监理部(项目监理机构) 　我方已完成+3.000 m 楼面①～⑧/A～E 轴梁板钢筋安装工作，经自检合格，请予以审查或验收。 　　附件：□隐蔽工程质量检验资料 　　　　　□检验批质量检验资料 　　　　　□分项工程质量检验资料 　　　　　□施工试验室证明资料 　　　　　□其他用于试验报告、运行调试的报审 　　　　　　　　　　　　　　施工项目经理部(盖章) 　　　　　　　　　　　　　　项目经理或项目技术负责人(签字)：××× 　　　　　　　　　　　　　　×××× 年 ×× 月 ×× 日
审查或验收意见： 　经现场验收检查，钢筋安装质量符合设计和规范要求，同意进行下一道工序。 　　　　　　　　　　　　　　项目监理机构(盖章) 　　　　　　　　　　　　　　专业监理工程师(签字)：××× 　　　　　　　　　　　　　　×××× 年 ×× 月 ×× 日

2. 填写说明

(1) 附件的填写说明。

① 隐蔽工程质量检验资料：相应工序和部位的工程质量检查记录；

② 检验批质量检验资料：检验批质量验收记录和施工操作依据、质量检查记录；

③ 分项工程质量检验资料：分项工程质量验收记录和施工操作依据、质量检查记录；

④ 施工试验室证明资料：试验室的资质等级及试验范围、法定计量部门对试验设备出具的计量检定证明、试验室管理制度、试验人员资格证书；

⑤ 其他用于试验报告、运行调试的报审：应附上相应工程试验、运行调试记录等资料及规范对应条文的用表。

(2) 审查或验收意见的填写说明。

专业监理工程师对所报隐蔽工程、检验批、分项工程、施工试验室证明资料认真核查，确认资料是否齐全、填报是否符合要求，并根据现场实地检查情况按表式项目签署审查意见。

3．报审、报验程序

(1) 隐蔽工程验收。

① 隐蔽工程施工完毕，施工单位自检合格，填写隐蔽工程报审、报验表，附隐蔽工程验收记录和有关分项(检验批)工程质量验收及测试资料等向项目监理机构报验。

② 施工单位应在隐蔽验收前 48 h 以书面形式(工作联系单)通知监理隐蔽验收内容、验收时间和地点。

③ 专业监理工程师应准时参加隐蔽工程验收，审核其自检结果和有关资料，现场实物检查、检测，符合要求的予以签认。否则，专业监理工程师应签发监理通知单，指出不符合之处，要求施工单位整改。

(2) 检验批工程质量验收。

① 检验批施工完毕，施工单位自检合格，填写检验批报审、报验表，附检验批质量验收记录和施工操作依据、质量检查记录等向项目监理机构报验。

② 施工单位应在检验批验收前 48 h 以书面形式(工作联系单)通知监理检验批验收内容、验收时间和地点。

③ 专业监理工程师应按时组织施工单位项目专业质量检查员、专业工长等进行验收，现场实物检查、检测，审核其有关资料。若主控项目和一般项目的质量经抽样检查合格，施工操作依据、质量检查记录完整、符合要求，专业监理工程师应予以签认。否则，专业监理工程师应签发监理通知单，指出不符合之处，要求施工单位整改。

④ 施工单位按监理通知单要求整改完毕，自检合格后用监理通知回复单报项目监理机构复核，符合要求后予以确认。

⑤ 对未经监理人员验收或验收不合格的、需旁站而未旁站或没有旁站记录或旁站记录签字不全的隐蔽工程、检验批，监理工程师不得签认。施工单位严禁进行下道工序的施工。

(3) 分项工程质量验收。

① 分项工程所含的检验批全部通过验收，施工单位整理验收资料，在自检评定合格后填写分项工程报审、报验表，附分项工程质量验收记录报项目监理机构。

② 专业监理工程师组织施工单位项目专业技术负责人等进行验收，对施工单位所报资料和该分项工程的所有检验批质量检查记录进行审查，若构成分项工程的各检验批的验收资料文件完整，并且均已验收合格，则专业监理工程师予以签认。

(4) 施工试验室报审。

由施工试验检测单位、施工单位填写试验室报审、报验表，并附上资质证书、营业执照、岗位证书等证明文件(提供复印件的应由本单位在复印件上加盖红章)，按时向项目监理机构报验。

(5) 试验报告、运行调试的报审。

① 施工单位在试验报告、运行调试完成并自检合格后，填报本表并附上相应工程试验、运行调试记录等资料，报送项目监理机构。

② 施工单位应在试验前 48 h 以书面形式通知监理试验内容、时间、地点。

③ 经试验合格，监理工程师予以签字确认。

3.4.6　分部工程报验表

分部工程报验表用于项目监理机构对分部工程的验收。分部工程所包含的分项工程全部自检合格后，施工单位报送项目监理机构。此表为《建设工程监理规范》中施工单位报审、报验用表 B.0.8。

1. 分部工程报验表样例

分部工程报验表样例如表 3-22 所示。

表 3-22　分部工程报验表

工程名称：×××大学行政大楼工程　　　　　　　　　　　　　　　编号：×××

致：××监理公司×××大学行政大楼工程项目监理部(项目监理机构) 　我方已完成×××大学行政大楼工程 ±0.00 以下地下结构分部工程，且其工程技术资料已按规定要求整理完毕，经自检合格，请予以验收。 　附件：分部工程质量资料 　　　　　　　　　　　　　　　　　　　　施工项目经理部(盖章) 　　　　　　　　　　　　　　　　　　　　项目技术负责人(签字)：×× 　　　　　　　　　　　　　　　　　　　　××××年××月××日
验收意见： 　经查验×××大学行政大楼工程 ±0.00 以下地下结构分部工程，施工单位已完成设计和合同约定的各项内容，已完成自验收工作并且自验收中发现的存在问题已整改，工程质量符合有关法律、法规和工程建设强制性标准的有关规定，同意于××××年××月××日在工地会议室和工程实体现场由×××总监组织地下结构含防水工程分部工程施工质量验收工作。地下室侧墙水泥基防水层和地下室顶板卷材防水层及其回填土施工，因不具备施工条件，不列入本次中间验收内容。 　请做好该分部工程的中间验收准备。 　　　　　　　　　　　　　　　　　　　　专业监理工程师(签字)：××× 　　　　　　　　　　　　　　　　　　　　××××年××月××日
验收意见： 　经验收组查验资料和工程实体施工质量，验收组认为该地下结构分部工程所含的隐蔽工程、工序交验、检验批及其分项工程划分明确，能反映施工过程质量状况，且符合设计文件和施工合同及现行建设工程施工质量验收规范的规定，施工质量合格。 　结构实体质量抽芯检验、试块(件)试验、原材料现场见证送检及抽测资料(包括土壤氡浓度检测报告、混凝土试块(件)检测报告、钢筋力学及化学性能检测报告、钢筋机械接头检测报告、脚手架用钢管检测报告、加气混凝土砌块力学和节能性能检测报告等)符合设计要求；该地下结构工程施工质量过程记录清楚、真实，工程技术验收资料整理完毕、分类有序、符合要求；除地下室侧墙水泥基防水层、地下室顶板卷材防水层及其回填土施工、1 号车道，因不具备施工条件尚未施工，作为暂缓项外，该地下结构工程已按施工图纸和建设工程施工合同内容施工完毕。该地下结构工程质量控制资料具有完整的施工操作依据和质量检查记录，有关安全及功能检验和检测结果符合有关规定，所含分项工程和检验批工程合格率 100%，观感质量为好，验收通过，同意进行下道工序的施工。 　　　　　　　　　　　　　　　　　　　　项目监理机构(盖章) 　　　　　　　　　　　　　　　　　　　　总监理工程师(签字)：××× 　　　　　　　　　　　　　　　　　　　　××××年××月××日

2. 填写说明

分部工程质量资料包括以下内容：

(1) 工程质量验收规范要求的质量资料：相应质量验收规范中规定工程验收时应检查的文件和记录，按规定应见证取样送检的，须附见证取样送检资料。

(2) 安全及功能检验(检测)报告：相应质量验收规范中规定工程验收时应对材料及其性能指标进行检验(检测)或复验项目的检验(检测)报告和《建筑工程施工质量验收统一标准》中要求的安全、节能、环保和主要使用功能检查项目的测试记录，按规定应见证取样送检的，须附见证取样送检资料。

(3) 分部(子分部)工程质量验收记录表。

3. 报验程序

(1) 分部(子分部)工程所含的分项工程全部通过验收，施工单位整理验收资料，在自检评定合格后填写分部(子分部)工程报验表，附分部(子分部)工程质量验收记录及工程质量验收规范要求的质量控制资料，安全、节能、环保和主要使用功能检验(检测)报告等向项目监理机构报验。

(2) 施工单位应在验收前按施工合同专用条款约定的时间内(通常为 48 h)以书面形式(工作联系单)通知监理验收内容、验收时间和地点。总监理工程师按时组织施工单位项目负责人和项目技术、质量负责人等进行验收；勘察、设计单位项目负责人和施工单位技术、质量部门负责人应参加地基与基础分部工程的验收；设计单位项目负责人和施工单位技术、质量部门负责人应参加主体结构、节能分部工程的验收。

(3) 分部(子分部)工程质量验收含报验资料核查和实体质量抽样检测(检查)。分部(子分部)工程所含分项工程的质量均已验收合格；质量控制资料完整；有关安全、节能、环保和主要使用功能的抽样检测结果均符合相应规定；观感质量验收符合要求。总监理工程师应予以确认，在分部(子分部)工程质量验收记录上签署验收意见，各参加验收单位项目负责人签字。否则，总监理工程师应签发监理通知单，指出不符合之处，要求施工单位整改。

施工单位按监理通知单要求整改完毕，自检合格后用监理通知回复单报项目监理机构复核，符合要求后予以确认。

3.4.7　工程见证记录表

工程见证取样是指项目监理机构对施工单位进行的涉及结构安全的试块、试件及工程材料现场取样、封样、送检工作的监督活动。

单位工程施工前，项目监理机构应根据施工单位报送的施工试验计划编写见证取样计划。由总监理工程师指定一名具备见证取样资格的监理人员进行见证取样工作，并书面通知施工单位、检测单位和质量监督机构。

在施工过程中，见证人员按计划对取样工作进行见证，在试样标志和封条上签字，并填写见证记录表。此表为《建筑工程资料管理规程》中监理资料用表 B.3.3。

1. 工程见证记录表样例

工程见证记录表样例如表 3-23 所示。

表 3-23　工程见证记录表

工程名称：×××大学行政大楼工程　　　　　　　　　　　　　编号：×××

样品名称	直径 22 三级钢电渣压力焊	试件编号	×××	取样数量	一组×根
取样部位/地点	1～5/A～E 轴，+3.000～+6.000 现浇混凝土柱/施工现场	取样日期	××××年××月××日		
见证取样说明	直径 22 三级钢，电渣压力焊由电焊工×××负责焊接，本层共计 100 个接头，由×××在现场进行取样，经检查焊接接头外观质量合格，并按规定进行了封样。				
见证取样和送检印章	××A-001 见证取样和送检章				
签字栏	取样人员		见证人员		
	×××		×××		

2. 填写说明

(1) 取样部位/地点：写明样品计划或准备使用的楼层、轴线等。取样地点写明施工现场还是在其他取样地点。

(2) 见证取样说明：主要填写原材料样品的生产厂家、样品的规格尺寸、代表样本的数量、封样情况，取样过程描述，送检时封样情况检查、试验外观检查等，以保证样品的代表性和真实性。

3. 必须实施见证取样和送检的试块、试件和材料

(1) 用于承重结构的混凝土试块。

(2) 用于承重墙体的砌筑砂浆试块。

(3) 用于承重结构的钢筋及连接接头试件。

(4) 用于承重墙的砖和混凝土小型砌块。

(5) 用于拌制混凝土和砌筑砂浆的水泥。

(6) 用于承重结构的混凝土中使用的掺加剂。

(7) 地下、屋面、厕浴间使用的防水材料。

(8) 国家规定必须实行见证取样和送检的其他试块、试件和材料。

4. 实施见证取样和送检的频率

对涉及结构安全的试块、试件和材料见证取样和送检的比例不得低于有关技术标准中规定取样数量的 30%。

3.4.8　旁站记录

旁站记录是指项目监理机构对工程的关键部位或关键工序的施工质量进行的监督活动所见证的有关情况的记录。此表为《建设工程监理规范》中工程监理单位用表 A.0.6。

项目监理机构应根据工程特点和施工单位报送的施工组织设计，确定监理旁站的关键部位、关键工序，安排监理人员进行旁站，并应及时记录旁站情况。

1. 监理旁站记录样例

监理旁站记录样例如表 3-24 所示。

表 3-24　监理旁站记录

工程名称：×××大学行政大楼工程　　　　　　　　　　　　　　编号：×××

天气情况：多云转晴，22～26℃			
旁站的关键部位或关键工作	地下室施工一、二区底板基础垫层 C15 混凝土约 300 m² 浇捣	施工单位	××建设公司
旁站开始时间	××××年××月××日　　××时××分	旁站结束时间	××××年××月××日　　××时××分
旁站的关键部位或关键工序施工情况： 　　本日××：××—××：××期间开展地下室施工一、二区底板基础垫层 C15 混凝土(约 300 m²)浇捣施工，C15 商品混凝土配合比已于日前报经专业监理工程师核对，现场泵送商品混凝土资料齐全，其送料单载明出厂时间、配合比及坍落度符合要求，运输、泵送及现场振捣符合规定和要求，垫层几何尺寸和厚度符合设计要求，施工顺序和工艺符合施工方案，浇筑过程正常，按经批准的本工程混凝土标准养护和同条件试块留置方案，现场留设混凝土标准养护试块三组共 9 块。现场施工技术负责人×××，施工员×××，质检员×××，作业班组施工人员 12 人，无其他异常情况发生。			
发现的问题及处理情况： 　　(1) 发现个别部位在混凝土浇筑过程中有漏振和垫层厚度负偏差过大情况。 　　(2) 旁站人员当场指出个别部位在混凝土浇筑过程中有漏振和垫层厚度负偏差过大情况后，施工人员立即当场改正了此种现象。 　　(3) 建议往后现场浇捣混凝土施工时增加辅工人手，准备好吸尘器，及时复原被踩扁的绑扎钢筋，梁柱节点内模板锯末、积水等及时清除干净后方可浇灌混凝土。 　　　　　　　　　　　　　　　　　　旁站监理人员(签字)：××× 　　　　　　　　　　　　　　　　　　　　　　　　　　××××年××月××日			

2. 监理旁站记录的主要内容

(1) 施工情况：包括施工单位质检人员到岗情况、特殊工种人员持证情况以及施工机械、材料准备及关键部位、关键工序的施工是否按(专项)施工方案及工程建设强制性标准执行等情况。

(2) 发现的问题及处理情况：旁站人员发现问题的具体描述以及采取何种处理措施，如发工作联系单、监理通知单等。

注意：监理旁站记录为项目监理机构记录旁站工作情况的通用表式。项目监理机构可根据需要增加附表。

关键部位、关键工序未实施旁站监理或没有旁站监理记录的，专业监理工程师或总监理工程师不得在相应文件上签字。旁站记录在工程竣工验收后，由监理单位归档备查。

3. 房屋建筑工程需实施旁站监理的部位或工序

《建设工程旁站监理管理规定》中指出房屋建筑工程的关键部位、关键工序包括以下内容：

(1) 基础工程：桩基工程、沉井过程、水下混凝土浇筑、承载力检测、独立基础框架、基础土方回填。

(2) 结构工程：混凝土浇筑、施加预应力、施工缝处理、结构吊装。

(3) 钢结构工程：重要部位焊接、机械连接安装。

(4) 设备进场验收测试、单机无负荷试车、无负荷联动试车、试运转、设备安装验收、压力容器等。

(5) 隐蔽工程的隐蔽过程。

(6) 建筑材料的见证取样、送样，新技术、新材料、新工艺、新设备试验过程。

(7) 建设工程委托监理合同规定的应旁站监理的部位。

3.4.9　平行检验记录

平行检验记录是指项目监理机构在施工单位自检的同时，按有关规定、建设工程监理合同约定对同一检验项目进行的检测试验活动所做的记录。

1. 平行检验记录样例

平行检验记录样例如表 3-25 所示。

表 3-25　平行检验记录

工程名称：×××大学行政大楼工程　　　　　　　　　　　　　　　　　编号：×××

施工单位	××建设公司	天气	多云转晴，22～26℃
检验内容及工程部位	定位放线验收		
检验手段	水准仪		
施工单位自检情况	自检合格		
检查的具体项目及具体数据记录： (1) 经现场复核水准点的引测符合设计及规范要求，具体偏差为×××。 (2) 定位轴线尺寸符合设计要求，具体偏差为×××。 ⋮			
检查发现的问题及处理结果：			
检查结论：经验收认定合格			
平行检验人员(签名)：×××			
日期：××××年××月××日			

2. 填写说明

(1) 平行检验的内容主要分为进场的工程材料和施工质量两大类。施工质量包括测量、隐蔽工程、检验批质量验收等。

(2) 检验内容及工程部位：检验内容填写进场的工程材料名称或施工质量检验的内容，如测量、隐蔽工程、检验批等。工程部位，进场材料填写拟使用的工程部位，施工质量检验填写具体的楼层、轴线等。

(3) 检验手段主要有取样试验、目测、现场检查、实测等。

(4) 检查发现的问题及处理结果发监理通知。

(5) 检查结论填写经验收认定合格/不合格。

3. 相关规定及要求

项目监理机构应按有关规定、建设工程监理合同约定，对用于工程的材料进行平行检验。

项目监理机构对施工质量进行的平行检验，应符合工程特点、专业要求及行业主管部门的有关规定，并符合建设工程监理合同的约定。

3.4.10　工程质量/生产安全问题(事故)报告单

工程质量/生产安全问题(事故)报告单是施工过程中发生工程质量/生产安全问题(事

故),施工单位就工程质量/生产安全问题(事故)的有关情况及初步原因分析和处理方案向项目监理机构报告时的用表。当监理工程师发现工程质量/生产安全问题(事故)要求施工单位报告时也用此表报告。

1. 工程质量/生产安全问题(事故)报告单样例

工程质量/生产安全问题(事故)报告单样例如表 3-26 所示。

表 3-26　工程质量/生产安全问题(事故)报告单

工程名称：×××大学行政大楼工程　　　　　　　　　　　　　编号：×××

致：<u>××监理公司×××大学行政大楼工程项目监理部</u>(项目监理机构)	
×××年××月××日××时,在<u>③～⑥2层框架柱</u>(部位)发生外观蜂窝严重,测其强度严重不足 □工程质量/□生产安全问题(事故),现报告如下: (1) 原因(初步调查结果及现场报告情况)：由于操作工人振捣不均造成。 (2) 性质或类型：较严重。 (3) 造成损失：造成经济损失约 3000 元。 (4) 应急措施：对附近柱强度进行全面检查。 (5) 初步处理意见：对该柱的混凝土进行返工重做处理。 施工项目经理部(盖章) 项目经理(签字)：××× ×××年××月××日	
抄报： 1. ×××建设工程质量监督站 2. 河南技术创新中心	项目监理机构签收： 于×××年××月××日××时收到。 项目监理机构(盖章) 总/专业监理工程师：××× ×××年××月××日

2. 填写说明

(1) ____年____月____日____时,在____ (部位)发生____工程质量/生产安全问题(事故)：分别填写工程质量/生产安全问题(事故)发生的时间、工程部位和工程质量/安全生产问题(事故)的特征。

(2) 原因、性质或类型、造成损失、应急措施及初步处理意见：质量事故发生的原因的初步判断、一般事故还是重大事故、造成损失的初步估算、事故发生后采取的措施及事故控制的情况及初步处理方案。

3.4.11　工程质量/生产安全问题(事故)技术处理方案报审表

工程质量/生产安全问题(事故)技术处理方案报审表是施工单位在对工程质量事故详细调查、研究的基础上,提出处理方案后报项目监理机构审查、确认和批复时的重要文件资料。

监理人员发现施工存在重大质量隐患,可能造成工程质量/生产安全问题(事故)或已经造成工程质量/生产安全问题(事故)时,应通过总监理工程师及时下达工程暂停令,要求施工单位停工整改。凡要求施工单位提交工程质量/生产安全问题(事故)整改方案的,施工单位均应用该表向项目监理机构报审工程质量/生产安全问题(事故)调查报告和工程质量/生产安全问题(事故)处理方案。

1. 工程质量/生产安全问题(事故)技术处理方案报审表样例

工程质量/生产安全问题(事故)技术处理方案报审表样例如表 3-27 所示。

表 3-27　工程质量/生产安全问题(事故)技术处理方案报审表

工程名称：×××大学行政大楼工程　　　　　　　　　　　　　　　　　编号：×××

致：××监理公司×××大学行政大楼工程项目监理部(监理单位) 　　××××年××月××日××时，在③～⑥2 层框架柱(部位)发生外观蜂窝严重，测其强度严重不足 ☑工程质量/□生产安全问题(事故)报告，经认真研究后，现提出处理方案，请予以审批。 　　附件：1. ☑工程质量/□生产安全问题(事故)详细报告 　　　　　2. ☑工程质量/□生产安全问题(事故)技术处理方案 　　　　　　　　　　　　　　　　施工项目经理部(盖章)： 　　　　　　　　　　　　　　　　项目经理或项目技术负责人(签字)：××× 　　　　　　　　　　　　　　　　　　　　　　××××年××月××日

设计单位审查意见： 　　同意该方案 项目设计单位(章) 结构工程师或建筑师：××× ××××年××月××日	项目监理机构审查意见： 　　同意该方案 项目监理机构(章) 总/专业监理工程师：××× ××××年××月××日	有关部门意见： 　　同意该方案 有关部门(章) 代表：××× ××××年××月××日

2. 填写说明

(1) 工程质量/生产安全问题(事故)详细报告：施工单位在对工程质量事故详细调查、研究的基础上提出的详细报告，一般应包括下列内容：质量事故情况，质量事故发生的时间、地点，事故经过，有关现场的记录，发展变化趋势，是否已稳定等，事故性质，事故原因，事故评估；质量事故涉及的人员与主要责任者的情况等。

(2) 工程质量/生产安全问题(事故)技术处理方案：处理方案针对质量事故的状况及原因，应安全可靠、不留隐患、满足建筑物的使用功能要求、技术可行、经济合理。因设计造成的质量事故，应由设计单位提出技术处理方案。

(3) 设计单位审查意见：建筑工程的设计单位对工程质量/生产安全问题(事故)调查报告和处理方案的审查意见。若与施工单位提出的工程质量/生产安全问题(事故)调查报告和处理方案有不同意见应注明，工程质量/生产安全问题(事故)技术处理方案必须经设计单位同意。

(4) 项目监理机构审查意见：项目监理机构应组织建设、设计、施工、监理等有关人员对工程质量/生产安全问题(事故)调查报告和处理方案进行论证，以确认报告和方案的正确合理性，如有不同意见，应责令施工单位重报。必要时应邀请有关专家参加对事故调查报告和处理方案的论证。

3.5　造价控制资料

工程造价控制资料主要包括工程款支付报审表、工程款支付证书、费用索赔报审表等内容。

3.5.1　工程款支付报审表

本表适用于施工单位工程预付款、工程进度款、竣工结算款、工程变更费用、索赔费用的支付申请，项目监理机构对申请事项进行审核并签署意见，经建设单位审批后作为工程款支付的依据。此表为《建设工程监理规范》中施工单位报审、报验用表 B.0.11。

1. 工程款支付报审表样例

工程款支付报审表样例如表 3-28 所示。

表 3-28　工程款支付报审表

工程名称：×××大学行政大楼工程　　　　　　　　　　　　　　　　编号：×××

致：××监理公司×××大学行政大楼工程项目监理部(项目监理机构) 　　根据施工合同约定，我方已完成×××大学行政大楼工程±0.00 以上全部钢筋混凝土结构工程的施工和其分部工程施工质量中间验收工作，建设单位应在××××年××月××日前支付该项工程款共计(大写)伍佰肆拾肆万叁仟壹佰玖拾叁元伍角伍分(小写：5 443 193.55 元)，请予以审核。 　　附件： 　　☑ 已完成工程量报表 　　□ 工程竣工结算证明材料 　　☑ 相应支持性证明文件 <div align="right">施工项目经理部(盖章) 项目经理(签字)××× ××××年××月××日</div>
审查意见： 　　(1) 施工单位应得款为：(大写)肆佰玖拾万叁仟柒佰伍拾贰元伍角伍分(¥4 903 752.55 元)。 　　(2) 本期应扣款为：(大写)肆拾万(¥400 000.00 元)。 　　(3) 本期应付款为：(大写)肆佰伍拾万叁仟柒佰伍拾贰元伍角伍分(¥4 503 752.55 元)。 　　附件：相应支撑性材料 <div align="right">专业监理工程师(签字)：××× ××××年××月××日</div>
审核意见： 　　同意计量专业监理工程师的审查意见，同意本期应付给施工单位工程款为：(大写)肆佰伍拾万叁仟柒佰伍拾贰元伍角伍分(¥4 503 752.55 元)。 <div align="right">项目监理机构(盖章) 总监理工程师(签字、加盖执业印章)：××× ××××年××月××日</div>
审批意见： 　　同意本期应付给施工单位工程款为：(大写)肆佰伍拾万叁仟柒佰伍拾贰元伍角伍分(¥4 503 752.55 元)。 <div align="right">建设单位(盖章) 建设单位代表(签字)：××× ××××年××月××日</div>

知识拓展

工程变更费用的确定如下。

(1) 变更发生后，承包方在变更确定后 14 天内，提出变更工程变更价款的报告，经监理工程师确认后调整合同价款。

① 合同中已有适用于变更工程的价款，按合同已有的价款变更合同价款；

② 合同中只有类似于变更工程的价款，可参照此价格变更合同价款；

③ 合同中没有使用或类似于变更工程的价款，由承包方提出适当的变更价款，经监理工程师确认后执行。

(2) 承包方在确定变更后 14 天内不向监理工程师提出变更价款报告时，视为该项设计变更不涉及合同价款的变更。

(3) 监理工程师收到变更工程价款报告之日起 14 天内予以确认，否则，自变更价款报告送达之日起 14 天后，视为变更工程价款报告被确定。

(4) 监理工程师不同意承包方提出的变更价款，按照合同约定的争议解决方法处理。

(5) 监理工程师确认增加的工程变更价款作为追加合同价款，与工程款同期支付。

(6) 因承包人自身原因导致的工程变更，承包人无权要求追加合同价款。

(7) 监理工程师同意采用承包人合理化建议，对所发生的费用和获得的收益，由发包人、承包人另行约定分担或分享。

2. 填写说明

(1) 我方已完成____工作：填写经专业监理工程师验收合格的工程；定期支付进度款的填写本支付期内经专业监理工程师验收合格工程的工程量。

(2) 申请支付工程款金额：包括合同内工程款、工程变更增减费用、批准的索赔费用，扣除应扣预付款、保留金及施工合同中约定的其他费用。

(3) 已完工程量报表：本次付款申请中的经专业监理工程师验收合格工程的工程量清单统计报表。

(4) 工程款申请中如有其他和付款有关的证明文件和资料时，应附有相关证明资料。

3. 相关规定

(1) 项目监理机构应按下列程序进行工程计量和付款签证。

① 专业监理工程师对施工单位在工程款支付报审表中提交的工程量和支付金额进行复核，确定实际完成的工程量，提出到期应支付给施工单位的金额，并提供相应的支持性材料。

② 总监理工程师对专业监理工程师的审查意见进行审核，签认后报建设单位审批。

③ 总监理工程师根据建设单位的审批意见，向施工单位签发工程款支付证书。

(2) 项目监理机构应按下列程序进行竣工结算款审核。

① 专业监理工程师审查施工单位提交的竣工结算款支付申请，提出审查意见。

② 总监理工程师对专业监理工程师的审查意见进行审核，签认后报建设单位审批，同时抄送施工单位，并就工程竣工结算事宜与建设单位、施工单位协商，达成一致意见的，根据建设单位审批意见向施工单位签发竣工结算款支付证书；不能达成一致意见的，应按施工合同约定处理。

3.5.2　工程款支付证书

工程款支付证书是项目监理机构收到经建设单位签署审批意见的工程款支付报审表

后，根据建设单位的审批意见，签发本表作为工程款支付的证明文件。本表为《建设工程监理规范》中工程监理单位用表 A.0.8。

1. 工程款支付证书样例

工程款支付证书样例如表 3-29 所示。

表 3-29　工程款支付证书

工程名称：×××大学行政大楼工程　　　　　　　　　　　　　　编号：×××

致：××建设公司(施工单位)　　　根据施工合同的规定，经审核编号为×××工程款支付报审表，扣除有关款项后，同意支付工程款共计(大写)<u>肆佰玖拾捌万柒仟叁佰玖拾肆元柒角捌分</u>(小写：4 987 394.78 元)。　　其中： 　　(1) 施工单位申报款为：<u>陆佰肆拾肆万叁仟壹佰玖拾叁元伍角伍分</u>((¥6 443 193.55 元)。 　　(2) 经审核施工单位应得款为：陆佰贰拾叁万肆仟贰佰肆拾叁元肆角柒分(¥6 234 243.47 元)。 　　(3) 本期应扣款为：壹佰贰拾肆万陆仟捌佰肆拾捌元陆角玖分(¥1 246 848.69 元)。 　　(4) 本期应付款为：肆佰玖拾捌万柒仟叁佰玖拾肆元柒角捌分(¥4 987 394.78 元)。 　　附件：工程款支付报审表及附件 　　　　　　　　　　　　　　　　项目监理机构(盖章) 　　　　　　　　　　　　　　　　总监理工程师(签字、加盖执业印章)：××× 　　　　　　　　　　　　　　　　　　　　×××年××月××日

2. 填写说明

(1) 编号为＿＿＿工程款支付报审表：填写施工单位的工程款支付报审表编号。

(2) 其中：

施工单位申报款：施工单位向项目监理机构填报的工程款支付报审表中申报的工程款额。

经审核施工单位应得款：经专业监理工程师对施工单位向项目监理机构填报的工程款支付报审表审核后，核定的工程款额，包括合同内工程款、工程变更增减费用、经批准的索赔费用等。

本期应扣款：施工合同约定本期应扣除的预付款、保留金及其他应扣除的工程款的总和。

本期应付款：经审核施工单位应得款额减本期应扣款额的余额。

(3) 施工单位的工程款支付报审表及附件：施工单位向项目监理机构申报的工程款支付报审表及其附件。

注意：项目监理机构将工程支付证书签发给施工单位时，应同时抄送建设单位。

3.5.3　费用索赔报审表

费用索赔报审表是施工单位向建设单位提出费用索赔，报项目监理机构审查、确认和批复。此表为《建设工程监理规范》中施工单位报审、报验用表 B.0.13。

1. 费用索赔报审表样例

费用索赔报审表样例如表 3-30 所示。

表 3-30　费用索赔报审表

工程名称：×××大学行政大楼工程　　　　　　　　　　　　　　编号：×××

致：××监理公司×××大学行政大楼工程(项目监理机构)

　　根据施工合同××条款，由于建设单位对本工程所有配电箱选用品牌最终确定时间拖延 50 天，导致各类配电箱采购进场时间延误，不能满足现场配电箱的预埋箱体施工进度需要，造成窝工 30 个工日等原因，我方申请索赔金额(大写)壹仟柒佰肆拾元整(¥1740)，请予批准。

　　索赔理由：按照××××年××月××日下发的材料看样定板管理办法和施工承包合同相关条款规定，我项目部于 90 天前已向项目监理机构申报配电箱选样定板确认报审表，监理方已于 85 天前签署意见并由我部材料员直接送达你方收发员签收。但你方未能及时签批，拖延至 35 天前才批复给我项目部，造成订货延期 50 天，不能按经批准的施工计划及时进货到工地，造成窝工损失 30 个工日。

　　附件：☑ 索赔金额计算
　　　　　☑ 证明材料

施工经理部(盖章)
项目经理(签字)：×××
××××年××月××日

审核意见：

　　根据施工合同条款××条的规定，你方提出的有关建设单位对所有配电箱选用品最终确定时间拖延 50 天，导致各类配电箱采购进场时间延误，不能满足现场配电箱的预埋箱体施工进度需要，造成窝工 30 个工日等原因而造成窝工损失，并提出索赔金额(大写)壹仟柒佰肆拾元整(¥1740 元)的索赔申请，我方审核评估：

　　☑ 不同意此项索赔。

　　□ 同意此项索赔，索赔金额为(大写)＿＿＿＿＿＿＿＿＿＿＿＿＿＿＿＿＿＿。

同意/不同意索赔的理由：由于建设单位最终确定选用的配电箱品牌为本工程招投标文件所列出的三个品牌范围内的厂商之一，作为施工单位不管建设单位选择原招投标文件所列范围内的哪个品牌配电箱，都应早有材料采购计划和意向，尽管建设单位最终确认意见反馈时延迟约 50 天时间，但还有一个月的订货期，且本工程所用配电箱是常用产品。另外，负责施工的班组在配电箱来到工地期间，还有大量墙面管线开槽埋设工作可安排作业，没有实际上窝工现象发生，故本次费用索赔不成立。

　　附件：□索赔审查报告

项目监理机构(盖章)
总监理工程师(签字、加盖执业印章)：×××
××××年××月××日

审批意见：

　　同意监理机构的审批意见。

建设单位(盖章)
建设单位代表(签字)：×××
××××年××月××日

2. 填写说明

(1) 根据施工合同＿＿＿＿条款：填写提出费用索赔所依据的施工合同条目。

(2) 由于＿＿＿＿的原因：填写导致费用索赔的事件。

(3) 索赔理由：索赔事件造成施工单位直接经济损失，索赔事件是由于非施工单位的责任引发的等情况的详细理由及事件经过。

(4) 索赔金额计算：索赔金额计算书，索赔的费用内容一般包括人工费、设备费、材料费、管理费等。

(5) 证明材料：索赔意向书及索赔事项的相关证明材料。索赔事项的相关证明材料包括法律法规、勘察设计文件、工程建设标准以及涉及工程费用索赔的有关施工和监理文件资料(施工合同、采购合同、工程变更单、施工组织设计、专项施工方案、施工进度计划、建设单位和施工单位的有关文件、会议纪要、监理记录、工作联系单、监理通知单、监理月报及相关监理文件资料)。

(6) 审核意见：专业监理工程师应首先审核索赔事件发生后，施工单位是否在施工合同规定的期限内(28 天)，向专业监理工程师递交过索赔意向通知，如超过此期限，专业监理工程师和建设单位有权拒绝索赔要求；其次，审核施工单位的索赔条件是否成立；再次，应审核施工单位报送的费用索赔报审表，包括索赔的详细理由、经过及索赔金额的计算及证明材料；如不满足索赔条件，专业监理工程师应在"不同意此项索赔"前"□"内打"√"；如符合条件，专业监理工程师就初定的索赔金额向总监理工程师报告、由总监理工程师分别与施工单位及建设单位进行协商，达成一致或监理工程师公正地自主决定后，在"同意此项索赔"前"□"内打"√"，并写明金额。如施工单位对监理工程师的决定不同意，则可按合同中的仲裁条款提交仲裁机构仲裁。

(7) 同意/不同意索赔的理由：同意索赔的理由应简要列明；对不同意索赔，或虽同意索赔但其中的不合理部分，如有下列情况应简要说明：

① 索赔事项不属于建设单位或监理工程师的责任，而是其他第三方的责任；

② 建设单位和施工单位共同负有责任，施工单位必须划分和证明双方责任大小；

③ 事实依据不足；

④ 施工合同依据不足；

⑤ 施工单位未遵守意向通知要求；

⑥ 施工合同中的开脱责任条款已经免除了建设单位的补偿责任；

⑦ 施工单位已经放弃索赔要求；

⑧ 施工单位没有采取适当措施避免或减少损失；

⑨ 施工单位必须提供进一步证据；

⑩ 损失计算夸大等。

3. 施工单位向建设单位索赔的原因

(1) 合同文件内容出错引起的索赔。

(2) 由于图纸延迟交出造成索赔。

(3) 由于不利的实物障碍和不利的自然条件引起索赔。

(4) 由于建设单位提供的水准点、基线等测量资料不准确造成的失误与索赔。

(5) 施工单位依据专业监理工程师意见，进行额外钻孔及勘探工作引起索赔。

(6) 由建设单位风险所造成的损害的补救和修复所引起的索赔。

(7) 因施工中施工单位开挖到化石、文物、矿产等珍贵物品，要停工处理引起的索赔。

(8) 由于需要加强道路与桥梁结构以承受"特殊超重荷载"而索赔。

(9) 由于建设单位雇佣其他施工单位的影响，并为其他施工单位提供服务提出索赔。

(10) 由于额外样品与试验而引起索赔。

(11) 由于对隐蔽工程的揭露或开孔检查引起的索赔。

(12) 由于工程中断引起的索赔。

(13) 由于建设单位延迟移交土地引起的索赔。

(14) 由于非施工单位原因造成了工程缺陷需要修复而引起的索赔。

(15) 由于要求施工单位调查和检查缺陷而引起的索赔。

(16) 由于工程变更引起的索赔。

(17) 由于变更合同总价格超过有效合同价的 15％ 而引起的索赔。

(18) 由于特殊风险引起的工程被破坏和其他款项支出而提出的索赔。

(19) 因特殊风险使合同终止后的索赔。

(20) 因合同解除后的索赔。

(21) 建设单位违约引起工程终止等的索赔。

(22) 由于物价变动引起的工程成本增减的索赔。

(23) 由于后续法规的变化引起的索赔。

(24) 由于货币及汇率变化引起的索赔。

4. 费用索赔的报审程序

(1) 施工单位在索赔事件发生后 28 天内，向项目监理机构提交索赔意向通知书。

(2) 总监理工程师指定专业监理工程师收集与索赔有关资料。

(3) 施工单位在发出索赔意向通知书后 28 天内，向项目监理机构提交费用索赔报审表及有关资料。

(4) 总监理工程师根据施工单位报送的费用索赔报审表及相关资料，安排专业监理工程师进行审查，若同时满足以下三个条件则予以受理：①施工单位在施工合同约定的期限内提出费用索赔；②索赔事件是因非施工单位的原因造成的，且符合施工合同约定；③索赔事件造成了施工单位直接经济损失。

5. 专业监理工程师在审查确定索赔批准额时，要审查的内容

(1) 索赔事件发生的合同责任。

(2) 由于索赔事件的发生，施工成本及其他费用的变化和分析。

(3) 索赔事件发生后，施工单位是否采取了减少损失的措施。施工单位报送的索赔额中，是否包含了让索赔事件任意发展而造成的损失额。

6. 索赔审查报告

索赔审查报告的内容主要包括受理索赔的日期、索赔要求、索赔过程、确认的索赔理由及合同依据、批准的索赔额及其计算方法等。

3.6 合同管理资料

合同管理资料主要包括工程临时/最终延期报审表、索赔意向通知书、工程变更单、分包单位资格报审表、合同争议处理意见、合同变更资料等内容。

3.6.1 工程临时/最终延期报审表

工程临时/最终延期报审表是依据施工合同规定，非施工单位原因造成的工程延期，导致施工单位要求补偿时采用的申请用表。此表为《建设工程监理规范》中施工单位报审、报验用表 B.0.14。

1. 工程临时/最终延期报审表样例

工程临时/最终延期报审表样例如表 3-31 所示。

表 3-31 工程临时/最终延期报审表

工程名称：×××大学行政大楼工程　　　　　　　　　　　　　　编号：×××

致：××监理公司×××大学行政大楼工程项目监理部(项目监理机构)
根据施工合同××(条款)，由于经建设单位盖章确认的设计单位提出设计变更单(编号：×××)要求，此项内容在工程量清单外新增加项目且影响关键工序施工时间的调整原因，我方申请工程临时/最终延期 10 (日历天)，请予批准。 　附件：1. 工程延期依据及工期计算 　　　　2. 证明材料：设计变更单(编号：×××) 　　　　　　　　　　　　　　　　　　施工项目经理部(盖章) 　　　　　　　　　　　　　　　　　　项目经理(签字)：××× 　　　　　　　　　　　　　　　　　　　　　××××年××月××日
审核意见： 　☑ 同意工程临时/最终延期10(日历天)。工程竣工日期从施工合同约定的 ××××年××月××日 延迟到×××年××月××日。 　□ 不同意延期，请按约定竣工日期组织施工。 　　　　　　　　　　　　　　　　　　项目监理机构(盖章) 　　　　　　　　　　　　　　　　　　总监理工程师(签字：加盖执业印章)：××× 　　　　　　　　　　　　　　　　　　　　　××××年××月××日
审批意见： 　同意监理机构审批意见，同意工期临时/最终延长工期 10 (日历天)。工程竣工日期从施工合同约定的×××年××月××日延迟到××××年××月××日。 　　　　　　　　　　　　　　　　　　建设单位(盖章) 　　　　　　　　　　　　　　　　　　建设单位代表(签字)：××× 　　　　　　　　　　　　　　　　　　　　　××××年××月××日

2. 填写说明

(1) 根据施工合同＿＿＿(条款)：填写提出工期索赔所依据的施工合同条目。

(2) 由于＿＿＿原因：填写导致工程延期的事件。

(3) 工程延期依据及工期计算：依据指索赔所依据的施工合同条款、导致工程延期事件的事实；工期计算指工程延期的计算方式及过程。

(4) 证明材料：所有能证明非施工单位原因导致工程延期的证明材料(包括施工日记与监理一致的内容)。

(5) 审核意见：专业监理工程师针对施工单位提出的工程临时/最终延期报审表，首先，审核在延期事件发生后，施工单位在合同规定的有效期内是否以书面形式向项目监理机构提出临时延期申请；其次，审查施工单位在合同规定有效期内向项目监理机构提交延期依据及延长工期的计算；再次，专业监理工程师对提交的延期报告应及时进行调查核实，与监理同期记录进行核对、计算。同意临时/最终延期时在"□"内画"√"，延期天数按核实天数填写。否则，在不同意延期前"□"内画"√"，并将审查情况报告总监理工程师。

3. 可能导致工程延期的原因

(1) 建设单位未能按专用条款的约定提供图纸及开工条件。

(2) 建设单位未能按约定日期支付工程预付款、进度款，致使施工不能正常进行。

(3) 监理工程师未按合同约定提供所需指令、批准等，致使施工不能正常进行。

(4) 设计变更和工程量增加。

(5) 一周内非施工单位原因停水、停电、停气造成停工累计超过 8h。

(6) 不可抗力。

(7) 施工合同专用条款中约定或监理工程师同意工期顺延的其他情况。

4. 工程临时/最终延期报审程序

(1) 施工单位在工程延期的情况发生后，应在施工合同规定的期限内填报工程临时延期报审表，并向项目监理机构申请工程临时延期。

(2) 收到施工单位报送的工程临时延期报审表后，总监理工程师指定专业监理工程师收集与延期有关的资料。

(3) 专业监理工程师按标准规范及合同文件有关章节要求，对本表及其证明材料进行核查并提出意见，签认工程临时/最终延期报审表，并由总监理工程师审核后报建设单位审批。工程延期事件结束，施工单位向项目监理机构最终申请确定工程延期的日历天数及延迟后的竣工日期；项目监理机构在按程序审核评估后，由总监理工程师签认工程临时/最终延期报审表，不同意延期的应说明理由。

5. 项目监理机构批准工程延期应同时满足下列条件

(1) 施工单位在施工合同约定的期限内提出工程延期。

(2) 因非施工单位原因造成施工进度滞后。

(3) 施工进度滞后影响到施工合同约定的工期。

注意：项目监理机构在批准工程临时延期、工程最终延期前，均应与建设单位和施工单位协商。

3.6.2　索赔意向通知书

本表适用于工程中出现可能引起索赔的事件后，受影响的单位依据法律法规和合同要求，向相关单位声明/告知拟进行相关索赔的意向。此表为《建设工程监理规范》中通用表中的 C.0.3。

1．索赔意向通知书样例

索赔意向通知书样例如表 3-32 所示。

表 3-32　索赔意向通知书

工程名称：×××大学行政大楼工程　　　　　　　　　　　　编号：×××

致：××监理公司×××大学行政大楼工程项目监理部

　根据施工合同××(条款)约定，由于发生了建设单位对本工程所有配电箱选用品牌最终确定时间拖延 50 天，导致各类配电箱采购进场时间延误，不能满足现场配电箱的预埋箱体施工进度需要，造成窝工 30 个工日等事件，且该事件的发生非我原因所致。为此，我方向××大学(建设单位)提出索赔要求。

　附件：索赔事件资料
1．索赔的详细理由及经过
　按照××××年××月××日下发的材料看样定板管理办法和施工承包合同相关条款规定，我项目部于 90 天前已向项目监理机构申报配电箱选样定板确认报审表，监理方已于 85 天前签署意见并由我部材料员直接送达你方收发员签收。但你方未能及时签批，拖延至 35 天前才批复给我项目部，造成订货延期 50 天，不能按经批准的施工计划及时进货到工地，造成窝工损失 30 个工日。
2．索赔的金额计算
　30 工·日×58.00 元/(工·日)＝1740 元，大写金额：壹仟柒佰肆拾元整。
3．附件(证明材料)
(1) 费用索赔报告(6 页)。
(2) 配电箱选样定板确认报审表收发记录(1 页)。
(3) 配电箱订货合同(4 页)。

　　　　　　　　　　　　　　　　　　提出单位(盖章)
　　　　　　　　　　　　　　　　　　负责人(签字)：×××
　　　　　　　　　　　　　　　　　　××××年××月××日

2．填写说明

(1) 致：_____：填写索赔的对象。
(2) 根据施工合同_____ (条款)约定：填写依据施工合同的具体条款。
(3) 由于发生了_____事件：填写引起索赔的具体事件。
(4) 索赔事件资料：主要包括事件发生的时间和情况的简单描述；合同依据的条款和理由；有关后续资料的提供，包括及时记录和提供事件发展的动态；对工程成本和工期产生的不利影响及其严重程度的初步评估；声明/告知拟进行相关索赔的意向。

　本表应发给拟进行相关索赔的对象，并同时抄送给项目监理机构。索赔意向通知书应在索赔事件发生后 28 天内，提交给索赔对象。同时索赔意向通知书应有接收单位的签收证明。

3.6.3　工程变更单

工程变更单仅适用于依据合同和实际情况对工程进行变更时，在变更单位提出要求后，由建设单位、设计单位、监理单位和施工单位共同签认意见。此表为《建设工程监理规范》中通用表 C.0.2。

1．工程变更单样例

工程变更单样例如表 3-33 所示。

表 3-33　工程变更单

工程名称：×××大学行政大楼工程　　　　　　　　　　　　　　　　　编号：×××

致：××大学(建设单位)
由于为增强基础底板防水功能，保证不渗漏，便于现场施工操作原因，兹提出将原设计两层厚的水泥基防水层改为二层 SPS 卷材防水层，附带设计变更单工程变更，请予以审批。

附件：
□ 变更内容
□ 变更设计图
□ 相关会议记录
☑ 其他

变更提出单位
负责人：×××
××××年××月××日

工程量增/减	无	
费用增/减	每平方米增加单方造价伍元，合计增加造价陆万元整(结算按独立费计算)	
工期变化	提前五天	
施工项目经理部(盖章) 项目经理(签字)：××××	同意此项设计变更 设计单位(盖章) 设计负责人(签字)：×××	
同意此项设计变更，有利于现场施工操作，保证防水施工质量。 项目监理机构(盖章) 总监理工程师(签字)：×××	同意此项设计变更 建设单位(盖章) 负责人(签字)：×××	

2．填写说明

(1) 由于_____原因：引发工程变更的原因。

(2) 提出_____工程变更：填写要求工程变更的部位和变更题目。

(3) 工程量增/减：填写因工程变更引起工程量变化的工程项目名称及具体数量。

(4) 费用增/减：填写因工程变更引起费用变化的工程项目名称及具体数量。

(5) 工期变化：填写因工程变更引起工期变化的具体数量。

(6) 变更提出单位：提出工程变更的单位。

(7) 负责人：提出单位的项目负责人。

(8) 建设单位：建设单位派驻施工现场履行合同的代表。

(9) 设计单位：设计单位派驻施工现场的设计代表或与工程变更内容有关专业的原设

计人员或负责人。

(10) 项目监理机构：项目总监理工程师。

(11) 施工单位代表签字仅表示对有关工期、费用处理结果的签认和收到工程变更单。

3．施工单位提出的工程变更处理程序

(1) 总监理工程师组织专业监理工程师审查施工单位提出的工程变更申请，提出审查意见。对涉及工程设计文件修改的工程变更，应由建设单位转交原设计单位修改工程设计文件。必要时，项目监理机构应建议建设单位组织设计、施工等单位召开论证工程设计文件的修改方案的专题会议。

(2) 总监理工程师组织专业监理工程师对工程变更费用及工期影响作出评估。

(3) 总监理工程师组织建设单位、施工单位等共同协商确定工程变更费用及工期变化，会签工程变更单。

(4) 项目监理机构根据批准的工程变更文件监督施工单位实施工程变更。

4．我国施工合同范本规定的建设单位提出工程变更的处理程序

(1) 施工中建设单位需对原工程设计变更，应提前 14 天以书面形式向施工单位发出变更通知。变更超过原设计标准或批准的建设规模时，建设单位应报规划管理部门和其他有关部门重新审查批准，并由原设计单位提供变更的相应图纸和说明。

(2) 施工单位在工程变更确定后 14 天内提出变更工程价款的报告，经监理工程师确认后调整合同价款。

(3) 施工单位在双方确定变更后 14 天内不向监理工程师提出变更工程价款报告时，视为该项变更不涉及合同价款的变更。

(4) 监理工程师应在收到变更工程价款报告之日起 14 天内予以确认，监理工程师无正当理由不确认时，自变更工程价款报告送达之日起 14 天后视为变更工程价款报告已被确认。

发生工程变更，应经过建设单位、设计单位、施工单位和工程监理单位的签认，并通过总监理工程师下达变更指令后，施工单位方可进行施工。

工程变更需要修改工程设计文件，涉及消防、人防、环保、节能、结构等内容的，应按规定经有关部门重新审查。

5．工程变更价款确定的原则

(1) 合同中已有适用于变更工程的价格，按合同已有的价格计算、变更合同价款。

(2) 合同中有类似于变更工程的价格，可参照类似价格变更合同价款。

(3) 合同中没有适用或类似于变更工程的价格，总监理工程师应与建设单位、施工单位就工程变更价款进行充分协商达成一致；如双方达不成一致，由总监理工程师按照成本加利润的原则确定工程变更的合理单价或价款，如有异议，按施工合同约定的争议程序处理。

监理工程师确认增加的工程变更价款作为追加合同价款，与工程款同期支付。

因施工单位自身原因导致的工程变更，施工单位无权要求追加合同价款。

3.6.4 分包单位资格报审表

分包单位资格报审是施工总承包单位实施分包(包括专业分包和劳务分包)时，提请

项目监理机构对其分包单位资质审查确认的批复。施工合同中已明确或经过招标确认的分包单位(即建设单位书面确认的分包单位)，施工总承包单位可不再对分包单位资格进行报审。

知识拓展

建设工程分包与转包的区别

分包是指总承包人将其承包的建设工程的一部分转让给第三人(即分包人)完成。总包人与发包人签订的建设工程施工合同称为总包合同，总包人与分包人签订的合同称为分包合同。分包合同的标的是总包合同的一部分，分包人与总包人共同对发包人承担连带责任。

转包是指承包人在与发包人签订建设工程施工合同后，又将其承包的工程部分或全部转让给第三人(即转承包人)。转让后，转让人即承包人退出承包关系，受让人即转承包人成为承包合同的另一方当事人，转让人对受让人的行为不承担责任。

分包与转包的区别为：转包中，原承包人即转让人将其承包的工程部分或全部转让给第三人，而转让人即原承包人不履行原承包合同约定的义务。转包是国家明令禁止的。分包中，总承包人将其承包的一部分转让给其他人，总包人仍然就总包合同的履行向发包人负责。

未经总监理工程师确认，分包单位不得进场施工，总监理工程师对分包单位资格的确认不解除施工总承包单位应负的责任。

1. 分包单位资格报审表

分包单位资格报审表样例如表 3-34 所示。

表 3-34 分包单位资格报审表

工程名称：×××大学行政大楼工程   编号：×××

致：××监理公司×××大学行政大楼工程项目监理部(项目监理单位)

经考察，我方认为拟选择的××工业设备安装公司(分包单位)具有承担下列工程的施工或安装资质和施工能力，可以保证本工程按施工合同××条款的约定进行施工或安装。请予以审查。

分包工程名称(部位)	分包工程量/ m²	分包工程合同额/万元
通风空调安装专业	45 000	953
消防工程安装专业	45 000	636
电气工程安装专业	45 000	1 567
合计		3 156

附件：1. 分包单位资质材料

       2. 分包单位业绩材料

       3. 分包单位专职管理人员和特种作业人员的资格证书

       4. 施工单位对分包单位的管理制度

施工项目经理部(盖章)

项目经理(签字)：×××

×××× 年 ×× 月 ×× 日

续表

审查意见：
经审查××工业设备安装公司具有工业设备安装专业一级总承包及施工资质，符合本次申报的分包工程专业安装施工能力，请总监审批。 　　　　　　　　　　　　　　　　　专业监理工程师(签字)：××× 　　　　　　　　　　　　　　　　　　　　　　　　　×××年××月××日
审核意见：
同意由××工业设备安装公司承担本工程通风空调、消防工程及电气工程安装分包施工。 　　　　　　　　　　　　　　　　　项目监理机构(盖章) 　　　　　　　　　　　　　　　　　总监理工程师(签字)：余××× 　　　　　　　　　　　　　　　　　　　　　　　　　×××年××月××日

2. 封面形式

分包单位资格报审表封面样例如表 3-35 所示。

表 3-35　分包单位资格报审表封面

×××大学行政大楼分包单位资格报审表封面

　　　　　　　　　　总监理工程师：×××

　　　　　　　　　　监理单位(章)：

　　　　　　　　　　日期：×××年××月××日

3. 填写说明

(1) 分包单位：按所报分包单位企业法人营业执照全称填写。

(2) 分包单位资质材料：按《建筑业企业资质管理规定》(中华人民共和国建设部令第 159 号)，经建设行政主管部门进行资质审查核发的，具有相应专业施工企业资质等级和建筑业劳务分包企业资质的建筑业企业资质证书和企业法人营业执照副本。

(3) 分包单位业绩材料：分包单位近三年完成的与分包工程工作内容类似的工程及质

量情况。

(4) 分包工程名称(部位)：拟分包给所报分包单位的工程项目名称(部位)。

(5) 分包工程量：分包工程项目的工程量。

(6) 分包工程合同额：在拟签订的分包合同中签订的金额。

(7) 审查意见：专业监理工程师应对施工单位所报材料逐一进行审核，主要审查内容包括：对取得施工总承包企业资质等级证书的分包单位，审查其核准的营业范围与拟承担的分包工程是否相符；对取得专业承包企业资质证书的分包单位，审查其核准的等级和范围与拟承担分包工程是否相符；对取得建筑业劳务分包企业资质的，审查其核准的资质与拟承担的分包工程是否相符。在此基础上，项目监理机构和建设单位认为必要时，会同施工单位对分包单位进行考查，主要核实施工单位的申报材料与实际情况是否属实。

专业监理工程师在审查施工单位报送分包单位有关资料、考查核实(必要时)的基础上，提出审查意见、考察报告(必要时)附报审表后。根据审查情况，如认定该分包单位具备分包条件，则批复"该分包单位具备分包条件，拟同意分包，请总监理工程师审核"；如认为不具备分包条件，应简要指出不符合条件之处，并签署"拟不同意分包，请总监理工程师审查"的意见。

(8) 审核意见：总监理工程师对专业监理工程师的审查意见、考察报告进行审核。如同意专业监理工程师意见，则签署"同意(不同意)分包"；如不同意专业监理工程师意见，应简要指明与专业监理工程师的审查意见的不同之处，并签认是否同意分包的意见。

4. 分包单位资格报审内容

(1) 施工单位对部分分项、分部工程(主体结构工程除外)实行分包必须符合施工合同的规定。

(2) 分包单位的营业执照、企业资质等级证书、特种行业施工许可证、国外(境外)企业在国内施工工程许可证。

(3) 安全生产许可证。

(4) 类似工程业绩。

(5) 专职管理人员和特种作业人员的资格。

3.6.5　合同争议处理意见

合同争议处理意见是工程实施过程中出现合同争议时，项目监理机构为调解合同争议所达成(提出)的处理意见。

1. 填写说明

(1) 项目监理机构接到合同争议的调解要求后应进行的工作：

① 了解合同争议情况，包括进行调查和取证；

② 及时与合同争议双方进行磋商；

③ 在项目监理机构提出调解方案后，由总监理工程师进行协调；

④ 当双方未能达成一致时，总监理工程师应在施工合同规定的期限内提出处理该合

同争议的意见；

⑤ 项目监理机构在合同争议处理过程中，对因未达到施工合同约定而暂停履行合同条件的，应要求施工合同双方继续履行合同。

(2) 在总监理工程师签发合同争议处理意见后，建设单位或施工单位在施工合同规定的期限内未对合同争议处理决定提出异议，在符合施工合同的前提下，此意见应成为最后的决定，双方必须执行。

(3) 在施工合同争议的仲裁或诉讼过程中，项目监理机构应按仲裁机关或法院要求提供与争议有关的证据。

(4) 合同争议处理意见由总监理工程师签字盖章，并在施工合同约定的时间内送达建设单位和施工单位双方。

2. 封面样例

合同争议处理封面样例如表 3-36 所示。

表 3-36　合同争议处理意见封面

_____ 工程合同争议处理意见

总监理工程师：_____
监理单位(章)：_____
日期：____年____月____日

3.6.6　合同变更资料

合同变更资料包括施工过程中建设单位与施工单位的合同补充协议和合同解除有关资料。

施工合同解除必须符合法律程序，合同解除时项目监理机构应依据《建设工程监理规范》的 6.7 款处理善后工作，并记录处理的过程和有关事项等。

3.7　竣工验收资料

竣工验收资料主要包括单位工程竣工验收报审表、工程质量评估报告等资料。

3.7.1　单位工程竣工验收报审表

本表用于单位(子单位)工程完成且施工单位自检符合竣工验收条件后，向项目监理机构申请竣工验收。此表为《建设工程监理规范》中施工单位报审、报验用表 B.0.10。

1. 单位竣工验收报审表样例

单位竣工验收报审表样例如表 3-37 所示。

表 3-37　单位工程竣工验收报审表

工程名称：×××大学行政大楼工程　　　　　　　　　　　　　　编号：×××

致：××监理公司×××大学行政大楼工程项目监理部(项目监理机构) 　　我方已按合同要求完成×××大学行政大楼工程，经自检合格，现将有关资料报上，请予以验收。 　　附件：1. 工程质量验收报告 　　　　　2. 工程功能检验资料 　　　　　　　　　　　　　　　　　　　施工单位(盖章) 　　　　　　　　　　　　　　　　　　　项目经理(签字)：××× 　　　　　　　　　　　　　　　　　　　××××年××月××日
预验收意见： 　　经预验收，该工程合格/不合格，可以/不可以组织正式验收。 　　　　　　　　　　　　　　　　　　　项目监理机构(盖章) 　　　　　　　　　　　　　　　　　　　监理工程师(签字、加盖执业印章)：××× 　　　　　　　　　　　　　　　　　　　××××年××月××日

2. 填写说明

(1) 工程名称：施工合同签订的、达到竣工要求的工程名称。

(2) 工程质量验收报告：是指施工单位自检合格后填写的工程质量验收报告。工程功能检验资料是工程中所有关于功能性检测的材料的实验报告。

(3) 预验收意见：总监理工程师组织专业监理工程师按现行的单位(子单位)工程竣工验收的有关规定逐项进行核查，并对工程质量进行预验收，根据核查和预验收结果，按表式项目签署审查意见。如不符合，则应向施工单位列出不符合项目的清单和整改要求。

3. 单位(子单位)工程竣工应符合的条件

(1) 按施工合同已完成了设计文件的全部内容，且单位(子单位)工程所含分部(子分部)工程的质量均已验收合格。

(2) 质量控制材料完整。

(3) 单位(子单位)工程所含分部工程有关安全、节能、环境保护和主要使用功能的检验资料完整。

(4) 主要使用功能项目的抽查结果符合相关专业质量验收规范的规定。

(5) 观感质量验收符合要求。

4．工程竣工预验收报验程序

(1) 单位(子单位)工程完成后，施工单位要依据质量标准、设计图纸等组织有关人员自检，并对检测结果进行评定，符合要求后填写单位工程竣工验收报审表并附工程质量验收报告和工程功能检验资料报送项目监理机构，申请竣工预验收。

(2) 总监理工程师组织各专业监理工程师对竣工资料进行核查：构成单位工程的各分部工程均已验收，且质量验收合格；按《建筑工程施工质量验收统一标准》附录 H(表 H.O.1-2)和相关专业质量验收规范的规定，相关资料文件完整。

(3) 涉及安全和使用功能的分部工程有关安全和功能检验资料，按《建筑工程施工质量验收统一标准》附录 H(表 H.O.1-3)逐项复查。不仅要全面检查其完整性(不得有漏检缺项)，而且对分部工程验收时补充进行的见证抽样检验报告也要复查。

(4) 总监理工程师应组织各专业监理工程师会同施工单位对各专业的工程质量进行全面检查、检测，按《建筑工程施工质量验收统一标准》附录 H(表 H.O.1-4)进行观感质量检查，对发现影响竣工验收的问题，签发监理通知单，要求施工单位整改。施工单位整改完成，填报监理通知回复单，由专业监理工程师进行复查，直至符合要求。

(5) 对需要进行功能试验的工程(包括单机试验和无负荷试验)，专业监理工程师应督促施工单位及时进行试验，并对重要项目进行现场监督、检查，必要时请建设单位和设计单位参加。专业监理工程师应认真审查试验报告单。

(6) 专业监理工程师应督促施工单位做好成品保护和现场清理。

(7) 经项目监理机构对竣工资料及实物全面检查，验收合格后由总监理工程师签署单位工程竣工验收报审表和竣工报告。

(8) 竣工报告经总监理工程师、监理单位法定代表人签字并加盖监理单位公章后，由施工单位向建设单位申请竣工。

(9) 总监理工程师组织专业监理工程师编写工程质量评估报告。总监理工程师和工程监理单位技术负责人审核签字并加盖工程监理单位公章后报建设单位。

3.7.2 工程质量评估报告

工程质量评估报告是在由项目监理机构审查施工单位报送的竣工资料、组织有关单位对工程质量进行预验收、并在施工单位对预验收发现问题整改合格、总监理工程师签署工程竣工报验单的基础上提出的工程质量评估报告。

(1) 工程质量评估报告是项目监理机构对被监理工程的单位(子单位)工程施工质量进行总体评价的技术性文件。

(2) 工程质量评估报告由总监理工程师组织专业监理工程师编写，须经总监理工程师和工程监理单位技术负责人签字，并加盖工程监理单位公章。

(3) 工程质量评估报告应包括下列主要内容：

① 工程概况。

② 工程各参建单位。

　　③ 工程质量验收情况：单位(子单位)工程所包含的分部(子分部)、分项工程，并逐项说明其工程质量验收情况；质量控制资料验收情况；工程所含分部工程有关安全和功能的检测验收情况及检测资料的完整性核查情况；观感质量验收情况。

　　④ 工程质量事故及处理情况。

　　⑤ 竣工资料审查情况。

　　⑥ 工程质量评估结论。

本 章 习 题

1. 监理规划编制的内容要求有哪些？

2. 如何编制监理细则？

3. 监理日记应记录哪些内容？

4. 旁站监理记录如何填写？

5. 监理月报包括哪些内容？

6. 由总监理工程师签字并加盖执业印章的表格有哪些？

7.【案例分析】背景：经上级有关部门批准，某县政府(A)作为试点，逐步实施小城镇信息化建设，内容包括电子政务、电子商务、电子农务、电子社区、网络信息平台等一系列工程。广州一新监理公司与 A 签订委托监理合同，承担电子社区模块的实施阶段监理任务。委托监理合同签订以后，监理单位就立即着手编制监理规划。

(1) 为了使编制工作在要求时间内顺利完成，监理单位认为首先必须明确以下问题：

① 编制信息系统建设监理规划的目的；

② 信息系统建设监理规划的作用；

③ 监理规划由谁来组织编制；

④ 编制信息系统建设监理规划的要求；

⑤ 编制时所需的材料和编制步骤。

(2) 收集编制监理规划所需的资料：

① 监理大纲；

② 关于承建单位情况的资料；

③ 关于建设单位情况的资料；

④ 社区施工承包合同资料；

⑤ 与信息系统工程建设有关的法律、法规及项目审批文件等；

⑥ 与信息系统工程监理有关的法律、法规及管理办法等；

⑦ 和本工程有关的标准、设计文件、技术资料等。

(3) 按照如下要求编制监理规划：

① 监理规划的内容构成应具有统一性；

② 监理规划的内容应具有针对性；

③ 监理规划的内容应具有指导编制资金筹措计划的作用；

④ 监理规划的内容应能协调工程全过程进度的控制；

⑤ 监理规划的内容应该早期冻结，不应该在项目实施阶段有所变化，否则给项目监理带来影响。

(4) 监理规划编制内容如下：

① 各单位之间的协调程序；

② 工程项目概况；

③ 监理的范围、内容和目标；

④ 监理的依据、程序、措施和制度；

⑤ 审核信息系统工程预算；

⑥ 工程基础施工组织等。

问题一：编制信息系统建设监理规划的目的是什么？

问题二：在一般情况下，信息系统建设监理规划应该由谁负责组织编制？

问题三：所收集的编制监理规划所需材料中哪些是必要的？还需要补充哪些方面的资料？

问题四：本案例中编制监理规划所依据的哪些要求不恰当？为什么？

问题五：在所编制的监理规划内容中，哪些内容应该编入监理规划中？还需要补充哪些方面的资料内容？

第 4 章　施工资料编制与整理

❈ 专业知识目标

1. 了解施工资料的管理流程。
2. 理解各种施工资料的作用。
3. 掌握施工资料的组成、各种资料的表式、学会填表方法。

❈ 职业技能目标

1. 能熟练填写各种施工资料表格，并正确运用施工资料表格开展工作。
2. 能够熟练地对各种施工资料进行组卷。

❈ 相关知识

一级建造师执业资格考试设《建设工程经济》《建设工程法规及相关知识》《建设工程项目管理》和《专业工程管理与实务》4 个科目。《专业工程管理与实务》科目分为：建筑工程、公路工程、铁路工程、民航机场工程、港口与航道工程、水利水电工程、矿业工程、市政公用工程、通信与广电工程、机电工程 10 个专业类别，报名时可根据工作需要选择专业。

二级建造师执业资格考试共设 3 个科目，即：《建设工程施工管理》《建设工程法规及相关知识》和《专业工程管理与实务》，其中《专业工程管理与实务》科目分为：建筑工程、公路工程、水利水电工程、市政公用工程、矿业工程和机电工程 6 个专业类别。

4.1　施工资料管理流程

4.1.1　施工资料管理流程

施工资料管理流程如图 4-1 所示。

```
修改 ←───────────→  编制施工组织设计/
                    专项施工方案
                         │
                         ▼
不合格 ←──────  施工单位技术负责人  ──形成──→  施工组织设计/
                进行内部审批                   专项施工方案
                         │
                        合格
                         ▼
                施工单位进行施工
                技术文件报审
                         │
                         ▼
未批准 ←──────  监理单位、建设
                单位批复意见
                         │
                        批准
                         ▼
                施工单位依据批复意见  ──形成──→  施工组织设计/专
                及技术文件进行交底              项施工方案交底
                         │
                         ▼
                施工质量验收
```

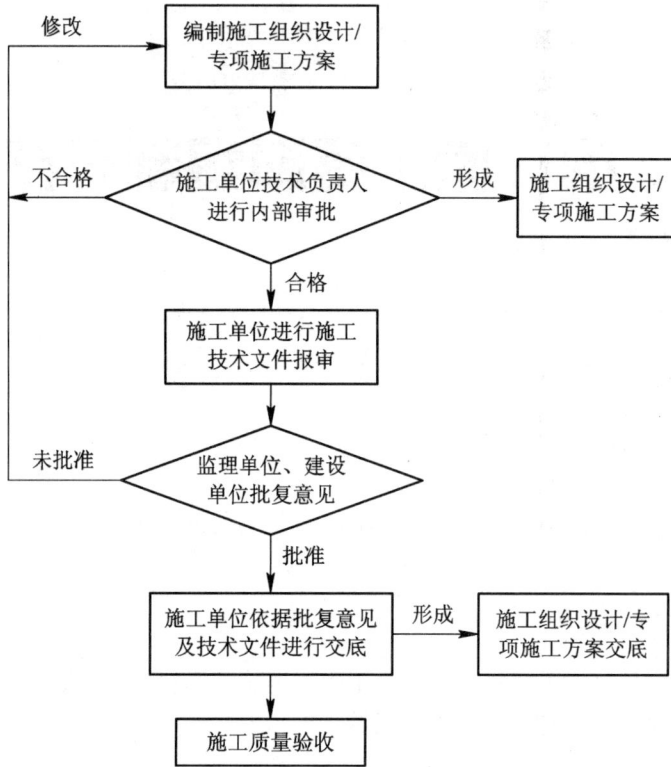

图 4-1　施工资料管理流程

4.1.2　施工物资资料管理流程

施工物资资料管理流程如图 4-2 所示。

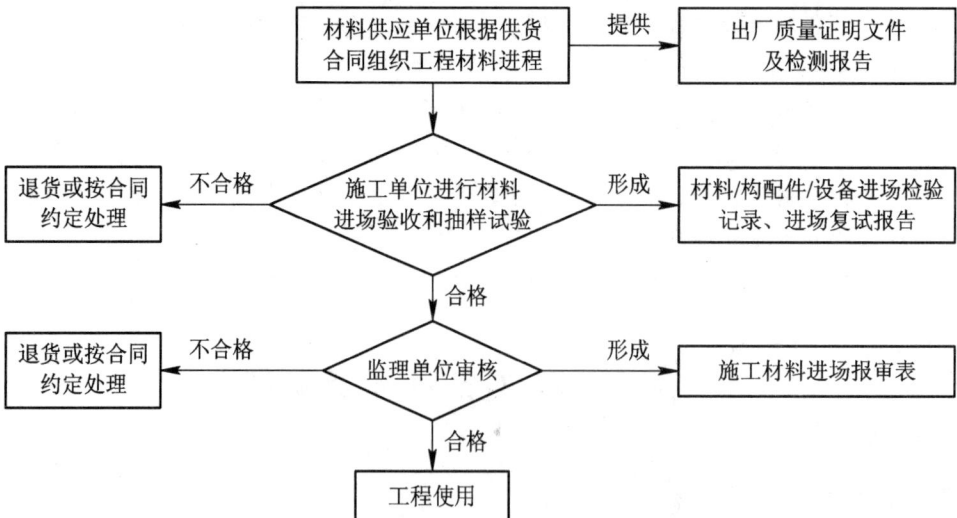

```
                材料供应单位根据供货  ──提供──→  出厂质量证明文件
                合同组织工程材料进程              及检测报告
                         │
                         ▼
退货或按合同  ←─不合格─  施工单位进行材料  ──形成──→  材料/构配件/设备进场检验
约定处理                进场验收和抽样试验           记录、进场复试报告
                         │
                        合格
                         ▼
退货或按合同  ←─不合格─  监理单位审核  ──形成──→  施工材料进场报审表
约定处理
                         │
                        合格
                         ▼
                工程使用
```

图 4-2　施工物资资料管理流程

4.1.3　检验批质量验收资料管理流程

检验批质量验收资料管理流程如图 4-3 所示。

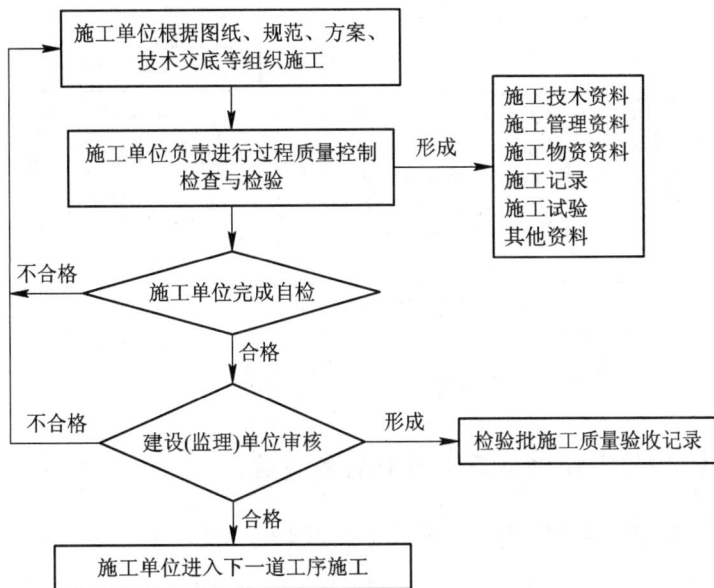

图 4-3　检验批质量验收资料管理流程

4.1.4　分项工程质量验收资料管理流程

分项工程质量验收资料管理流程如图 4-4 所示。

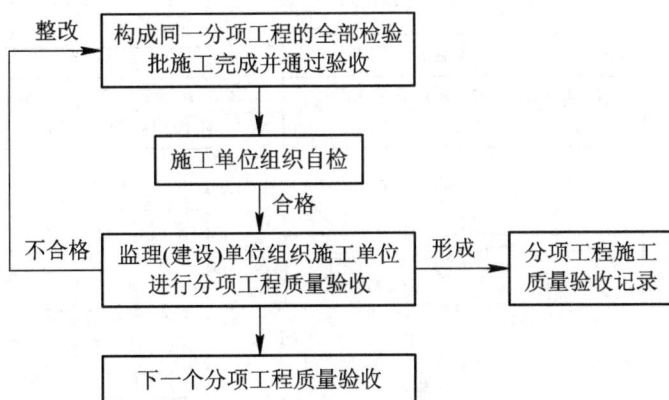

图 4-4　分项工程质量验收资料管理流程

4.1.5　分部(子分部)工程质量验收资料管理流程

分部(子分部)工程质量验收资料管理流程如图 4-5 所示。

整改

构成同一分部(子分部)工程的
全部分项施工完成并通过验收

施工单位组织自检 → 形成

施工管理资料
施工技术资料
施工物资资料
施工记录
施工试验记录
分项工程质量验收记录

合格

不合格

监理(建设)单位组织施工单位进行
分部(子分部)工程质量验收(对于地
基与基础、主体结构等子分部工程
应有勘察、设计单位参加)

形成 →

分部(子分部)
工程施工质量
验收记录

下一个分部(子分部)工程质量验收

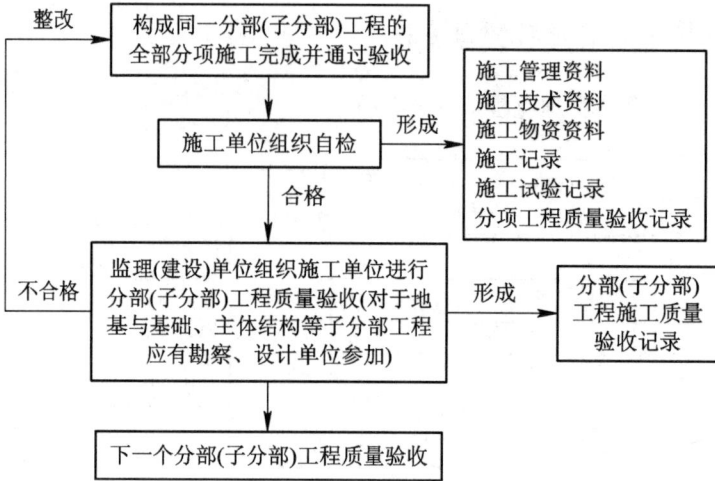

图 4-5　分部(子分部)工程质量验收资料管理流程

4.1.6　单位(子单位)工程质量验收资料管理流程

单位(子单位)工程质量验收资料管理流程如图 4-6 所示。

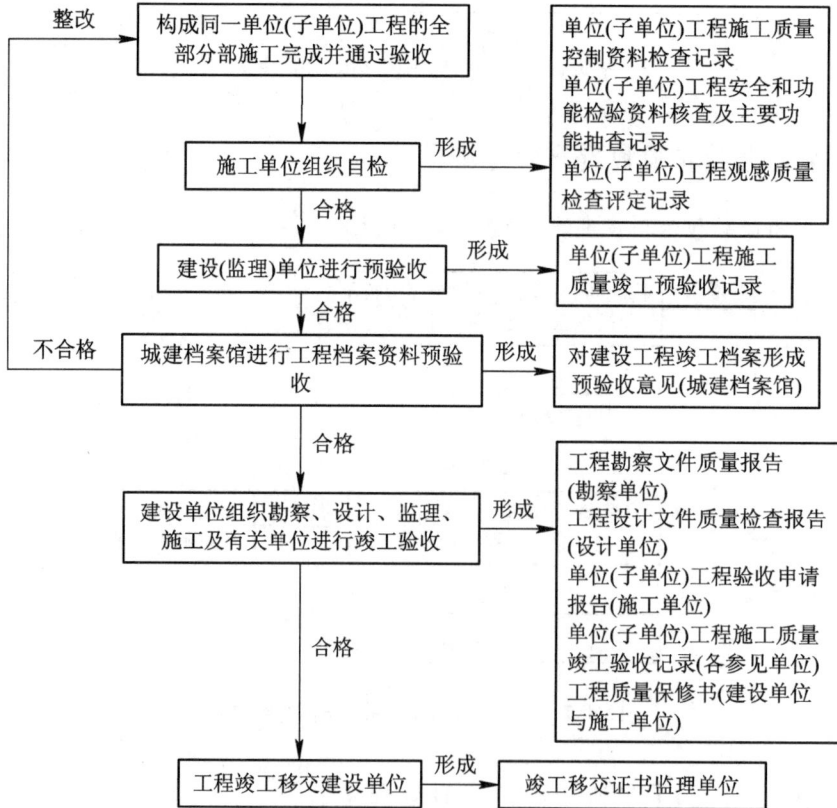

整改

构成同一单位(子单位)工程的全
部分部施工完成并通过验收

施工单位组织自检 → 形成

单位(子单位)工程施工质量
控制资料检查记录
单位(子单位)工程安全和功
能检验资料核查及主要功
能抽查记录
单位(子单位)工程观感质量
检查评定记录

合格

建设(监理)单位进行预验收 → 形成

单位(子单位)工程施工
质量竣工预验收记录

合格

不合格

城建档案馆进行工程档案资料预验
收

形成 →

对建设工程竣工档案形成
预验收意见(城建档案馆)

合格

建设单位组织勘察、设计、监理、
施工及有关单位进行竣工验收

形成 →

工程勘察文件质量报告
(勘察单位)
工程设计文件质量检查报告
(设计单位)
单位(子单位)工程验收申请
报告(施工单位)
单位(子单位)工程施工质量
竣工验收记录(各参见单位)
工程质量保修书(建设单位
与施工单位)

合格

工程竣工移交建设单位 → 形成 → 竣工移交证书监理单位

图 4-6　单位(子单位)工程质量验收资料管理流程

4.2　施工管理资料

施工管理资料是指施工单位制定的管理制度，控制工程质量、安全、工期措施，对人员、物资组织管理等的资料。

施工管理资料主要包括开工报告、施工现场质量管理检查记录、企业资质证书及相关专业人员岗位证书、工程质量事故报告及工程质量事故处理资料、施工检测(试验)计划、施工日志等。

4.2.1　开工报告

开工报告是建设单位与施工单位共同履行基本建设程序的证明文件，是施工单位承建单位工程施工工期的证明文件。

1. 开工报告样例

开工报告样例如表 4-1 所示。

表 4-1　开工报告

施工许可证号：×××××××××　　　　　　　　　　　　　　编号：××

工程名称	×××大学行政大楼工程		结构类型	框剪结构	建设单位	××大学
工程地点	××	建筑面积	10 008 m³	层数	地下 1 层/地上 10 层	施工单位	×××公司
工程批准文号	×××		施工图样会审情况		施工图纸能满足施工要求，且已会审
预算造价	7 238.36 万元		材料设备准备情况		材料设备能满足施工需要和质量标准
计划开工日期	2022 年 2 月 12 日		施工现场质量管理检查情况		施工现场质量管理体系已检查落实
计划竣工日期	2023 年 9 月 22 日	开工条件说明	三通一平情况		施工现场四通一平已经完成
实际开工日期	2022 年 3 月 25 日		工程预算编审情况		已经完成编审工作
合同工期	××天		施工队伍进场情况		施工队伍已经进场，能满足施工需要
合同编号	××		施工机械进场情况		施工机械已经进场，能满足施工需要
审核意见	建设单位		监理单位		施工单位	
	同意开工，开工日期为 2022 年 3 月 25 日。 项目负责人：(公章) 2022 年 3 月 25 日		同意开工，开工日期为 2022 年 3 月 25 日。 总监理工程师：(公章) 2022 年 3 月 25 日		准备工作已就绪，具备开工条件。 单位负责人：(公章) 2022 年 3 月 25 日	

2. 相关规定及要求

开工报告一般由施工总承包单位填写，分包单位只填写工程开工报审表，并报项目监理机构审批。当工程直接从建设单位分包时，分包单位也要填写开工报告。

在具备了开工条件后，由施工单位生产部门填写开工报告，经施工单位(法人单位)的工程管理部门审核通过，法人代表或其委托人签字加盖法人单位公章，报请项目监理机构、建设单位审批，由项目监理机构总监理工程师、建设单位项目法人签字加盖单位公章，即可开工。

3. 表格填写说明

(1) 工程名称。应填写全称，与施工合同上的单位工程名称一致。

(2) 结构类型。以施工图中结构设计总说明为准。

(3) 建筑面积。按实际施工的建筑面积填写。

(4) 工程批准文号、预算造价、计划开工日期、计划竣工日期、合同编号分别按建筑工程施工合同中的内容填写。

(5) 实际开工日期。按工程正式破土动工的日期，即从开槽(坑)或破土进行打桩等地基处理开始。地基处理分包的，施工单位按其交接日期填写，应在开工报告审批后，按实际开工日期补填。

(6) 合同工期。指甲乙双方在施工合同中明确的合同工期日历天数。

(7) 开工条件说明。应根据建设单位、监理单位、施工单位所做的开工准备工作情况来填写。如：提供施工图样能否满足施工要求，是否经过自审和会审；材料准备能否满足施工需要和质量标准；施工现场质量管理检查是否合格；施工现场是否具备"四通一平"条件；工程预算造价是否编制完成；施工队伍和施工机械是否进场，是否满足施工需要等。

(8) 审核意见。建设单位项目负责人、项目监理机构总监理工程师、施工单位负责人均需签字，注明日期并加盖单位公章。

4. 开工前应具备的条件

(1) 建设单位应使施工现场具备"三通一平"条件，场地平整，道路畅通，水源、电源接引至工地；与施工单位签订建设工程施工合同；并已向工程所在地建设行政主管部门领取施工许可证。

(2) 总监理工程师对施工单位的资质、劳务资质、质量保证体系、现场项目负责人资质，技术负责人、质量员等管理人员进行了资质审查。对项目部质量管理体系、现场质量责任制、主要专业工种操作岗位证书、分包单位管理制度、图纸会审记录、地质勘察资料、施工技术标准、施工组织设计编制及审批、物资采购管理制度、施工设施和机械设备管理制度、计量设备配备、检测试验管理制度、工程质量检查验收制度等，进行了认真核查，并填写施工现场质量管理检查记录的验收结论且签字认可。

(3) 施工单位应完成施工图样预审和参与会审；编制施工组织设计/(专项)施工方案，履行审批手续；编制工程预算；按施工材料需用量计划，准备钢材、水泥等主要材料和设备；按施工机具需用量计划，备好机械及工具；按劳动力需用量计划，组织施工队伍进场，并进行入场教育。

4.2.2　施工现场质量管理检查记录

施工现场质量管理检查记录是健全的质量管理体系的具体体现，是施工单位在工程开工后提请项目监理机构对有关制度、技术组织与管理、质量管理体系等进行检查与确认的文件资料。

1. 施工现场质量管理检查记录样例

施工现场质量管理检查记录样例如表 4-2 所示。

表 4-2 施工现场质量管理检查记录

开工日期：2022 年 3 月 25 日 　　　　　　　　　　　　　　　　编号：×××

工程名称	×××大学行政大楼工程	施工许可证号	×××××××		
建设单位	××大学	项目负责人	×××		
设计单位	××工程设计公司	项目负责人	×××		
监理单位	××监理公司	总监理工程师	×××		
施工单位	××建设公司	项目负责人	×××	项目技术负责人	×××
序号	检查项目	主要内容			
1	项目部质量管理体系	质量例会制度、月评比及奖罚制度、三检及交接检制度、质量与经济挂钩制度，有健全的生产控制和合格控制的质量管理体系			
2	现场质量责任制	岗位责任制、设计交底制度、技术交底制度、挂牌制度，责任明确，手续齐全			
3	主要专业工种操作岗位证书	测量工、钢筋工、木工、混凝土工、电工、焊工、起重工、架子工等主要专业工种操作上岗证书齐全			
4	分包单位管理制度	有分包管理制度，具体要求清晰，管理责任明确			
5	图纸会审记录	审查设计交底，图纸会审工作已完成，资料齐全，已四方确认			
6	地质勘查资料	资料齐全，各方已确认			
7	施工技术标准	标准选用正确，满足工程使用			
8	施工组织设计、施工方案编制及审批	施工组织设计、施工方案编制、审批齐全，文件管理制度完备			
9	物资采购管理制度	制度合理可行，物资供应方符合工程对物资质量、供货能力的要求			
10	施工设施和机械设备管理制度	已建立严格全面的设施设备管理制度，各项要求已落实到人，落实到具体工作			
11	计量设备配备	设备先进可靠，计量准确			
12	检测试验管理制度	制度符合相关标准规定，检测试验计划已经审核批准			
13	工程质量检查验收制度	已建立严格全面的质量检查验收制度，制度符合法规、标准的规定，各项要求已经落实到人和各环节			
自检结果： 各项质量管理制度齐全，具体工作已落实。 　施工单位项目负责人：××× 　　　　　　　　　　　2022 年 3 月 30 日			检查结论： 齐全，落实到位，符合要求。 　总监理工程师：××× 　　　　　　　　2022 年 3 月 30 日		

2. 相关规定及要求

(1) 可直接将有关资料的名称写上，资料较多时，也可将有关资料进行编号，将编号填写上，注明份数。

(2) 本记录由施工单位的现场负责人在工程开工前填写，填写之后，将有关文件的原件或复印件附在后边，请总监理工程师(建设单位项目负责人)验收核查。检查验收不合格，施工单位必须限期改正，验收核查后返还施工单位，并签字认可。

(3) 通常情况下一个工程的一个标段或一个单位工程只检查一次，如分段施工、人员更换，或管理工作不到位时，可再次检查。

3. 表头部分填写说明

(1) 参与工程建设各方责任主体的概况，由施工单位的现场负责人填写。

(2) 工程名称栏要填写工程的全称，有多个单位工程的小区或群体工程要填到单位工程。

(3) 施工许可证号栏填写当地建设行政主管部门批准发给的施工许可证(开工证)的编号。

(4) 建设单位栏填写合同文件的甲方，单位名称写全称，与合同签章上的单位名称相一致。建设单位项目负责人栏应填合同书上签字人或签字人以文字形式委托的代表，即工程的项目负责人。工程完工后竣工验收备案表中的单位项目负责人应与此一致。

(5) 设计单位栏填写设计合同中签章单位的名称，其全称应与印章上的名称一致。设计单位项目负责人栏，应是设计合同书签字人或签字人以文字形式委托的该项目负责人，工程完工后竣工验收备案表中的单位项目负责人应与此一致。

(6) 监理单位栏填写单位全称，应与合同或协议书中的名称一致。总监理工程师栏应是合同或协议书中明确的项目监理负责人。

(7) 施工单位栏填写施工合同中签章单位的全称，与签章上的名称一致。项目负责人栏、项目技术负责人栏与合同中明确的项目负责人、项目技术负责人一致。

表头部分可统一填写，不需要具体人员签名，主要起明确相关人员地位和角色的作用。

4. 检查项目部分填写说明

填写各项检查项目文件的名称或编号，并将文件(复印件或原件)附在表的后面供检查，检查后应归还文件。

(1) 项目部质量管理体系主要涉及以下内容：

① 核查现场质量管理制度内容是否健全、有针对性和时效性等；

② 质量管理体系是否建立，是否持续有效；

③ 各级专职质量检查人员的配备。

如填写：质量例会制度、月评比及奖罚制度、三检及交接检制度、质量与经济挂钩制度，有健全的生产控制和合格控制的质量管理体系。

(2) 现场质量责任制。

质量责任制是否具体及落实到位。如填写：岗位责任制、设计交底制度、技术交底制度、挂牌制度，责任明确，手续齐全。

(3) 主要专业工种操作岗位证书。

核查主要专业工种操作上岗证书是否齐全和符合要求。如填写：测量工、钢筋工、木工、混凝土工、电工、焊工、起重工、架子工等主要专业工种操作上岗证书齐全。

(4) 分包单位管理制度。

审查分包方资质是否符合要求,分包单位的管理制度是否健全。如填写:有分包管理制度,具体要求清晰,管理责任明确。

(5) 图纸会审记录。

审查设计交底、图纸会审工作是否已完成。如填写:审查设计交底、图纸会审工作已完成,资料齐全,已四方确认。

(6) 地质勘查资料。

地质勘查资料是否齐全。

(7) 施工技术标准。

施工技术标准是否满足本工程的使用。

(8) 施工组织设计、施工方案编制及审批。

施工组织设计、施工方案编制及审批的管理制度必须完备,编制、审核、批准各环节责任到位,并必须符合有关规范的规定。

(9) 物资采购管理制度。

制度应合理可行,物资供应方应符合工程对物资质量、供货能力的要求。

(10) 施工设施和机械设备管理制度。

应对施工设施的设计、建造、验收、使用、拆除和机械设备的使用、运输、维修、保养建立严格的管理制度,并应全面落实。

(11) 计量设备配备。

对现场搅拌设备(含计量设备)和商品混凝土生产厂家的计量设备进行检查,设备是否先进可靠,计量是否准确。

(12) 检测试验管理制度。

工程质量检测试验制度应符合相关标准规定,并应按工程实际编制检测试验计划,监理审核批准后,按计划实施。

(13) 工程质量检查验收制度。

施工现场必须建立工程质量检查验收制度,制度必须符合法规、标准的规定,并应严格贯彻落实,以确保工程质量符合设计要求和标准规定。

(14) 自检结果。

由施工单位项目负责人建立和落实施工现场各项质量管理制度,自检达到开工要求后,向总监理工程师申报。

(15) 检查结论。

由总监理工程师填写。总监理工程师对施工单位报送的各项资料进行验收核查,验收核查合格后,签署认可意见。检查结论要明确,是符合要求还是不符合要求。如总监理工程师或建设单位项目负责人验收核查不合格,施工单位必须限期改正,否则不准许开工。

4.2.3 企业资质文件及相关专业人员岗位证书

1. 企业资质文件应包括资质证书、企业法人营业执照

(1) 核查企业资质证书是否在有效期内,不允许归档保存过期、未经年检(复验)的资质

文件。

(2) 企业资质文件反映的单位名称应与合同文件中的名称相吻合。

(3) 外地施工企业应具有当地建设行政管理部门核发的施工许可证手续。

(4) 企业资质文件复印件应加盖存放单位红章。

2. 专业人员岗位证书核查注意事项

(1) 专业工种操作工人、现场专职管理人员均应持有岗位证书。

(2) 专业工种包括：焊工、防水工、测量工等；现场专职管理人员包括：工长、质量员、资料员、测量员、安全员、材料员、试验员、技术员(无需岗位证书)。

(3) 核查岗位证书是否在有效期内，不允许归档保存过期的、未经年审(复验)的岗位证书。

(4) 核查岗位证书的核发机构，应为建设行政主管部门或由政府认可的考核管理部门。

(5) 岗位证书的复印件应加盖存放单位红章。

知识拓展

《建筑施工特种作业人员管理规定》中规定建筑工程特殊工种的分类：

建筑电工、建筑架子工(普通脚手架、附着升降脚手架)、建筑起重机械司机(塔式起重机)、建筑起重信号司索工、建筑起重机械司机(施工升降机)、建筑起重机械司机(物料提升机)、建筑起重机械安装拆卸工(塔式起重机)、建筑起重机械安装拆卸工(施工升降机、物料提升机)。

高处作业吊篮安装拆卸工、建筑焊工(电焊、气焊、切割)、建筑起重机械安装质量检测工(塔式起重机)、建筑起重机械安装质量检测工(施工升降机)、桩机操作工、建筑混凝土泵操作工、建筑施工现场内机动车司机(仅指没有取得公安部门颁发的相关机动车型驾驶证的人员)等。建筑施工特种作业人员必须经建设主管部门考核合格，取得建筑施工特种作业人员操作资格证书，方可上岗从事相应作业。

建筑施工特种作业人员应当严格按照安全技术标准、规范和规程进行作业，正确佩戴和使用安全防护用品，并按规定对作业工具和设备进行维护保养。在施工中发生危及人身安全的紧急情况时，建筑施工特种作业人员有权立即停止作业或者撤离危险区域，并向施工现场专职安全生产管理人员和项目负责人报告。

4.2.4　工程质量事故报告及工程质量事故处理记录

工程质量事故是指在工程建设中或在交付使用后，因勘察、设计、施工等过失造成工程质量不符合有关技术标准、设计文件以及施工合同规定的要求，必须加固、返工、报废及造成人身伤亡或者重大经济损失的事故。对其发生情况及处理的记录形成工程质量事故报告和工程质量事故处理记录。

1. 工程质量事故报告及工程质量事故处理记录样例分别如表 4-3、表 4-4 所示。

表 4-3　工程质量事故报告

编号：×××

工程名称	×××大学行政大楼工程	施工单位	××建设公司(公章)		
建设单位	××大学	设计单位	××工程设计公司		
结构类型	框剪结构	建筑面积、工程造价	10 008 m²/7 238.36 万元		
事故部位	主体 12 层	报告日期	××××年××月××日		
事故发生日期	××××年××月××日	事故等级	一般事故		
事故责任单位	××建设公司	事故性质	技术事故		
直接责任者	×××	职务	×××	预计损失	0.4 万元

事故经过和原因分析：

　　××××年××月××日施工单位质检员×××在 1～4 层框架施工过程中例行检查，发现第 2 层柱表面出现严重的蜂窝和空洞。造成局部受力钢筋外露，严重影响框架的质量与使用安全。

　　原因分析：模板拼缝不严，板缝处漏浆；模板表面未处理干净或模板隔离剂涂刷不均匀；混凝土配合比现场计量有误；施工时振捣不密实、漏振；混凝土入模时自由倾落高度较大，未使用串筒或溜槽，产生离析。

事故初步处理意见：

　　对出现质量问题的柱子请×××检测中心进行检测鉴定，同时对施工过程进行严格管理，采取有效防治措施。

　　责成××建设公司××技术创新中心项目部尽快提交质量事故处理意见，由××监理公司××技术创新中心项目监理部审核批准后，监督××建设公司××技术创新中心项目部尽快对事故进行处理。

单位技术负责人：×××	专业技术负责人：×××	项目负责人：×××

表 4-4　工程质量事故处理记录

××××年××月××日

编号：×××

工程名称	×××大学行政大楼工程	事故部位	2 层柱
事故简况	2 层柱表面出现严重的蜂窝和空洞		
预计损失	材料设备：×××元，人工费：×××元，伤亡：—，其他：—		

　　事故处理经过：由××建设公司提交事故处理方案，报××监理公司××技术创新中心项目监理部审核后，进行修补处理。

事故处理结果：

　　经现场检查，修补后的混凝土强度及表面质量符合施工质量验收规范要求。

	建设单位	监理单位	设计单位	施工单位
验收意见栏	项目负责人：××× (公章) ××××年××月××日	项目负责人：××× (公章) ××××年××月××日	项目负责人：××× (公章) ××××年××月××日	项目负责人：××× (公章) ××××年××月××日

2. 相关规定及要求

(1) 工程质量事故按其严重程度，分为重大质量事故和一般质量事故。参见住建部《工程建设重大事故报告和调查程序规定》(中华人民共和国建设部令第 3 号)和有关问题的说明。

(2) 发生质量事故后，工程负责人应组织填写质量事故报告和工程质量事故处理记录。重大质量事故应在事故发生 24h 内写出书面报告，逐级上报；一般质量事故可按各单位的规定每月汇总上报。

(3) 工程质量事故报告、工程质量事故处理记录填写要求。

① 工程质量事故报告日期：填写填表日期；事故发生部位：由直接责任人按实际情况填写。

② 事故性质：按技术问题(事故)还是责任问题(事故)分类填写；事故等级：按重大事故或一般事故分类填写。

③ 事故经过和原因分析：要填事故发生经过及事故发生的主要原因。事故原因包括设计原因(计算错误、构造不合理等)、施工原因(施工粗制滥造，材料、构配件质量低劣等)、设计与施工的共同问题、不可抗力等。

④ 预计损失：是指因质量事故导致的材料、设备、建筑和人员伤亡等预计损失费用。

⑤ 事故初步处理意见：填写事故发生后采取的紧急防护措施以及需制定的事故处理方案，对责任单位、责任人的处理意见。

⑥ 事故处理结果：填写质量事故经处理后，工程实体质量是否符合事故处理方案的要求，是否满足工程原来对结构安全和使用功能的要求。

⑦ 事故处理后由监理(建设)、设计、施工单位技术负责人共同对事故处理结果进行验收，填写验收意见并签字盖章。

⑧ 工程质量事故报告应由施工单位技术负责人、施工项目负责人、专业技术负责人共同签字，并加盖施工单位公章。

⑨ 工程质量事故处理记录应由建设单位项目负责人、监理单位总监理工程师、设计单位项目负责人、施工单位项目负责人签字。

4.2.5　施工检测(试验)计划

单位工程施工前，施工单位项目技术负责人应组织有关人员编制施工检测(试验)计划，并报送项目监理机构。施工检测(试验)计划的编制应科学、合理，保证取样的连续性和均匀性。计划的实施和落实应由项目技术负责人负责。

1. 施工检测(试验)计划的内容

(1) 工程概况。

(2) 编制依据。

(3) 施工试验准备。

(4) 施工检测(试验)方案。检测(试验)项目名称、检测(试验)参数、试验规格、代表批量、施工部位，计划检测(试验)时间。

2. 施工检测(试验)计划编制

施工检测(试验)计划编制应依据国家有关标准的规定和施工质量控制的需要，并应符合以下规定：

(1) 材料和设备的检测(试验)应依据预算量、进场计划及相关标准规定的抽检率确定抽检频次。

(2) 施工过程质量检测(试验)应依据施工流水段划分、工程量、施工环境及质量控制的需要确定抽检频次。

(3) 工程实体质量与使用功能检测应按照相关标准的要求确定检测频次。

(4) 计划检测(试验)时间应根据工程施工进度确定。

3．应及时调整检测计划的情况

发生下列情况之一并影响施工检测(试验)计划实施时，应及时调整检测计划。

(1) 设计变更。

(2) 施工工艺改变。

(3) 施工进度调整。

(4) 材料和设备的规格、型号或数量变化。

(5) 调整后的检测(试验)计划应重新进行审查。

4.2.6 施工日志

施工日志也叫施工日记，是在建筑工程整个施工阶段的施工组织管理、施工技术等有关施工活动和现场情况变化的、真实的综合性记录，也是处理施工问题的备忘录和总结施工管理经验的基本素材，是工程交(竣)工验收资料的重要组成部分。

1．施工日志样例

施工日志样例如表 4-5 所示。

表 4-5　施工日志

编号：×××

工程名称	×××大学行政大楼工程		日期	×××× 年 ×× 月 ×× 日	
分部(分项)工程	主体结构分部		施工班组	钢筋、模板	
出勤人数			全天气候	气温	
工种及人数	工种及人数		晴天	白天	夜间
15 名钢筋工安装柱和剪力墙钢筋	25 名模板工搭设满堂脚手架			30℃	24℃
当日施工内容	质量检查情况		操作负责人		质检员
主体第 4 层④～⑧轴柱子钢筋安装	钢筋安装质量经检验合格		×××		×××
主体第 4 层搭设满堂脚手架	满堂脚手架搭设经检验合格		×××		×××
…	…		…		…
存在问题及处理办法：					
设计变更、技术交底	总监转发了"关于地下室部分填充墙砌体设计变更"的通知，设计变更号×××。目前该部位墙体未施工。				
隐蔽工程验收情况	进行④～⑧轴柱子钢筋安装隐蔽验收，并办理了签字手续。				
材料进场、送检情况	今天购进直径 18 钢筋 40 t。				

试块制作情况	现场监理人员按规范要求对进场钢筋进行了见证和送检。取回 2 层混凝土试压报告 3 份。		
机械使用情况			
安全	公司质量安全科对工地进行了全面检查，主要针对目前现场材料堆放、主体混凝土质量提出了具体要求。		
工序交接检查情况			
其他			
施工单位	××建设公司	记录人	×××

2. 相关规定及要求

(1) 施工日志应以单位工程为记载对象，从工程开工起至工程竣工止逐日记录。如工程施工期间有间断，应在日志中加以说明，可以在停工最后一天或复工第一天日志中描述。

(2) 按不同专业(建筑与结构、给排水、电气、通风与空调、智能)指定专业工长负责记录，保证内容真实、连续和完整。

(3) 停水、停电一定要记录清楚起止时间，停水、停电时正在进行什么工作，是否造成损失。

3. 施工日志内容

(1) 出勤人数、操作负责人：出勤人数一定要分工种记录，并记录工人的总人数。

(2) 气温：可记为××～××℃。

(3) 当日施工内容：应写清楚分部(分项)工程名称和轴线、楼层等。

(4) 质量检查情况：当日混凝土浇筑及成型、钢筋安装及焊接、砖砌体、模板安拆、抹灰、屋面工程、楼地面工程、装饰工程等的质量检查和处理记录；混凝土养护记录，砂浆、混凝土外加剂掺用量；质量事故原因及处理方法，质量事故处理后的效果验证。

(5) 设计变更、技术交底：设计变更、技术核定通知及执行情况；施工任务交底、技术交底及执行情况。

(6) 隐蔽工程验收情况：应写明隐蔽的内容、部位、验收人员、验收结论等。

(7) 材料进场、送检情况：应写明批号、数量、生产厂家以及进场材料的验收情况，以后补上送检后的检验结果。

(8) 试块制作情况：应写明试块名称、楼层、轴线、试块组数。

(9) 安全：记录安全检查情况及安全隐患处理(纠正)情况。

(10) 机械使用情况：记录施工机械故障及处理情况。

(11) 有关领导、主管部门或各种检查组对工程施工技术、质量、安全方面的检查意见和决定。

4.3 施工技术资料

施工技术资料是施工单位用以指导、规范和科学化施工的资料。施工技术资料主要包括施工组织设计及施工方案，危险性较大分部分项工程施工方案专家论证表，技术、安全交底记录，图样会审记录，设计变更通知单，工程洽商记录六个方面资料。

4.3.1 施工组织设计及施工方案

施工组织设计是指承包单位开工前为工程所做的施工组织、施工工艺、施工计划等方面的设计，是指导拟建工程施工过程中各项活动的技术、经济和组织的综合性文件。

1. 相关规定及要求

(1) 施工组织设计内容要齐全，步骤清楚，层次分明，反映工程特点，有保证工程质量的技术措施。

(2) 施工组织设计、施工方案一般由项目技术负责人组织相关人员编写，经项目负责人审核后，交公司技术负责人批准，最后报送项目总监理工程师审批。

(3) 对一些精、尖特殊工程项目施工组织设计、施工方案，项目经理部难以或无力单独完成的，则可由项目上一级主管部门组织完成。

(4) 专业分包工程施工组织设计、施工方案的编制工作，应由专业分包单位自行负责完成。

2. 施工组织设计的内容

(1) 工程概况：包括工程特点、建设地点、环境特征、施工条件、项目管理特点等内容。

(2) 施工部署：包括项目的质量、进度、成本及安全目标，拟投入的最高人数和平均人数，分包计划，劳动力使用计划，材料供应计划，机械设备供应计划，施工程序，项目管理总体安排。

(3) 施工方案：单位工程应按照《建筑工程施工质量验收统一标准》中分部、分项工程的划分原则，对主要分部、分项工程制定施工方案；对脚手架工程、起重吊装工程、临时用水用电工程、季节性施工等专项工程所采用的施工方案应进行必要的验算和说明，包括施工阶段划分、施工顺序、施工工艺、方法和施工机械的选择、安全施工、环境保护等。

(4) 施工进度计划：包括施工总进度计划、单位工程施工进度计划。施工进度计划可采用网络计划或横道图表示，并附必要说明；对于工程规模较复杂的工程，采用网络计划表示。

(5) 资源需求计划：包括劳动力需求计划，主要材料和周转材料需求计划，机械设备需求计划，预制品订货和需求计划，大型工具、器具需求计划。

(6) 施工准备工作计划：包括施工准备工作组织及时间安排，技术准备及质量计划，施工现场准备，管理人员和作业队伍的准备，物资、资金的准备。

(7) 施工现场平面布置：包括施工平面布置图及说明。施工现场平面布置图包括：工程施工场地状况；拟建建(构)筑物的位置、轮廓尺寸、层数等；工程施工现场的加工设施、存储设施、办公和生活用房等的位置和面积；布置在工程施工现场的垂直运输设施、供电设施、供水供热设施、排水排污设施和临时施工道路等；施工现场必备的安全、消防、保卫和环境保护等设施；相邻的地上和地下既有建(构)筑物及相关环境。

(8) 施工技术组织措施：包括保证进度目标的措施，保证质量目标的措施，保证安全目标的措施，保证成本目标的措施，保证季节施工的措施，保护环境、文明施工的措施。

(9) 项目风险管理计划：包括风险因素识别，风险可能出现的概率及损失值估计，风险管理重点，风险防范对策，风险管理责任。

(10) 项目信息计划：包括与项目组织相适应的信息流通系统的建立，以及项目管理软件的应用。

(11) 职业健康安全与环境管理计划。

(12) 技术经济指标：包括指标水平高低的分析和评价，以及实施难点和对策。

4.3.2 危险性较大分部分项工程施工方案专家论证表

危险性较大的分部分项工程是指建筑工程在施工过程中存在的、可能导致作业人员群死群伤或造成重大不良社会影响的分部分项工程。

危险性较大的分部分项工程安全专项施工方案(以下简称专项方案)，是指施工单位在编制施工组织(总)设计的基础上，针对危险性较大的分部分项工程单独编制的安全技术措施文件。

超过一定规模的危险性较大的分部分项工程专项方案应当由施工单位组织召开专家论证会。危险性较大分部分项工程施工方案专家论证表样例见表 4-6 所示。

表 4-6　危险性较大分部分项工程施工方案专家论证表

工程名称	×××大学行政大楼工程		编号	×××
施工总承包单位	××建设公司		项目负责人	×××
专业承包单位	/		项目负责人	/
分项工程名称				
专家一览表				

姓名	相别	工作单位	职位	专业	联系电话
×××	男	××××		土木工程	××××××××××××
×××	男	××××		土木工程	××××××××××××
×××	男	××××		土木工程	××××××××××××
×××	男	××××		土木工程	××××××××××××
×××	男	××××		土木工程	××××××××××××

专家论证意见：

(1) 方案总体评价：……

(2) 需要补充和完善的意见和建议：……

××××年××月××日

签字栏	组长：×××
	专家：×××、×××、×××、×××

1. 相关规定及要求

建筑工程实行施工总承包的，专项方案应当由施工总承包单位组织编制，并由施工总承包单位组织召开专家论证会。其中，起重机械安装拆卸工程、深基坑工程、附着式升降脚手架等专业工程实行分包的，其专项方案可由专业承包单位组织编制。

2．专项方案编制应当包括的内容

(1) 工程概况：危险性较大的分部分项工程概况、施工平面布置(包括因工程施工可能影响的周边建筑物情况)、施工要求和技术保证条件。

(2) 编制依据：相关法律、法规、规范性文件、标准、规范及施工图纸(包括国标图集)、施工组织设计等。

(3) 施工计划：包括施工进度计划、材料与设备计划。

(4) 施工工艺技术：技术参数、工艺流程、施工方法、检查验收等。

(5) 施工质量、安全保证措施：组织保障、技术措施、应急预案、监测监控等。

(6) 文明施工措施：描述现场安全文明施工、环境保护措施。

(7) 劳动力计划：专职质量与安全生产管理人员、特种作业人员等。

(8) 计算书及相关图纸。

3．编审程序

专项方案应当由施工单位技术部门组织本单位施工技术、安全、质量等部门的专业技术人员进行审核，审核合格的，由施工单位技术负责人签字；实行施工总承包的，专项方案应当由总承包单位技术负责人及相关专业承包单位技术负责人签字。

不需要专家论证的专项方案，经施工单位审核合格后报监理单位，由项目总监理工程师审核签字。

4．参加专家论证会的人员

(1) 专家组成员。

(2) 建设单位项目负责人或技术负责人。

(3) 监理单位项目总监理工程师及相关人员。

(4) 施工单位分管安全的负责人、技术负责人、项目负责人、项目技术负责人、专项方案编制人员、项目专职安全生产管理人员。

(5) 勘察、设计单位项目技术负责人及相关人员。

5．专家论证的主要内容

(1) 专项方案内容是否完整、可行。

(2) 专项方案计算书和验算依据是否符合有关标准规范。

(3) 安全施工的基本条件是否满足现场实际情况。

专项方案经论证后，专家组应当提交论证报告，对论证的内容提出明确的意见，并在论证报告上签字。该报告作为专项方案修改完善的指导意见。

知识拓展

《住房和城乡建设部关于修改部分部门规章的决定》已经 2019 年 2 月 15 日第 6 次部常务会议审议通过，现予发布，自发布之日起施行。将《危险性较大的分部分项工程安全管理规定》(住房和城乡建设部令第 37 号)第九条"建设单位在申请办理安全监督手续时，应当提交危大工程清单及其安全管理措施等资料"修改为"建设单位在申请办理施工许可手续时，应当提交危大工程清单及其安全管理措施等资料"。

超过一定规模的危险性较大的分部分项工程范围

1. 深基坑工程

(1) 开挖深度超过 5m(含 5m)的基坑(槽)的土方开挖、支护、降水工程。

(2) 开挖深度虽未超过 5m，但地质条件、周围环境和地下管线复杂，或影响毗邻建(构)筑物安全的基坑(槽)的土方开挖、支护、降水工程。

2. 模板工程及支撑体系

(1) 工具式模板工程包括滑模、爬模、飞模工程。

(2) 混凝土模板支撑工程搭设高度 8 m 及以上；搭设跨度 18 m 及以上；施工总荷载 15 KN/m^2 及以上；集中线荷载 20 KN/m^2 及以上。

(3) 承重支撑体系指用于钢结构安装等满堂支撑体系，承受单点集中荷载 700 kg 上。

3. 起重吊装及安装拆卸工程

(1) 采用非常规起重设备、方法，且单件起吊重量在 100 kN 及以上的起重吊装工程。

(2) 起重量 300 kN 及以上的起重设备安装工程；高度 200 m 及以上内爬起重设备的拆除工程。

4. 脚手架工程

(1) 搭设高度 50 m 及以上落地式钢管脚手架工程。

(2) 提升高度 150 m 及以上附着式整体和分片提升脚手架工程。

(3) 架体高度 20 m 及以上悬挑式脚手架工程。

5. 拆除、爆破工程

(1) 采用爆破拆除的工程。

(2) 码头、桥梁、高架、烟囱、水塔或拆除中容易引起有毒有害气(液)体或粉尘扩散、易燃易爆事故发生的特殊建(构)筑物的拆除工程。

(3) 可能影响行人、交通、电力设施、通信设施或其他建(构)筑物安全的拆除工程。

(4) 文物保护建筑、优秀历史建筑或历史文化风貌区控制范围的拆除工程。

6. 其他

(1) 施工高度 50 m 及以上的建筑幕墙安装工程。

(2) 跨度大于 36 m 及以上的钢结构安装工程；跨度大于 60 m 及以上的网架和索膜结构安装工程。

(3) 开挖深度超过 16 m 的人工挖孔桩工程。

(4) 地下暗挖工程、顶管工程、水下作业工程。

(5) 采用新技术、新工艺、新材料、新设备及尚无相关技术标准的危险性较大的分部分项工程。

4.3.3　技术、安全交底记录

技术、安全交底是施工企业管理的一项重要环节和制度，是把设计要求、施工措施、安全技术措施贯彻到基层实际操作人员的一项技术管理方法。

1. 技术、安全交底记录样例

技术、安全交底记录样例如表 4-7 所示。

表 4-7　技术、安全交底记录

编号：×××

工程名称	×××大学行政大楼工程	交底日期	××××年××月××日	
施工单位	××建设公司	交底项目	钢筋工程	共××页，第××页
交底内容： 一、施工准备 (一) 材料、机具准备 (二) 作业条件 二、操作工艺 三、质量要求 四、成品保护 五、安全注意事项 六、文明施工及环保措施				
审核人	×××	交底人	×××	接受交底人　　×××

备注：工程施工中要写具体内容。

2. 相关规定及要求

(1) 有关技术人员应认真审阅、熟悉施工图纸，全面明确设计意图，严格执行施工验收规范及安全措施要求，制定符合施工组织设计和施工方案要求的交底。

(2) 技术、安全交底是解决在图纸会审中存在的问题，制定的安全技术措施进行技术交底。交底应根据工程性质、类别和技术复杂程度分级进行。如：从企业到部门及项目经理部，到专业工长，再到班组长分级进行分部、分项工程交底。

(3) 交底内容应清楚，责任应明确，在施工过程中应反复检查技术交底落实情况，加强施工监督。交底人和接受交底人签字应齐全。

3. 交底的过程和方法

(1) 施工单位从进场开始交底，包括临建现场布置，水电临时线路敷设及各分项、分部工程。

(2) 交底时应注意关键项目、重点部位，新技术、新材料项目要结合操作要求、技术规定及注意事项，细致、反复交代清楚，以真正达到设计、施工意图。

(3) 交底的方法可采用书面交底，也可采用会议交底、样板交底和挂牌交底。要交任务、交操作规程、交施工方法、交质量、交安全、交定额、定质、定量、定责任，做到任务明确到人。

4. 交底的具体内容

(1) 图样交底的主要内容。

① 包括工程的设计要求，地基基础、主要结构和建筑的特点、构造做法与要求，抗震处理，图样的轴线、标高、尺寸，预留孔洞、预埋件等具体细节，以及砂浆、混凝土、砖等材料和强度要求、使用功能等。做到掌握设计关键，认真按图施工。

② 暖、卫安装分项工程技术交底内容：包括施工前的准备、施工工艺要求、质量验收标准、成品保护要求，注意可能出现的问题。

③ 电气安装分项工程技术交底内容：包括施工前的准备、操作工艺要求、质量标准、成品保护、应注意的质量问题。

④ 通风空调分项工程技术交底内容：包括施工前的准备、系统的技术要求、图样关键部位尺寸、位置、标高、质量要求、施工方法、工种之间交叉配合、设备安装注意事项、成品保护及可能出现的问题。

(2) 施工组织设计交底的内容。

施工组织设计交底应由项目技术负责人主持，将施工组织设计的全部内容向施工管理人员进行交底。主要包括：明确工程特点、整体施工部署、任务划分、施工进度要求；阐述主要施工方法，明确主要工种搭接关系；确定质量目标及技术要求；明确施工准备工作，对劳动力、机具、材料、现场环境提出明确要求；明确安全文明施工的措施及各项管理制度。

(3) 设计变更和洽商交底的内容。

设计变更和洽商交底应由项目技术部门根据变更要求，并结合具体施工步骤、措施及注意事项等对专业负责人进行交底，便于在施工中正确执行。

(4) 分项工程技术交底的内容。

分项工程技术交底应由专业工长对专业施工班组(或专业分包)、操作人员进行交底。主要包括明确施工部位、使用材料品种、质量标准及技术安全措施；明确施工工序及施工作业条件、施工机具；明确质量预控措施；明确本工种及相关工种间的成品保护措施；明确施工工艺具体操作要求，使操作人员依据交底可以完成分项工程。

(5) 安全技术交底的内容。

安全技术交底的内容包括工程项目的施工特点和危险点及针对危险点的具体预防措施，应注意的安全事项，相应的安全操作规程和标准，发生事故后及时采取的避难和应急措施等。必须实行逐级安全技术交底，纵向延伸到班组全体作业人员。

4.3.4 图纸会审记录

图纸会审是指工程各参建单位(建设单位、监理单位、施工单位等相关单位)在收到施工图审查机构审查合格的施工图设计文件后，在设计交底前进行全面细致地熟悉和审查施工图纸的活动。各单位相关人员应熟悉工程设计文件，并应参加建设单位主持的图纸会审会议，建设单位应及时主持召开图纸会审会议，组织监理单位、施工单位等相关人员进行图纸会审，并整理成会审问题清单，由建设单位在设计交底前约定的时间提交设计单位。图纸会审由施工单位整理会议纪要，与会各方会签，如图 4-7 所示。图纸会审记录是对已正式签署的设计文件进行交底、审查和会审，对提出的问题予以记录的技术文件。图纸会审的目的是领会设计意图、明确技术要求，发现设计图样中的差错与问题，提出修改与洽商意见，使之改正在施工开始之前。

图 4-7　图纸会审

1. 图纸会审记录样例

图纸会审记录样例如表 4-8 所示。

表 4-8　图纸会审记录

编号：×××

工程名称		×××大学行政大楼工程	专业名称	结构
建设单位		××大学	会审日期	××××年××月××日
主持人		×××	会审特点	工地现场会议室
参加人员	姓名	工作单位	职务	联系电话
	×××	××监理公司	总监	×××××××××××
	×××	××建设公司	项目经理	×××××××××××
	×××	××工程设计公司	结构设计师	×××××××××××
	×××	××技术创新中心	现场代表	×××××××××××
记录内容		问题：结施-05 中 E/7 轴外电缆出局井处是否留洞？D/8～10 轴处门洞是否为 1000 mm？ 答复：出局井处没有预留洞，D/8～10 轴处门洞为 900 mm 宽。		
建设单位(签章) 代表：×××		设计单位(签章) 代表：×××	项目监理机构(签章) 代表：×××	施工单位项目部(签章) 代表：×××

2. 相关规定及要求

(1) 图样会审会议一般由建设单位组织设计，监理、施工单位的项目相关负责人参加，设计单位对各专业问题进行口头或书面交底，施工单位负责将设计交底内容按专业汇总、整理，形成图样会审记录。不得将不同专业的图样问题办理在同一份图样会审记录中。

(2) 图样会审记录应逐条注明修改图样的图号，必要时应附施工图。图样问题涉及若干张图样的，应逐一注明图号，不得遗漏。

(3) 图样会审记录应由建设、设计、监理和施工单位的项目相关负责人签认，设计单位应由专业负责人签字。其他单位应由项目技术负责人或相关专业负责人签字。

(4) 图样会审属于正式设计文件，不得擅自在会审记录上涂改或变更内容。

3. 会审过程

各单位各专业先进行内部预审，提出问题，会审时逐一解决；会审时一般问题经设计单位同意的，可在会审记录中注释进行修改，并办理手续，较大的问题必须由建设或监理、设计和施工单位洽商，由设计单位修改，经监理单位同意后向施工单位签发设计变更图或设计变更通知单方为有效，如果设计变更影响了建设规模和投资方向，要报请批准初步设计的单位同意后方准修改。

4. 会审的主要内容

(1) 图纸的合法性：是否无证设计、越级设计，是否有正式签章等。

(2) 图纸资料是否齐全：包括地质勘察资料、各专业图纸都要齐全，剖面、详图、设计说明是否足以说明问题等。

(3) 设计图纸的正确性：各专业图纸本身是否正确，是否有遗漏，各施工构造、尺寸、标高位置是否正确，钢筋图中表示方法是否清楚等。

(4) 各类专业图纸之间是否吻合：如建筑图与结构图尺寸是否一致，总平面图与各施工图是否尺寸、标高、位置一致；工业管道、电气线路、设备装置、运输道路与建筑物之间是否有矛盾等。

(5) 施工的可行性：如地基处理的方法是否可行，所采用的材料有无保证，能否代换，图中要求的条件能否满足；新材料、新技术应用有无问题等。

(6) 消防、环保、安全的可靠性：主要审查是否满足现行有关标准的规定。

4.3.5　设计变更通知单

设计变更是指在施工过程中由于设计图样本身差错，设计图样与实际情况不符，施工条件变化，原材料的规格、品种、质量不符合设计要求等原因，需要对设计图样部分内容进行修改而办理的变更设计文件。设计变更等同于施工图，是工程施工和结算的依据。

1. 设计变更通知单样例

设计变更通知单样例如表 4-9 所示。

表 4-9　设计变更通知单

××××年××月××日　　　　　　　　　　　　　　　　　　　　　编号：×××

工程名称		×××大学行政大楼工程	专业名称	结构
序号	图号	变更内容		
1	结施-02	剪力墙水平钢筋 12 Φ 150 改为 10 Φ 120，且放在竖向钢筋的外侧； 1 200 × 1 600 × 700 集水坑尺寸改为 1 200 × 1 600 × 1 000； KL2(1)300 × 650 改为 300 × 700。		
2	结施-14			
3	…			
变更单位意见	设计单位	建设单位	项目监理机构	施工单位
	(公章) 项目负责人：××× ××××年××月 ××日	(公章) 项目负责人：××× ××××年××月 ××日	(公章) 总监理工程师：××× ××××年××月 ××日	(公章) 项目负责人：××× ××××年××月 ××日

2. 相关规定及要求

(1) 设计变更是施工图的补充和修改的记载，应及时办理，内容要求明确具体，必要时附图，不得任意涂改和后补。按签订日期先后顺序编号。要求责任明确，签章齐全。

(2) 若在后期施工中，出现对前期某变更或其中条款重新修正的情况，应在前期变更或被修正条款上注明作废字样。

(3) 设计变更通知单应分专业办理，不可将不同专业的设计变更办理在同一份通知单上。专业名称栏应填写建筑、结构、给排水、电气、通风与空调、智能建筑等专业名称。

(4) 设计变更要在第一时间下发至项目相关部门与分承包方，并协助预算部门做好变更工程量的计算工作。如设计变更对现场或备料已造成影响，应及时请业主、监理人员确认，以便为今后的索赔提供依据。

(5) 设计变更通知单应由项目技术部门统一管理，原件应及时归档保存。相同工程如需用同一洽商时，可使用复印件。

(6) 工程设计变更由设计单位提出，如设计计算错误、做法改变、尺寸矛盾、结构变更等问题，必须由设计单位提出变更设计联系单或设计变更图样，由施工单位根据施工准备和工程进展情况，做出能否变更的决定。

(7) 工程设计变更由施工单位提出，如钢筋代换、细部尺寸修改等施工单位提出的重大技术问题，必须取得设计单位和建设、监理单位的同意。

(8) 遇到下列情况之一时，必须由设计单位签发设计变更通知单(施工变更图样)：

① 当决定对图样进行较大修改时；

② 施工前及施工过程中发现图样有差错，做法或尺寸有矛盾、结构变更或与实际情况不符时；

③ 由建设单位提出，对建筑构造、细部做法、使用功能等方面提出的修改意见，必须经过设计单位同意，并提出设计通知书或设计变更图样。

由设计单位或建设单位提出的设计图样修改，应由设计部门提出设计变更联系单；由施工单位提出的属于设计错误时，应由设计部门提供设计变更联系单；由施工单位的技术、材料等原因造成的设计变更,由施工单位提出洽商,请求设计变更,并经设计部门同意,以洽商记录作为变更设计的依据。

4.3.6 工程(技术)洽商记录

工程洽商记录是施工过程中一种协调业主与施工方、施工方与设计方的记录。工程洽商分为技术洽商和经济洽商两种,通常情况下由施工单位提出。它是工程施工、验收及改建、扩建和维修的重要资料,也是绘制竣工图的重要依据。

技术洽商是对原设计图样中与施工过程中发生矛盾处的变更,也可以说是在满足设计的前提下,为方便施工对原设计做的变更。技术洽商一旦被建设单位、施工单位、设计单位和监理单位签字认可,即可作为工程施工和结算的依据,保存在施工资料里。

经济洽商是施工单位与建设单位在工程建设过程中纯粹的经济协商条款,仅需建设单位、施工单位签字即可。

1. 工程洽商记录样例

工程洽商记录样例如表 4-10 所示。

表 4-10　工程(技术)洽商记录

编号:×××

工程名称	×××大学行政大楼工程		专业名称	结构
提出单位	××建设公司		日期	××××年××月××日
洽商内容:				

洽商内容:

(1) 结 0207 中 5 轴~7 轴间、组合框架梁东侧的备用发电机基础板东西向板上、下配中 14⚎100 仅适用于 5 轴~7 轴间的组合框架梁东侧备用发电机基础部分。

(2) 根据结变 02—C2—022 第 2 款"3 轴、QC24 墙北侧靠墙边留 2000×800 洞,位置同结 0208 图 B3 层顶板相应部位"在 B4 层顶板的留洞与 QC24 墙相冲突,现将板中留洞向北移至洞南边线与 QC24 墙北边线相重合。

(3) …

建设单位	设计单位	施工单位	监理单位
项目负责人:×××	项目负责人:×××	项目负责人:×××	总监理工程师:×××
××××年××月××日	××××年××月××日	××××年××月××日	××××年××月××日

2. 相关规定及要求

(1) 项目在组织施工过程中,如发现图样存在问题,或因施工条件发生变化不能满足设计要求,或材料需要代换时,应向设计单位提出书面工程(技术)洽商。内容应翔实,并逐条注明应修改图样的图号,必要时应附施工图。不允许先施工后办理洽商。

(2) 工程(技术)洽商记录应分专业及时办理,不可将不同专业的设计变更办理在同一份记录上。专业名称栏应填写建筑、结构、给排水、电气、通风与空调、智能建筑等专业名称。

(3) 工程(技术)洽商记录应由设计专业负责人以及建设、监理和施工单位的相关负责人签认后生效。设计单位如委托建设(监理)单位办理签认,应办理委托手续。

(4) 若在后期施工中,出现对前期某变更或其中条款重新修正的情况,应在前期变更或被修正条款上注明作废字样。

(5) 凡保存图样的部门和人员，无论图样是否使用，均应将设计变更、工程(技术)洽商的内容及时修改到相应的图样上，并注明变更的工程(技术)洽商号，对于变化较大无法在原图上修改注明的还需绘制小图。

(6) 工程(技术)洽商要在第一时间下发至项目相关部门与分承包方，并协助预算部门做好变更工程量的计算工作。如设计变更对现场或备料已造成影响，应及时请业主、监理人员确认，以便为今后的索赔提供依据。

(7) 工程(技术)洽商应由项目技术部门统一管理，原件应及时归档保存。相同工程如需用同一洽商时，可使用复印件。

4.4 施工物资资料

施工物资资料是反映工程所用物资质量和性能指标的各种证明文件和相关配套文件的统称。包括建筑材料、成品、半成品、构配件、器具、设备及附件等的出厂证明文件，材料、构配件进场检验记录，试验委托单及试验报告等。

4.4.1 原材料出厂合格证、检(试)验报告汇总表，原材料、构配件、设备进场验收记录

原材料出厂合格证、检(试)验报告汇总表是指核查用于工程的各种材料的品种、规格、数量，通过汇总达到便于核查的目的。

建筑与结构工程所用的主要材料进场应有产品质量证明文件。材料进场后，应对所使用的材料进行检查验收，填写原材料、构配件、设备进场验收记录。

1. 原材料出厂合格证、检(试)验报告汇总表样例

原材料出厂合格证、检(试)验报告汇总表样例分别如表4-11和表4-12所示。

表4-11　原材料出厂合格证、检(试)验报告汇总表

编号：×××

工程名称	×××大学行政大楼工程		施工单位		××建设工程有限公司	
序号	类别名称 (规格品种、型号、等级)	进场数量	出厂合格证、质量证明文件编号	抽样、复验报告编号	备注	
1	热轧带肋钢筋20	32t	质量证明文件编号××	复试报告编号××		
2	热轧带肋钢筋25	40t	质量证明文件编号××	复试报告编号××		
...	...	...	...	...	...	
填表人	×××		共×页，第×页			

本表用于现场材料合格证及抽样、复验的汇总，每种材料应单独进行汇总，如钢筋合格证、检(试)验报告汇总表；水泥出厂合格证、检(试)验报告汇总表；砖、陶粒砌块出厂合格证、检(试)验报告汇总表；粗(细)骨料合格证及检(试)验报告汇总表；外加剂(掺加剂)合格证及(检试)验报告汇总表等。个别材料如装饰、装修材料较少时可以在一起汇总。

表4-12　原材料、构配件、设备进场验收纪录

编号：×××

工程名称	×××大学行政大楼工程		检验日期		××××年××月××日		
序号	名称规格品种	进场数量	使用部位	检查验收内容		检验结果	备注
1	HPB300　14	15 t	地上1层	(1) 产品合格证书(质量合格证)1份。 (2) 外观检查：钢筋无损伤，表面无裂纹、油污、颗粒状或片状老锈。		符合要求	
2	HPB300　12	20 t	地上1层	(1) 产品合格证书(质量合格证)1份。 (2) 外观检查：钢筋无损伤，表面无裂纹、油污、颗粒状或片状老锈。		符合要求	
…	…	…	…	…		…	…
检验结论：按照 GB 50204—2011 规范 5.3 检验，钢筋质量符合规定。							
签字栏	监理(建设)单位	施工单位		××建设工程有限公司			
		专业质检员		专业工长		检验员	
	监理公司	×××		×××		×××	

2. 相关规定及要求

产品的出厂合格证是由生产厂家质量检验部门提供给使用单位，用以证明其产品质量已达到各项规定指标的质量证明文件。原材料、构配件、设备进场后，应由建设(监理)单位会同施工单位共同对物资进行检查验收。检验工作以施工单位为主，监理单位确认。

(1) 主要检验内容。

① 物资出厂质量证明文件及检验(测)报告是否齐全；

② 实际进场物资数量、规格和型号等是否满足设计和施工计划要求；

③ 物资外观质量是否满足设计要求或规范规定；

④ 按规定需进行抽验的材料、构配件、设备等是否及时抽查，检验结果和结论是否齐全。

(2) 按规定应进场复试的工程物资，必须在进场验收合格后取样复试。

(3) 需进行抽检的材料按规定比例进行抽检，并进行记录。对涉及结构安全的有关材料应按规定进行见证取样检测。

(4) 进场验收记录应按不同品种分别填报。每种材料归档时进场验收记录应按进场先后顺序分类填写。

3. 表格填写要点

(1) 工程名称栏与施工图样图签栏内名称相一致。

(2) 使用部位栏填写该物资实际使用部位名称。

(3) 检查验收内容栏应包括物资的质量证明文件、外观质量、数量、规格型号等。

(4) 检验结果栏填写该物资的检验情况，并对该物资是否符合要求作出判断。

4. 出厂合格证及质量证明文件收集原则

(1) 资料员应及时收集、整理、核验出厂质量合格证和试验报告单。质量合格证和试验报告单应笔迹清楚，加盖公章；项目齐全、准确、真实，不得漏填或填错，且无未了事项，并不得涂改、伪造、损毁或随意抽撤。如图 4-8 所示。

(2) 材料、构配件、设备合格证和试验报告应按不同厂家、不同规格和型号，按施工文件归档和合同需求的份数收集。

(3) 出厂合格证和试验报告应与所提供的材料、配件、设备型号和规格相对应。

(4) 质量证明文件的抄件(复印件)应与原件内容一致，加盖原件存放单位公章，注明原件存放处，并有经办人签字。

(5) 材料进场后，应及时进行外观检查，核对进场数量，由项目材料员在质量证明书上注明进场日期、进场数量和使用部位，同时填报进场外观检查记录。

图 4-8　钢筋合格证及其正确悬挂方式

5. 注意事项

(1) 水泥质量证明文件应在水泥出厂 7 d 内提供，检验项目包括除 28 d 强度以外的各项试验结果。28 d 强度结果单应在水泥发出日起 32 d 内补报。产品合格证应以 28 d 抗压、抗折强度为准。用于钢筋混凝土结构、预应力钢筋混凝土结构中的水泥，检测报告应有有害物质(氯化物、碱含量)检测报告。

(2) 按规定应预防碱集料反应的工程或结构部位所使用的砂、石，供应单位应提供砂、石的碱活性检验报告。应用于 Ⅱ、Ⅲ 类混凝土结构工程的集料每年应进行碱活性检验。

(3) 混凝土外加剂的检验报告应为当年度的，出具报告时间应在外加剂出厂日期之前(以出厂质量证明文件时间为依据)，并由法定质量监督检验(带有 CAL 或 CMA 授权标志)的机构提供。混凝土外加剂产品名称、规格、日期等应与混凝土配合比通知单中的内容相符。

(4) 砌体结构用砌块的产品龄期要求不应小于 28 d。

(5) 防水层所选择的基层处理剂、胶黏剂、密封材料等配套材料，应与铺贴的卷材相容。

6. 预制混凝土构件出厂合格证、钢结构出厂合格证样例

预制混凝土构件出厂合格证、钢结构出厂合格证样例分别如表 4-13 和表 4-14 所示。

预制构件合格证中的以下各项应填写齐全，不得有错填和漏填，如工程名称及使用部位，构件名称、型号规格、数量及生产日期，合格证编号，混凝土设计强度等级，出厂日期，主筋的力学性能、结构性能等。

如果预制构件的合格证是抄件(如复印件)，则应注明原件的编号、存放单位、抄件的时间，并有抄件人、抄件单位的签字和盖章(红章)。

表 4-13　预制混凝土构件出厂合格证

编号：×××

工程名称及使用部位	×××大学行政大楼工程十层 A 轴-F/1-6		合格证编号		×××	
构件名称	预应力圆孔板		型号规格	YKB-3	供应数量	80
制造厂家	××厂			企业等级证	二级	
标准图号或设计图纸号	B2003Y			混凝土设计强度等级	C30	
混凝土浇筑日期	2016 年 10 月 8 日至 2016 年 10 月 8 日			构件出厂日期	2016 年 10 月 8 日	
性能检验评定结果	混凝土抗压强度		主筋			
	达到设计强度 / %	试验编号	力学性能		结构性能	
	118	×××				
	外观					
	质量状况		规格尺寸			
	合格		3580 mm × 1180 mm × 120 mm			
	结构性能					
	承载力	挠度	抗裂检验/mm		裂缝最大宽度/mm	
	1.7	1.34	1.4			
备注：生产厂家质检部门提供的合格证真实有效。					结论：试件结构各项性能指标经检验均达到有关规范规定，质量合格。	
供应单位技术负责人		填表人		供应单位名称 (盖章)		
×××		×××				
填表日期：××××年××月××日						

表 4-14　钢结构出厂合格证

编号：×××

工程名称	×××大学行政大楼工程		合格证编号		×××	
委托单位	××建设工程有限公司		型号		气保焊丝	
钢材材质	Q235	防腐状况	合格	焊条或焊丝型号		φ1.2mm
供应总量/kg	10 439.04	加工日期	××××年××月××日	生产日期		××××年××月××日
序号	构件名称及编号		构件数量	构件单重/kg	构件规格/mm	使用部位
1	主结构 GDL7.5 -481A		4	810	7620	
2	主结构 GDL7.5 -481B		4	810	7620	
3	主结构 GDL7.5 -4Z		104	797.14	7490	
4	主结构 GDL7.5 -482A		4	846.31	7620	
5	主结构 GDL7.5 -482B		4	810	7990	
…	…		…	…	…	…
备注						
供应单位技术负责人		调表人		供应单位名称 (盖章)		
×××		×××				
填表日期：××××年××月××日						

7. 预拌混凝土出厂合格证

(1) 预拌混凝土出厂合格证样例如表 4-15 所示。

表 4-15　预拌混凝土出厂合格证

编号：×××

使用单位	××建设工程有限公司				合格证编号	2016-001
工程名称与浇筑部位	×××大学行政大楼工程＋30.0m 梁板					
强度等级	C30	抗渗等级		/	供应数量/m³	200
供应日期	××××年××月××日		至	××××年××月××日		
配合比编号	S-67#					
原材料名称	水泥	砂	石	掺和料		外加剂
品种及规格	P.O42.5	河砂	碎石 5-25	FA-1	××	TK-5 　××
试验编号	××	××	××	××	××	×× 　××

每组抗压强度值/MPa	试验编号	强度值	试验编号	强度值	备注
	113#	34.2			
	114#	33.8			
	…	…	…	…	

抗渗试验	试验编号	指标	试验编号	

抗压强度统计结果				结论：合格
组数 n	平均值		最小值	
2	34		33.8	

供应单位技术负责人	填表人	加工单位(盖章)
×××	×××	
填表日期：××××年××月××日		

(2) 相关规定及要求。

① 预拌混凝土出厂合格证应由混凝土供应单位负责提供(出厂后 32 天内提供)。

② 浇筑部位应与施工单位提出的混凝土浇灌申请的施工部位相一致。

③ 抗渗等级。采用抗渗混凝土的，应按照设计要求反映抗渗等级，不允许空缺不填。

④ 原材料名称、品种规格、试验编号。预拌混凝土所使用的各种原材料应与配合比通知单反映的内容一致。

⑤ 预拌混凝土出厂合格证应由施工单位材料员负责收集，内容核查无误后移交项目资料员整理。

4.4.2　原材料试验报告

1. 钢材试验报告

(1) 钢材试验报告样例如表 4-16 所示。

表 4-16　钢材试验报告

编号：×××

试验编号	××						委托编号		××
工程名称	×××大学行政大楼工程						试件编号		××
委托单位	××建设工程有限公司						试件委托人		×××
钢材种类	热轧带肋	规格或牌号		HRB335			生产厂		××厂
公称直径/mm	25	公称面积/mm²		490.9			出厂批号		××
代表数量	30t	取样时间		××月××日			试验日期		××月××日
见证单位	××监理公司						见证人		×××

力学性能							重量偏差	弯曲性能			
编号	屈服点/MPa	抗拉强度/MPa	伸长率/%	σb实/σs实	σs实/σb标	单项判定		编号	弯心直径/mm	角度	单项判定
G01	400	595	35	1.49	1.19	合格	−2	G01	75	180	合格
G02	400	595	32	1.49	1.19	合格	−3	G02	75	180	合格

化学成分/%							其他：				
编号	C	Si	Mn	P	S	Cep					

结论：该样品经试验，力学性能及工艺性能符合《钢筋混凝土用热轧带肋钢筋》GB 1499 标准中 HRB335 的技术要求。

批准	×××	审核	×××	试验	×××
试验单位	×××检测公司			报告日期	×××年××月××日

(2) 相关规定及要求

① 出厂质量证明文件与钢材进场外观检查合格后，项目试验员方可按照有关规定对钢筋及重要钢材取样做力学性能复试，复试合格后方可在工程中使用。做到先复试后使用，严禁先施工后复试。

② 钢筋进场复试验收批组成。同一厂别、同一炉灌号、同一规格、同一交货状态的钢筋、热轧带肋、光圆钢筋、热轧盘条、冷轧带肋钢筋，每 60 t 为一验收批，不足 60 t 也按一批计。

③ 强屈比、屈标比控制。对有抗震设防要求的框架结构，其纵向受力钢筋的强度应满足设计要求；当设计无具体要求时，对一、二、三级抗震等级设计的框架和斜撑构件(含梯级)中的纵向受力钢筋应采用 HRB885E、HRB400E、HRB500E、HRBF335E、HRBF400E 或 HRBFSOOE 钢筋，其强度和最大力下总伸长率的实测值应符合下列规定：a. 钢筋的抗拉强度实测值与屈服强度实测值的比值不应小于 1.25；b. 钢筋的屈服强度实测值与强度标准值的比值不应大于 1.3；c. 钢筋的最大力下总伸长率不应小于 9%。

④ 实行见证取样和送检的试验报告单应加盖有见证试验专用章，如图 4-9 所示。

⑤ 不合格判定及处理程序。钢材试验第一次出现不合格时，从同一批中任取双倍数量的试样进行不合格项的复验。如果复验结果合格，该批钢材判定为合格，两次复验报告均归入工程资料档案；如果复验结果不合格(包括该项试验所要求的任一指标仍不合格)，则该批钢材判定为不合格。不合格钢材应作退货处理，不合格钢材的试验报告不得归入工

程资料档案。

⑥ 试件编号。应按照单位工程和取样时间的先后顺序连续编号。通常情况下，试件编号为连续。如复验结果不合格钢筋退货情况下，试件编号可能会不连续。

⑦ 委托单位。应填写施工单位名称，并与施工合同中的施工单位名称相一致，不得填写×××项目经理部。

⑧ 代表数量。应填写本次复验的实际钢筋数量，不得笼统填写验收批的最大批量。

⑨ 试验结果拉伸试验(屈服点或屈服强度、抗拉强度、伸长率)、冷弯试验等各项性能结果应齐全。

⑩ 结论。应明确检验执行依据和结果判定。钢筋进场复验报告应由施工单位的项目试验员负责收集，项目资料员汇总整理。

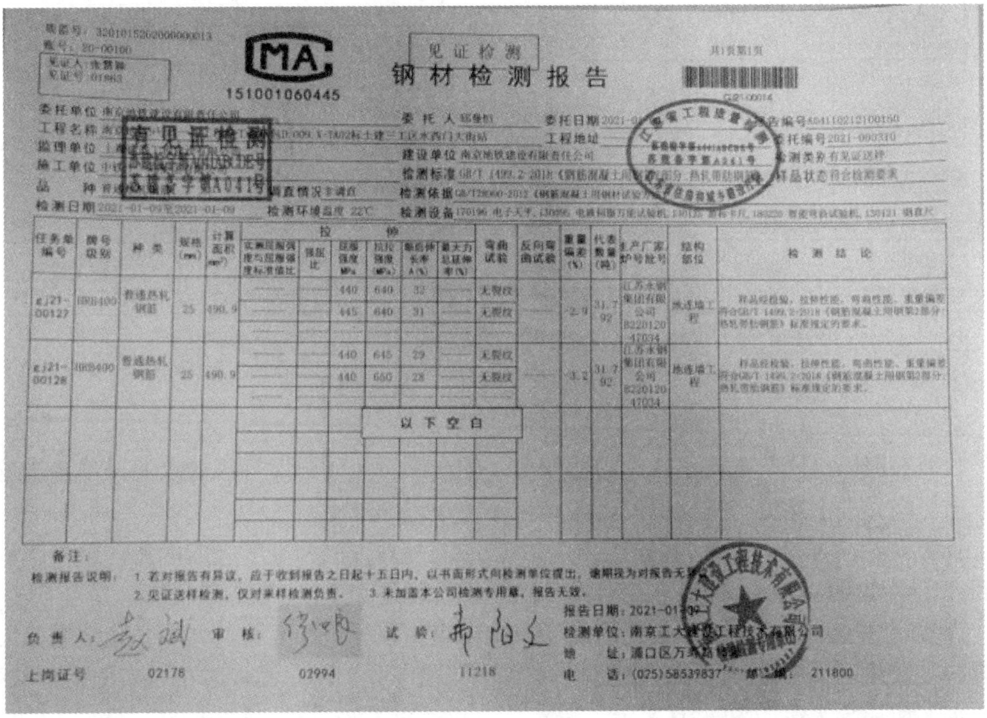
CMA
151001060445
见证检测
钢材检测报告
共1页第1页
委托单位
工程名称
监理单位
施工单位
品　种
检测日期 2021-01-09至2021-01-09
委托人
建设单位 南京地铁建设有限责任公司
检测标准 GB/T 1499.2-2018《钢筋混凝土用钢 第2部分：热轧带肋钢筋》
检测依据 GB/T28900-2012《钢筋混凝土用钢材试验方法》
检测环境温度 22℃
委托日期 2021-01
工程地址
委托编号 2021-000310
检测类别 有见证送样
样品状态 符合检测要求
有见证检测

任务单编号	牌号级别	种类	规格(mm)	计算面积(mm²)	实测屈服强度与屈服强度标准值比	强屈比	屈服强度MPa	抗拉强度(MPa)	断后伸长率A(%)	最大力总延伸率(%)	弯曲试验	反向弯曲试验	重量偏差(%)	代表数量(吨)	生产厂家炉号批号	结构部位	检测结论
gj21-00127	HRB400	普通热轧钢筋	25	490.9	——	——	440	640	32	——	无裂纹	——	-2.9	31.792	江苏永钢集团有限公司 822012047034	地连墙工程	样品经检验，拉伸性能、弯曲性能、重量偏差符合GB/T 1499.2-2018《钢筋混凝土用钢第2部分：热轧带肋钢筋》标准规定的要求。
					——	——	445	640	31	——	无裂纹						
gj21-00128	HRB400	普通热轧钢筋	25	490.9	——	——	440	645	29	——	无裂纹	——	-3.2	31.792	江苏永钢集团有限公司 822012047034	地连墙工程	样品经检验，拉伸性能、弯曲性能、重量偏差符合GB/T 1499.2-2018《钢筋混凝土用钢第2部分：热轧带肋钢筋》标准规定的要求。
					——	——	440	660	28	——	无裂纹						
以下空白																	

备注：
检测报告说明：1. 若对报告有异议，应于收到报告之日起十五日内，以书面形式向检测单位提出，逾期视为对报告无异议。
2. 见证送样检测，仅对来样检测负责。　3. 未加盖本公司检测专用章，报告无效。
负责人：　审核：　试验：
上岗证号　02178　02994　11218
报告日期：2021-01-
检测单位：南京工大建设工程技术有限公司
地　址：浦口区万
电　话：(025)58539837　邮编：211800

图 4-9　钢筋试验报告

2. 水泥试验报告

(1) 水泥试验报告样例如表 4-17 所示。

表 4-17　水泥试验报告样例

编号：×××

试验编号	××			委托编号	××
工程名称	×××大学行政大楼工程			试件编号	××
委托单位	××建设工程有限公司			试件委托人	××
品种及强度等级	P.O52.5	出厂编号及日期	××××年××月××日	厂别牌号	××
代表数量	200t	取样时间	××××年××月××日	试验日期	××××年××月××日

续表

试验结果	一、细度	1. 80 μm 方孔筛余量		2.4%		
		2. 比表面积		m²/kg		
	二、标准稠度用水量	28%				
	三、凝结时间	初凝	1h 30 min	终凝		6h 10 min
	四、安定性	雷氏法	mm	饼法		合格
	五、其他					
	六、强度(MPa)					

试验结果	抗折强度				抗压轻度			
	3 天		28 天		3 天		28 天	
	单块值	平均值	单块值	平均值	单块值	平均值	单块值	平均值
	4.7	4.4	7.5	7.5	25.0	25.2	56.3	56.6
					26.3		58.1	
	4.4		7.7		24.4		55.6	
					25.0		56.9	
	4.2		7.8		25.6		56.3	
					25.0		56.3	

检验结论：该产品经试验，所检项目符合《通用硅酸盐水泥》(GB 175)的技术要求。

批准	×××	审核	×××	试验	×××
试验单位	××检测公司			报告日期	××××年××月××日

(2) 相关规定及要求。

① 水泥复验的必试项目。胶砂强度、安定性、凝结时间。

② 水泥复验进场验收批的规定。

散装水泥：对同一水泥厂生产的同期出厂的同品种、同强度等级的水泥以一次进场的同一出厂编号的水泥为一批。但一批的重量不得超过 500 t。

袋装水泥：对同一水泥厂生产的同期出厂的同品种、同强度等级的水泥，以一次进场的同一出厂编号的水泥为一批。但一批的重量不得超过 200 t。

存放超过三个月的水泥，使用前必须按批量重新取样进行复验，并按复验结果使用；建筑施工企业可按单位工程取样,但同一工程的不同单体共用水泥库时可以实施联合取样。散装水泥和袋装水泥如图 4-10 所示。

图 4-10　散装水泥和袋装水泥

③ 试验结果判定。当试验结果符合化学指标(不溶物、烧失量、三氧化硫、氧化镁、

氯离子)、物理指标(凝结时间、安定性、强度)的规定时为合格品。其中的任何一项技术要求不符合时为不合格品。水泥包装标志中水泥品种、强度等级、生产者名称和出厂编号不全的也属于不合格品。

④ 不合格判定及处理程序。经试验被判定为不合格品的水泥，应作退货处理。

⑤ 试件编号、委托单位、代表数量、见证取样和送检同钢材检验报告的相关规定(对此要求相同者不再赘述)。

⑥ 水泥进场 28 d 复验报告应由施工单位的项目试验员负责收集，项目资料员汇总整理。水泥快测报告和水泥 3 d 复验报告只在施工期间暂时留存，不需作竣工归档。

3. 建筑用砂、石子试验报告

(1) 建筑用砂、碎卵石试验报告样例分别如表 4-18、表 4-19 所示。

表 4-18　建筑用砂试验报告

编号：×××

试验编号	××		委托编号		××
工程名称	×××大学行政大楼工程		试样编号		××
委托单位	××建设工程有限公司		试样委托人		××
种类	河砂		产地		××
代表数量	500 t	取样时间	××××年××月××日	试验日期	××××年××月××日
试验结果	一、筛分析		1. 细度模数(μf)		2.8
			2. 级配区域		Ⅱ区
	二、含泥量		≤1%		
	三、泥块含量		≤0.2%		
	四、表观密度		2670 kg/m³		
	五、堆积密度		1650 kg/m³		
	六、碱活性指标				
	七、其它				
结论：经检验，该砂符合《建设用砂》(GB/T 14684)及《普通混凝土用砂石质量标准及检验方法》(JGJ 52)标准中砂的要求。					
批准	×××	审核	×××	试验	×××
试验单位	××检测公司			报告日期	××××年××月××日

表 4-19　建筑用碎卵石试验报告

编号：×××

试验编号	××		委托编号		××
工程名称	×××大学行政大楼工程		试样编号		××
委托单位	××建设工程有限公司		试样委托人		××
种类、产地	碎石		公称粒径		5～25 mm
代表数量	460 t	取样时间	××月××日	试验日期	××月××日
试验结果	一、筛分析	级配情况	□ 连续粒级		□ 单粒级
		级配结果	—		
		最大粒径	25 mm		
	二、含泥量	≤0.7%			

续表

试验结果	三、泥块含量	≤0.4%
	四、针、片状颗粒含量	≤5%
	五、压碎指标值	≤8%
	六、表观密度	2720 kg/m³
	七、堆积密度	1150 kg/m³
	八、碱活性指标	—
	九、其他	

结论：经检验，该碎石符合《普通混凝土用砂石质量标准及检验方法》(JGJ 52)标准中普通混凝土用碎石的要求。

| 批准 | ××× | 审核 | ××× | 试验 | ××× |
| 试验单位 | ××检测公司 | | | 报告日期 | ××××年××月××日 |

(2) 相关规定及要求。

① 用于混凝土、砌体结构工程的砂、石，以同一产地、同一规格每 400ms 或 600t 为一验收批，不足 400 m³ 或 600 t 也按一批计，进行送检复验，复验合格后方可在工程中使用。

② 按规定应预防碱集料反应的工程或结构部位所使用的砂、石应进行碱性指标检验。

③ 试验结果判定及不合格品处理程序：符合技术指标要求者为合格。如其试验结果不符合供货合同规定的技术要求，且无法改作其他用途，应对已进场的砂、石作退货处理。

④ 砂、石复验报告应由项目试验员负责收集，资料内容核对准确无误后移交项目资料员汇总整理。

4. 外加剂试验报告

(1) 外加剂试验报告样例如表 4-20 所示。

表 4-20　混凝土外加剂试验报告

编号：×××

试验编号	××			委托编号	××
工程名称	×××大学行政大楼工程			试样编号	××
委托单位	××建设工程有限公司			试样委托人	××
产品名称	ZX-5 混凝土高效减水剂	生产厂	××厂	生产日期	××××年××月××日
代表数量	40 t	取样时间	××××年××月××日	试验日期	××××年××月××日
试验项目	必试项目				
试验结果	试验项目		试验结果		
	1. 减水率		21%		
	2. 3d、7d、28d 抗压强度比 / %		144%、129%、129%		
	3. 凝结时间之差		初凝+150 min，终凝+165 min		
	4. 钢筋锈蚀		对钢筋无锈蚀危害		
	...		...		
结论：所测项目符合 GB 8076 中的技术要求。					
批准	×××	审核	×××	试验	×××
试验单位	××检测公司		报告日期	××××年××月××日	

（2）相关规定及要求。

① 进场质量证明文件与进场外观检查合格后，用于混凝土、砌体结构工程用的外加剂必须按照有关规定的批量送检复验，进行钢筋的锈蚀试验和抗压强度试验。

② 项目相关管理部门或项目总工程师接收混凝土外加剂试验报告后，应审查试验结论与外加剂种类的符合性，审查试验结果与试验结论的一致性，特别要注意结论中评定的等级是否与材质证明一致，是否符合规范规定。

③ 试验结果判定。若检验不合格，应重新取样，对不合格项进行加倍复验。若仍有一项试验不能满足标准要求，应判定为不合格品。

④ 不合格处理程序。外加剂的钢筋阻锈和安定性试验为否决项目，凡其中一项不合格的外加剂禁用；否则对钢筋阻锈不合格的外加剂应拟定阻锈方案，且应征得设计单位同意。

5．砖(砌块)试验报告

（1）砖(砌块)试验报告样例如表 4-21 所示。

表 4-21　砖(砌块)试验报告

编号：×××

试验编号	××				委托编号		××
工程名称	×××大学行政大楼工程				试样编号		××
委托单位	××建设工程有限公司				试样委托人		××
种类	轻集料混凝土小型空心砌块				生产厂		××厂
强度等级	2.5		密度等级	800		代表数量	1 万块
试件处理日期	××××年××月××日		取样日期	××××年××月××日		试验日期	××××年××月××日

试验结果	烧结普通砖						
	抗压强度平均值 f/MPa		变异系数 δ≤0.21			变异系数 δ>0.21	
			强度标准值 f_k/MPa			单块最小强度值 f_k/MPa	
	—		—			—	
	轻集料混凝土小型空心砌块						
	砌块抗压强度/MPa				砌块干燥表观密度/ (kg/m³)		
	平均值			最小值			
	2.8			2.5		/	
	其他种类						
	抗压强度/MPa					抗折强度/MPa	
	平均值	最小值	大面		条面		平均值	最小值
			平均值	最小值	平均值	最小值		

结论：依据 GB/T 15299 标准，符合 2.5 级轻集料混凝土小型空心砌块要求。

批准	×××	审核	×××	试验	×××
试验单位	××检测公司		报告日期	××××年××月××日	

(2) 相关规定及要求。

① 出厂质量证明文件与砖(砌块)进场外观检查合格后，方可按照有关规定取样做力学性能复验，复验合格后方可在工程中使用。

② 复验进场验收。烧结普通砖每 15 万块为一验收批，不足 15 万块也按一批计；烧结多孔砖、非烧结普通黏土砖每 5 万块为一验收批，不足 5 万块也按一批计；粉煤灰砖、蒸压灰砂砖 1 万块为一验收批，不足 1 万块也按一批计；烧结空心砖和空心砖 3 万块为一验收批，不足 3 万块也按一批计；粉煤灰砌块 200 m³ 为一验收批，不足 200 m³ 也按一批计；普通混凝土小型空心砌块和轻集料混凝土小型砌块每 1 万块为一验收批，不足 1 万块也按一批计。

③ 试验结果判定及处理程序。对照试验报告和砌墙砖的等级指标，判定已进场的砌墙砖是否符合要求。如果不符合要求，应对已进场的砌墙砖作退货或降级使用。

6. 防水材料试验报告

(1) 防水材料试验报告样例如表 4-22 所示。

表 4-22　防水材料试验报告

编号：×××

试验编号	××			委托编号	××
工程名称及部位	×××大学行政大楼工程基础底板			试件编号	××
委托单位	××建设工程有限公司			试件委托人	××
种类、等级、牌号	SBS 弹性沥青防水卷材 I 3 mm			生产厂	××厂
代表数量	4000 m³	取样时间	××××年××月××日	试验日期	××××年××月××日
试验结果	一、拉力试验	1. 拉力/N	纵	886N	横	852N
		2. 拉伸强度	纵	/MPa	横	/MPa
	二、断裂伸长率(延伸率)	28%	纵	/%	横	/%
	三、耐热度	温度/℃	90	评定	合格
	四、不透水性	合格			
	五、柔韧性(低温柔性、低温弯折性)	温度/℃	-18	评定	合格
	六、其他	/			
结论：依据 DBJ01—53 标准，符合 SBS 改性沥青复合胎防水卷材 I 要求。					
批准	×××	审核	×××	试验	×××
试验单位	××检测公司			报告日期	××××年××月××日

(2) 相关规定及要求。

① 高聚物改性沥青防水卷材、合成高分子防水卷材大于 1000 卷抽 5 卷，每 500～999 卷抽 4 卷，100～499 卷抽 3 卷，100 卷以下抽 2 卷，进行规格尺寸和外观质量检验。在外观检验合格的卷材中，任取一卷做物理性能检验。

② 膨润土防水材料按每 100 卷为一批，不足 100 卷按一批抽样；100 卷以下抽 5 卷，进行规格尺寸和外观质量检验。在外观检验合格的卷材中，任取一卷做物理性能检验。

③ 有机防水涂料、遇水膨胀止水胶，每 5t 为一批，不足 5t 按一批抽样；无机防水涂料、聚合物水泥防水砂浆，每 10t 为一批，不足 10t 按一批抽样。

④ 不合格判定及处理程序：a. 防水材料的外观检验，全部指标达到标准规定时即为合格，其中一项指标达不到要求，在受检产品中加倍取样复验，全部达到标准即为合格。b. 防水材料复验，凡规定项目中有一项不合格者为不合格产品，则应在受检产品中重复加倍复验，全部项目达到要求为合格，若仍有未达到要求的，应由原生产单位进行退货或调换，然后再按上述步骤复验。

7. 轻集料试验报告

(1) 轻集料试验报告样例如表 4-23 所示。

表 4-23　轻集料试验报告

编号：×××

试验编号	××			委托编号		××
工程名称	×××大学行政大楼工程			试件编号		××
委托单位	××建设工程有限公司			试件委托人		××
种类	陶粒	密度等级	600 级		产地	×××
代表数量	300 m³	取样日期	××××年××月××日	试验日期		××××年××月××日
试验结果	一、筛分析	1. 细度模数(细集料)				
		2. 最大粒径(粗集料)			200	
		3. 级配情况		□ 连续粒级		□ 单粒级
	二、表观密度	1600 kg/m³				
	三、堆积密度	560 kg/m³				
	四、筒压强度	2.6 MPa				
	五、吸水率(1h)	9.0%				
	六、粒型系数	1.2				
	七、其他	—				
结论：该样品经见证取样检验，所检项目符合《轻集料及试验方法第 1 部分，轻集料》(GB/T 17431.1)标准规定的 600 级技术要求。						
批准	×××	审核	×××	试验	×××	
试验单位	××检测公司			报告日期	××××年××月××日	

(2) 相关规定及要求。

① 轻集料按类别、名称、密度等级分批检验与验收，每 400 m³ 为一批，不足 400 m³ 按一批计。

② 若试验结果中有一项性能不符合标准规定，允许从同一批轻集料中加倍取样，不

合格项进行复验。复验后，若该项试验结果符合标准规定，则判定该批产品合格；否则，判定该批产品为不合格。

4.5 施工试验记录

施工试验记录是为了保证建筑工程质量进行有关指标测试，由试验单位出具试验证明文件。施工试验报告单应由建设单位、施工单位留存。

常见的施工试验记录有：施工试验报告汇总表、施工试验记录样表。

施工试验记录样表主要包括地基承载力检测报告，桩基检测报告，土工击实试验报告，回填土干密度试验报告，钢筋连接试验报告，砂浆配合比通知单，砂浆(试块)抗压强度试验报告，砂浆试块强度统计、评定记录，混凝土配合比通知单，混凝土(试块)抗压强度试验报告单，混凝土(试块)强度统计、评定记录，混凝土抗渗试验报告，混凝土碱总量计算书，外墙饰面砖粘接强度试验报告，后置埋件试验检验报告，幕墙及外窗气密性、水密性、耐风压检验报告，墙体节能工程保温板材与基层粘接强度现场拉拔试验，外墙保温浆料同条件养护试验报告，结构实体混凝土强度验收记录，结构实体钢筋保护层厚度验收记录，围护结构现场实体检验等。

4.5.1 施工试验报告汇总表

施工试验报告汇总表是指按不同类型的施工试验对试件编号、报告单编号、施工部位、代表数量、试验日期、试验结果等进行汇总，用于核查各类施工试验是否按有关规定的数量进行了相关试验、试验结果是否合格、是否涵盖整个工程等，通过汇总达到便于检查的目的。

1. 施工试验报告汇总表样例

施工试验报告汇总表样例如表 4-24 所示。

表 4-24 钢筋连接施工试验报告汇总表

编号：×××

工程名称	×××大学行政大楼工程			施工单位	××建设公司		
序号	试件编号	报告单编号	施工部位	代表数量	试验日期	试验结果	备注
1	×××	×××	基础	500 个接头	×××	合格	见证试验
2	×××	×××	基础	300 个接头	×××	合格	见证试验
3	×××	×××	基础	200 个接头	×××	合格	见证试验
4	×××	×××	一层	500 个接头	×××	合格	见证试验
5	×××	×××	一层	500 个接头	×××	合格	见证试验
6	×××	×××	一层	500 个接头	×××	合格	见证试验
…	…	…	…	…	…	…	…
填表人	×××			共×页，第×页			

2. 相关规定及要求

(1) 表名。按不同类型的施工试验分别单独填写，如钢筋焊接试验报告汇总表、混凝土抗压试验报告汇总表等。

(2) 施工试验报告汇总表可以按照试验日期的先后顺序进行分类汇总填写。

(3) 施工部位应填写试验报告单上的具体部位。

(4) 备注如钢筋焊接可以填写型式检验、工艺检验、见证试验等。

4.5.2 施工试验记录

1. 地基承载力检测报告

(1) 地基承载力常用原位检测方法有以下几种：

① 平板荷载试验：适用于各类土、软质岩和风化岩体；

② 标准贯入试验：适用于一般黏性土、粉土及砂类土；

③ 动力触探：适用于黏性土、砂类土和碎石类土；

④ 静力触探：适用于软土、黏性土、粉土、砂类土及含少量碎石的土层。

(2) 地基承载力检测频率的确定。

对灰土地基、砂和砂石地基、土工合成材料地基、粉煤灰地基、强夯地基、注浆地基、预压地基等，承载力检验数量为每单位工程不应少于 3 点；1000 m^3 以上工程，每 100 m^2 至少应有 1 点；3000 m^2 以上工程，每 300 m^2 至少应有 1 点。每一独立基础下至少应有 1 点，基槽每 20 延米应有 1 点。

对水泥土搅拌桩复合地基、高压喷射注浆桩复合地基、砂桩地基、振冲桩复合地基、土和灰土挤密桩复合地基、水泥粉煤灰碎石桩复合地基及夯实水泥土桩复合地基等，其承载力检验，数量为总数的 0.5%～1%，但不应小于 3 处。有单桩强度检验要求时，数量为总数的 0.5%～1%，但不应少于 3 根。

(3) 地基承载力检测应委托有资质的检测单位进行检测，并出具地基承载力检测报告。

2. 桩基检测报告

(1) 桩基检测的主要方法有静载试验、钻芯法、低应变法、高应变法、声波透射法等几种，如图 4-11 所示。

(2) 工程桩应进行承载力检验。对于地基基础设计等级为甲级或地质条件复杂，成桩质量可靠性低的灌注桩，应采用静载荷试验的方法进行检验，检验桩数不应少于总数的 1%，且不应少于 2 提，当总桩数大于 50 根时，不应少于 2 根。

(3) 桩身质量应进行检验。对设计等级为甲级或地质条件复杂，成检质量可靠性低的灌注桩，抽检数量不应少于总数的 30%，且不应少于 20 根；其他桩基工程的抽检数量不应少于总数的 20%，且不应少于 10 根；对混凝土预制桩及地下水位以上且终孔后经过核验的灌注桩，检验数量不应少于总桩数的 10%，且不得少于 10 根。每个柱子承台下不得少于 1 根。

(4) 桩基检测应委托有资质的检测单位进行检测，并出具桩基检测报告。

(a) 静载试验

(b) 钻芯法

(c) 低应变法

(d) 高应变法

图 4-11 桩基检测法

3. 土工击实试验报告

(1) 土工击实试验报告样例如表 4-25 所示。

表 4-25 土工击实试验报告

编号：×××

试验编号	×××		委托编号	×××
工程名称及部位	×××大学行政大楼工程/基础		试样编号	×××
委托单位	××建设工程有限公司		试验委托人	×××
结构类型	框剪		填土部位	基础房心
要求压实系数(λc)	0.96		填土种类	砂土
取样日期	××××年××月××日		试样日期	××××年××月××日
试验结果	最优含水率 = 3.5%			
	最大干密度 = 2.26 g/cm³			
	控制指标(控制干密度) 最大干密度×要求压实系数 = 2.17 g/cm³			
结论：依据 GB/T 50123 标准最佳含水率为 3.5%，最大干密度为 2.26 g/cm³，符合设计及规范要求。				
批准	×××	审核	×××	试验	×××
试验单位	××检测公司		报告试验	××××年××月××日

(2) 相关规定及要求。

① 做标准击实试验的土样取样数量应满足：素土或灰土不少于 25 kg，砂或级配砂石不少于 45 kg。

② 要求压实系数：应由设计提出或按现行规范规定执行。

③ 填土部位：填写基坑、基槽、房心、管沟、独立基础、地基或场地平整。

④ 填土种类：砂土、粉质黏土、粉土、灰土、黏性土、碎石土、砾石、卵石、级配砂石、炉渣、中砂、粗砂、土夹石。

⑤ 由项目试验员负责委托，达到试验周期并在回填施工前领取试验报告，检查内容齐全无误后提交项目资料员。

4. 回填土干密度试验报告

(1) 回填土干密度试验报告样例如表 4-26 所示。

表 4-26　回填土干密度试验报告

编号：×××

试验编号	×××				委托编号			×××		
工程名称及施工单位	×××大学行政大楼工程室外回填									
委托单位	×××工程有限公司				试验委托人			×××		
要求压实系数(λc)	0.9				回填土种类			砂砾土		
控制干密度(ρd)	2.17 g/cm³				试验日期			××××年××月××日		
步数 \\ 项目　　点号	1	2	3	4	5	6	7	8	9	10
	实测干密度/(g/cm³)									
	实测压实系数									
1	2.22	2.21	2.23	2.24	2.26					
2	2.23	2.23	2.20	2.19	2.15					
3	2.18	2.18	2.22	2.23	2.19					
4	2.18	2.19	2.17	2.20	2.21					
…	…	…	…	…	…					
取样位置简图(附图)： (图略)										
结论：经检验回填土干密度符合设计及规范要求。										
批准	×××		审核	×××		试验		×××		
试验单位	×××检测公司					报告日期		××××年××月××日		

(2) 相关规定及要求。

① 回填施工过程中，项目试验员应按照施工方案、施工技术交底要求，及时进行回填料的取样和试验委托，测定压实系数或干密度。

② 回填料取点示意图：应明确回填点位平面布置，不同回填部位(宽度范围)及回填深度(包括步数)，主要回填剖面示意图、指北针等。

③ 要求压实系数：应与土壤击实试验、设计要求或现行规范规定一致。

④ 点号：应与取点示意图的点位布置一致，一个点号对应一个固定的回填区域。

⑤ 步数：对于同一点号，步数应从 1 开始连续。总步数应与取点平面示意图的步数一致(例如回填深度为 3 m，每步 200 mm，则总步数为 15 步)。

⑥ 回填料试验应由项目试验员负责委托，达到试验周期后领取试验报告，检查内容齐全无误后提交项目资料员。

(3) 回填料的现场取样原则。

① 基坑、室内回填每 50～100 m² 不少于 1 个检验点。

② 基槽、管沟每 10～20 m 不少于 1 个检验点。

③ 每一独立基础至少有 1 个检验点。

④ 对灰土、砂和砂石地基、土工合成材料、粉煤灰地基、强夯地基，每单位工程不少于 3 点；对 1000 m² 以上工程，每 100 m² 至少应有 1 点；对 3000 m² 以上工程，每 300 m² 至少应有 1 点。场地平整，每 100～400 m² 取 1 点，但不应少于 10 点；长度、宽度和边坡按每 20m 取 1 点，每边不应少于 1 点。

5. 钢筋连接试验报告

本报告是指为保证建筑工程质量，对用于工程的不同形式钢筋连接进行有关指标的测试，并由试验单位出具检验证明文件。

(1) 钢筋连接试验报告样例如表 4-27 所示。

表 4-27　钢筋连接试验报告

编号：×××

试验编号	×××			委托编号		×××
工程名称及部位	××技术创新中心大厦+3.0 m～+6.0 m 柱			试件编号		×××
委托单位	××建设工程有限公司			试验委托人		×××
接头类型	直螺纹			检验形式		现场检验
设计要求接头性能等级	Ⅰ 级			代表数量		300
连接钢筋种类及牌号	热轧带肋HRB335	公称直径	200 mm		原材试验编号	×××
操作人	×××	取样日期	××××年××月××日		试验日期	××××年××月××日
接头试件			母材试件		弯曲试件	
公称面积/mm²	抗拉强度/MPa	断裂特征及位置	实测面积/mm²	抗拉强度/MPa	弯心直径　角度　结果	备注
314.2	595	母材拉斯	312.9	600		
314.2	590	母材拉斯	310.7	605		
314.2	590	母材拉斯	309.1	600		
结论：依据 JGJ 107 标准，现场检验符合滚扎直螺纹Ⅰ级接头要求。						
批准	×××	审核	×××	试验	×××	
试验单位	××× 检测公司		报告日期		××××年××月××日	

(2) 钢筋连接试验报告核查要点。

① 工程名称及使用部位：应填写具体，与施工图、施工方案一致，施工部位应明确层、轴线、梁、柱等。

② 接头类型：应明确，如电渣压力焊、滚轧直螺纹连接，钢筋连接方式如图 4-12 所示。

③ 试件编号：同一单位工程应按取样试件先后连续编号。

④ 检验形式：应注明工艺检验、可焊性检验或现场检验。

⑤ 代表数量：按照实际的数量填写，不得超过规范验收批的最大批量。

⑥ 操作人：应与焊工合格证书的名称对应。

⑦ 核对使用日期和试验日期，不允许先使用后试验。

⑧ 试验结果不合格处理：对初试不合格允许加倍复验的接头，试验员应及时按规定加倍取样复试；若加倍复试仍不合格或经初试判定一次性不合格的，应对现场接头进行处理。

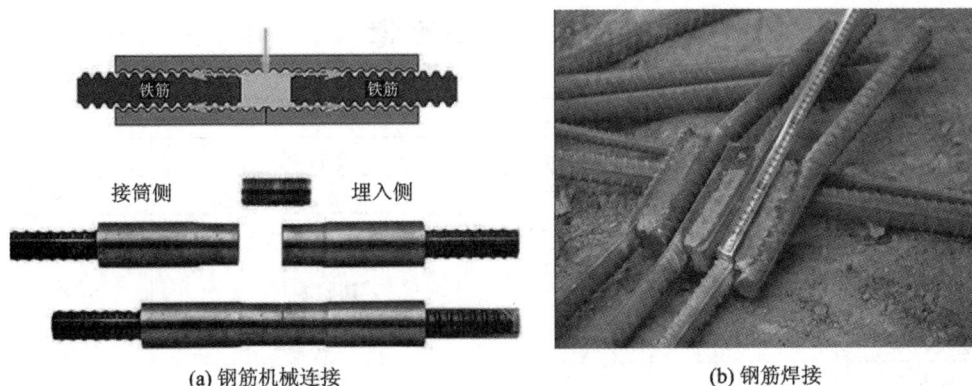

(a) 钢筋机械连接　　　　　　　　(b) 钢筋焊接

图 4-12　钢筋连接方式

6. 砂浆配合比申请单、通知单

(1) 砂浆配合比申请单、通知单样例如表 4-28 所示。

表 4-28　砂浆配合比申请单、通知单

编号：×××

砂浆配合比申请单					
工程名称	×××大学行政大楼工程		委托编号		×××
委托单位	××建设工程有限公司		试验委托人		×××
砂浆种类	水泥砂浆		强度等级		M10
水泥品种	普硅		厂别		×××厂
水泥进场日期	××××年××月××日		试验编号		××
砂产地	××	粗细级别	中砂	试验编号	××
掺合料种类	—		外加剂种类		—
申请日期	××××年××月××日		要求使用日期		××××年××月××日
砂浆配合比通知单					
配合比编号	××		试配编号		××
强度等级	M10		试验日期		××××年××月××日
配合比					
砂浆种类	水泥	砂	石灰膏	掺合料	水　　外加剂
每立方米用量/kg	280	1450	—	—	280　　—
比例	1	5.18	—	—	1　　—
注：砂浆稠度为 70～100 mm，石灰膏稠度为 120 mm + 5 mm。					
批准	×××	审核	×××	试验	×××
试验单位	×××检测公司		报告日期		××××年××月××日

(2) 相关规定及要求。

① 砌筑砂浆配合比委托应由项目试验员提前 10d 办理,根据试验单位下达的配合比计量施工。

② 当砌筑砂浆的组成材料有变化时,其配合比应重新确定。施工中当采用水泥砂浆代替水泥混合砂浆时,应重新确定砂浆强度等级。

7. 砂浆(试块)抗压强度试验报告

(1) 砂浆(试块)抗压强度试验报告样例如表 4-29 所示。

表 4-29　砂浆(试块)抗压强度试验报告

编号:×××

试验编号	××			委托编号	×××
工程名称及部位	×××大学行政大楼工程			试件编号	×××
委托单位	××建设工程有限公司			试验委托人	×××
砂浆种类	水泥砂浆	强度等级	M10	稠度/mm	70
水泥品种及 强度等级	P.O42.5			试验编号	××
砂产地及种类	××,河砂			试验编号	××
掺合料种类	/			外加剂种类	/
配合比编号	××				
试件成型 日期	××××年×× 月××日	要求龄期	28 天	要求试验 日期	××××年 ××月××日
养护方法	标养	试件收到 日期	××月××日	试件制作人	×××

试验结果	试压日期	实际龄期/d	试件边长 /mm	受压面积 /mm²	荷载/kN		抗压强度 /MPa	达达设计强度 等级/%
					单块	平均		
	××××年 ××月××日	28	70.7	4998.49	50.6	51.5	13.9	139
					51.8			
					52.0			

结论:经检验,该砂浆试块符合《砌筑砂浆配合比设计规程》(JG J98)、《建筑砂浆基本性能检验方法》中 M10 强度等级的技术要求。

批准	×××	审核	×××	试验	×××
试验单位	×××检测公司	报告日期		××××年××月××日	

(2) 相关规定及要求。

① 每一楼层或 250 m³ 砌体的各种类型及强度等级的砌筑砂浆,每台搅拌机应至少抽检一次,每次至少应制作一组试块。如砂浆等级或配合比变更时,还应制作试块。

② 根据砂浆试块的龄期,项目试验员向检测单位查询其结果是否符合要求;领取试验报告时,应认真查验报告内容,如发现与委托内容不符或存在其他笔误,视不同情况按检测单位的相应规定予以解决。

8. 砂浆试块强度统计、评定记录

(1) 砂浆试块强度统计、评定记录样例如表 4-30 所示。

表 4-30　砂浆试块强度统计、评定记录

编号：×××

工程名称	×××大学行政大楼工程				强度等级		M10			
施工单位	××建设工程有限公司				养护方法		标养			
统计期	××××年××月××日至 ××××年××月××日				结构部位		主题 1～5 层			
试块组数 n	强度标准值 f_2/MPa			平均值 $f_{2,m}$/MPa		最小值 $f_{2,min}$ / MPa		0.85f_2		
10	10			11.76		9.5		8.5		
每组强度 值/MPa	11.8	12.6	10.9	9.5	13.9	10.0	12.4	13.2	11.3	12.0
判定式		$f_{2,m} \geqq 1.1f_2$				$f_{2,min} \geqq 0.85f2$				
结果		11.76 > 11				9.5 > 8.5				
结论：试块强度符合《砌体结构工程施工质量验收规范》(GB 50203—2011)的规定。 　　　　　　　　　　　　　　　　　　　　　　　　　　　　　　××××年××月××日										
批准	×××		审核		×××		统计		×××	

(2) 相关规定及要求。

① 砌筑砂浆试块强度一般不进行单组评定，而是组成验收批，按批进行非统计评定。同一工程、同一类型、同一强度等级的砂浆试块组成一验收批。

② 砌筑砂浆试块强度验收时，同一验收批的砌筑砂浆试块强度合格评定必须符合以下规定：同一验收批砂浆试块强度平均值应大于或等于设计强度等级值的 1.10 倍。同一验收批砂浆试块抗压强度的最小一组平均值应大于或等于设计强度等级值的 85%。砌筑砂浆的验收批，同一类型、强度等级的砂浆试块应不少于 3 组。当同一验收批只有 1 组(含 2 组)试块时，每组试块抗压强度平均值应大于或等于设计强度等级值的 1.10 倍。砂浆强度应以标准养护，龄期为 28 天的试块抗压试验结果为准。但只要有一组砂浆试块的强度小于设计强度标准值的 85% 时，则该批砂浆评定为不合格。

③ 砌筑砂浆的强度统计工作应由项目质量员负责，项目技术负责人审核，发现不合格应及时采取措施。砂浆试块尺寸为 70.7 mm × 70.7 mm × 70.7 mm，如图 4-13 所示。

图 4-13　砂浆试块制作

9. 混凝土配合比申请单、通知单

(1) 混凝土配合比申请单、通知单样例如表 4-31 所示。

表 4-31   混凝土配合比申请单、通知单

编号：×××

工程名称及部位	×××大学行政大楼工程+3.0 m 梁板				委托编号	×××
委托单位	××建设工程有限公司				试验委托人	×××
设计强度等级	C35				要求坍落度	180 mm
其他技术要求						
搅拌方法	机械搅拌				浇捣方法	机械振捣
水泥品种及强度等级	P.O42.5		厂别牌号	××	试验编号	×××
砂产地及种类	××河砂					
石子产地及种类	碎石		最大粒径	20 mm	试验编号	×××
外加剂名称	高效减水剂				试验编号	×××
掺合料名称	Ⅰ级粉煤灰				试验编号	×××
申请日期	××××年××月××日		使用日期	××××年××月××日	联系电话	
混凝土配合比通知单						
配合比编号	××			试配编号	××	
强度等级/MPa	C35	水胶比	0.51	水灰比	0.51	砂率%	34
材料名称 项目	水泥	水	砂	石	外加剂	掺合料	其他
每立方米用量/(kg/m³)	341	195	620	1 203	3.81	40	
每盘用量/kg							
混凝土碱含量/(kg/m³)	注：此栏只有遇Ⅱ类工程时填写						
说明：本配合比所使用的材料均为干材料，使用单位应根据材料含水率情况随时调整。							
批准	××	审核	××	试验	×××		
试验单位	××检测公司			报告日期	××××年××月××日		

(2) 相关规定及要求。

① 混凝土配合比应由项目试验员委托，原材料应符合《混凝土质量控制标准》(GB 50164—2011)的规定。

② 应重新申请试配的条件对混凝土性能指标有特殊要求时，水泥、外加剂或矿物掺合料品种、质量有显著变化时；混凝土配合比使用过程中，发现原材料质量有较大波动时。

10. 混凝土抗压强度试验报告单

混凝土抗压强度试验报告是为了保证工程质量，由试验单位对工程中留置的混凝土试块强度指标进行测试后出具的质量证明文件。

(1) 混凝土抗压强度试验报告单样例如表 4-32 所示。

表 4-32　混凝土抗压强度试验报告单

编号：×××

试验编号	×××		委托编号	×××	
工程名称及部位名称	×××大学行政大楼工程		试件编号	×××	
委托单位	××建设工程有限公司		试验委托人	×××	
设计强度等级	C30		实测坍落度	180 mm	
水泥品种及强度等级	P.O 42.5		试验编号	×××	
砂产地及种类	××砂场中砂		试验编号	×××	
石种类、公称直径	××砂场石子		试验编号	×××	
外加剂名称	/		试验编号	/	
掺合料种类	/		外加剂种类	/	
配合比编号	×××				
试件成型日期	××××年××月××日	要求龄期	28 d	要求试验日期	××××年××月××日
养护方法	标养	试件收到日期	××××年××月××日	试件制作人	×××

实验结果	试压日期	实际龄期/d	试件边长/mm	受压面积/mm²	载/kN		抗压强度/MPa	达到设计强度等级/%
					单块	代表值		
	××××年××月××日	28	150	22 500	765	745	33	110
					730			
					745			

结论：经检验，该试块符合《混凝土强度检验评定标准》(GB J50107)中 C30 的技术要求。

(2) 相关规定及要求。

① 混凝土试块应在混凝土的浇筑地点由项目试验员随机抽取制作，并执行有关见证取样送检的规定。

② 试验报告中的混凝土强度等级、成型日期、强度值应与施工图、配合比、混凝土运输单、混凝土浇灌申请、检验批质量验收记录的相关内容相符。

③ 标准养护试件、同条件试件抗压强度结果应符合设计要求、规范规定，如结果不合格或异常(超强)，试验员应及时上报项目技术、质量部门处理。

④ 混凝土试验报告的分类整理要求标养强度报告应按照桩基础、地基基础、主体结构强度报告分类整理；同条件强度报告应按照拆模、张拉、结构实体检验、冻临界强度、吊装等分类整理。

(3) 取样与试件留置应符合的规定。

① 每拌制 100 盘且不超过 100m³ 的同配合比的混凝土，取样不得少于 1 次。

② 每工作班拌制的同一配合比混凝土不足 100 盘时，取样不得少于 1 次。

③ 当一次连续浇筑超过 1000 m³ 时，同一配合比的混凝土每 200 m³ 取样不得少于 1 次。

④ 每一楼层、同一配合比的混凝土，取样不得少于 1 次。

⑤ 每次取样应至少留置 1 组标准养护试件。

⑥ 同条件养护试件的留置组数应根据实际需要确定，供结构构件拆模、出池、吊装

及施工期间的临时负荷确定混凝土强度用。

⑦ 留置适量的结构实体检验用同条件养护试件。

11. 混凝土试块强度统计、评定记录

(1) 混凝土试块强度统计、评定记录样例如表 4-33 所示。

表 4-33　混凝土试块强度统计、评定记录

编号：×××

工程名称	×××大学行政大楼工程						强度等级		C30	
施工单位	××建设工程有限公司						养护方法			
统计期	××××年××月××日至××××年××月××日						结构部位		4～10柱	
试块组 n	强度标准值 $f_{cu,k}$/MPa		平均值 m_{fcu}/MPa		标准差 S_{fcu}/MPa		最小值 $f_{cu,min}$/MPa		合格判定系数	
									λ_1	λ_2
30	30.0		33.9		1.8		30.6		0.95	0.85
每组强度值/MPa	32.5	33.6	37.2	34.2	31.5	30.6	36.2	33.5	33.7	32.5
	32.8	34.2	32.3	33.8	35.6	34.5	31.2	32.3	34.2	34.2
	35.1	32.5	35.2	36.3	35.0	38.1	32.5	33.6	34.5	33.5
评定界限	□ 统计方法				□ 非统计方法					
	$f_{cu,k}$		$\lambda_2 f_{cu,k}$		$\lambda_3 f_{cu,k}$			$\lambda_4 f_{cu,k}$		
	30		2.5							
判定式	$m_{fcu}-\lambda_1 S_{fcu} \geqq f_{cu,k}$		$f_{cu,min} \geqq \lambda_2 f_{cu,k}$		$m_{fcu} \geqq \lambda_3 f_{cu,k}$			$f_{cu,min} \geqq \lambda_4 f_{cu,k}$		
结果	32.19 > 30.0		30.6 > 25.5		-			-		
结论：试块强度符合《混凝土强度检验评定标准》(GB J107)的规定。										
								××××年××月××日		
批准	×××	审核		×××		统计		×××		

注：当试件组数为 10～14 时，λ_1 为 1.15、λ_2 为 0.90；当试件组数为 15～19 时，λ_1 为 1.05、λ_2 为 0.85；当试件组数大于等于 20 组时，λ_1 为 0.95、λ_2 为 0.85。当混凝土强度等级小于 60 MPa 时，λ_3 为 1.15；当混凝土强度等级大于等于 60 MPa 时，λ_3 为 1.10、λ_4 为 0.95。

(2) 相关规定及要求。

① 强度等级相同、龄期相同、配合比基本相同(是指施工配制强度相同，并能在原材料有变化时，及时调整配合比使其施工配制强度目标值不变)、生产工艺条件基本相同的混凝土为一验收批。

② 对于混凝土结构尚应按同一验收工程的不同验收阶段(如桩基础、地基基础、主体结构、砌体结构)划分验收批，进行强度评定。

③ 对同一验收批的混凝土强度，应以同一验收批内标准试件的全部强度代表值。

④ 掺粉煤灰的地面、地下和大体积混凝土龄期可采用 60 天、90 天或 180 天；结构实体检验混凝土采用等效养护龄期。

⑤ 混凝土强度统计工作应由项目质量员负责，如评定结果不合格应及时上报有关部门(技术负责人、监理单位)采取措施。

12. 混凝土抗渗试验报告单

(1) 混凝土抗渗试验报告单表格样例如表 4-34 所示。

表 4-34　混凝土抗渗试验报告单

编号：×××

试验编号	×××			委托编号	×××	
工程名称及部位	×××大学行政大楼工程基础底板			试件编号	×××	
委托单位	××建设工程有限公司			委托试验人	×××	
抗渗等级	P8			配合比编号	×××	
强度等级	C40	养护条件	标养	收样时间	2022 年 4 月 16 日	
成型日期	2022 年 4 月 19 日	龄期	28d	试验日期	2022 年 4 月 17 日	
试验情况：在试验压力为 0.9 MPa 时，六个试块的平均渗透高度分别为 95 mm、72 mm、76 mm、88 mm、108 mm、120 mm，试块表面均未发现渗水。						
结论：依据 GB/T 50082 标准，所检测项目抗渗性能达到 P8 级。						
批准	×××	审核	×××	试验	×××	
试验单位	×××检测公司		报告日期	2022 年 4 月 19 日		

(2) 相关规定及要求。

① 抗渗混凝土试件留置的组批原则：按《地下防水混凝土工程质量验收规范》(GB 50208—2011)要求，连续浇筑 500 m³ 留置一组抗渗试件，且每项工程不得少于两组，采取预拌混凝土的抗渗试件，留置组数应视结构的规模和要求而定。

② 对于单位工程抗渗混凝土试件留置部位和组数，应由项目技术部门在相关的防水工程施工方案中予以明确。

③ 试块的委托：混凝土试块的制作和试验由项目试验员负责，在达到抗渗混凝土试样的试验周期后，凭试验委托合同到检测单位领取完整的混凝土抗渗试验报告。领取试验报告时，应认真查验报告内容，如发现与委托内容不符或存在其他笔误，视不同情况按检测单位的相应规定予以解决。

④ 抗渗混凝土的抗渗试件试验结果不合格时，应由设计单位拿出解决方案。

⑤ 项目试验员应确认报告内容完整无误后，把试验报告移交给项目资料员。

13. 混凝土碱含量计算书

(1) 混凝土碱含量计算书样例如表 4-35 所示。

表 4-35　混凝土碱含量计算书

编号：×××

试验编号	×××					委托号	×××
工程名称	××技术创新中心大厦					工程部位	桩基
委托单位	××建设工程有限公司					委托人	×××
混凝土强度等级	C50					配合比编号	×××
原材料	水泥	水	砂	石	外加剂 1	掺合料 1	掺合料 2
配合比/(kg/m³)	405	165	670	1065	11.5	95	
碱含量/kg	1.2	/	/	/	0.19	1.19	
品种及规格	P.O42.5		河砂中砂	碎石 2～25	高效减水剂	I 级粉煤灰	
厂家	××		××	××	××		
结论：该批混凝土配合比每立方米砼中碱含量，符合《混凝土碱含量限值标准》CECS53 及《混凝土结构工程质量验收规范》的要求。							
检测单位	×××检测公司			试验日期	××××年××月××日		
负责人	×××	审核	×××		计算	×××	

(2) 相关规定及要求。

① 混凝土碱含量 = 水泥带入碱量(等当量 Na20 百分含量 × 单方水泥用量) + 外加剂带入碱量 + 掺合料中有效碱含量。

② 应用于Ⅱ、Ⅲ类混凝土结构工程的集料(砂、石)每年应进行碱活性检验,其他材料(水泥、外加剂、掺合料)均应按批进行碱含量检测。

③ 混凝土碱含量计算书应按照单位工程实际使用的配合比提供,一种混凝土配合比对应一份碱含量计算书。

④ 对于预拌混凝土,混凝土碱含量计算书应由预拌混凝土供应单位提供,对于现场搅拌混凝土,应由混凝土试配单位提供。施工单位技术部门应审核计算结果是否满足设计提出的要求或规范规定。

14. 外墙饰面砖黏结强度试验报告

(1) 外墙饰面砖黏结强度试验报告样例如表 4-36 所示。

表 4-36　外墙饰面砖黏结强度试验报告

工程名称:×××大学行政大楼工程　　　　　　　　　　　　　　　编号:×××

检测单位	×××检测公司			试件编号	×××
委托单位	××建设工程有限公司			委托编号	×××
施工单位	××建设工程有限公司			粘贴高度	
检测仪器及精度	SJ-10 饰面砖黏结强度检测仪			粘贴面积/mm²	300
饰面砖规格牌号	××	黏结材料		黏结剂	
抽样部位	一至三层卫生间及外墙	龄期/d	28	施工日期	××月××日
抽样数量	二组	环境温度/℃	19	试验日期	××月××日
抽检部位	试件尺寸/mm	受力面积/mm²	拉力/kN	黏结强度/MPa	破坏状态(序号)	平均强度/MPa
一至三层卫生间	40×40	1 600	8 160	5.1	饰面砖破坏	5.2
	40×40	1 600	8 480	5.3	饰面砖破坏	
	40×40	1 600	8 432	5.2	饰面砖破坏	
外墙面	40×40	1 600	8 480	5.3	饰面砖破坏	5.3
	40×40	1 600	8 480	5.3	饰面砖破坏	
	40×40	1 600	8 480	5.3	饰面砖破坏	
抽检部位	试件尺寸/mm	受力面积/mm2	拉力/kN	黏结强度/MPa	破坏状态(序号)	扫强度/MPa
检测依据	(JGJ 110)《建筑工程饰面砖粘接强度检验标准》					
检测结果	依据 JGJ 110 标准,符合饰面砖粘接强度要求。					
检测单位	公章					
批准	×××	审核	×××	检测	×××	

(2) 相关要求。

① 现场粘贴的外墙饰面砖工程完工后,应对饰面砖黏结强度进行检验。

② 现场粘贴饰面砖黏结强度检验应以每 1000 m² 同类墙体饰面砖为一个检验批,不足 1000 m² 应按 1000 m² 计,每批应取一组 3 个试样,每相邻的三个楼层应至少取一组试样,

试样应随机抽取，取样间距不得小于 500 mm。

③ 采用水泥基胶黏剂粘贴外墙饰面砖时，可按胶黏剂使用说明书的规定时间或在粘贴外墙饰面砖 14 天及以后进行饰面砖黏结强度检验。粘贴后 28 天以内达不到标准或有争议时，应以 28～60 天内约定时间检验的黏结强度为准。

④ 现场粘贴的同类饰面砖，当一组试样均符合下列两项指标要求时，其黏结强度应定为合格；当一组试样均不符合下列两项指标要求时，其黏结强度应定为不合格；当一组试样只符合下列两项指标的一项要求时，应在该组试样原取样区域内重新抽取两组试样检验，若检验结果仍有一项不符合下列指标要求时，则该组饰面砖黏结强度应定为不合格。

一是每组试样平均黏结强度不应小于 0.4 MPa。

二是每组可有一个试样的黏结强度小于 0.4 MPa，但不应小于 0.3 MPa。

⑤ 带饰面砖的预制墙板，当一组试样均符合下列两项指标要求时，其黏结强度应定为合格；当一组试样均不符合下列两项指标要求时，其黏结强度应定为不合格；当一组试样只符合下列两项指标的一项要求时，应在该组试样原取样区域内重新抽取两组试样检验，若检验结果仍有一项不符合下列指标要求时，则该组饰面砖黏结强度应定为不合格。

一是每组试样平均黏结强度不应小于 0.6 MPa。

二是每组可有一个试样的黏结强度小于 0.6 MPa，但不应小于 0.4 MPa。

15. 后置埋件试验检验报告

(1) 后置埋件试验检验报告样例如表 4-37 所示。

表 4-37　后置埋件试验检验报告

报告编号		委托编号			第　页/共　页	
工程名称					委托日期	
委托单位					检测日期	
施工单位					报告日期	
见证单位					见证人	
使用部位		样品来源			代表批量	
样品状态		检验性质			设计抗力力	
检验设备		抽检数量			后置埋件规格	
检验原因					检验环境温度	
序号	检验项目	检测部位		计量单位	标准要求	实测结果
检测结论：						
检测单位						
批准		审核			检测	

(2) 相关要求。

① 锚固抗拔承载力现场非破坏性检验可采用随机抽样办法取样。

② 同规格，同型号，基本相同部位的锚栓组成一个检验批。抽取数量按每批锚栓总

数的 1‰计算，且不少于 3 根。

16. 幕墙及外窗气密性、水密性、耐风压检验报告

(1) 幕墙及门窗检验报告样例如表 4-38 所示。

表 4-38　幕墙及门窗检验报告

产品名称	铝合金窗	规格型号	C1218
工程名称	×××大学行政大楼工程	商标	××
工程部位	外窗	报告编号	2014CH001
委托单位	××建设工程有限公司	委托日期	×××
见证单位	—	见证人	—
生产单位	××厂	送样人	×××
样品数量	3 樘	委托项目	抗风压
代表数量	20 樘		气密性、水密性
试件面积	2.16 m²	检验类别	委托检验
开启缝长	5.44 m	受力杆测点间距	1720 mm
玻璃品种	平板	玻璃最大尺寸	500 mm × 1100 mm
挡水高度	1.8 cm	开启密封条材料	橡皮条
五金配件	双锁点	镶嵌材料	压条
样品状态	未发现影响测试的缺陷	镶嵌方法	干法
检验依据	1.《建筑外窗抗风压性能分级及检测方法》(GB/T 7106) 2.《建筑外窗气密性能分级及检测方法》(GB/T 7107) 3.《建筑外窗水密性能分级检测方法》(GB/T 7108)		
检验结论	该样品经检验，水密性能达到 GB/T 7108 标准规定的 1 级窗要求；抗风压性能达到 GB/T 7106 标准规定的 4 级窗要求；气密性能正压、负压均达到 GB/T 7107 标准规定的 4 级窗要求。		
批准	×××	审核	×××	试验	×××
检测单位	×××		报告日期	××××年××月××日

(2) 相关要求。

① 委托有资质的相关主管部门授权的第三方检测机构，进行有见证送检。

② 外窗三性：同一工程项目外墙窗户面积大于 5000 m² 的，抽取不同类型(推拉、平开)主规格窗各一组；同一工程项目外墙窗户面积小于 5000 m² 的，抽取用量最大的主规格窗。由不同厂家生产的，须分别抽检。同一规格 3 樘为一组。

③ 幕墙三性(或四性)：单位工程中幕墙面积大于 3000 m² 或建筑外墙面积 50%时需做三(四)性试验，并且应对单位工程中面积超过 1000 m² 的每一种幕墙均抽取一个试件进行试验。根据三(四)性检测方案，现场抽取材料和配件，在试验室安装制作试件，试件包括典型单元、典型拼缝、典型可开启部分。一般试件高度方向最少须与主体有两个锚固结点，试件宽度最少有三根立挺(立柱)。

17. 墙体节能工程保温板材与基层粘接强度现场拉拔试验

(1) 要求保温板材与基层的粘接强度应做现场拉拔试验，并且要求每个检验批不少于 3 处。

(2) 采用相同材料、工艺和施工做法的墙面每 500～1000 m^2 面积划分为一个检验批，不足 500 m^2 也为一个检验批。粘接强度试验至少在施工后 7 天进行。

18. 外墙保温浆料同条件养护试验报告

(1) 当外墙采用保温浆料做保温层时，应在施工中制作同条件试件，检测其热导率、干密度和压缩强度。保温浆料的同条件试件应实行见证取样送检。

(2) 采用相同材料、工艺和施工做法的墙面每 500～1000 m^2 面积划分为一个检验批不足 500 m^2 也为一个检验批。

(3) 每个检验批应抽样制作同条件试块不少于 3 组。

19. 结构实体混凝土强度验收记录

(1) 结构实体混凝土强度验收记录样例如表 4-39 所示。

表 4-39 结构实体混凝土强度验收记录

编号：×××

工程名称	×××大学行政大楼工程					
施工单位	××建设工程有限公司		项目负责人		×××	
留置组数	3		设计强度等级		C40	
取样部位	留置日期	放置位置	累计温度值	等效养护龄期	混凝土强度值	混凝土强度值 ×1.1
基础①～③	××××年 ××月××日	基础 ②轴	200℃	30d	45.2 MPa	49.7 MPa
基础④～⑥	××××年 ××月××日	基础 ⑤轴	200℃	30d	47.2 MPa	51.9 MPa
基础⑦～⑩	××××年 ××月××日	基础 ⑩轴	200℃	30d	43.2 MPa	47.5 MPa
强度评定结果	经检验，该批结构实体强度符合《建筑工程施工质量验收统一标准》(GB 50300—2011) 的规定。					
施工单位检查结果： 　　结构实体强度符合《建筑工程施工质量验收统一标准》(GB 50300—2011)的规定。 　　项目专业技术负责人：××× 　　　　　　　　××××年××月××日			项目监理机构验收结论： 　　结构实体强度符合《建筑工程施工质量验收统一标准》(GB 50300—2011)的规定。 　　监理工程师：××× 　　(建设单位项目专业技术负责人) 　　　　　　　　××××年××月××日			

(2) 相关规定及要求。

根据国家现行标准《建筑工程施工质量验收统一标准》(GB 50300—2011)规定的原则，在混凝土结构子分部工程验收前应进行结构实体检验。结构实体检验的范围仅限于涉及安全的柱、墙、梁、板等结构构件的重要部位。施工单位应编制结构实体检验方案，采用由各方参与的见证抽样形式，以保证检验结果的公正性。

对结构实体进行检验，并不是在子分部工程验收前的重新检验，而是对重要项目进行的验证性检查，其目的是加强混凝土结构的施工质量验收，真实地反映混凝土强度及受力钢筋位置等质量指标，确保结构安全。

(3) 填写要点。

① 留置组数。应注明在混凝土子分部中符合结构实体检验而编制检测方案的规定中具体留置几组。同一强度等级的同条件养护试件其留置的数量，应根据混凝土工程量和重要性确定，不宜少于 10 组，且不应少于 3 组。

② 取样部位。应注明某个检验批。同条件养护试件所对应的结构构件或结构部位应由监理(建设)施工等各方共同选定。

③ 留置日期。混凝土试块成型日期。

④ 放置位置。试块同条件养护放置检验批的具体楼层、轴线位置。

⑤ 累计温度值。依据混凝土规范按日平均温度逐日累计达到 600℃时的实际温度。

⑥ 等效养护龄期。依据混凝土规范按日平均温度逐日累计达到 600℃时的龄期(不包括 0℃以下的龄期)。

⑦ 混凝土强度值。按混凝土抗压强度试验报告中的抗压强度值注明。

20. 结构实体钢筋保护层厚度验收记录

(1) 结构实体钢筋保护层厚度验收记录样例如表 4-40 所示。

表 4-40　结构实体钢筋保护层厚度验收记录

编号：×××

工程名称	×××大学行政大楼工程			施工单位		××建设工程有限公司			
检验方法	非破损方法			钢筋保护层设计值		梁 35 mm、板 15 mm			
结构部位	位置	构件代表数量	钢筋数量	钢筋保护层厚度实测值/mm					
梁	+3.0m	①～⑥	5	25	34	36	35	38	37
					35	37	34	36	35
					36	35	36	37	34
					34	34	36	35	38
					35	37	39	35	36
板	+3.0m	①～⑥	5	6	14	13	17	16	18	17
				6	17	15	14	15	17	15
				6	16	17	15	14	13	15
				6	15	15	16	17	14	18
				6	16	16	14	16	15	19

梁合格点率	96%	评定结果	>90%合格
板合格点率	96%	评定结果	>90%合格

施工单位检查结果：	监理(建设)单位验收结论：
符合设计及 GB 50204 的规定。	符合设计及 GB 50204 的规定，同意验收。
项目专业负责人：××× ××××年××月××日	监理工程师(建设单位项目专业负责人)：××× ××××年××月××日

(2) 填写要点。

① 检验方法：应注明非破损方法、局部破损方法或非破损方法与局部破损方法相结合。

② 钢筋保护层设计值：应按设计要求填写。

③ 结构部位：施工单位、监理(建设)单位共同选取检验批和楼层。

④ 位置：具体梁、板轴线位置。

⑤ 构件代表数量：所检验构件楼层的代表数量。

对梁类、板类构件应各抽取构件数量的 2%，且不少于 5 个构件进行检验，当有悬挑构件时，抽取的构件中悬挑梁类、板类构件所占比例均不宜小于 50%；

⑥ 钢筋数量：抽检梁的全部纵向受力钢筋、板钢筋的根数。

对选定的梁类构件，应对全部纵向受力钢筋的保护层厚度进行检验，对选定的板类构件应抽取不少于 6 根纵向受力钢筋的保护层厚度进行检验，对每根钢筋应在有代表性的部位测量 1 点。

(3) 允许偏差值。

钢筋保护层厚度检验时，纵向受力钢筋保护层厚度的允许偏差对梁类构件为+10 mm，−7 mm；对板类构件为 +8 mm，−7 mm。

(4) 合格判定。

① 当全部钢筋保护层厚度检验的合格点率为 90％ 及以上时，钢筋保护层厚度的检验结果应判为合格。

② 当全部钢筋保护层厚度检验的合格点率小于 90％，但不小于 80％，可再抽取相同数量的构件进行检验；当按两次抽样总和计算的合格点率为 90％ 及以上时，钢筋保护层厚度的检验结果仍应判为合格。

③ 每次抽样检验结果中不合格点的最大偏差均不应大于规定允许偏差的 1.5 倍。

21. 围护结构现场实体检验报告

建筑围护结构施工完成后，应对围护结构的外墙节能构造和严寒、寒冷、夏热冬冷地区的外窗气密性进行现场实体检测。外墙节能构造的现场实体检验目的是验证墙体保温材料的种类是否符合设计要求；验证保温层厚度是否符合设计要求；验证保温层构造做法是否符合设计和施工方案要求。

(1) 围护结构现场实体检验报告样例如表 4-41 所示。

表 4-41　围护结构现场实体检验报告

<table>
<tr><td rowspan="3" colspan="2">外墙节能构造检验报告</td><td>报告编号</td><td colspan="2">×××</td></tr>
<tr><td>委托编号</td><td colspan="2">×××</td></tr>
<tr><td>检测日期</td><td colspan="2">××××年××月××日</td></tr>
<tr><td colspan="2">工程名称</td><td colspan="3">×××大学行政大楼工程</td></tr>
<tr><td colspan="2">建设单位</td><td>××大学</td><td>委托人 / 联系电话</td><td>××</td></tr>
<tr><td colspan="2">监理单位</td><td>××一新工程管理有限公司</td><td>检测依据</td><td>GB50411</td></tr>
<tr><td colspan="2">施工单位</td><td>××建设工程有限公司</td><td>设计保温层材料</td><td>×Ps 挤塑聚苯板</td></tr>
<tr><td colspan="2">节能设计单位</td><td>××工程设计公司</td><td>设计保温层厚度</td><td>30 mm</td></tr>
<tr><td rowspan="5">检验结果</td><td>检验项目</td><td>芯样 1</td><td>芯样 2</td><td>芯样 3</td></tr>
<tr><td>取样部位</td><td>1～3 轴线 / 2 层</td><td>3～6 轴线 / 4 层</td><td>6～9 轴线 / 6 层</td></tr>
<tr><td>芯样外观</td><td>完整 / 基本完整 / 破碎</td><td>完整 / 基本完整 / 破碎</td><td>完整 / 基本完整 / 破碎</td></tr>
<tr><td>保温材料种类</td><td>×Ps 挤塑聚苯板</td><td>×Ps 挤塑聚苯板</td><td>×Ps 挤塑聚苯板</td></tr>
</table>

续表

检验结果	保温层厚度	30 mm	30 mm	30 mm
	平均厚度	30 mm		
	围护结构分层做法	1. 基层； 2. 粘贴×PS 挤塑板； 3. 锚固栓； 4. 网格布； 5. 抹面胶浆。	1. 基层； 2. 粘贴×PS 挤塑板； 3. 锚固栓； 4. 网格布； 5. 抹面胶浆。	1. 基层； 2. 粘贴×PS 挤塑板； 3. 锚固栓； 4. 网格布； 5. 抹面胶浆。
	照片编号			

经取样检测，保温厚度符合规范和图纸设计要求。	见证意见： 1. 抽样方法符合规定； 2. 现场钻芯真实； 3. 芯样照片真实； 4. 其他。 见证人：×××

批准人	×××	审核人	×××	检验人	×××
检测单位	(印章)		报告日期	××××年××月××日	

(2) 取样部位和数量的规定。

① 取样部位应由监理(建设)与施工双方共同确定，不得在外墙施工前预先确定。

② 取样位置应选取节能做法有代表性的外墙上相对隐蔽的部位，并宜兼顾不同朝向和楼层；取样位置必须确保安全，且应方便操作。

③ 外墙取样数量为一个单位工程每种节能保温做法至少取 3 个芯样。取样部位宜均匀分布，不宜在同一个房间外墙上取 2 个或 2 个以上芯样。

(3) 合格判定及处理。

在垂直于芯样表面(外墙面)的方向上实测芯样保温层厚度，当实测芯样厚度的平均值达到设计厚度 95% 及以上且最小值不低于设计厚度的 90% 时，应判定保温层厚度符合设计要求；否则，应判定保温层厚度不符合设计要求。

当取样检验结果不符合设计要求时，应委托具备检测资质的见证检测单位增加一倍数量再次取样检验。仍不符合设计要求时应判定围护结构节能做法不符合设计要求。此时应根据检验结果委托原设计单位或其他有资质的单位重新验算房屋的热工性能，提出技术处理方案。

22. 室内环境检测报告

(1) 室内环境检测报告表格样例如表 4-42 所示。

表 4-42　室内环境检测报告

编号：×××

工程名称	×××大学行政大楼工程		委托单位	××建设工程有限公司	
检测日期	2016 年 1 月 18 日		报告日期	2016 年 1 月 20 日	
检验项目		氡/ (Bq/m³)	游离甲醛/(mg/m³)	苯/ (mg/m³)	氨/ (mg/m³)	TVOC/ (mg/m³)
质量指标	Ⅰ	≤200	≤0.08	≤0.09	≤0.2	≤0.5
	Ⅱ	≤400	≤0.12	≤0.09	≤0.5	≤0.6

续表

检查结果	三层 3～4/C-1/C	17	0.075	0.06	0.048	0.43
	五层 3～4/B～C	15	0.062	0.06	0.062	0.44
	六层 4～9/B～E	13	0.058	0.04	0.114	0.34
	七层 3～4/C～1/C	19	0.050	0.06	0.078	0.29
	九层 3～4/B～C	15	0.075	0.05	0.070	0.33
单项判定		符合标准	符合标准	符合标准	符合标准	符合标准
检测结论		室内环境检测符合 GB 50325 规定的Ⅱ类民用建筑工程合格标准的规定。				
检测单位		×××检测公司				
批准人		×××	审核人	×××	监测人	×××

(2) 相关规定及要求。

① 室内环境检验的委托。室内环境检测应由建设单位委托经有关部门认可的检测机构进行，并出具室内环境污染浓度检测报告。

② 室内环境检测的项目：包括氡、游离甲醛、苯、氨和总挥发有机化合物(TVOC)的浓度等。

③ 室内环境检测的时间。民用建筑工程及室内装修工程，应在工程完工至少 7 天后，工程交付使用前对室内环境进行质量验收。验收不合格的民用建筑，严禁投入使用。民用建筑工程室内环境中游离甲醛、苯、氨、总挥发性有机化合物(TVOC)浓度检测时，对采用集中空调的民用建筑工程，应在空调正常运转的条件下进行；对采用自然通风的民用建筑工程，检测应在对外门窗关闭 1h 后进行。民用建筑工程室内环境中氡浓度检测时，对采用集中空调的民用建筑工程，应在空调正常运转的条件下进行；对采用自然通风的民用建筑工程，检测应在对外门窗关闭 24h 后进行。

④ 室内环境检测的抽检房间及监测点数量。民用建筑工程室内环境检测时，应抽检有代表性的房间室内环境污染物浓度，抽检数量不得少于 5％，并不得少于 3 间；房间总数少于 3 间，应全数检测。凡进行了样板间室内环境污染物浓度检测且检测结果合格的，抽检数量减半，并不得少于 3 间。室内环境污染物浓度检测点应按房间面积设置：房间使用面积小于 50 m^2 时，设一个监测点；房间使用面积 5～100 m^2 时，设两个监测点；房间使用面积大于 100 m^2 时，设 3～5 个监测点。

⑤ 监测点部位要求：民用建筑工程验收时，环境污染物浓度现场检测点应距内墙面不小于 0.5 m、距楼地面高度 0.8～1.5 m。检测点应均匀分布，避开通风道和通风口。

4.6　施　工　记　录

施工记录是在施工过程中形成的，确保工程质量、安全的各种检查记录的统称。包括对重要工程项目或关键部位的施工方法、使用材料、构配件、操作人员、时间、施工情况等进行的记载，并经有关人员签字。施工记录的内容应达到能满足检验批验收的需要。

4.6.1　隐蔽工程检查记录表

隐蔽工程是指施工过程中，上一工序的工作结果将被下一工序所掩盖，无法再次进行检查的工程部位。隐蔽工程检查是保证工程质量与安全的重要过程控制检查记录，是检验批质量验收的重要依据。隐蔽工程检查记录即通过文字或图形等形式，将工程隐检项目的隐检内容、质量情况、检查意见、复查意见等记录下来，作为以后建筑工程的维护、改造、扩建等重要的技术资料。

隐蔽工程未经检查或验收未通过，不允许进入下一道工序的施工。施工单位应在施工组织设计中明确隐蔽部位以及待检点和停检点。

1. 隐蔽工程检查记录表样例

隐检记录汇总表及验收记录分别如表 4-43 和表 4-44 所示。

表 4-43　隐检记录汇总表

工程名称	×××大学行政大楼工程		施工单位	××建设工程有限公司	
序号	名称	施工部位		验收日期	备注
1	钢筋工程隐检记录	一层①～⑤ / A～F 梁、板		2015 年 4 月 5 日	
2	钢筋工程隐检记录	一层⑤～⑩ / A～F 梁、板		2015 年 4 月 8 日	
3	钢筋工程隐检记录	一层①～⑤ / A～F 柱		2015 年 4 月 9 日	
4	钢筋工程隐检记录	一层⑤～⑩ / A～F 柱		2015 年 4 月 10 日	
5	钢筋工程隐检记录	二层①～⑤ / A～F 梁、板		2015 年 4 月 11 日	
6	钢筋工程隐检记录	二层⑤～⑩ / A～F 梁、板		2015 年 4 月 13 日	
7	钢筋工程隐检记录	二层①～⑤ / A～F 柱		2015 年 4 月 14 日	
8	钢筋工程隐检记录	二层⑤～⑩ / A～F 柱		2015 年 4 月 15 日	
…	…	…		…	
填表人	×××			共×页，第×页	

表 4-44　隐蔽工程验收记录

编号：×××

工程名称	×××大学行政大楼工程	施工单位	××建设公司
隐检项目	钢筋安装	验收日期	2015 年 3 月 18 日
隐蔽验收部位	集水坑 A～E / ①～⑤	隐检依据	施工图图纸结施-02、结施-04
隐检检查内容	(1) 集水坑墙体钢筋为双排双向 12@200，拉钩 8，间距为 600，里梅花形布置； (2) 钢筋连接采用搭接，搭接长度≥41d，搭接处至少 3 扣绑扎； (3) 墙体水平起步筋 50 mm，水平梯子筋绑扎在墙体模板上口 300 mm，竖向设置四道双 F 卡，间距 1500 mm。 (4) 保护层：墙水平筋板护层厚度为 15 mm，采用塑料垫块绑扎牢固，梅花形布置； (5) 绑扎丝为火烧丝，每个相交点八字绑扎，丝头朝向混凝土内部； (6) 钢筋表面无锈蚀，污染已清理干净。		
施工单位检查结果	符合设计要求。 项目专业质量检查员：××× ××××年××月××日		
	项目专业技术负责人	×××	专业工长　××××

监理单位(建设单位)结论	经检查现场施工情况与隐检内容相符，并且符合 GB50204 的规定，满足设计要求，检查通过允许进行下一道工序施工。 监理工程师：××× ××××年××月××日

2. 规定及要求

(1) 隐蔽工程施工完毕后，由专业工长填写隐检记录，及时通知监理(建设)单位，会同有关单位参加验收，施工单位项目技术负责人、专业工长、专业质量检查员共同参加。验收后由监理(建设)单位签署验收结论，形成隐蔽工程验收记录，进行下道工序施工。

(2) 隐蔽工程验收记录上签字、盖章要齐全，参加验收人员须本人签字，并加盖监理(建设)单位项目部公章和施工单位项目部公章。

(3) 隐蔽工程验收内容。《建筑工程施工质量验收强制性条文应用技术要点》对建筑与结构工程主要隐蔽验收项目(部位)作了如下要求：

① 地基基础：定位抄平放线记录；土方工程(基槽开挖、土质情况、地基处理)；地基处理、桩基施工；基础钢筋、混凝土、砖石砌筑。

② 主体结构：砌体组砌方法、配筋砌体；变形缝构造；梁、板、柱钢筋(品种、规格、数量、位置、接头、锚固、保护层)；预埋件数量和位置、牢固情况；焊接检查(强度、焊缝长度、厚度、外观、内部超声、射线检查)；墙体拉结筋(数量、长度、位置)。

③ 建筑屋面：找平层、保温层、防水层、隔离层。

④ 装饰装修部分：各类装饰工程的基层、吊顶埋件及骨架、防水层及蓄水试验。

⑤ 幕墙工程：检查构件之间以及构件与主体结构的连接节点的安装及防腐处理；幕墙四周、幕墙与主体结构之间间隙节点的处理、封口的安装；幕墙伸缩缝、沉降缝、防震缝及墙面转角节点的安装；幕墙防雷接地节点的安装；幕墙防火构造等。

⑥ 钢结构工程：检查地脚螺栓规格、位置、埋设方法、紧固，压型金属板在支承构件上的搭接情况等。

3. 工程检查记录填表要求

(1) 工程名称。与施工图中图签一致。

(2) 隐检项目。具体写明(子)分部工程名称和施工工序主要检查内容，比如桩基工程钢筋笼安装。

(3) 验收部位。按隐检项目的检查部位或检验批所在部位填写。

(4) 隐检内容。应将隐检验收项目的具体内容描述清楚。

(5) 隐检依据。施工图、图纸会审、设计变更或洽商、施工质量验收规范、施工组织设计、施工方案等。

(6) 验收日期。按实际检查日期填写。

(7) 施工单位检查结果。应根据检查内容详细填写，记录应齐全。主要包括主要原材料及复试报告单的编号，主要连接件的复试报告单的编号，主要施工方法等。如钢筋隐蔽绑扎就要对钢筋搭接倍数有定量的说明，接头错开位置有具体尺寸。若文字不能表达清楚，可用示意简图进行说明等。

(8) 监理单位(建设单位)结论。由监理(建设)单位填写，验收意见应针对验收内容是否符合要求有明确结论。针对第一次验收未通过的要注明质量问题，并提出复查要求。在复查中仍出现不合格项，按不合格品处理。

(9) 本表由施工单位填报。其中监理单位(建设单位)结论由监理(建设)单位填写。

4.6.2　施工检查记录

按照现行规范要求应进行施工检查的重要工序皆应填写相应施工检查记录。无相应施工记录表格的，应填写施工检查记录(通用)，如表 4-45 所示。

表 4-45　施工检查记录(通用)

工程名称	×××大学行政大楼工程	检查项目	顶板、梁模板安装
检查部位	一层①～⑤ / A～F 轴	检查日期	××××年××月××日

检查依据：

　1. 施工图纸(施工图纸号)：结施-04、结施-05。

　2. 设计变更 / 洽商(编号××)及有关规范、规程。

　3. 模板施工方案。

检查内容：

　1. 模板的几何尺寸、轴线、标高。

　2. 预埋件和预留孔的位置。

　3. 顶板为 150 mm 厚，支撑体系采用碗扣架体，碗扣架空杆底应垫 50×100 木方，长 50 cm。模板面板采用 12 mm 厚多层板，主龙骨采用 100×100 木方间距 1200 mm，次龙骨采用 100×100 木方间距 250 mm。

　4. 模板的垂直度、平整度、板间接缝严密性，相邻两板之间的高低差不大于 2 mm。梁板起拱 8 mm。

　5. 模内清理，清扫口留置。

　6. 模板清理干净，隔离剂涂刷均匀，擦拭干净、不得沾污钢筋和混凝土接槎处。

检查结论：

　1. 标高传递准确。模板几何尺寸、轴线位置、预埋件及预留洞位置，符合设计要求。

　2. 模板清理干净，隔离剂涂刷均匀，无遗漏，未沾污钢筋和混凝土接槎处。模内杂物清理干净，板间接缝严密，起拱情况符合要求。

　3. 按模板方案支模，支撑系统具有足够承载能力、刚度和稳定性、模板垂直度、平整度等均符合质量验收规范 GB50204 规定，可进行下道工序施工。

复查意见：

施工单位	××建设公司		
专业技术负责人	专业质检员		专业工长
×××	×××		×××

4.6.3　交接检查记录

1. 交接检查记录样例

交接检查记录样例如表 4-46 所示。

表 4-46　交接检查记录

编号：×××

工程名称		×××大学行政大楼工程		
移交单位名称(上道工序名称)	基槽放线	接受单位名称(下道工序名称)		基槽土方开挖
交接部位	基槽	检查日期		××××年××月××日
交接内容： 　1. 基槽放线完毕。 　2. 基槽坐座标、轴线尺寸、标高正确。				
检查结果：经交接双方检查，基槽放线各项指标经验收合格，满足下道工序的要求，双方同意移交，并履行签字手续。				
复查意见：同意移交。 　复查人：×××　　　　　　　　　　　　　　复查日期：××××年××月××日				
见证单位意见： 　　　　同意交接。 　见证单位名称：×××公司				
签字栏	移交单位		接收单位	见证单位
	×××		×××	×××

2. 相关规定及要求

(1) 本表由移交单位先行填报，其中表头和交接内容由移交单位填写，检查结果由接收单位填写。

(2) 复查意见：由见证单位填写。主要针对第一次检查存在问题进行复查，描述对质量问题的整改情况和复查结果。

(3) 见证单位意见：是见证综合移交和接收方意见形成的仲裁意见。

(4) 见证单位的规定：当在总包管理范围内的分包单位之间移交时，见证单位应为"总包单位"；当在总包单位和其他专业分包单位之间移交时，见证单位应为"建设(监理)单位"。

(5) 桩(地)基工程与混凝土结构工程之间的交接，主要检查：桩(地)基是否完成、桩(地)基检验检测、桩位偏移和桩顶标高、桩头处理、缺陷处理、竣工图与现场的对应关系、场地平整夯实，是否完全具备进行下一道工序混凝土结构施工的条件。

(6) 混凝土结构工程与钢结构工程之间的交接，主要检查：结构的标高、轴线偏差；结构构件的实际偏差及外观质量情况；钢结构预埋件规格、数量、位置；混凝土的实际强度是否满足钢结构施工对相关混凝土强度要求；是否具备钢结构工程施工的条件等。

(7) 初装修工程与精装修工程之间的交接，主要检查：结构标高、轴线偏差；结构构件尺寸偏差；填充墙体、抹灰工程质量；相邻楼地面标高；门窗洞口尺寸及偏差；水、暖电等预埋或管线是否到位；是否具备进行精装修工程施工的条件等。

4.6.4　工程定位测量记录

工程定位测量是指单位工程开工前，施工单位根据测绘部门提供的放线成果、红线桩及场地控制网(或建筑物控制网)、设计总平面图及水准点，测定建筑物位置、主控轴线及尺寸、建筑物的±0.000)高程。

1. 工程定位测量记录样例

工程定位测量记录样例如表 4-47 所示。

表 4-47　工程定位测量记录

编号：×××

工程名称	×××大学行政大楼工程	委托单位	××建设工程有限公司
图纸编号	×××	施测日期	××××年××月××日
坐标依据	测 2005-036A、方 1、D	复测日期	××××年××月××日
高程依据	测 2003-036BMG	使用仪器	DSI96007
允许偏差		仪器检定日期	××××年××月××日

定位抄测示意图：
略

复测结果：$h_{往} = \sum_后 - \sum_前 = +0.273$ m，$h_{返} = \sum_后 - \sum_前 = -0.281$ m，$f_{测} = \sum_后 + \sum_前 = -8$ mm
$f_{测} < f_{允}$，故精度符合要求。
高差 $h = +0.277$ m

签字栏	建设(监理)单位	施工单位	××建设工程有限公司	测量人员岗位证书号	027-001038
		专业技术负责人	测量负责人	复测人	施测人
	××监理公司	×××	×××	×××	×××

2. 相关规定及要求

工程定位测量主要有建筑物位置线、现场标准水准点、坐标点(包括场地控制网或建筑物控制网、标准轴线桩等)。测绘部门根据《建筑工程规划许可证》(含附件、附图)批准的建筑工程位置及标高依据，测定出建筑物红线桩。

(1) 建筑物位置线。

施工单位(指专业测量单位)应根据测绘部门提供的放线成果、红线桩及场地控制网(建筑物控制网)，测定建筑物位置、主控轴线及尺寸，作出平面控制网并绘制成图。

(2) 标准水准点。

标准水准点由规划部门提供，用来作为引入拟建建筑物标高的水准点，一般为 2～3 点，在使用前必须进行校核，测定建筑物±0.000 绝对高程。

(3) 工程定位测量检查内容如下：

① 校核标准轴线桩点、平面控制网；

② 校核引进现场施工用水准点；

③ 检查计算资料及成果、依据材料、标准轴线桩及平面控制网示意图；

④ 工程定位测量完成(经建设、监理单位校核)后，应由建设单位报请具有相应资质的测绘部门验线。

3. 填写要点

(1) 施测、复测日期。应按实际测量日期填写。

(2) 坐标依据、高程。依据应与测绘部门出具的(放线、水准点)。测量成果相一致，并写明点位编号。

(3) 使用仪器。应填写仪器名称、仪器型号。

(4) 允许偏差。应严格按照现行规范要求填写。

(5) 定位抄测示意图应体现以下内容：

① 应就拟建的单位工程与周围原有建筑物和构筑物作概括性平面示意图，标注原有建筑物和拟建建筑物名称。

② 注明拟建建筑物主要轴线、尺寸，与原有建筑物的相对位置关系。

③ 注明坐标、高程依据的位置及编号(如坐标高程依据比例超出表格范围，可只标出相对位置)。

(6) 复测结果应填写具体数字，各坐标点的具体数值，不能只填写合格或不合格。

(7) 如果工程定位测量是委托有资质的测量单位进行的，签字栏应体现测量单位名称，不得由施工单位代测量单位签认。施测人、复测人应具有相应岗位证书。

4.6.5 基槽验线记录

基槽验线是指对建筑工程项目的基槽(坑)轴线、放坡边线等几何尺寸进行复验，主要检验建筑物基底外轮廓线、集水坑、电梯井坑、基槽(坑)断面尺寸、坡度等是否符合设计要求。

1. 基槽验线记录样例

基槽验线记录样例如表4-48所示。

表4-48 基槽验线记录

编号：×××

工程名称	×××大学行政大楼工程	日期	×××× 年 ×× 月 ×× 日
验线依据及内容： 依据：(1) 施工图纸(图号××)，设计变更 / 洽商(编号××)。 (2) 本工程《施工测量方案》。 (3) 定位轴线控制网。 内容：根据主控轴线和基底平面图，检验建筑物基底外轮廓线、集水坑(电梯井坑)、垫层标高、基槽断面及边坡坡度(1：0.5)等。			
基槽平面、剖面简图： 略			
检查意见： 经检查：①～⑩ / A～F 轴为基底控制轴线，垫层标高(误差：−1 mm)，基槽开挖的断面尺寸(误差：−2 mm)，坡度边线、坡度等各项指标符合设计及本工程《施工测量方案》规定，可进行下道工序施工。			

签字栏	建设(监理)单位	施工单位	×× 建设公司	
		专业技术负责人	专业质检员	施测人
	×× 监理公司	×××	×××	×××

2. 填写要点

(1) 施工单位根据工程定位测量点、主控轴线和基底平面图，检验建筑物外轮廓线、主轴线位置尺寸、基槽断面尺寸和坡度、基底标高(高程)等，填写基槽验线记录。

(2) 验线依据。建设单位或测绘院提供的坐标、高程控制点；工程定位控制桩、高程点；有关施工图纸。

(3) 基槽平面、剖面简图。基槽平面轮廓线、主轴线位置尺寸、基槽断面尺寸和坡度、基底标高(高程)。

(4) 检查意见。由监理单位签署，尽可能将检查结果量化，尽量避免使用符合要求等模糊性结论。

(5) 签字栏施工测量单位按照谁测量谁负责的原则如实填写。施测人应具有相应岗位证书。

4.6.6 楼层平面放线记录

楼层平面放线是指在结构施工期间，施工单位依据施工图和施工测量方案，按照施工进度安排及时进行平面放线。

1. 楼层平面放线记录样例

楼层平面放线记录样例如表 4-49 所示。

表 4-49 楼层平面放线记录

编号：×××

工程名称	×××大学行政大楼工程	日期	××××年××月××日
放线部位	一层①～⑤/A～F 轴顶板	放线内容	轴线竖向投测控制线。墙柱轴线、边线、门窗洞口位置线，垂直度偏差等。

放线依据：
(1) 施工图纸(图号××)，设计变更/洽商(编号××)。
(2) 本工程《施工测量方案》。
(3) 地下一层已放好的控制桩点。

放线简图：
  略

检查意见：
(1) ①～⑤ / A～F 轴为一层外轮廓纵横轴线。
(2) 括号内数据为复测数据(或结果)。
(3) 各细部轴线间几何相对精度最大偏差+2 mm，90 度角中误差 10"，精度合格。
(4) 放线内容均已完成，位置准确，垂直度偏差在允许范围内，符合设计及测量方案要求，可以进行下道工序施工。

签字栏	建设(监理)单位	施工单位	××建设工程有限公司	
		专业技术负责人	专业质检员	施测人
	××监理公司	×××	×××	×××

2. 相关规定及要求

(1) 放线内容。施工层墙柱轴线、墙柱边线；门窗洞口位置线；轴线竖向投测控制线；垂直度偏差等。

(2) 放线部位。应按实际施工流水段、分楼层、分轴线填写，不得笼统填写。

(3) 放线依据。应写明具体的施工图样(编号)、定位控制桩或高程点。

(4) 放线简图。若是平面放线应标明外轮廓线、重要控制轴线尺寸；若是墙体、门窗洞口放线应有剖面图，注明放线的标高尺寸。注明指北针方向。

(5) 检查意见及签字栏同基槽验线记录中相关要求。

4.6.7 楼层标高抄测记录

楼层标高抄测是指在结构施工期间，施工单位依据施工图和施工测量方案，按照施工进度安排及时进行标高抄测。施工单位完成标高抄测后，填写标高抄测记录报请项目监理机构审核。

1. 楼层标高抄测记录样例

楼层标高抄测记录样例如表 4-50 所示。

表 4-50 楼层标高抄测记录

编号：×××

工程名称	×××大学行政大楼工程		日期	××××年××月××日
抄测部位	地上 8 层①～⑤/A～F 轴墙柱		抄测内容	楼层+ 0.5 m 水平控制线
抄测说明： 地上 8 层①～⑧/A～F 轴墙柱+ 0.5 m 水平控制线，标高 23.3 m，标注点的位置设在墙柱上。依据《测量方案》，在墙柱上设置固定的 3 个点，作为引测需要。				
测量工具： 自动安平水准仪，型号 DZS3-1，据需要可画墙柱剖面简图予以说明，标明重要控制轴线尺寸及指北针方向。				
检查意见： 经检验：地上 8 层①～⑧/A～F 轴墙柱+ 0.5 m 水平控制线已按施工图纸，测量方案引测完毕，引测方法正确，标高传递准确，误差值-2 mm，符合设计、规范要求。				
签字栏	建设(监理)单位	施工单位		××建设公司
		专业技术负责人	专业质检员	施测人
	××监理公司	×××	×××	×××

2. 填写要求

(1) 抄测内容。楼层+ 0.5 m(或+ 1.0 m)水平控制线、门窗洞口标高控制线等。

(2) 抄测部位。应按实际施工流水段、分楼层、分轴线填写，不得笼统填写。

(3) 抄测依据。应写明具体的施工图样(编号)、定位控制桩或高程点。

(4) 抄测说明。应尽可能采用立面图或立体图表示，抄测点标识的位置和数量。

(5)检查意见及签字栏同基槽验线记录中相关要求。

4.6.8 建筑物垂直度、标高测量记录

建筑物垂直度、标高、全高测量记录是对建筑物垂直度、标高、全高在施工过程中和竣工后进行的测量记录。根据工程的不同结构类型布置观测点，对主要阳角均应记录垂直度数据，施工过程应随着楼层增高，每层进行垂直度测量，每个阳角两侧都应观测检查。详细记录轴线编号及本层偏差，做好布点平面图，每次观测要及时整理，观测数据要真实。

1. 建筑物垂直度、标高测量记录样例

建筑物垂直度、全高测量记录样例如表 4-51 所示。

表 4-51 建筑物垂直度、全高测量记录

编号：×××

工程名称		×××大学行政大楼工程		
施工阶段	结构工程		观测日期	××××年××月××日
观测说明(附观测示意图)： 用 2#精度激光垂准仪配合量距测的全高、垂直度。 用计量 50 m 钢尺外加三项改正量得总高偏差。 (图略)				
垂直度测量(全高)			标高测量(全高)	
观测部位	实测偏差/mm		观测部位	实测偏差/mm
一层	西 1、东 3、北 2、南 1		一层	3
二层	东 2、西 1、东北 1、南 1		二层	-4
三层	西 1、东 2、北 1、南 1		三层	3
结论：经查，实测数据属实，符合《建筑工程施工测量规程》允许的垂直度偏差和允许标高偏差。				
签 字 栏	建设(监理)单位	施工单位	××建设工程有限公司	
		专业技术负责人	专业质检员	施测人
	××监理公司	×××	×××	×××

2. 相关规定及要求

(1) 建筑物垂直度、全高测量由施工单位的专业技术负责人牵头，专职质量检查员详细记录，建设单位代表和项目监理机构的专业监理工程师参加。现场原始记录须经施工单位的专业技术负责人、专职质量检查员签字、建设(监理)单位的参加人员签字后方有效并归存，作为整理资料的依据以备查。

(2) 施工过程中的垂直度测量。

① 测量次数，原则上每加高 1 层测量 1 次，整个施工过程不得少于 4 次。

② 轴线测量按基础及各层放线、测量与复测执行。

(3) 竣工后的测量。

① 建筑物垂直度、标高、全高测量选定应在建筑物四周转角处和建筑物的凹凸部位。单位工程每项测点数不应少于 10 点，其中前沿、背沿各 4 点，两个侧面各 1 点。

② 标高测量应按层进行，高层建筑可两层为一测点，多层建筑可一层为一测点，可按测点的平均差值填写；

③ 建筑物的垂直度、标高、全高测量是建筑物已竣工、观感质量检查完成后对建筑物进行的测量工作，由施工单位测量，测量时项目监理机构派专业监理工程师参加监督测量。

3. 填写要求

(1) 施工阶段：施工阶段应填写结构封顶或工程完工。

(2) 观测说明(附观测示意图)：观测点的布置位置及数量，观测时间的安排，采用的观测仪器等；观测示意图按实际建筑物轮廓绘制，标明观测点的位置和数量，注明指北针方向。

(3) 观测部位：观测部位可以按观测示意图标注的点号填写，如 1 号、2 号……或 A、B……。

(4) 观测日期：注明楼层或标高测量时的日期。

(5) 实测偏差：注明实际观测数据。

(6) 结论：测量记录中结论应根据实测偏差中的最大偏差结果，判定是否符合现行施工质量验收规范(并非施工测量规范)的规定和设计要求。

4.6.9　沉降观测记录

沉降观测是为保证建筑物质量满足建筑使用年限的要求，使施工过程中及竣工后的建筑物沉降值得到有效控制，设计必须标注工程竣工验收沉降值。无论何种结构类型的工程，施工单位都要对建筑物进行沉降观测。

1. 沉降观测记录样例

沉降观测记录样例如表 4-52 所示。

表 4-52　沉降观测记录

编号：×××

工程名称	×××大学行政大楼工程			项目负责人			×××		
观测点编号	第 1 次			第 2 次			第 3 次		
	××××年××月××日			××××年××月××日			××××年××月××日		
	标高/m	沉降量/mm		标高/m	沉降量/mm		标高/m	沉降量/mm	
		本次	累计		本次	累计		本次	累计
1	42.999 97	/	/	42.997 78	-2.19	-2.19	42.996 52	-1.26	-3.45
2	42.999 97	/	/	42.952 93	-2.66	-2.66	42.951 47	-1.46	-4.12
…	…	…	…	…	…	…	…	…	…
工程部位	地下一层封顶			地上 1 层			地上 2 层		
签字栏	建设(监理)单位	施工单位		××建设工程有限公司					
		项目负责人		监测人员			观测人员		
	××监理公司	×××		×××			×××		

2. 相关规定及要求

为防止地基不均匀沉降引起结构破坏，按设计要求及有关规范规定，对新建工程以及受其影响的邻近建筑均要进行沉降观测，并做好沉降观测记录。

(1) 沉降观测的次数和时间应符合设计要求。当设计无明确规定时，一般建筑可在基础完成后开始观测；大型、高层建筑，可在基础垫层或基础底部完成后开始观测。

民用建筑可每加高 1～2 层观测一次，工业建筑可按不同施工阶段(如回填基坑、安装柱子和层架、砌筑墙体、设备安装等)分别进行观测，如建筑物均匀增高，应至少在增加荷载的 25%、50%、75%和 100%时各测一次，整个施工期间的观测不得少于 5 次。施工过程中如暂时停工，在停工及复工时应各测一次。停工期间，可每隔 2～3 个月观测一次。建筑物竣工后，一般情况，第一年观测 3～4 次，第二年观测 2～3 次，第三年后每年观测一次，直至稳定为止。

(2) 沉降观测资料应及时整理和妥善保存，并应附有下列各项资料：

① 根据水准点测量得出的每个观测点高程和其逐次沉降量。

② 根据建筑物和构筑物的平面图绘制的观测点位置图，根据沉降观测结果绘制的沉降量、地基荷载与连续时间三者的关系曲线图及沉降量分布曲线图；

③ 计算出的建筑物和构筑物的平均沉降量、相对弯曲和相对倾斜值；

④ 水准点的平面布置图和构造图，测量沉降的全部原始资料。

3. 填写要点

(1) 观测点编号：以建筑物单线图确定观测点的位置编号进行记录，应与实际标志一致。

(2) 标高：注明沉降观测标志的标高和每次沉降观测标高。

(3) 沉降量(本次、累计)：注明每次沉降观测实测量并进行累计。

(4) 工程部位：注明观测楼层时的施工部位。

(5) 观测人员、监测人员：签字注明观、监测人员。

(6) 项目负责人及监理工程师要进行监督、审核并签字。

4.6.10 基坑支护水平位移监测记录

在基坑开挖和支护结构使用期间，应按设计或规范规定对支护结构进行检测，并做变形记录。

1. 基坑支护水平位移监测记录形式

基坑支护水平位移监测记录样例如表 4-53 所示。

表 4-53 基坑支护水平位移监测记录

编号：×××

工程名称	×××大学行政大楼工程		检测项目	基坑支护水平位移监测	
工程地点	×××		检测仪器及编号	全站仪 NTS-342 仪器号	
日期	2013 年 2 月 20 日	次数　第 1 次	工程状态	挖土	
测点	初测值/mm	数值记录/mm	本次位移值/mm	累计位移值/mm	
S1	X = 9412.164	X = 9412.162	2	2	
	Y = 12 009.658	Y = 12 009.658			
S2	X = 9414.154	X = 9414.153	1	1	
	Y = 12 022.791	Y = 12 022.791			
S3	X = 9403.232	X = 9403.232	1	1	
	Y = 12 038.355	Y = 12 038.354			
S4	X = 9393.527	X = 9393.529	2	2	
	Y = 12 034.678	Y = 12 034.678			
沉降报警值	40 mm				
监测单位	××建设公司	监测人	×××	项目技术负责人	×××
监理单位意见： 检测点设置、检测方法等符合施工方案及相关规范要求。 符合程序要求(√) 不符合程序要求，请重新组织观测(　　) 监理工程师(签字)：×××　　　　　　　　　　　　　　　　2013 年 2 月 20 日					

2. 相关要求

(1) 本表由施工单位填报，附监测点布置图，监理单位、施工单位各存一份。

(2) 测点编号按布点图填写。

(3) 工程状态。挖土或垫层浇筑完成或底板浇筑完成。

(4) 超过报警值应采取的措施。报警、加强监测、加固、应急措施。

4.6.11　桩基、支护测量放线记录

桩基、支护测量放线记录样例如表 4-54 所示。

表 4-54　桩基、支护测量放线记录

编号：×××

工程名称	××技术创新中心大厦	检查时间	××××年××月××日
测量仪器	拓普康全站仪、DSZ-2 水准仪	检查部位	桩基
测量依据： 　坐标：6 号点、9 号点 　标高：6 号点、9 号点高程			
测量说明及简图： 　简图(略) 　说明：首先对 B4 幢图纸建立直角坐标系，再通过直角坐标系进行整幢主楼的基础桩位进行定位推算。由 6 号点和 9 号点后方交会得到点 B，通过点 B 用大地坐标放出整幢主楼的角点坐标。然后又根据直角坐标系，通过计算得到 6 号点和 B 点的建筑坐标，用 B 点做测站点，以 6 号点为后视点进行桩位放线。			
检查结论： 　经检验合格，轴线差≤10 mm，桩位差≤20 mm，均在允许施工范围内，满足设计要求。 　□检查合格　　　　　　□检查不合格，修改后复查			
复查结论：			
复查人：　　　　　　　　　　　　　　　　　　　　　　复查时间：			
签字栏	施工单位	××建设工程有限公司	专业技术负责人	专业质检员	施测人
			×××	×××	×××
	监理或建设单位	××监理公司	专业工程师		×××

4.6.12　基坑(槽)工程施工验收记录

1. 基坑(槽)工程施工验收记录样例

基坑(槽)工程施工验收记录样例如表 4-55 所示。

表 4-55　基坑(槽)工程施工验收记录

编号：×××

工程名称	×××大学行政大楼工程	验槽日期	××××年××月××日
验槽部位	基坑(A～F 轴/1 轴～6 轴)		
验收依据： 　施工图纸(结施 01、02、08，建施 05)。 　设计变更/洽商(编号××)以及有关规范、规程等。			
验槽内容：基坑的集合尺寸、槽底标高、挖土深度；槽底土层情况、地基持力层是否与设计资料相符等。			

续表

<table>
<tr><td colspan="6">检查意见：
(1) 基槽开挖至勘探报告中第③层，持力层为粗砾砂。
(2) 基底绝对高程和相对标高 54.8 m、−6.55 m。
(3) 土质情况良好，无异常情况。
(4) 桩位置/桩类型/数量/承载力满足设计要求。
(附：□施工记录、□桩检测记录)
注：若建筑工程无桩或人工支护，则相应在第 4 条填写处划“ / ”</td></tr>
<tr><td colspan="6">检查结论：
符合岩土工程勘察报告编号为×××的要求，基槽土质为粗砾砂。
□无异常，可进行下道工序　　　　　　　　□需要地基处理</td></tr>
<tr><td rowspan="2">签字栏</td><td>建设单位</td><td>设计单位</td><td>勘察单位</td><td>施工单位</td><td>监理单位</td></tr>
<tr><td>×××</td><td>×××</td><td>×××</td><td>×××</td><td>×××</td></tr>
</table>

2. 相关规定及要求

(1) 建筑物基坑开挖至设计标高后，应对坑底进行保护，施工单位与设计、建设、勘察、监理单位共同现场验槽，通过后五方签认形成基坑(槽)工程施工验收记录。验槽合格后，方可进行垫层施工。

(2) 验槽内容。

① 基坑(槽)的几何尺寸、槽底标高(绝对高层或相对标高)、挖土深度(最小埋置深度)是否符合设计要求。如有局部加深、加宽者，应附图说明其原因及部位。

② 观察检查槽底土层的情况，地基土的颜色是否均匀，地基土严禁受到扰动。

③ 检查地基持力层是否与勘察设计资料相符。

④ 表层土坚硬程度有无局部软硬不均，并对地基匀质性作出评价。

⑤ 对照地基的钎探点平面图，核查钎探布孔和孔深是否满足要求；打钎记录的锤重、落距、钎径是否符合规范规定要求；钎探完毕后是否做出打钎记录分析，钎探异常部位应在钎探平面图中注明。

⑥ 采用桩基的，应核查桩位偏差、数量、桩顶标高；桩基检测结果、桩基施工记录是否符合设计要求和规范规定。

⑦ 基底形成超挖的，是否已按照设计要求进行处理。

(3) 验槽部位。按实际检查部位填写。若分段进行验槽，则应按轴线注明验槽部位。

(4) 验收依据。施工图纸、设计变更 / 洽商、施工质量验收规范、施工组织设计和施工方案。

(5) 检查意见。应由勘察、设计单位出具、对验槽内容是否符合勘察设计文件要求作出评价，是否同意通过验收。对需要地基处理的基槽，应注明质量问题并提出具体的地基处理意见。

(6) 地基验槽属于重要的施工检查记录，由建设、监理、设计、勘察、施工单位各保存一份。

4.6.13 地基钎探记录

地基钎探是基槽开挖后，验槽工作前非常重要的一项工作。槽底钎探试验可用于基槽

(坑)开挖后检验槽底浅层土质的均匀性和发现回填坑穴,以便于基槽处理。有时也可用于试验,确定地基的容许承载力及检验填土的质量。

1. 地基钎探记录样例

地基钎探记录样例如表 4-56 所示。

表 4-56　地基钎探记录

编号:×××

工程名称		×××大学行政大楼工程			钎探日期		2013 年 3 月 1 日	
套锤重		10 kg		自由落距		500 mm	钎径	25 mm
顺序号	各步锤击数							备注
	合计	0～30 mm	30～60 mm	60～90 mm	90～120 mm	120～150 mm	150～180 mm	180～210 mm	
167	322	34	45	40	47	50	65	41	
168	222	21	23	26	34	46	40	32	
169	235	25	26	23	37	40	45	39	
170	224	20	23	22	30	41	43	45	
...	...	...	...	...	...	...	...	...	
结论	地基钎探结果符合设计要求。								
施工单位	××建设工程有限公司								
专业技术负责人			专业工长			记录人			
×××			×××			×××			

2. 相关要求

(1) 项目部应根据基础平面图,按照规范要求,编制钎探平面布置图,确定钎探点布置及顺序编号。

(2) 基土挖至设计基坑(槽)底标高,基槽验线通过后,项目专业工长组织按照钎探点布置图进行地基钎探,做好地基钎探记录。对过硬或过软的区域应在钎探记录和钎探点布置图中标注。

(3) 对于天然地基的基槽检验,遇到下列情况之一,应在基坑底普遍进行轻型动力触探(轻便触探):

① 持力层明显不均匀;

② 浅部有软弱下卧层;

③ 可能有浅埋的坑穴、古墓、古井等,直接观察难以发现时;

④ 勘察报告或设计文件规定应进行轻型动力触探。

(4) 钎探适用于一般黏性土、粉土、粉细砂及人工填土。属于下列情况可不做钎探:

① 基坑不深处有承压水层,触探可造成冒水涌砂时;

② 持力层为砾石层或卵石层,且其厚度符合设计要求时;

③ 基坑已做地基处理或桩基础并作地基承载力检测的。

(5) 钎探点布置依据设计要求,当设计无规定时,按轻型动力触探检验深度及间距按表 4-57 执行。

表 4-57　轻型动力触探检验深度及间距

排列方式	基槽宽度/m	检验深度/m	检验间距
中心一排	<0.8	1.2	
两排错开	0.8～2	1.5	1.0～1.5 m 视地基复杂情况定
梅花形	>2	2.1	

(6) 现场钎探可能并不是按照钎探点顺序进行钎探，此时原始钎探记录顺序会比较乱，可以重新整理抄录。

(7) 备注钎探过程中发现异常的，应在备注栏中注明。

(8) 基槽(坑)局部进行处理的，应将处理范围标注在钎探点平面图上，与地基处理记录和地基处理洽商的内容相一致。

(9) 本表由施工单位填报，监理单位、施工单位各存一份。

4.6.14　混凝土浇筑申请书

1. 混凝土浇筑申请书样例

混凝土浇筑申请书样例如表 4-58 所示。

表 4-58　混凝土浇筑申请书

编号：×××

工程名称	×××大学行政大楼工程	申请浇筑日期	2013 年 3 月 18 日 7 时
申请浇筑部位	一层①～⑤/A～F 轴梁板	申请方量/m³	100
技术要求		强度等级	C35
搅拌方式(搅拌站名称)	×××商品混凝土公司	申请人	×××

依据：

施工图纸(施工图纸号结施 01、02 及建施 03)。

设计变更/洽商(编号 ＿＿＿＿＿＿)及有关规范、规程。

施工准备检查	专业工长(质量员)签字	备注
1. 隐检情况 □已 □未完成引检	×××	
2. 预检情况 □已 □未完成预检	×××	
3. 水电预埋情况 □已 □未完成并未经检查	×××	
4. 施工组织情况 □已 □未完备	×××	
5. 机械设备准备情况 □已 □未准备	×××	
6. 保温及有关准备 □已 □未完备	×××	

审批意见：

所有施工准备就绪，具备浇注条件。

审批结论：□同意浇筑　　□整改后自行浇筑　　□不同意，整改后重新申请

审批人：×××

审批日期：2013 年 3 月 17 日

施工单位名称：××建设公司

2. 相关规定及要求

(1) 项目应在各项准备工作逐条完成并核实后，根据现场浇筑混凝土计划量、施工条件、施工气温、浇筑部位等填报混凝土浇筑申请，由施工单位项目相关负责人和监理签认批准，形成混凝土浇筑申请书。浇筑申请通过后方可正式浇筑混凝土。

(2) 混凝土浇筑申请书应由专业工长负责填报，由现场负责人或专业质量员审批签认后生效。

(3) 申请浇筑部位和申请方量应尽可能准确，注明层、轴线和构件名称(梁、柱、板、墙等)。

(4) 技术要求应根据混凝土合同的具体要求填写，如混凝土初、终凝时间要求，抗渗设计要求等。

(5) 审批意见、审批结论应由现场负责人或项目质检员填写。

4.6.15　预拌混凝土运输单

预拌混凝土运输单为分析混凝土运输、浇筑、间歇时间是否满足项目提出的初凝时间提供了依据，同时是经济结算的重要凭证。

1. 预拌混凝土运输单样例

预拌混凝土运输单样例如表 4-59 所示。

表 4-59　预拌混凝土运输单样例

编号：×××

合同编号		×××		任务单号		×××	
供应单位		×××商品混凝土公司		生产日期		××××年××月××日	
工程名称及施工部位			-4.6 m 基础①～⑥梁板				
委托单位		××建设公司		混凝土强度等级	C40	抗渗等级	P8
混凝土输送方式		泵送		其他技术要求		/	
本车供应方量/m³		10	要求坍落度/mm		180±20	实测坍落度/mm	200
配合比编号		×××	配合比比例		C：W：S：G=1：0.45：2.08：2.84		
运距/m	5	车号	××	车次	××	司机	×××
出站时间		21：15	到场时间		21：45	现场出罐温度/℃	16
开始浇筑时间		21：51	完成浇筑时间		21：59	现场坍落度/mm	185
签字栏	现场验收人			混凝土单位质量员		混凝土供应单位签发人	
	×××			×××		×××	

2. 相关规定及要求

(1) 预拌混凝土供应单位应随车向施工单位提供预拌混凝土运输单，内容包括工程名称、施工部位、供应方量、配合比、坍落度、出站时间、到场时间和施工单位测定的现场坍落度等。一般有正本和副本各一份。

(2) 供应单位填写：工程名称、施工部位、供应方量、配合比、坍落度、出站时间、到场时间等。施工单位试验和材料人员填写：现场出罐温度、现场坍落度(抽测)、开始浇筑时间、完成浇筑时间。

(3) 施工单位专业质量员应及时、分析混凝土实测坍落度、混凝土浇筑间歇时间等，必须满足施工实际需要和规范规定。单车总耗时(运输、浇筑及间歇的全部时间)不得超过混凝土初凝时间，当超过规定时间应按施工缝处理。

(4) 对无法满足施工要求的混凝土(现场实测坍落度不合格、运输时间超时的)应及时退场。

4.6.16 混凝土开盘鉴定记录

1. 混凝土开盘鉴定记录样例

混凝土开盘鉴定记录样例如表 4-60 所示。

表 4-60 混凝土开盘鉴定记录

工程名称	××技术创新中心大厦	分部工程名称		地基与基础分部		部位		−6 m 基础①～⑥梁板	
施工单位	××建设公司	搅拌设备					JZC500		
试配单位	××××	配合比报告编号					×××		
强度等级	C40	抗渗等级		P8	砂率		0.42	水灰比	0.45
材料名称	水泥	砂		石		水	外加剂	掺合料	
每 m³ 用料/kg	360	832		1136		180	4	40	
调整后每盘用料/kg	砂含水率：4% 石含水率：2%								
	180	432.64		579.36		62	/	/	
鉴定结果	鉴定项目	混凝土拌合物落度/mm	混凝土试块抗压强度 $f_{cu,28}$/MPa		混凝土试块抗压渗透/MPa		原材料与配合比报告是否相符		
	实测	190	56.9		0.9		相符		
	鉴定意见	同意	同意		同意		同意		
备注：									
参与鉴定人员签名	监理(建设)单位	施工单位				搅拌机组负责人			
	×××	×××				×××			
鉴定日期	××××年××月××日	鉴定编号				×××			

2. 相关要求

为了验证混凝土的实际质量与设计要求是否一致，实际生产时，对首次使用的用于承重结构及抗渗防水工程的混凝土配合比应进行开盘鉴定。

采用现场搅拌混凝土的，应由施工单位、监理单位组织人员进行开盘鉴定，共同认定试验室签发的混凝土配合比中的组成材料是否与现场施工所用材料相符，以及混凝土拌合物性能是否满足有关规范的规定。开始搅拌时，每个单位工程首次使用的混凝土配合比应至少留置一组 28 天标准养护试块作为验证配合比的依据。

采用预拌混凝土的，应按批量对首次使用的混凝土配合比由混凝土供应单位自行组织相关人员进行开盘鉴定，并应至少留置一组 28 天标准养护试块作为验证配合比的依据。

开盘鉴定应使用施工配合比。混凝土拌制前，应测定砂、石含水率并根据测试结果调整材料用量，提出施工配合比。

4.6.17　混凝土拆模申请单

1. 混凝土拆模申请单样例

混凝土拆模申请单样例如表 4-61 所示。

表 4-61　混凝土拆模申请单

编号：×××

工程名称	××技术创新中心大厦			
申请拆模部位	+6.0 mm 梁板			
混凝土强度等级	C35	混凝土浇筑完成时间 2013 年 4 月 10 日	申请拆模日期	2013 年 4 月 24 日
构件类型(注：在所选择构建类型的□内划"√")				
□墙	□柱	板： □跨度 2 mm □2m<跨度≤8 m □跨度≥8m		梁： □2 m<跨度≤8 m□跨度≥8 m
拆模时混凝土强度要求	龄期	同条件混凝土抗压强度/MPa	达到设计强度等级/%	强度报告编号
应达到设计强度的 75%	14	27.4	78.3	××
结论：混凝土达到设计要求的拆模强度，同意拆模。支撑的留设以及有关施工注意事项严格执行方案要求。 批准拆模日期：2013 年 4 月 24 日				
施工单位	××建设公司			
专业技术负责人	×××	专业质检员　　×××　　 申请人		×××

2. 相关规定及要求

(1) 在拆除现浇混凝土结构(如板、梁、悬臂构件等)底模和柱墙侧模前，项目模板责任工长应进行拆模申请，报项目专业技术负责人审批，通过后方可拆模，形成混凝土拆模申请单(水平结构模板拆除应附同条件混凝土强度报告)。

(2) 梁、板底模及其支架拆除时的混凝土强度应符合设计要求，当设计无具体要求时，混凝土强度应符合表 4-62 的规定。

表 4-62　底模拆除时的混凝土强度要求

构件类型	构件跨度/m	达到设计的混凝土立方体抗压强度标准值的百分率/%
板	≤2	≥50
	>2, ≤8	≥75
	>8	≥100
梁、拱、壳	≤8	≥75
	>8	≥100
悬臂构件	—	≥100

(3) 冬期施工、后浇带、悬臂结构构件的模板拆除应严格执行施工方案要求，拆除申

请通过后方可正式拆模。

(4) 混凝土拆模申请单应包括以下内容：工程名称、申请拆模部位、混凝土强度等级、浇筑完成时间、申请拆模时间、构件类型及跨度、拆模时混凝土强度要求、试块龄期、强度报告编号(主要针对水平结构构件)。

(5) 审批意见应由项目技术负责人或专业质检员填写，对是否同意拆模、施工禁忌、注意事项等提出意见。

4.6.18　混凝土搅拌测温记录

冬季混凝土施工时，应进行混凝土搅拌测温记录。

1. 混凝土搅拌测温记录样例

混凝土搅拌测温记录如表 4-63 所示。

表 4-63　混凝土搅拌测温记录

编号：×××

工程名称				×××大学行政大楼工程						
混凝土强度等级	C40			坪落度				180±20		
水泥品种及强度等级	P.O42.5			搅拌方式				现场搅拌		
测温时间				大气温度/℃	原材料温度/℃			出罐温度/℃	入模温度/℃	备注
年	月	日	时		水泥	砂	石	水		
×	×	×	××	-10	15	36	38	60	30	29	现场搅拌
×	×	×	××	-10	15	36	38	60	30	29	现场搅拌
×	×	×	××	-10	15	36	38	60	30	29	现场搅拌
×	×	×	××	-10	15	36	38	60	30	29	现场搅拌
施工单位				××建设工程有限公司						
专业技术负责人	×××		专业质检员		×××			记录人		×××

2. 相关规定及要求

(1) 应按照工作班进行记录。

(2) 同一配合比编号的混凝土，每一工作班测温不宜少于 4 次。

(3) 温度测试精确至 0.1℃。

(4) 混凝土拌合物运至浇筑地点的最高和最低温度、混凝土入模温度应符合现行规范标准规定。

(5) 对于预拌混凝土只进行大气温度、出罐温度、入模温度的测温记录。

4.6.19　混凝土养护测温记录

冬季混凝土施工时，应进行混凝土养护测温记录。

1. 混凝土养护测温记录样例

混凝土养护测温记录样例如表 4-64 所示。

表 4-64　混凝土养护测温记录

编号：×××

工程名称			××技术创新中心大厦												
部位			汽车坡道基础底板	养护方法		蓄热法				测温方法		温度计			
测温时间			大气温度/℃	各测孔温度										平均温度/℃	间隔温度/h	成熟度	
月	日	时		1	2	3	4	5	6	7	8	9	10			本次	累计
12	6	11	5	14	15	13	13	14	14	15	13	13	14	13.8	2	27.6	27.6
12	6	13	6	14	13	14	13	14	14	15	14	14	14	13.9	2	27.8	55.4
12	6	15	4	15	14	14	13	14	13	13	15	13	14	13.8	2	27.6	83.0
…	…	…	…	…	…	…	…	…	…	…	…	…	…	…	…	…	…
施工单位			××建设工程有限公司														
专业技术负责人		×××		专业工长		×××			测温员		×××					

2. 相关规定及要求

(1) 混凝土养护测温缘于两个方面的原因：一是冬期施工期间，按规定对新浇筑的混凝土内部温度进行测试，观测内部温度是否降至所选用防冻剂的规定温度；二是按规定的时间间隔对浇筑的混凝土内部温度进行测试，计算出某一段时间的混凝土内部平均温度，从温度、龄期对混凝土强度影响曲线上查得混凝土的即时强度，从而决定是否委托检测混凝土各种规定强度用的混凝土试件。温度、龄期对混凝土强度影响曲线从规范中可查出或由检测单位给出。

(2) 混凝土养护测温应按照同一次浇筑完成的部位进行记录。

(3) 混凝土养护测温记录中测温孔温度精确至 1℃，成熟度精确至 0.1℃/h。

(4) 混凝土养护测温记录应附测温孔布置图，记录中的测温孔编号应与测温孔布置图一致。

(5) 冬施养护测温的开始与延续时间：在混凝土达到抗冻临界强度前应每隔 2 h 测温并记录一次，以后每隔 6 h 测温并记录一次，同时还应测定并记录环境温度。测温时间的长短应按照相关施工方案的要求执行(通常情况下，当混凝土表面温度降至与环境温度之差在20℃以内，且温度曲线变化趋势正常即可停止测温)。

(6) 每次测得的各测温孔的温度平均值与测试间隔时间的积为本次成熟度(C.h)，与上次累计成熟度相加，为累计到本次的成熟度。通过查混凝土成熟度曲线，可大致推测对应于不同成熟度的混凝土预测强度。

4.6.20　构件吊装记录

构件吊装记录应包括构件名称、安装位置、搁置与搭接尺寸、接头处理、固定方法、标高等。构件吊装记录样例如表 4-65 所示。

表 4-65 构件吊装记录

编号：×××

工程名称			×× 技术创新中心大厦				
使用部位		屋面		吊装日期			
序号	构件名称及编号	安装位置	安装检查				质量情况
			搁置与搭接尺寸	接头(点)处理	固定方法	标高检查	
1	1号预应力屋面板	①～⑤ /A～F	70mm	焊接混凝土灌缝	焊接	31.60 mm	合格
2	2号预应力屋面板	①～⑤ /A～F	70mm	焊接混凝土灌缝	焊接	31.60 mm	合格
…	…	…	…	…	…	…	…
结论：预应力屋面板有出厂合格证、检验报告，规格、质量及外观等各项技术指标合格；安装位置及安装检查结果符合设计要求及规范的规定。							
施工单位			×× 建设工程有限公司				
专业技术负责人		×××	专业质检员	×××	记录人	×××	

4.6.21 现场施工预应力筋张拉记录

预应力筋张拉过程中应做好张拉记录，预应力筋张拉记录包括记录(一)、记录(二)和记录(三)。其中记录(一)包括施工部位、预应力筋规格、平面示意图、张拉顺序、应力记录、伸长量；记录(二)对每根预应力筋的张拉实测值进行记录；记录(三)对有黏结预应力结构灌浆进行记录。

1.现场施工预应力筋张拉记录样例

现场施工预应力记录样例如表 4-66 至表 4-68 所示。

表 4-66 预应力筋张拉记录(一)

编号：×××

工程名称		张拉日期	
施工部位		预应力筋规格及抗拉强度	
预应力筋张拉程序及平面示意图： □有附页　　□无附页			
张拉端锚具类型		固定端锚具类型	
设计控制应力		实际张拉力	
千斤顶编号		压力表编号	
混凝土设计强度		张拉时混凝土实际强度	
预应力筋计算伸长值：			

续表

预应力筋伸长值范围：				
施工单位				
专业技术负责人		专业质检员		专业工长

表 4-67　预应力筋张拉记录(二)

编号：×××

工程名称								
张拉日期								

工程名称				张拉日期				
施工部位								
张拉顺序编号	计算值	预应力筋张拉伸长实测值/cm						总伸长	备注
		一端张拉			另一端张拉				
		原长 L1	实长 L2	伸长 ΔL	原长 $L'1$	实长 $L'2$	伸长 $\Delta L'$		
□有见证 □无见证		见证单位							
施工单位									
技术负责人			质检员				记录人		

表 4-68　有黏结预应力结构灌浆记录

编号：×××

工程名称			灌浆日期		
施工部位					
灌浆配合比			灌浆要求压力值		
水泥强度等级		进场日期		复试报告编号	
灌浆点简图与编号：					
灌浆点编号	灌浆压力值/MPa	灌浆量/L	灌浆点编号	灌浆压力值/MPa	灌浆量/L
备注：					
施工单位					
技术负责人		质检员		记录人	

2. 相关规定及要求

(1) 预应力筋张拉时，混凝土强度应符合设计要求，当设计无具体要求时，不应低于设计的混凝土立方体抗压强度标准值的75%。张拉时混凝土实际强度宜用同条件养护的混凝土试块强度。

(2) 实际控制张拉力 δ_{con} = 设计控制张拉力 δk + 锚具预应力损失 δm。

(3) 张拉程序一般有 $0 \to 105\%\delta_{con}$(持荷5min)$\to 100\%\delta_{con}$(锚固)和 $0 \to 103\%\delta_{con}$。

(4) 千斤顶编号和油表编号分别要求填4个千斤顶和4块油表的编号。

(5) 预应力筋的实际伸长值，宜在初应力约为 $10\%\delta_{con}$ 时开始测量，但必须加上初应力以下的推算伸长值。当实际伸长值与计算伸长值的偏差超过±6%时，应暂停张拉。

(6) 后张法预应力张拉施工实行见证管理，做见证张拉记录。

(7) 有黏结预应力结构灌浆记录内容包括灌浆孔状况、水泥浆配比状况、灌浆压力、灌浆量，并有灌浆点简图和编号。

(8) 灌浆压力以 0.5~0.6MPa 为宜，灌浆顺序应先下后上，以避免上层孔道漏浆时堵塞下层孔道。

4.6.22 地下工程防水效果检查记录

1. 资料表格样例

地下工程防水效果检查记录样例如表4-69所示。

表 4-69 地下工程防水效果检查记录

编号：×××

工程名称	×××大学行政大楼工程		
施工单位	××建设公司	检查日期	2015年9月30日
检查部位	地下室结构背水面	防水等级	Ⅱ级
检查方式及内容： 依据《地下防水工程施工质量验收规范》(GB 50208)。2015年9月28日上午9时在混凝土接槎处及背水墙面等部位粘贴报纸，经过48小时后，于2015年9月30日上午9时检查人员用干手触摸粘贴报纸处混凝土墙面，无水分湿润感觉。地下室混凝土结构背水面，无明显色泽变化和潮湿现象。			
检查结果： 经检查，地下室外墙不存在渗水现象，观感质量合格，符合设计要求和《地下防水工程施工质量验收规范》(GB 50208)有关规定。			
复查意见：			
复查人： 复查日期：			
签字栏	监理(建设)单位	施工单位	
		专业技术负责人 / 专业质检员 / 专业工长	
	×××	××× / ××× / ×××	

2. 相关规定及要求

(1) 地下工程验收时，由施工单位和监理单位共同进行地下工程防水效果检查。对地下工程有无渗漏现象进行检查，填写地下工程防水效果检查记录，发现渗漏现象应制作背水内表面结构工程展开图。如果施工过程中发现渗漏，应酌情增加检查的频次。

(2) 地下工程防水检查应具备的外部条件是停止降水、地下水恢复后，建筑物处于正常使用的环境状态。

(3) 地下工程防水效果检查记录应由项目专业工长填报。

(4) 检查部位指地下结构的背水面，包括结构的内墙和底板。

(5) 检查方法。

① 湿渍的检测方法。检查人员用手触摸湿斑，无水分感觉，用吸墨纸或报纸贴附，纸不变颜色。检查时，要用粉笔勾画出湿渍范围，然后用钢尺测量高度和宽度，计算面积，标示在展开图上。

② 渗水的检测方法。检查人员用干手触摸可感觉到水分浸润，手上会沾有水分，用吸墨纸或报纸贴附，纸会浸润变颜色。检查时，要用粉笔勾画出渗水范围，然后用钢尺测量高度和宽度，计算面积，标示在展开图上。

③ 对房屋建筑地下室检测出来的渗水点，一般情况下应准予修补堵漏，然后重新验收。

④ 对防水混凝土结构的细部渗漏水检测，若发现严重渗水必须分析、查明原因、应准予修补堵漏，然后重新验收。

(6) 检查结果应由建设(监理)单位填写，对地下结构的背水面的渗漏情况作出评价，是否符合《地下防水工程质量验收规范》的要求。

(7) 复查意见应由监理单位填写，主要针对第一次检查存在的问题进行复查，描述对质量问题的整改情况，以及能否通过验收。

4.6.23　防水工程试水检查记录

1. 防水工程试水检查记录样例

防水工程试水检查记录样例如表 4-70 所示。

表 4-70　防水工程试水检查记录

编号：×××

工程名称	××技术创新中心大厦		
施工单位	××建设公司	检查日期	××××年××月××日
检查部位	三层卫生间地面①/C～D/③～④		
检查方式及内容： (1) 在门口处用水泥作挡水墙，地漏封闭严密，然后进行蓄水，地面最高处蓄水深度不小于 20 mm，蓄水时间 24 h。 (2) 检查方法：在二楼相应部位卫生间查看管根、墙体砖面、顶板是否有渗漏水现象。			
检查结果：经检查，第一次蓄水试验无渗漏现象，检查合格，符合规范要求。			
复查意见： 复查人：　　　　　　　　　　　　　　　　　复查日期：			
签字栏	监理(建设)单位	施工单位	
		专业技术负责人　　专业质检员　　专业工长	
	×××	×××　　　×××　　　×××	

2. 相关规定及要求

(1) 防水工程试水检查的方式有蓄水检查、淋水检查、雨期观察。

(2) 防水工程检查应由项目专业工长填报，项目专业质检员和专业工长应组织试水检查，合格后报请监理单位验收。

(3) 凡有防水要求的房间应有防水层及装修后的蓄水检查记录。蓄水时间不少于 24 h，蓄水最浅水位不应低于 20 mm，水落口及边缘封堵应严密，不得影响试水。

(4) 屋面防水层工程完工质量验收合格后，应进行蓄水检查(有蓄水条件的优先采用)、雨期观察或淋水检查。对高出屋面的烟风道、出气管、女儿墙、出入孔根部防水层上口应做淋水试验，淋水时间不少于 2 h；试验气温在+5℃以上；沿屋脊方向布置与屋脊同长度花管，用有压力的自来水管接通进行淋水(呈人工淋雨状)。

(5) 防水工程试水检查记录包括：工程名称、检查部位、检查日期、检查方式及内容、检查结果、复查意见。

(6) 检查方式及内容应明确采用的检查方式(蓄水、淋水、雨期观察)、蓄(淋)水持续时间、封堵情况、采用的检查工具。

4.6.24 建筑抽气(风)道检查记录

1. 建筑抽气(风)道检查记录样例

建筑抽气(风)道检查记录样例如表 4-71 所示。

表 4-71 建筑抽气(风)道检查记录

编号：×××

工程名称	×××大学行政大楼工程			项目经理		×××
检查执行标准名称及编号				检查日期		××××年××月××日
检查部位和检查结果						
检查部位	主抽气(风)道		副抽气(风)道		垃圾道	
	抽气道	风道	抽气道	风道		
②轴	√	√	√	√	—	
④轴	√	√	√	√	—	
⑥轴	√	√	√	√	—	
检查结论：本次检查的烟(风)道抽气状况良好，安装牢固。与结构的接缝严密，符合施工技术要求，通过检查。						
签字栏	建设(监理)单位	施工单位				
		专业技术负责人		专业质量检查员		专业工长
	×××	×××		×××		×××

2. 相关规定及要求

(1) 建筑通风(烟道)应全数做通(抽)风和漏风、串风检查，并做检查记录。

① 主烟(风)道可先检查，检查部位可按轴线记录；副烟(风)道可按门编号记录。

② 检查合格记"√"，不合格记"×"，复查合格后在"×"上记"√"。

(2) 垃圾道应全数检查畅通情况，并做检查记录。

4.6.25　地基处理工程验收记录

1. 地基处理工程验收记录样例

地基处理工程验收记录样例如表4-72所示。

表4-72　地基处理工程验收记录

编号：×××

工程名称	×××大学行政大楼工程		日期	2013年2月26日
处理依据及方式： 　　将砂土挖出，挖至卵石层，用级配砂石层分层回填，每步回填200 mm，用平板振动器振捣密实。				
处理部位及深度： 　　需处理的部位见右侧简图，尺寸大小分别为6 m×8 m，3 m×4 m，深度约500 mm。 图(略) ☑有／□无附页(图)				
处理结果：严格按照处理方式、处理部位和深度进行了处理，自检合格。				
检查意见：经各方(监理、设计、施工)共同检查，基础处理符合勘察和设计部门要求。 检查日期：2013年2月26日				
签字栏	建设单位	设计单位	勘察单位	监理单位
	×××	×××	×××	×××

2. 相关规定及要求

(1) 基槽开挖施工中遇到坟穴、废井等局部异常现象，或地基验槽中发现问题的，应各方共同商定地基处理意见，由施工单位依据处理意见进行地基处理并办理工程洽商。

(2) 地基处理完成后，由监理单位组织勘察、施工单位进行复查，合格后形成地基处理工程验收记录，其内容包括地基处理依据、方式、处理部位、深度及处理结果等。当地基处理范围较大，处理方式较复杂，用文字描述较困难时，应附简图示意处理部位、深度、特征及处理方法等。

(3) 处理依据。处理依据可以是地基验槽记录、地基处理的工程洽商或勘察设计单位出具的正式书面意见。

(4) 处理部位及深度应尽可能采用简图的形式描述地基处理的平面范围、深度等。

(5) 检查意见应由勘察设计单位填写。如勘察设计单位委托监理单位进行地基处理检查，应有书面的委托记录。

(6) 地基处理记录，由建设、监理、设计、勘察、施工单位各保存一份。

4.6.26　预检记录

1. 预检记录样例

预检记录样例如表4-73所示。

表4-73　预检记录

编号：×××

工程名称	×××大学行政大楼工程	预检项目	施工缝
预检部位	八楼顶板、梁 B～E/＋5.7 m 轴，标高 34.41 m	日期	2013 年 8 月 8 日

依据：施工图纸(结施 1、46、47、48、49，建施 11)，设计变更／洽商(编号××)和有关规范、规程。

主要材料或设备：

规格／型号：

检查意见：

　　经检查，八层顶板梁施工缝混凝土表面松散浮浆石子剔凿清理干净，符合 GB 50204 规定。

预检内容：

　　(1) 顶板施工缝为竖向施工缝，留设在 4 轴 5.7 m 处，采用木方、木板进行留槎。

　　(2) 已将松散、浮动的石子与浮浆全部剔凿并用清水冲洗干净，无积水。

　　(3) 钢筋上的附着物已除锈，清理干净。

　　(4) 接槎处采用同混凝土配合比的水泥砂浆进行接浆处理。

检查意见：经检查，八层顶板梁施工缝混凝土表面松散浮浆石子剔凿清理干净，符合 GB 50204 规定。

复查意见：

复查人：　　　　　　　　　　　　　　　　　　　　　复查日期：

施工单位	××建设公司			
专业技术负责人	×××	专业质检员	×××	专业工长	×××

2. 相关规定及要求

(1) 预检的作用。对施工重要工序进行的预先质量控制检查记录，是预防质量事故发生的有效途径，是检验批质量验收的重要依据，属于施工单位内部的质量控制记录。

(2) 预检的程序。须办理预检的工序完成后，由项目专业工长组织质量员、班组长检查，合格后由专业工长填写预检记录，有关责任人签认齐全后生效。

(3) 土建工程的主要预检项目。模板预检、混凝土施工缝(无防水构造的)，设备基础等。

(4) 预检记录所反映的预检部位、检查时间、预检内容等应与施工日志、模板安装检验批质量验收、施工方案和交底反映的内容或要求一致。

(5) 预检部位。对于模板预检应写明楼层、轴线和构件名称(墙、柱、板、梁)。

(6) 预检依据。施工图、图样会审、设计变更或洽商、施工质量验收规范、施工组织设计、施工方案、技术交底等。

(7) 预检内容。对于模板预检包括模板的几何尺寸、轴线、标高，节点细部做法，模板的强度、刚度和稳定性、牢固性和接缝严密性，预埋件及预留洞口的位置，水平结构模板起拱情况、模板清理情况、模板清扫口留置，使用脱模剂种类和脱模剂涂刷等。

(8) 检查意见。应由专业质检员填写，明确所有预检内容是否全部符合要求。预检中第一次验收未通过的，应注明质量问题和复查要求。

(9) 复查意见。应由专业质检员填写，主要针对第一次检查存在的问题进行复查，描述对质量问题的整改情况。

(10) 签字栏。应本着谁施工谁签认的原则，对于专业分包工程应体现专业分包单位名称，分包单位的各级责任人签认后再报请总包签认。各方签字齐全后生效。

4.7　施工质量验收记录

施工质量验收记录主要包括检验批质量验收记录、现场验收检查原始记录、分项工程质量验收记录、分部工程质量验收记录、建筑节能工程质量验收记录。

4.7.1　检验批质量验收记录

1. 检验批质量验收记录样例

检验批质量验收记录样例如表 4-74 所示。

表 4-74　砖砌体检验批质量验收记录

编号：×××

单位(子单位)工程名称	×××大学行政大楼工程	分部(子分部)工程名称	主体结构分部/砌体结构子分部	分项工程名称	砖砌体分项
施工单位	××建设公司	项目负责人	×××	检验批容量	100 m³
分包单位	/	分包单位项目负责人	/	检验批部位	一层 A～F/1～5 轴墙
施工依据	砌体结构专项施工方案	验收依据	砌体结构工程施工质量验收规范 GB 50203		

		验收项目	设计要求及规范规定	最小/实际抽样数量	检查记录	检查结果
主控项目	1	砖强度等级必须符合设计要求	设计要求 MU10	/	检验合格，报告编号 ×××	√
	2	砂浆强度等级必须符合设计要求	设计要求 M10	/	检验合格，报告编号 ×××	√
	3	砖墙水平灰缝的砂浆饱满度	不得低于 80%	5/5	抽查 5 处，全部合格	√
	4	转角和交接处	5.2.3	5/5	抽查 5 处，全部合格	√
	5	直槎留置及拉结筋敷设	5.2.4	5/5	抽查 5 处，全部合格	√
一般项目	1	组砌方法	5.3.1	5/5	抽查 5 处，全部合格	100%
	2	水平灰缝厚度	8～12 mm	5/5	抽查 5 处，全部合格	100%
	3	水平灰缝宽度	8～12 mm	/	/	/
	4	竖向灰缝宽度	≤10 mm	全/10	抽查 5 处，合格 4 处	80%
	5	墙顶面标高	±15 mm 以内	5/5	抽查 5 处，全部合格	100%
	6	墙面垂直度　每层	≤5 mm	5/5	抽查 5 处，全部合格	100%
		墙面垂直度　全高	≤10 mm(≤10)	5/5	抽查 5 处，全部合格	100%
	7	表面平整度	≤8 mm	5/5	抽查 5 处，全部合格	100%
	8	水平灰缝平直度	≤10 mm	5/5	抽查 5 处，全部合格	100%
	9	门窗洞口高度	±10 mm	5/5	抽查 5 处，全部合格	100%
	10	外墙上下窗口偏移	≤20 mm	5/5	抽查 5 处，全部合格	100%

续表

施工单位检查结果	合格
	专业工长：××× 项目专业质量检查员：××× 　　　　　　　　　　　　　×××年××月××日
监理单位验收结论	合格
	专业监理工程师：××× 　　　　　　　　　　　　　×××年××月××日

2. 相关规定及要求

检验批施工完成，施工单位自检合格后，应由项目专业质量检查员填报检验批质量验收记录。检验批质量验收记录的检查记录必须依据现场验收检查原始记录填写。检验批里非现场验收内容，检验批质量验收记录中应填写依据的资料名称及编号，并给出结论。检验批质量验收记录作为检验批验收的成果凭据，但是，如果没有现场验收检查原始记录，则检验批质量验收记录视同作假。

组成一个检验批的内容施工完毕，施工单位自检、互检、交接检合格后，经项目专业质检员负责检查评定合格，填写验收记录，报监理工程师(建设单位项目专业技术负责人)组织验评登记。检验批是建筑安装工程质量验收的最小单元，所有检验批均应由监理工程师或建设单位项目技术负责人组织验收。监理工程师或建设单位项目技术负责人对检验批的质量进行验收时，应根据检验项目的特点，可采取抽样方法、宏观检查的方法，必要时进行抽样检测，来确定是否验收通过。

(1) 检验批名称及编号。

① 检验批名称。按验收规范给定的检验批名称，填写在表格下画线空格处。

② 检验批编号。检验批的编号按《建筑工程施工质量验收统一标准》的附录B：建筑工程分部(子分部)工程、分项工程划分规定的分部工程、分项工程的代码、检验批代码(依据专业验收规范)和资料顺序号统一为11位数的数码编号，写在表的右上角，前8位数字均印在表上，后留下画线空格，检查验收时填写检验批的顺序号。其编号规则具体说明如下：

第1、2位数字是分部工程的代码，地基与基础为01，主体结构为02，建筑装饰装修为03，屋面为04，建筑给水排水及供暖为05，通风与空调为06，建筑电气为07，智能建筑为08，建筑节能为09，电梯为10；

第3、4位数字是子分部工程的代码；

第5、6位数字是分项工程的代码；

第7、8位数字是检验批的代码；

第9~11位数字是检验批验收的顺序号。

同一检验批表格适用于不同分部、子分部、分项工程时，表格分别编号，填表时按实际类别填写顺序号加以区别，编号按分部、分项、检验批序号的顺序排列。

如地基与基础分部工程中的砖砌体检验批质量验收记录编号为01020101；主体结构分部中砖砌体检验批质量验收记录编号为02020101。

(2) 表头部分的填写。

① 单位(子单位)。工程名称填写合同文件上的单位工程全称，如为群体工程，则按群体工程名称形式填写，子单位工程标出该部分的具体位置。

② 分部(子分部)。工程名称按《建筑工程施工质量验收统一标准》(GB 50300—2013)划分的分部(子分部)工程名称填写。

③ 分项工程名称按检验批所属分项工程名称填写，分项工程按《建筑工程施工质量验收统一标准》(GB 50300—2013)附录 B 规定。

④ 施工单位及项目负责人。施工单位栏应填写总包单位名称，或与建设单位签订合同专业承包单位名称，宜写全称，并与合同上公章名称一致，同时注意各表格填写的名称应相互一致；项目负责人栏填写合同中指定的项目负责人名称，表头中人名由填表人填写即可，只是标明具体的负责人，不用本人签字。

⑤ 分包单位及分包单位项目负责人。分包单位栏应填写分包单位名称，即与施工单位签订合同的专业分包单位名称，宜写全称，并与合同上公章名称一致，同时注意各表格填写的名称应相互一致；分包单位项目负责人栏填写合同中指定的分包单位项目负责人名称，表头中人名由填表人填写即可，只是标明具体的负责人，不用本人签字。

⑥ 检验批容量。指本检验批的工程量，按工程实际填写，计量项目和单位按专业验收规范中对检验批容量的规定填写，砖砌体检验批容量为 100 m^3。

⑦ 检验批部位是指一个项目工程中验收的那个检验批的抽样范围，要按实际情况填写，如二层墙 1～15/A～F 轴。

⑧ 施工依据栏应填写施工执行标准的名称及编号，可以填写所采用的企业标准、地方标准、行业标准或国家标准，要将标准名称及编号填写齐全，可以是技术或施工标准、工艺规程、工法、施工方案等技术文件。

⑨ 验收依据栏填写验收依据的标准名称及编号。

(3) 验收项目的填写。

验收项目栏制表时按 4 种情况印制：

① 直接写入。当规范条文文字较少，或条文本身就是表格时，按规范条文直接写入。

② 简化描述。将质量要求作简化描述主题词，作为检查提示。

③ 分主控项目和一般项目。

④ 按条文顺序排序。

(4) 设计要求及规范规定栏的填写。

① 直接写入：当条文中质量要求的内容文字较少时，直接明确写入；当为混凝土、砂浆强度等符合设计要求时，直接写入设计要求值。

② 写入条文号：当文字较多时，只将条文号写入。

③ 写入允许偏差：对定量要求，将允许偏差直接写入。

(5) 最小 / 实际抽样数量栏的填写。

① 对于材料、设备及工程试验类规范条文，非抽样项目，直接写入"/"。

② 对于抽样项目但样本为总体时，写入"全/实际抽样数量"，例如"全/10"，其中"10"指本检验批实际包括的样本总量。

③ 对于抽样项目且按工程量抽样时，写入"最小/实际抽样数量"，例如"5/5"，即按工程量计算最小抽样数量为 5，实际抽样数量为 5。

④ 本次检验批验收不涉及此验收项目时，此栏写入"/"。

(6) 检查记录栏的填写。

① 对于计量检验项目，采用文字描述方式，说明实际质量验收内容及结论；此类多为对材料、设备及工程试验类结果的检查项目。

② 对于计数检查项目，必须依据对应的检验批验收现场检查原始记录中验收情况记录，按下列形式填写：

a. 抽样检查的项目，填写描述语，例如"抽查 5 处，合格 4 处"，或者"抽查 5 处，全部合格"。

b. 全数检查的项目，填写描述语，例如"共 5 处，抽查 5 处，合格 4 处"，或者"共 5 处，抽查 5 处，全部合格"。

③ 本次检验批验收不涉及此验收项目时，此栏写入"/"。

(7) 对于明显不合格情况的填写要求。

① 对于计量检验和计数检验中全数检查的项目，发现明显不合格的个体，此条验收不合格。

② 对于计数检验中抽样检验的项目，明显不合格的个体可以不纳入检验批，但应进行处理，使其满足有关专业验收规范的规定，对处理的情况应予以记录并重新验收。检查记录栏填写要求如下：

a. 不存在明显不合格的个体的，不作记录。

b. 存在明显不合格的个体的，按检验批验收现场检查原始记录中验收情况记录填写，例如"一处明显不合格，已整改，复查合格"，或"一处明显不合格，未整改，复查不合格"。

(8) 检查结果栏的填写。

① 采用文字描述方式的验收项目，合格打"√"，不合格打"×"。

② 对于抽样项目为主控项目，无论定性还是定量描述，全数合格为合格，有 1 处不合格即为不合格，合格打"√"，不合格打"×"。

③ 对于抽样项目且为一般项目，检查结果栏填写合格率，例如"100％"；定性描述项目所有抽查点全部合格(合格率 100％)，此条方为合格；定量描述项目，其中每个项目都必须有 80％以上(混凝土保护层为 90％)检查点的实测数值达到规范规定，其余 20％按专业施工质量验收规范，不能大于 1.5 倍，钢结构为 1.2 倍，就是说有数据的项目，除必须达到规定的数值外，其余可放宽的，最大放宽到 1.5 倍。

④ 本次检验批验收不涉及此验收项目时，此栏写入"/"。

(9) 施工单位检查结果栏的填写。

施工单位质量检查员根据依据的规范、规程判定该检验批质量是否合格，填写检查结果。填写内容通常为"符合要求"，"不符合要求"，"主控项目全部合格，一般项目符合验收规范(规程)要求"等评语。

如果检验批中含有混凝土、砂浆试件强度验收等内容，应待试验报告出来后再判定。

施工单位专业质量检查员和专业工长应签字确认并按实际填写日期。

(10) 监理单位验收结论栏的填写。

应由专业监理工程师填写。填写前，应对主控项目、一般项目安装施工质量验收规范的规定逐项抽查验收，独立得出验收结论。认为验收合格，应签注合格或同意验收。如果检验批有混凝土、砂浆试件强度验收等内容，应待试验报告出来后再判定。

4.7.2　现场验收检查原始记录

1. 现场验收检查原始记录样例

现场验收检查原始记录如表 4-75 所示。

表 4-75　现场验收检查原始记录

编号：×××

单位工程(子单位)工程名称		×××大学行政大楼工程			
检验批名称		砖砌体	检验批编号	02020101001	
编号	验收项目	验收部位	验收情况记录		备注
5.2.2	墙水平灰缝砂浆饱满度≥80%	一层 A/1～3 轴墙	91%、96%、95%平均94%		
		一层 B/3～4 轴墙	90%、89%、91%平均90%		
5.2.3	砖砌体转角和交接处应同时砌筑	一层 A/5 轴墙	同时砌筑		
		一层 B/3 轴墙	同时砌筑		
5.2.4	直槎留置及拉结筋敷设	一层 5/A～B 轴墙	√		
		一层 3/A～B 轴墙	√		
5.3.1	组砌方法	一层 A/1～3 轴墙	有一条通缝，长度200 mm，其他合格		
		一层 B/1～3 轴墙	√		
5.3.2	水平灰缝厚度 8～12 mm	一层 A-B/3 轴墙	10 mm		
		一层 B-C/5 轴墙	10 mm		
5.3.2	竖向灰缝厚度 8～12 mm	一层 A-B/2 轴墙	10 mm		
		一层 B-C/4 轴墙	9 mm		
5.3.3	轴线位移≤10 mm	一层 5 轴	6 mm		
		一层 6 轴	8 mm		
5.3.3	墙顶面标高±15 mm	一层 A/1～3 轴墙	13 mm		
		一层 B/3～5 轴墙	12 mm		
5.3.3	每层墙面垂直度≤5 mm	一层 A/1～3 轴墙	3 mm		
		一层 B/1～3 轴墙	4 mm		
5.3.3	表面平整度混水墙≤8 mm	一层 A-B/3 轴墙	5 mm		
		一层 B-C/5 轴墙	3 mm		
5.3.3	水平灰缝平直度混水墙≤10 mm	一层 A/1～3 轴墙	5 mm		
		一层 B/1～3 轴墙	6 mm		
5.3.3	后塞口门窗洞口高宽±10 mm	一层 A/1～4 轴墙	高 8 mm，宽 -3 mm		
		一层 B2～/3 轴墙	高 7 mm，宽 5 mm		
5.3.3	外墙上下窗口偏移≤20 mm	一层 B/1～3 轴墙	15 mm		
		一层 A/3～4 轴墙	12 mm		

监理校核：×××　　检查：×××　　记录：×××　　验收日期：2013 年 6 月 18 日

2. 相关规定及要求

(1) 检验批施工完成，施工单位自检合格后，由专业监理工程师组织施工单位项目专业质量检查员、专业工长等进行验收，并依据验收情况形成现场验收检查原始记录。

(2) 现场验收检查原始记录可使用手写检查原始记录。手写检查原始记录，必须手填，禁止机打，在单位工程竣工验收前全部保留并可追溯。

(3) 表格填写说明。

① 单位工程(子单位)工程名称、检验批名称及编号按对应的检验批量检查记录填写。

② 验收项目。按对应的检验批质量验收记录的验收项目的顺序，填写现场实际检查的验收项目及设计要求和规范规定的内容，如果对应多行检查记录，验收项目不用重复填写。

③ 编号。填写验收项目对应的条文号。

④ 验收部位。填写本条文验收的各个检查点的部位，每个部位占用一格，下个部位另起一行。

⑤ 验收情况记录。采用文字描述、数据说明或者打"√"的方式，说明本部位的验收情况，不合格和超标的必须明确指出，对于定量描述的抽样项目，直接填写检查数据。

⑥ 备注。发现明显不合格的个体，要标注是否整改、复查是否合格。

⑦ 核查。监理单位现场验收人员签字。

⑧ 检查。施工单位现场验收人员签字。

⑨ 记录。填写本记录的人签字，验收日期。填写现场验收当天日期。

4.7.3 分项工程质量验收记录

1. 分项工程质量验收记录样例

分项工程质量验收记录样例如表 4-76 所示。

表 4-76 砌体分项工程质量验收记录

编号：×××

单位(子单位)工程名称	×××大学行政大楼工程		分部(子分部)工程名称	主体结构分部/砌体结构分部	
分项工程工程量	2000 m³		检验批数量	20	
施工单位	××建设公司	项目负责人	×××	项目技术负责人	×××
分包单位	/	分包单位项目负责人	/	分包内容	/
序号	检验批名称	检验批容量	部位、区段	施工单位检查结果	监理单位验收结论
1	配筋砌体	100 m³	一层Ⅰ段	符合要求	合格
2	配筋砌体	100 m³	一层Ⅱ段	符合要求	合格
3	配筋砌体	100 m³	二层Ⅰ段	符合要求	合格
4	配筋砌体	100 m³	二层Ⅱ段	符合要求	合格
5	配筋砌体	100 m³	三层Ⅰ段	符合要求	合格
6	配筋砌体	100 m³	三层Ⅱ段	符合要求	合格
7	配筋砌体	100 m³	四层Ⅰ段	符合要求	合格
8	配筋砌体	100 m³	四层Ⅱ段	符合要求	合格

续表

9	配筋砌体	100 m³	五层Ⅰ段	符合要求	合格
10	配筋砌体	100 m³	五层Ⅱ段	符合要求	合格
…	…	…	…	…	…

说明：检验批质量验收记录资料齐全完整。

施工单位检查结果	符合要求 项目专业技术负责人：××× ××××年××月××日
监理单位验收结论	符合要求 专业监理工程师：××× ××××年××月××日

2. 相关规定及要求

(1) 分项工程完成(即分项工程所包含的检验批均已完工)，施工自检合格后，应填报分项工程质量验收记录。分项工程应由专业监理工程师组织施工单位项目专业技术负责人(无技术负责人则由施工单位项目技术负责人参加)等进行验收并签认。

(2) 表格名称及编号。

① 表格名称按验收规范给定的分项工程名称，填写在表格名称下划线空格处。

② 分项工程质量验收记录编号。编号按《建筑工程施工质量验收统一标准》的附录B：建筑工程分部(子分部)工程、分项工程划分规定的分部工程、子分部工程、分项工程的代码编写，写在表的右上角。对于一个工程而言，一个分项只有一个分项工程质量验收记录，所以不编写顺序号。其编号规则具体说明如下：

a. 第1、2位数字是分部工程的代码；

b. 第3、4位数字是子分部工程的代码；

c. 第5、6位数字是分项工程的代码。

(3) 表头的填写。

① 单位(子单位)工程名称填写全称，如为群体工程，则按群体工程名称—单位工程名称形式填写，子单位工程标出该部分的具体位置。

② 分部(子分部)工程名称按《建筑工程施工质量验收统一标准》划分的分部(子分部)工程名称填写。

③ 分项工程工程量指本分项工程的工程量，按工程实际填写，计量项目和单位按专业验收规范中对分项工程量的规定填写。

④ 检验批数量指本分项工程包含的实际发生的所有检验批的数量。

⑤ 施工单位及项目负责人、项目技术负责人：施工单位栏应填写总包单位名称，或与建设单位签订合同专业承包单位名称，宜写全称，并与合同上公章名称一致，并注意各表格填写的名称应相互一致；项目负责人栏填写合同中指定的项目负责人名称；项目技术负责人栏填写本工程项目的技术负责人姓名。表头中人名由填表人填写即可，只是标明具

体的负责人，不用本人签字。

⑥ 分包单位及分包单位项目负责人。分包单位栏应填写分包单位名称，即与施工单位签订合同的专业分包单位名称，宜写全称，并与合同上公章名称一致，同时注意各表格填写的名称应相互一致；分包单位项目负责人栏填写合同中指定的分包单位项目负责人名称，表头中人名由填表人填写即可，只是标明具体的负责人，不用本人签字。

⑦ 分包内容指分包单位承包的本分项工程的范围。

(4) 序号栏的填写按检验批的排列顺序依次填写，检验批项目多于一页的，增加表格，顺序排号。

(5) 检验批名称、检验批容量、部位、区段、施工单位检查结果、监理单位验收结论栏的填写。

① 填写本分项工程汇总的所有检验批依次排序，并填写其名称、检验批容量及部位、区段，注意要填写齐全。

② 施工单位检查结果栏。由填表人依据检验批验收记录填写，填写符合要求或验收合格。

③ 监理单位验收结论栏。由填写人依据检验批验收记录填写，同意项填写合格或符合要求，如有不同意项应做标记但暂不填写。

(6) 说明栏的填写。

① 如有不同意项应做标记但暂不填写，待处理后再验收。对不同意项，监理工程师应指出问题，明确处理意见和完成时间。

② 应说明所含检验批的质量验收记录是否齐全。

(7) 表下部施工单位检查结果栏的填写。

① 由施工单位项目技术负责人填写，填写符合要求或验收合格，并填写日期。

② 分包单位施工的分项工程验收时，分包单位人员不签字，但应将分包单位名称及分包单位项目负责人、分包单位项目技术负责人姓名填写在对应单元格内。

(8) 表下部监理单位验收结论栏，专业监理工程师在确认各项验收合格后，填写验收合格，并填写日期。

(9) 注意事项。

① 核对检验批的部位、区段是否全部覆盖分项工程的范围、有无遗漏的部位。

② 一些在检验批中无法检验的项目，在分项工程中直接验收，如有混凝土、砂浆强度要求的检验批，到龄期后抗压结果能否达到设计要求。

③ 检查各检验批的验收资料是否完整并作出统一整理，依次登记保管，为下一步验收打下基础。

4.7.4　分部工程质量验收记录

分部(子分部)工程的验收，是质量控制的一个重点，除了分项工程的核查外，还有质量控制资料核查，安全、功能项目的检测，观感质量的验收等。

1. 分部工程质量验收记录样例

分部工程质量验收记录样例如表 4-77 所示。

表 4-77　　主体结构　分部工程质量验收记录

编号：×××

单位(子公司)工程名称	×××大学行政大楼工程	子分部工程数量		1	分项工程数量	4
施工单位	××建设公司	项目负责人		×××	技术(质量)负责人	×××
分包单位	/	分包单位负责人		/	分包内容	/
序号	子分部工程名称	分项工程名称	检验批数量	施工单位检查结果	监理单位验收结论	
1	混凝土结构	模板	10	符合要求	合格	
2	混凝土结构	钢筋	30	符合要求	合格	
3	混凝土结构	混凝土	20	符合要求	合格	
4	混凝土结构	现浇结构	20	符合要求	合格	
…	…	…	…	…	…	
质量控制资料				共 30 份，齐全有效	合格	
安全和功能检验结果				抽检 5 份，符合要求	合格	
观感质量检验结果				好	好	
综合验收结论	主体结构分部工程验收合格。					
施工单位 项目负责人：××× ××××年××月××日	勘察单位 项目负责人：××× ××××年××月××日	设计单位 项目负责人：××× ××××年××月××日		监理单位 项目负责人：××× ××××年××月××日		

2. 相关规定及要求

分部或子分部工程完成，施工单位自检合格，应填报分部工程质量验收记录。

分部工程应由总监理工程师组织施工单位项目负责人和项目技术、质量负责人等进行验收。勘察、设计单位项目负责人和施工单位技术、质量部门负责人应参加地基与基础分部工程的验收。设计单位项目负责人和施工单位技术、质量部门负责人应参加主体结构、节能分部工程的验收。

3. 表格的填写

(1) 表格名称及编号。

① 表格名称按验收规范给定的分部工程名称，填写在表格名称下划线空格处。

② 分部工程质量验收记录编号按《建筑工程施工质量验收统一标准》的附录 B：建筑工程分部(子分部)工程、分项工程划分规定的分部工程代码编写，写在表的右上角。对于一个工程而言，一个分部只有一个工程质量验收记录，所以不编写顺序号，其编号为两位。

(2) 表头的填写。

① 单位(子单位)工程名称填写全称，如为群体工程，则按群体工程名称—单位工程名称形式填写，子单位工程标出该部分的具体位置。

② 子分部工程数量指本分部工程包含的实际发生的所有子分部工程的总数量。

③ 分项工程数量指本分部工程包含的实际发生的所有分项工程的总数量。

④ 施工单位及技术(质量)负责人。施工单位栏应填写总包单位名称，或与建设单位签订合同的专业承包单位名称，宜写全称，并与合同的上公章名称一致，并注意各表格填写的名称应相互一致；技术(质量)负责人栏填写施工单位技术(质量)部门负责人姓名。表头中人名由填表人填写即可，只是标明具体的负责人，不用本人签字。

⑤ 分包单位及分包单位负责人。分包单位栏应填写分包单位名称，即与施工单位签订合同的专业分包单位名称，宜写全称，并与合同上公章名称一致，并注意各表格填写的名称应相互一致；分包单位负责人栏填写合同中指定的分包单位项目负责人名称。表头中人名由填表人填写即可，只是标明具体的负责人，不用本人签字。

⑥ 分包内容指分包单位承包的本分部工程的范围。

(3) 序号栏的填写。分别按子分部工程、分项工程的排列顺序依次填写。

(4) 子分部工程名称、分项工程名称、检验批数量、施工单位检查结果、监理单位验收结论栏的填写。

① 子分部工程名称、分项工程名称依次排序填写本分部工程汇总的所有子分部工程、分项工程；并填写其名称、检验批数量，注意要填写齐全。

② 施工单位检查结果栏。由填表人依据分项工程验收记录填写，填写符合要求或合格。

③ 监理单位验收结论栏。由填表人依据分项工程验收记录填写，同意项填写合格或符合要求。

(5) 质量控制资料。

① 质量控制资料栏应按单位(子单位)工程质量控制资料核查记录来核查，但是各专业只需要检查表内对应本专业的那部分相关内容，不需要全部检查表内所列内容，也未要求在分部工程验收时填写该表。

② 核查时，应对资料逐项核对检查，应核查下列几项：一是查资料是否齐全，有无遗漏；二是查资料的内容有无不合格项；三是资料横向是否相互协调一致，有无矛盾；四是资料的分类整理是否符合要求，案卷目录、份数页数及装订等有无缺漏；五是各项资料签字是否齐全。

③ 当确认能够基本反映工程质量情况，达到保证结构安全和使用功能的要求，该项即可通过验收。全部项目都通过验收，即可在施工单位检查结果栏内填写检查结果，标注检查合格，并说明资料份数，然后送监理单位或建设单位验收，鉴定为总监理工程师组织审查，如认为符合要求，则在验收结论栏内签注验收合格意见。

④ 对一个具体工程，是按分部工程还是按子分部工程进行资料验收，需要根据具体工程的情况自行确定。

(6) 安全和功能检验结果栏应根据工程实际情况填写。

安全和功能检验是指按规定或约定需要在竣工时进行抽样检测的项目。这些项目凡能在分部工程(子分部)工程验收时进行检测的，应在分部(子分部)工程验收时进行检测。具体检测项目可按单位(子单位)工程安全和功能检验资料核查及主要功能抽查记录中相关内容在开工前加以确定。设计有要求或合同有约定的，按要求或约定执行。

在核查时，要检查开工之前确定的检测项目是否全部进行了检测。要逐一对每份检测报告进行核查，主要核查每个检测项目的检测方法、程序是否符合有关标准规定；检测结论是否达到规范的要求；检测报告的审批程序及签字是否完整等。

如果每个检测项目都通过审查，施工单位即可在检查结果中标注检查合格，并说明资料份数。由项目负责人送监理单位验收，总监理工程师组织审查，认为符合要求后，在验收结论栏内标注验收合格意见。

(7) 观感质量检验结果栏的填写应符合工程的实际情况。

只作定性判定，不再作量化打分。观感质量等级分为好、一般、差。好、一般均为合格，差为不合格，需要修理或返工。

观感质量检查的主要方法是观察。除了检查外观外，还应对能启动、运转或打开的部位进行启动或打开检查。并注意应尽量做到全面检查，对屋面、地下室及各类代表性的房间、部位都应查到。

观感质量检查首先由施工单位项目负责人组织施工单位人员进行现场检查，检查合格后填表，由项目负责人签字后交监理单位验收。

监理单位总监理工程师组织对观感质量进行验收，并确定观感质量等级。认为达到好或一般，均视为合格。在观感质量验收结论中填写好或一般，评为差的项目，应由施工单位修理或返工。如确实无法修理，可经协商实行让步验收，并在验收中注明，由于让步验收意味着工程留下永久性缺陷，故应尽量避免出现这种情况。

(8) 综合验收结论的填写。

由总监理工程师与各方协商，确认符合规定，取得一致意见后，按表中备栏分项填写。可在综合验收结论栏填写××分部工程验收合格。

当出现意见不一致时，应由总监理工程师与各方协商，对存在的问题，提出处理意见或解决办法，待问题解决后再填表。

(9) 签字栏制表时已经列出了需要签字的参加工程建设的有关单位。应由各方参加验收的代表亲自签名，以示负责，通常不需要盖章。勘察、设计单位需参加地基与基础分部工程质量验收，由其项目负责人亲自签认。

设计单位需参加主体结构和建筑节能分部工程质量验收，由设计单位的项目负责人亲自签认。

施工方总承包单位由项目负责人亲自签认，分包单位不用签字，但需参加其负责分部工程的验收。

监理单位作为验收方，由总监理工程师亲自签认验收。未委托监理单位的工程，可由建设单位项目技术负责人亲自签认验收。

4.7.5 建筑节能工程质量验收记录

1. 设计图纸和变更文件

此项内容采用图样会审记录、设计变更通知单、工程(技术)洽商记录进行记录整理。

2. 设计与施工执行标准、文件

应有经施工图审查机构审查合格，并向建设行政主管部门备案的设计文件；施工中应有执行的标准、规范、规定及有关文件以及节能专项施工技术方案和施工工艺、施工技术交底等。

3. 材料及配件出厂质量证明文件、技术性能检测报告、进场验收记录

材料及配件进场时，生产厂家应提供具有中文标志的出厂合格证、型式检验报告等质

量证明文件，并确认其是否与实际进场材料相符；节能工程使用材料及配件等进场后，施工单位应进行检查，符合要求后填写原材料、构配件、设备进场验收记录，并报项目监理部和建设单位，共同进行进场验收。

4. 材料及配件的抽检复试报告

(1) 墙体节能工程采用的保温材料和黏结材料等，进场时应对其下列性能进行复验，复验应为见证取样送检。

① 保温材料的热导率、密度、抗压强度；

② 黏结材料的黏结强度；

③ 增强网的力学性能、抗腐蚀性能。

(2) 幕墙节能工程使用的材料、构件等进场时，应对其下列性能进行复验，复验应为见证取样送检。

① 保温材料热导率、密度；

② 幕墙玻璃可见光透射比、传热系数、遮阳系数、中空玻璃露点；

③ 隔热型材抗拉强度、抗剪强度。

(3) 建筑外窗进入施工现场时，应按地区类别对其下列性能进行复验，复验应为见证取样送检。

① 严寒、寒冷地区气密性、传热系数和中空玻璃露点；

② 夏热冬冷地区气密性、传热系数、玻璃遮阳系数、可见光透射比、中空玻璃露点；

③ 夏热冬暖地区气密性、玻璃遮阳系数、可见光透射比、中空玻璃露点。

检验方法：随机抽样送检，核查复验报告。

(4) 屋面节能工程使用的保温隔热材料，进场时应对其热导率、密度、抗压强度、燃烧性能进行复验，复验应为见证取样送检。

(5) 地面节能工程采用的保温材料，进场时应对其热导率、密度、抗压强度、燃烧性能进行复验，复验应为见证取样送检。

5. 各分项的隐蔽验收记录

(1) 墙体节能工程应对下列部位或内容进行隐蔽工程验收，并应有详细的文字记录和必要的图像资料。

① 保温层附着的基层及其表面处理；

② 保温板黏结或固定；

③ 锚固件；

④ 增强网铺设；

⑤ 墙体热桥部位处理；

⑥ 预置保温板或预制保温墙板的板缝及构造节点；

⑦ 现场喷涂或浇筑有机类保温材料的界面；

⑧ 被封闭的保温材料厚度；

⑨ 保温隔热砌块填充墙体。

(2) 幕墙节能工程施工中应对下列部位或项目进行隐蔽工程验收，并应有详细的文字记录和必要的图像资料。

① 被封闭的保温材料厚度和保温材料的固定；

② 幕墙周边与墙体的接缝处保温材料的填充；

③ 构造缝、结构缝；

④ 隔汽层；

⑤ 热桥部位、断热节点；

⑥ 单元式幕墙板块间的接缝构造；

⑦ 冷凝水收集和排放构造；

⑧ 幕墙的通风换气装置。

(3) 建筑外门窗工程施工中，应对门窗框与墙体接缝处的保温填充做法进行隐蔽工程验收，并应有隐蔽工程验收记录和必要的图像资料。

(4) 屋面保温隔热工程应对下列情况进行隐蔽工程验收，并应有详细的文字记录和必要的图像资料。

① 基层；

② 保温层的铺设方式、厚度，板材缝隙填充质量；

③ 屋面热桥部位；

④ 隔汽层。

(5) 地面节能工程应对下列部位进行隐蔽工程验收，并应有详细的文字记录和必要的图像资料。

① 基层；

② 被封闭的保温材料厚度；

③ 保温材料黏结；

④ 隔断热桥部位。

6. 各检验批、分项、子分部的验收记录

建筑节能分部工程包含围护系统节能、供暖空调设备及管网节能、电气动力节能、监控系统节能和再生能源五个子分部；其中围护系统子分部分为墙体节能、幕墙节能、门窗节能、屋面节能、地面节能五个分项工程。

(1) 墙体节能工程验收的检验批划分。

① 采用相同材料、工艺和施工做法的墙面，每 500～1000 m² 面积划分为一个检验批，不足 500 m² 也为一个检验批；

② 检验批的划分也可根据与施工流程相一致且方便施工与验收的原则，由施工单位与监理(建设)单位共同商定。

(2) 幕墙工程验收的检验批划分。

① 相同设计、材料、工艺和施工条件的幕墙工程每 500～1000 m² 应划分为一个检验批，不足 500 m² 也应划分为一个检验批；

② 同一单位工程的不连续的幕墙工程应单独划分检验批；

③ 对于异型或有特殊要求的幕墙，检验批的划分应根据幕墙的结构、工艺特点及幕墙工程规模，由监理单位(或建设单位)和施工单位协商确定。

(3) 建筑外门窗工程的检验批划分。

① 同一厂家的同一品种、类型、规格的门窗及门窗玻璃每 100 樘划分为一个检验批，

不足 100 樘也为一个检验批。

② 同一厂家的同一品种、类型和规格的特种门窗每 50 樘划分为一个检验批,不足 50 樘也为一个检验批。

③ 对于异型或有特殊要求的门窗,检验批的划分应根据其特点和数量,由监理(建设)单位和施工单位协商确定。

(4) 屋面保温工程的检验批划分。

① 采用相同材料、工艺和施工做法的保温隔热工程,按屋面面积每 $500\sim1000\ m^2$ 划分为一个检验批,不足 $500\ m^2$ 也为一个检验批。每个检验批的抽检数量,应按屋面面积 $100\ m^2$ 抽查 1 处,每处应为 $10\ m^2$,且不得少于 3 处。热桥部位的保温做法全数检查。

防火隔离带采用相同材料、工艺和施工做法时,应以每个屋面带长 100m 划分为一个检验批,不足 100 m 也为一个检验批。

② 检验批的划分也可根据与施工流程相一致且方便施工与验收的原则,由施工单位与监理(建设)单位共同商定。

(5) 地面节能分项工程检验批划分。

① 当面积超过 $200\ m^2$ 时,每 $200\ m^2$ 可划分为一个检验批,不足 $200\ m^2$ 也为一个检验批。

② 不同构造做法的地面节能工程应单独划分检验批。

(6) 建筑节能工程的检验批质量验收合格,应符合下列规定:

① 检验批应按主控项目和一般项目验收。

② 主控项目应全部合格。

③ 一般项目应合格,当采用计数检验时,至少应有 90%以上的检查点合格,且其余检查点不得有严重缺陷。

④ 应具有完整的施工操作依据和质量验收记录。

(7) 建筑节能分项工程质量验收合格,应符合下列规定:

① 分项工程所含的检验批均应合格。

② 分项工程所含检验批的质量验收记录应完整。

(8) 建筑节能分部工程质量验收合格,应符合以下规定:

① 分项工程应全部合格。

② 质量控制资料应完整。

③ 外墙节能构造现场实体检验结果应符合设计要求。

④ 严寒、寒冷和夏热冬冷地区的外窗气密性现场实体检测结果应合格。

⑤ 建筑设备工程系统节能性能检测结果应合格。

7. 施工记录

应包括抽检(验)记录、交接检记录等。

8. 质量问题的处理记录

施工单位自检的质量问题的处理记录、监理(建设)等单位检查出具的质量通知单的整改处理情况记录等。

9. 其他应提供的资料

节能工程专项验收的组织、程序及验收结果记录,会议纪要等。

4.8　竣工验收资料

竣工验收资料是指在竣工验收过程中形成的资料，主要包括单位(子单位)工程质量竣工验收记录、单位(子单位)工程质量控制资料核查记录、单位(子单位)工程安全和功能检验资料核查记录、单位(子单位)工程观感质量检查记录四大类资料。

4.8.1　单位(子单位)工程质量竣工验收记录

1. 单位(子单位)工程质量竣工验收记录样例

单位(子单位)工程质量竣工验收记录样例如表 4-78 所示。

表 4-78　单位(子单位)工程质量竣工验收记录

工程名称	×××大学行政大楼工程	结构类型	框剪	层数/建筑面积	地下 1 层，地上 10 层
施工单位	××建设公司	技术负责人	×××	开工日期	2012 年 2 月 12 日
项目负责人	×××	项目技术负责人	×××	完工日期	2013 年 2 月 12 日

序号	项目	验收记录	验收结论
1	分部工程验收	共 10 分部，经查符合设计及标准规定 10 分部	所有分部工程质量验收合格
2	质量控制资料核查	共 45 项，经核查符合规定 45 项	质量控制资料全部符合有关规定
3	安全和使用功能核查及抽查结果	共核查 33 项，符合规定 33 项，共抽查 10 项，符合规定 10 项	核查及抽查项目全部符合规定
4	观感质量验收	共抽查 27 项，达到好和一般的 27 项	好
综合验收结论		工程质量合格，符合设计和规范要求	

参加验收单位	建设单位	监理单位	设计单位	施工单位	勘察单位
	(公章) 项目负责人： ××× ××××年 ××月××日	(公章) 总监理工程师： ××× ××××年 ××月××日	(公章) 项目负责人： ××× ××××年 ××月××日	(公章) 项目负责人： ××× ××××年 ××月××日	(公章) 项目负责人： ××× ××××年 ××月××日

2. 填写说明及要求

单位(子单位)工程质量竣工验收记录是一个建筑工程项目的最后一份验收资料，应由施工单位填写。

单位工程完工，施工单位组织自检合格后，应报请监理单位进行工程预验收，通过后向建设单位提交工程竣工验收报告并填报单位(子单位)工程质量竣工验收记录。建设单位应组织设计单位、监理单位、施工单位、勘察单位等进行工程质量竣工验收并记录，验收记录上各单位必须签字并加盖公章，验收签字人员应由相应单位法人代表书面授权。

进行单位(子单位)工程质量竣工验收时，施工单位应同时填报单位(子单位)工程质量控制资料核查记录、单位(子单位)工程安全和功能检验资料核查记录、单位(子单位)工程观感质量检查记录，作为单位(子单位)工程质量竣工验收记录的附表。

(1) 表头填写。

① 工程名称。应填写工程全称，不允许缩写，并与其他工程资料反映的工程名称一致。如为群体工程，则按群体工程名称—单位工程名称形式填写，子单位工程标出该部分的具体位置。

② 结构类型。应与设计文件(施工图、设计说明)相一致。

③ 层数/建筑面积。应分别注明地下与地上的层数，并与设计文件(施工图、设计说明)的层数/建筑面积相一致；工程规模如发生变更(有正式变更手续)，应填写实际竣工时的层数/建筑面积。

④ 施工单位及技术负责人。施工单位栏应填写总包单位名称，或与建设单位签订合同专业承包单位名称，宜写全称，并与合同上公章名称一致，并注意各表格填写的名称应相互一致；技术负责人栏应填写施工单位主管技术的负责人姓名。表头中人名由填表人填写即可，只是标明具体的负责人，不用本人签字。

⑤ 项目负责人及项目技术负责人。项目负责人栏填写合同中指定的项目负责人名称；项目技术负责人栏填写本工程项目的技术负责人姓名。表头中人名由填表人填写即可，只是标明具体的负责人，不用本人签字。

⑥ 开工日期填写开工报告中的开工日期，完工日期应与施工合同或工期变更手续的日期相吻合。

(2) 分部工程验收栏应根据各分部工程质量验收记录填写。要对应所包含各分部工程，由竣工验收组成员共同逐项核查。对表中内容如有异议，应对工程实体进行检查或测试。

核查并确认合格后，由监理单位在验收记录栏注明共验收了几个分部，符合标准及设计要求的有几个分部，并在右侧的验收结论栏内填入具体的验收结论。

(3) 质量控制资料核查栏应根据单位(子单位)工程质量控制资料核查记录的核查结论填写。建设单位组织由各方代表组成的验收组成员，或委托总监理工程师，按照单位(子单位)工程质量控制资料核查记录的内容，对资料进行逐项核查。确认符合要求后，在单位(子单位)工程质量竣工验收记录右侧的验收结论栏内，填写具体验收结论。

(4) 安全和使用功能核查及抽查结果栏应根据单位(子单位)工程安全和功能检验资料核查记录的核查结论填写。对于分部工程验收时已经进行了安全和功能检测的项目，单位工程验收不再重复检测。但要核查以下内容：

① 单位工程验收时按规定、约定或设计要求，需要进行的安全和功能检测项目是否都进行了检测，具体检测项目有无遗漏。

② 抽测的程序、方法是否符合规定。

③ 抽测结论是否达到设计要求及规范规定。

经核查认为符合要求的，在单位(子单位)工程质量竣工验收记录中的验收结论栏填写符合要求的结论。如果发现某些抽测项目不全，或抽测结果达不到设计要求，可进行返工处理，使之达到要求。

(5) 观感质量验收栏根据单位(子单位)工程观感质量检查记录的检查结论填写。

参加验收的各方代表，在建设单位主持下，对观感质量抽查，共同作出评价。如确认没有影响结构安全和使用功能的项目，符合或基本符合规范要求，应评价为好或一般，如果某项观感质量被评价为差，应进行修理。如果确难修理时，只要不影响结构安全和使用功能的，可采用协商解决的方法进行验收，并在验收表格上标注。

(6) 综合验收结论栏应由参加验收各方共同商定，并由建设单位填写，主要对工程质量是否符合设计和规范要求及总体质量水平作出评价。

(7) 签认及公章要求。建设单位和设计单位由项目负责人签认；监理单位由项目总监理工程师签认；施工单位由单位负责人签认。签认后加盖各单位的法人公章，不得使用项目专用章。

4.8.2　单位(子单位)工程质量控制资料核查记录

1. 单位(子单位)工程质量控制资料核查记录样例

单位(子单位)工程质量控制资料核查记录样例如表 4-79 所示。

表 4-79　单位(子单位)工程质量控制资料核查记录

工程项目		×××大学行政大楼工程		施工单位		××建设公司	
序号		资料名称	份数	施工单位		监理(建设)单位	
				核查意见	核查人	核查意见	核查人
1	建筑与结构	图纸会审记录、设计变更通知单、工程洽商记录	28	齐全有效	×××	合格	×××
2		工程定位测量、放线记录	56	齐全有效		合格	
3		原材料出厂合格证书及进场检验、试验报告	226	齐全有效		合格	
4		施工试验报告及见证检测报告	126	齐全有效		合格	
5		隐蔽工程验收记录	136	齐全有效		合格	
6		施工记录	116	齐全有效		合格	
7		地基、基础、主体结构检验及抽样检测资料	56	齐全有效		合格	
8		分项、分部工程质量验收记录	12	齐全有效		合格	
9		工程质量事故调查处理资料	/	齐全有效		/	
10		新技术论证、备案及施工记录	2	齐全有效		合格	
...	...	...	...	...	...	...	...
结论：工程资料齐全、有效，各种施工试验、系统调试记录等符合有关规范规定，工程质量控制资料核查通过，同意验收。							
施工单位项目负责人：×××　　　　　　　　　　总监理工程师：××× 　　　　　　　　　　　　　　　　　　　　　　　　　　　2022 年 2 月 12 日							

2. 填写说明及要求

单位(子单位)工程质量控制资料是单位工程综合验收的一项重要内容，核查目的是强调建筑结构设备性能、使用功能方面主要技术性能的检验。其每一项资料包含的内容，就是单位工程包含的有关分项工程中检验批主控项目、一般项目要求内容的汇总。对一个单位工程全面进行质量控制资料核查，可以防止局部错漏，从而进一步加强工程质量的控制。

本表由施工单位按照所列质量控制资料的种类、名称进行检查，并填写份数，然后提交给监理单位验收。本表其他各栏内容先由施工单位进行自查和填写。监理单位应按分部(子分部)工程逐项核查，独立得出核查结论。监理单位核查合格后，在核查意见栏填写对资料核查后的具体意见如齐全、符合要求。施工单位具体核查人员在核查人栏签字。

总监理工程师确认符合要求后，在表下部结论栏内，填写对资料核查后的综合性结论。施工单位项目负责人应在表下部结论栏内签字确认。

4.8.3 单位(子单位)工程安全和功能检验资料核查记录

1. 单位(子单位)工程安全和功能检验资料核查记录样例

单位(子单位)工程安全和功能检验资料核查记录样例如表 4-80 所示。

表 4-80 单位(子单位)工程安全和功能检验资料核查记录

工程名称		×××大学行政大楼工程		施工单位	××建设公司	
序号	项目	安全和功能检查项目	份数	核查意见	抽测结果	检查(抽查)人
1	建筑与结构	地基承载力检验报告	2	完整、有效		施工单位(×××) 监理单位(×××)
2		桩基承载力检验报告	3	完整、有效		
3		混凝土强度试验报告	12	完整、有效	抽查 5 处，合格	
4		砂浆强度试验报告	2	完整、有效		
5		主体结构尺寸、位置抽查记录	5	完整、有效		
6		建筑物垂直度、标高、全高测量记录	2	完整、有效	抽查 5 处，合格	
7		屋面淋水或蓄水试验记录	10	完整、有效	抽查 1 处，合格	
8		地下室渗漏水检测记录	10	完整、有效		
9		有防水要求的地面蓄水试验记录	16	完整、有效	抽查 5 处，合格	
10		抽气(风)道检查记录	18	完整、有效	抽查 2 处，合格	
11		幕墙气密性、水密性、耐风压检测报告	2	完整、有效		
12		外窗气密性、水密性、耐风压检测报告	3	完整、有效		
13		建筑物沉降观测测量记录	12	完整、有效		
14		节能、保温测试记录	5	完整、有效		
15		室内环境检测报告	10	完整、有效		
16		土壤氡气浓度检测报告	1	完整、有效		
…	…	…	…	…	…	…
结论：资料齐全有效，抽查结果全部合格。						
施工单位负责人：×××　　　　　　　　　　　　总监理工程师：×××						
2022 年 2 月 12 日　　　　　　　　　　　　　　2022 年 2 月 12 日						

注：抽查项目由验收组协商确定。

2. 填写说明及要求

建筑工程投入使用，最为重要的是要确保安全和满足功能性要求。涉及安全和使用功能的分部工程应有检验资料，施工验收对能否满足安全和使用功能的项目进行强化验收，对主要项目进行抽查记录，填写单位(子单位)工程安全和功能检验资料核查记录。

抽查项目是在核查资料文件的基础上，由参加验收的各方人员确定，然后按有关专业工程施工质量验收规范进行检查。安全和功能的各项主要检测项目，如表4-81所示。如果设计或合同有其他要求，经监理认可后可以补充。

安全和功能的检测，如果条件具备，应在分部工程验收时进行。分部工程验收时凡已经做过的安全和功能检测项目，单位工程竣工验收时不再重复检测。只核查检测报告是否符合有关规定。如核查检测项目是否有遗漏；抽测的程序、方法是否符合规定；检测结论是否达到设计要求及规范规定；如果某个项目抽测结果达不到设计要求，应允许进行返工处理，使之达到要求再填表。

表4-81 安全和功能检验资料核查及主要功能抽查项目

序号	分部工程	子分部工程	资料核查及功能抽查项目
1	地基与基础	地基处理	强度、承载力试验报告
		桩基础	人工桩：桩位偏差测量记录，斜桩倾斜度测量记录
			灌注桩：桩位偏差测量记录，桩顶标高测量记录，混凝土试块试验报告，工程桩承载力试验报告
		地下防水	渗漏水检测记录
2	主体结构	混凝土结构	结构实体混凝土同条件养护试件强度试验报告
			结构实体混凝土回弹—取芯法强度检测报告
			结构实体钢筋保护层厚度检测报告
			结构实体位置与尺寸偏差测量记录
		砌体结构	填充墙砌体植筋锚固力检测报告
			转角交接处、马牙槎混凝土检查
			砂浆饱满度
			空心砌块芯柱混凝土
		钢结构	钢材、焊材、高强度螺栓连接复验报告
			摩擦面抗滑移系数试验报告
			金属屋面系统抗风能力试验报告
			焊缝无损探伤检测报告
			地脚螺栓和支座安装检查记录
			防腐及防火涂装厚度检测报告
			主要构件安装精度检查记录
			主体结构整体尺寸检查记录
		木结构	结构形式、结构布置、构件尺寸
			钉连接、螺栓连接规格、数量
			胶合木类别、组坯方式、胶缝完整性、层板指接
			防火涂料及防腐、防虫药剂
		铝合金结构	焊缝质量
			高强螺栓施工质量
			柱脚及网架支座检查
			主要构件变形
			主体结构尺寸

序号	分部工程	子分部工程	资料核查及功能抽查项目
3	装饰装修	地面	防水地面蓄水试验、形成试验记录，验收时抽查复验 砖、石材、板材、地毯、胶、涂料等材料具有环保证明文件
		门窗	建筑外窗的气密性、水密性和抗风压性能检验报告
		饰面板	后置埋件现场拉拔力检验报告
		幕墙	聚硅氧烷结构胶相容性、剥离黏结性检验报告 后置埋件和槽式预埋件的现场拉拔力检验报告 气密性、水密性、耐风压性能及平面变形性能检验报告
		环境	室内环境质量检测报告 土壤氡浓度检测报告 建筑材料放射性元素检验报告 装饰材料有害物质含量检验报告
4	屋面	防水与密封	雨后持续 2 h 淋水检验记录 檐沟、天沟 24 h 蓄水检验记录 特殊要求时进行专项验收
5	建筑节能	维护系统节能	外墙节能构造检查记录或热工性能检验报告

4.8.4　单位(子单位)工程观感质量检查记录

1. 单位(子单位)工程观感质量检查记录样例

单位(子单位)工程观感质量检查记录样例如表 4-82 所示。

表 4-82　单位(子单位)工程观感质量检查记录

工程名称	×××大学行政大楼工程		施工单位	××建设公司	
序号		项目	抽查质量状况		质量评价
1	建筑与结构	主体结构外观	共检查10点，好9点，一般1点，差0点		好
2		室外墙面	共检查10点，好8点，一般2点，差0点		好
3		变形缝、雨水管	共检查10点，好7点，一般3点，差0点		好
4		屋面	共检查10点，好5点，一般5点，差0点		一般
5		室内墙面	共检查10点，好9点，一般1点，差0点		好
6		室内顶棚	共检查10点，好8点，一般2点，差0点		好
7		室内地面	共检查10点，好7点，一般3点，差0点		好
8		楼梯、踏步、护栏	共检查10点，好6点，一般4点，差0点		好
9		门窗	共检查10点，好5点，一般5点，差0点		一般
10		雨罩、台阶、坡道、散水	共检查10点，好6点，一般4点，差0点		好
…	…	…	…		…
观感质量综合评价			好		
结论：评价为好，观感质量验收合格。					
施工单位项目负责人：×××　　　　　　　　　　　　总监理工程师：×××					
2022 年 2 月 12 日　　　　　　　　　　　　　　　　2022 年 2 月 12 日					

2. 相关说明及要求

工程观感质量检查，是在工程全部竣工后进行的一项重要验收工作。它全面评价一个单位工程的外观及使用功能质量，促进施工过程的管理、成品保护，以提高社会效益和环境效益。观感质量检查绝不是单纯的外观检查，而是实地对工程的全面检查。

《建筑工程施工质量验收统一标准》规定，单位工程的观感质量验收，分为好、一般、差三个等级。观感质量检查的方法、程序、评判标准等，均与分部工程相同，不同的是检查项目较多，属于综合性验收。主要内容包括：核查质量控制资料，检查检验批、分项、分部工程验收的正确性，对在分项工程中不能检查的项目进行检查，核查各分部工程验收后到单位工程竣工验收之间，工程的观感质量有无变化、损坏等。

本表由总监理工程师组织参加验收的各方代表，按照表中所列内容，共同实地检查，协商得出质量评价、综合评价和验收结论意见。

参加验收的各方代表，经共同实地检查，如果确认没有影响结构安全和使用功能等问题，可共同商定评价意见。评价为好和一般的项目，由总监理工程师在观感质量综合评价栏填写好或一般，并在结论栏内填写工程观感质量综合评价为好(或一般)，验收合格。

如有评价为差的项目，属于不合格项，应予以返工修理。这样的观感检查项目修理后需要重新检查验收。

抽查质量状况栏，可填写具体检查数据。当数据少时，可直接将检查数据填在表格内；当数据多时，可简要描述抽查的质量状况，但应将原始记录附在本表后面。

质量评价规则：考虑现场协商，也可按如下评价规则确定。

(1) 观感检查项目评价。

① 有差评，则项目评价为差；

② 无差评，好评百分率≥60%，评价为好；

③ 其他，评价为一般。

(2) 分部／单位工程观感综合评价。

① 检查项目有差评，则综合评价为差；

② 检查项目无差评，好评百分率≥60%，评价为好；

③ 其他，评价为一般。

本 章 习 题

1. 请画出施工物资资料管理的流程图。
2. 简述开工报告中开工条件说明的填写内容。
3. 简述施工组织设计主要内容。
4. 出厂合格证及质量证明文件收集原则是什么？
5. 简述混凝土试块取样与留置的要求。
6. 图纸会审的主要内容是什么？
7. 隐蔽工程检查验收记录包括哪些内容？
8. 如何填写单位工程、分部分项工程质量竣工验收记录？

9. 简述建筑节能工程质量验收资料应包括的内容。

10. 简述单位工程质量验收组织与程序。

11. 地基与基础工程质量验收的组织者及参加者有哪些？

12. 门窗工程安全和功能检测项目有哪些？

13. 【工程案例分析】某机电安装工程组建某锅炉房机电安装工程项目经理部，总工期为 10 个月，项目负责人编制了该单位工程施工进度计划，并经授权人批准后组织实施。

问题：(1) 该工程的施工进度计划的实施，项目经理部应按期编制哪些施工进度计划？
(2) 在施工进度计划实施过程中，应做哪些工作？

14. 【工程案例分析】某商业建筑工程，地上六层，砂石地基，砖混结构，建筑面积 24 000 m^2，外窗采用铝合金窗，内外采用金属门。在施工过程中发生了如下事件：

事件一：监理工程师对门窗工程检查时发现，外窗未进行三性检查，内门采用"先立后砌"安装方式，外窗采用射钉固定安装方式。监理工程师对存在的问题提出整改要求。

事件二：建设单位在审查施工单位提交的工程验收资料时，发现工程资料有涂改，违规使用复印件等情况，要求施工单位进行整改。

事件三：在竣工验收时，建设单位要求施工单位总承包单位和装饰装修工程分包单位将各自的工程资料向项目监理机构移交，由项目监理机构汇总后向建设单位移交。

问题：(1) 事件一中，建筑外墙铝合金窗的三性试验是指什么？分别写出纠正错误安装方式的正确做法。

(2) 根据事件二，分别写出工程验收资料在修改以及使用复印件时的正确做法。

(3) 事件三中，建设单位提出工程竣工资料移交的要求是否妥当？若有不妥，请给出正确的做法。

第 5 章　竣工图、竣工验收及备案资料

专业知识目标

1. 了解竣工验收程序、竣工验收备案程序。
2. 理解竣工验收报告、竣工验收备案文件。
3. 掌握竣工图编制要求、绘制要求及方法。

职业技能目标

1. 能编制竣工图。
2. 能整理竣工验收备案文件。

相关知识

《房屋建筑和市政基础设施工程竣工验收备案管理办法》规定，建设单位在工程竣工验收合格之日起 15 日内未办理工程竣工验收备案的，备案机关责令限期改正，处 20 万元以上 50 万元以下罚款。

建设单位将备案机关决定重新组织竣工验收的工程，在重新组织竣工验收前擅自使用的，备案机关责令停止使用，处工程合同价款 2%以上 4%以下罚款。

建设单位采用虚假证明文件办理工程竣工验收备案的，工程竣工验收无效，备案机关责令停止使用，重新组织竣工验收，处 20 万元以上 50 万元以下罚款；构成犯罪的，依法追究刑事责任。备案机关决定重新组织竣工验收并责令停止使用的工程，建设单位在备案之前已投入使用或者建设单位擅自继续使用造成使用人损失的，由建设单位依法承担赔偿责任。

《城市地下管线工程档案管理办法》规定，因建设单位未移交地下管线工程档案，造成施工单位在施工中损坏地下管线的，建设单位依法承担相应的责任。

5.1　竣　工　图

随着我国经济的快速发展，城市建筑现代化、电气化、智能化程度及复杂程度越来越

高，同时地上建筑如林，地下管线如网，因而需要一套能够完整、准确、系统地反映建筑真实面貌的竣工档案，为今后的技术改造，工程后续管理、维修、改建、扩建提供准确的技术依据，为现代化城市规划、建设、管理提供现状和历史资料，为地上地下市政交叉工程设计、施工提供相互要求的条件。因而，竣工图即竣工资料的编制是一项重要而严肃的技术工作，是建筑工程技术管理的主要内容之一。

5.1.1　竣工图的概念及其作用

1. 竣工图的概念

竣工图是工程竣工后，真实反映建筑工程项目施工结果的图样，主要反映地上、地下建筑物、构筑物以及设备、工艺管道、电气、自动化仪表等安装工程的真实情况，是工程竣工验收的必备条件，也是工程维修、管理、改建、扩建的依据。它是工程建设完成后的主要凭证材料，也是国家的重要技术档案资料之一。各项新建、改建、扩建项目均必须编制竣工图。竣工图编制工作应由建设单位负责，也可由建设单位委托施工单位、监理单位、设计单位或其他单位来编制。

2. 竣工图的内容

竣工图应按单位工程，并根据专业、系统进行整理，包括以下内容：

(1) 工程总体布置图、位置图，地形复杂者应附竖向布置图。

(2) 建筑竣工图、幕墙竣工图。

(3) 结构竣工图、钢结构竣工图。

(4) 建筑给水、排水与采暖竣工图、通风空调竣工图。

(5) 建筑电气竣工图、燃气竣工图、消防竣工图。

(6) 电梯竣工图、智能建筑竣工图(综合布线、保安监控、电视天线、火灾报警、气体灭火等)。

(7) 地上部分的道路、绿化、庭院照明、喷泉、喷灌等竣工图。

(8) 地下部分的各种市政、电力、电信管线等竣工图。

3. 竣工图的作用

(1) 竣工图是进行新建、改建、扩建、工程管理维修的技术依据。工程项目在开始建设时，一般要通过查阅原工程竣工图或实地调查，来了解周围工程的概况。特别是在敷设地下管线或进行隐蔽工程维修时，一定要通过竣工图来掌握原地下管线的走向、管径、标高和转折点、交叉点的详细位置。因使用功能上的需要进行改建、扩建就必须通过竣工图弄清楚它的基础及结构形式，如该楼是框架结构还是砖混结构，对于砖混结构要拆除某砖墙就必须考虑此墙是承重墙还是非承重墙，是否能再承受扩建或加层后的荷载等，否则盲目地拆除承重墙或者加层增加楼房自重都是非常危险的，必将造成重大安全隐患。另外，随着生产的发展、居民生活水平的提高和建筑物使用年限的延长，必将对原有建筑的电线电缆、给排水管线等进行维修增容，因而也必须通过完整准确的竣工图来获得原有的管线位置、管沟大小等。

(2) 竣工图是城市规划、建设、管理等工作的重要依据。随着城市现代化程度的不断提高，地下管线密如蛛网，各种隐蔽工程越来越多，在城市规划、建设、管理工作中，特别是在城市的地下建筑和地下管线空间的规划中，完整准确的竣工图是必不可少的基础资料。众所周知，2000 年冬季发生在西安莲湖路的天然气地沟爆炸事故，就是因为天然气管道与电力通信线路规划的安全距离不够，因天然气泄漏的浓度增加，电力通信线路的放电火花引起地沟爆炸。类似问题还有管线位置变更没有改绘标注，新的管线又规划在同一位置，施工时经常发生挖断光缆、电力电缆、输水管线等事故造成经济损失和人员伤亡。因此，必须借助于竣工图来合理地安排新建地下建筑物和地下管线的布置，协调新旧建筑物之间、工程项目计划与城市规划之间、各类管线之间的相互关系，以实现城市规划、建设管理的有序进行。

(3) 竣工图是司法鉴定裁决建筑纠纷的法律凭证。竣工图是对工程质量及安全事故纠纷处理的重要技术依据。对一个重大的工程质量事故进行技术鉴定，首先要对工程图纸进行核对，检查施工单位是否严格按图施工，有变更的部位是否经过设计同意，签字手续是否完备；其次才是对设计计算、原材料是否合格、施工过程是否符合规范要求的检查。如 1999 年 1 月 4 日，重庆市綦江县人行虹桥因严重质量问题突然整体垮塌，造成 40 人死亡、受伤 14 人，直接经济损失 600 余万元的严重后果。在对此事故的调查中，国务院事故调查领导小组首先采取的一项措施是：封存虹桥项目所有工程监理资料以及竣工档案资料待查。从中不难看出建设工程竣工资料是何等的重要。竣工图具有司法鉴定裁决的法律凭证作用，对于最后的司法量刑，竣工图的法律凭证作用不可忽视。

(4) 竣工图是工程决算的依据。竣工图能准确定位已完成的工程量，复核认定已完成工程量的真实性，正确判定变更项目的合理性和合规性。《国家基本建设委员会关于编制基本建设工程竣工图的几项暂行规定》中要求：① 工程竣工验收必须绘制竣工图；② 竣工图不准确、不完整、不符合归档要求的不能交工验收。当然，没有通过验收的工程也是不能进行审计决算的。对已完成竣工图，且通过验收的工程项目，审计人员能从竣工图中正确判断计算出工程造价。总之，竣工图在投资审计决算中，与施工图、中标价、施工合同、施工签证、地方定额、当期材料价格等资料一样，具有同等重要的依据作用。

5.1.2　竣工图的编制要求及绘制方法

1. 竣工图的类型

根据工程的实际情况和绘制竣工图的方法不同，可以把竣工图的类型分为以下 4 种：

(1) 利用施工蓝图改绘的竣工图。

(2) 在硫酸纸图上修改晒制的竣工图。

(3) 重新绘制的竣工图。

(4) 用 CAD 绘制的竣工图。

2. 竣工图的编制要求

(1) 竣工图的编制应按照单位工程并根据专业的不同，系统地进行分类和整理。

(2) 凡是按照施工图施工的工程，由竣工图编制单位在施工图(干净的蓝图)的图签附近的空白处，加盖竣工图章，并由相关人员亲自签署姓名。

(3) 凡是一般性的图纸变更，编制单位可根据设计变更依据，在施工图上直接改绘。

(4) 凡是结构形式、工艺、平面布置、项目等发现的重大改变或变更部分不能在原施工图上改绘的，应重新绘制竣工图，加盖竣工图章。重新绘制的图纸必须有图名和图号，图号可按原图编号。

(5) 凡是用于改绘竣工图的图纸，都必须是新蓝图或绘图仪绘制的白图，不得使用旧图或复印的图纸。

(6) 各专业竣工图必须编制图纸目录，作废的图纸在目录上杠掉，补充的图纸必须在目录上列出图名和图号，加盖竣工图章并由相关人员亲自签署姓名。

(7) 竣工图必须符合有关制图标准的要求，绘制的竣工图必须准确、清楚、完整，能够真实地反映工程实际情况。

(8) 竣工图绘制的具体规定：

① 在施工图上改绘，不得使用涂改液涂抹、刀刮、补贴等方法修改图纸；

② 修改时，对字、线、墨水的使用，应按下列规定进行：一是字体及大小应与原图一致，严禁错字、别字、草字；二是一律使用绘图工具，不得徒手绘制；三是使用绘图笔或签字笔及不褪色的绘图墨水；四是凡将洽商图作为竣工图的，必须符合建筑制图要求，并作附图附在图纸之后。

3. 竣工图绘制的方法

1) 利用施工蓝图改绘的竣工图

在施工蓝图上一般采用杠(划)改、叉改法，局部修改可以圈出更改部位。在原图空白处绘出更改内容，所有变更处都必须引划索引线并注明更改依据。具体的改绘方法可视图面、改动范围和位置、繁简程度等实际情况而定。

(1) 取消、变更设计内容。

一是尺寸、门窗型号、设备型号、灯具型号、钢筋型号和数量、注解说明等数字、文字、符号的取消，可采用杠改法，即将取消的数字、文字、符号等用横杠杠掉，从修改的位置引出带箭头的索引线，在索引线上注明修改依据。例如"见×年×月×日设计变更通知单，×层结构图(结 2)中 Z15(Z16)柱断面图，(Z16)取消"。

二是隔墙、门窗、钢筋、灯具、设备等取消，可用叉改法和杠改法。例如 6 层⑧轴隔墙取消，可在隔墙的位置上打"×"；再如要把窗 C602 改为 C604，可在门窗型号及相关尺寸上打"杠"，再在其"杠"的上面标写 C604，并从修改处用箭头索引引出，注明修改依据。

(2) 增加、变更设计内容。

在建筑物某一位置增加隔墙、门窗、灯具、钢筋等均应在图上绘出，并注明修改依据。例如，某结构图中的一个剖面，钢筋原为 $4\phi18$，现改为 $6\phi18$ ，即在原来的基础上增加 $2\phi18$ 钢筋。其改绘方法，可将增加的钢筋画在该剖面要求的位置上，并注明更改依据。

(3) 当图纸的某个部位变化较大，或不能在原位置上改绘时，可以采用绘制大样图或另补绘图纸的方法。

① 画大样图的方法。在原图上标出应修改部位的范围后，再在图纸空白处绘出修改部位的大样图，并在原图改绘范围和改绘的大样图处注明修改依据。例如，一层厨房蕾台板。原设计为现浇混凝土板，现改为大理石，将修改的部位用 A 表示，并在图纸空白处绘

制大样图 A 即可。

② 另补绘图纸的方法。如果原图纸无空白处，可另用硫酸纸绘补图并晒成蓝图，或用绘图仪绘制白图附在原图之后，并在原修改位置和补绘的图纸上均注明修改依据，补图要有图名和图号。具体的做法是：在原图纸上画出修改范围，并注明修改依据和见某图(标明图号及图名)，在补图上也必须注明该图号和图名，并注明是原来某图(标明图号及图名)某部位的补图与修改依据。例如，某建筑二层结构平面 B～C 轴间楼板配筋修改需要重绘两轴间大样图，具体做法是：先在原图 B～C 轴间注明修改依据，并注明见结构补图××楼板配筋详图。然后另绘制楼板配筋详图。补图应注明图号(结补×)和图名，并且此补图可以包括几个修改大样图，在图纸说明中注明结构配筋详图为二层平面 B～C 轴间修改图。

2) 重新绘制竣工图

如果需要重新绘制竣工图，必须按照有关的制图标准和竣工图的要求进行绘制和编制。

(1) 要求重新绘制的竣工图与原图的比例相同，并且还应符合相关的制图标准，有标准的图框和内容齐全的图签，再加盖竣工图章。

(2) 用 CAD 绘制的竣工图，在电子版施工图上依据设计变更、工程洽商的内容进行修改，修改后用云图圈出修改部位，并在图中空白处做一个修改备考表，并且在其图签上必须有原设计人员签字。

3) 在硫酸纸图上修改晒制的竣工图

在原硫酸纸图上依据设计变更、工程洽商等内容用刮改法进行绘制，即用刀片将需要更改的部位刮掉，再用绘图笔绘制修改内容，并在图中空白处做一个修改备考表，注明变更、洽商编号(或时间)和修改内容，晒成竣工蓝图。

4) 竣工图加写说明

(1) 凡设计变更、洽商的内容在施工图上修改的，均应用绘图方法改绘在蓝图上，不再加写说明。如果修改后的图纸仍然有内容无法表示清楚，可用精练的语言适当加以说明。

(2) 图上某一种设备、门窗等型号的改变，涉及多处修改时，要对所有涉及的地方全部加以改绘，其修改依据可标注在一个修改处，但需在此处做简单说明。例如，某建筑采暖管道系统图中的所有 25 mm 管道全部改成 32 mm，或某建筑给水管道系统图上 50 mm 的闸板阀全部改成 50 mm 的球形阀，修改时每处的规格、型号、名称有变化的均应改正，但在标注修改依据时，可只注一处，并加以数量说明即可。

(3) 钢筋的代换，混凝土强度等级的改变，墙、板、内外装修材料的变更以及由建设单位自理的部分等，在图上修改难以用作图方法表达清楚时，可加注或用索引的形式加以说明。

(4) 凡是涉及说明类型的洽商，应在相应的图纸说明中使用设计规范用语反映洽商内容。

5.2　工程竣工验收资料

工程项目的竣工验收是全面检查合同执行情况、检验工程施工质量的重要环节。建筑工程项目竣工后由建设单位会同勘察、设计、施工、监理单位及工程质量监督部门，对该项目是否符合规划设计要求以及工程项目质量和技术资料进行全面审查验收工作，取得竣工合格资料、数据和凭证。如果工程项目已达到竣工验收标准，就可以进行竣工交接。

5.2.1 工程竣工验收应具备的条件

建设单位在收到施工单位提交的工程竣工报告(见表 5-1)，并具备以下条件后，方可组织勘察、设计、施工、监理等单位有关人员进行竣工验收：

(1) 完成工程设计和合同约定的各项内容。

(2) 施工单位在工程完工后对工程质量进行检查，确认工程质量符合有关法律、法规和工程建设强制性标准，符合设计文件及合同要求，并提出工程竣工报告。工程竣工报告应经项目经理和施工单位有关负责人审核签字。

表 5-1　工程竣工报告

工程名称：×××大学行政大楼工程

建筑面积	10 008 m²	建筑层数	地下 1 层，地上 10 层
工程地点	××××	工程造价	5238 万元
建设单位	××大学	勘察单位	×××
设计单位	××工程设计公司	监理单位	××公司
施工单位	××建设公司		

建设单位：××××

本单位确认：

一、完成工程设计和合同约定的各项内容。

二、建设行政主管部门及工程质量监督机构责令整改的问题全部整改完毕。

三、对工程质量进行了全面检查，工程质量符合有关法律、法规和工程建设控制强制性标准，符合设计文件及合同要求，工程质量达到合格标准(见附件单位工程质量综合评定表)。

四、技术资料完整，主要建筑材料、建筑构配件和设备的进场试验报告齐全。

五、已签署工程保修书(验收时送你单位)。

六、其他。

本单位认为工程已具备竣工验收条件，请你单位办理相关手续，于 2014 年 2 月 12 日进行竣工验收。

施工单位：××建设公司　　项目经理(签名)×××

企业技术负责人(签名)×××　　法人代表(签名)×××

2014 年 2 月 8 日

总监理工程师签署意见	工程已具备竣工验收条件，同意于 2014 年 2 月 12 日进行竣工验收。
	总监(签名)×××(公章)　　　　　　2014 年 2 月 8 日

(3) 对于委托监理的工程项目，监理单位对工程进行质量评估，具有完整的监理资料，并提出工程质量评估报告，如表 5-2 所示。工程质量评估报告应经总监理工程师和监理单位有关负责人审核签字。

表 5-2　工程质量评估报告

工程名称：×××大学行政大楼工程

建筑面积	10 008 m²	建筑层数	地下 1 层，地上 10 层
工程地点	××××	工程造价	5238 万元
建筑单位	××大学	勘察单位	×××
设计单位	××工程设计公司	监理单位	××监理公司
施工单位	××建设公司		

监理组织和实施：　施工现场设立了监理部，总监×××，总监代表×××，专业监理工程师×××、×××，监理员×××……施工现场不少于 2 名监理人员，本工程实行了全过程施工监理。
监理技术资料：　监理规划 1 份、监理细则 6 份、见证取样和送检方案 2 份、监理工作通知单 8 份、会议纪要 15 份、监理月报 12 份。
施工单位质量行为：　质量保证体系较健全，按照设计及施工质量验收规范要求组织施工，对施工过程经检查要求整改的施工质量问题进行了认真整改，最终达到了《建筑工程施工质量验收统一标准》要求的合格工程标准。
材料构配件、设备质量：　质量保证、控制资料齐全，均为合格产品。本单位工程质量保证、控制资料共计 173 份，其中 16 份安全和功能检测资料均为合格。
工程实体质量：　本工程所含分部工程共 10 个，均评定为合格工程，其中分项工程共 51 个验收评定为合格工程；检验批 251 个验收评定为合格。观感质量符合要求，质量等级验收评定为合格。
单位工程综合评价：　所含分部工程的质量验收合格，质量控制资料完整；所含分部工程有关安全和功能检测资料完整；主要功能的抽查结果符合相关专业质量验收规范规定；观感质量符合要求，故本单位工程验收为合格工程，并同意交付使用，请业主组织验收。
监理单位(盖章)　　　　　总监：(签名)×××　　　　　法人代表：(签名)×××

(4) 勘察、设计单位对勘察、设计文件及施工过程中由设计单位签署的设计变更通知书进行检查，并提出质量检查报告。质量检查报告应经该项目勘察、设计负责人和勘察、设计单位有关负责人审核签字。工程勘察质量检查报告见表 5-3，工程设计质量评估报告见表 5-4。

表 5-3　工程勘察质量检查报告

工程名称	×××大学行政大楼工程	工程用途	办公
建筑面积	10 008 m²	结构类型	框剪
桩基类型	预应力管桩	基础类型	筏板基础
勘察单位	××××	监理单位	××监理公司
施工单位	××建设公司	桩基分包单位	/

勘察质量 检查情况	勘察执行标准：岩土工程勘察规范。	
	勘察主要成果：查明场址地质条件。	
	建议采用桩基：预应力管桩；实际采用桩基：预应力管桩。	
	桩基荷载试验情况：极限承载力×××kN。	
	施工关键阶段核查意见：进行了地质验槽，实际工程地质条件与勘察报告相符。	
	勘察质量检查意见：实际工程地质条件与勘察报告相符。	
	勘查项目负责人：(签名)×××	技术负责人：(签名)×××
	法人代表：(签名)×××(单位公章)	日期：××××年××月××日

表 5-4　工程设计质量评估报告

工程名称	×××大学行政大楼工程		工程用途	办公
建筑面积	10 008 m²		结构类型	框剪
设计单位	××工程设计公司		基础类型	筏板基础
施工图审查意见	××××		监理单位	××监理公司
施工单位(总包)	××建设公司		桩基分包单位	/
设计 质量 检查 情况	法律、法规执行情况：符合要求			
	强制性条文执行情况：符合要求			
	单位资质等级、设计人员资格和质量控制情况：符合要求			
	设计深度：符合要求			
	建筑平面布置和建筑外观是否符合设计：符合设计要求			
	施工关键部位核查意见：符合设计要求			
	设计项目负责人：(签名)×××		技术负责人：(签名)×××	
	法人代表：(签名)×××　　(单位公章)		日期：××××年××月××日	

(5) 有完整的技术档案和施工管理资料。

(6) 有工程使用的主要建筑材料、建筑构配件和设备的进场试验报告，以及工程质量检测和功能性试验资料。

(7) 建设单位已按合同约定支付工程款。

(8) 有施工单位签署的建筑工程质量保修书。

(9) 对于住宅工程，进行分户验收并验收合格，建设单位按户出具住宅工程质量分户验收表。

(10) 建设主管部门及工程质量监督机构责令整改的问题全部整改完毕。

(11) 法律、法规规定的其他条件。

5.2.2　工程竣工验收的程序

工程竣工验收一般分为初验收和正式验收两个阶段进行。

1. 竣工初验收的程序

当单位工程达到竣工验收条件后，施工单位应在自查、自评工作完成后，填写单位工程竣工验收报审表，并将全部竣工资料报送项目监理机构，申请竣工验收。总监理工程师应组织各专业监理工程师对竣工资料及各专业工程的质量情况进行全面检查，对检查出的问题，应督促施工单位及时整改。对需要进行功能试验的项目(包括单机试验和无负荷试验)，监理工程师应督促施工单位及时进行试验，并对重要项目进行督促、检查，必要时请建设单位和设计单位参加；监理工程师应认真审查试验报告单并督促施工单位做好成品保护和现场清理。

经项目监理机构对竣工资料及实物全面检查、验收合格后，由总监理工程师签署单位工程竣工验收报审表，并向建设单位提出质量评估报告。

2. 竣工正式验收的程序

建设单位收到工程竣工报告后，应由建设单位(项目)负责人组织勘察、施工(含分包单位)、设计、监理等单位(项目)负责人和其他有关方面的专家组成验收组，制定验收方案，并在工程竣工验收 7 个工作日前将验收的时间、地点及验收组名单书面通知负责监督该工程的工程质量监督机构。建设单位应按下列要求组织竣工验收：

(1) 建设、勘察、设计、施工、监理单位分别汇报工程合同履约情况和在工程建设各个环节执行法律、法规和工程建设强制性标准的情况。

(2) 审阅建设、勘察、设计、施工、监理单位的工程档案资料。

(3) 实地查验工程质量。

(4) 对工程勘察、设计、施工、设备安装质量和各管理环节等方面作出全面评价，形成经验收组人员签署的工程竣工验收意见。

参与工程竣工验收的建设、勘察、设计、施工、监理等各方不能形成一致意见时，应当协商提出解决的方法，或请当地建设主管部门或工程质量监督机构协调处理，待意见一致后，重新组织工程竣工验收。

单位工程由分包单位施工时，分包单位对所承包的工程项目应按规定的程序检查评定，总包单位应派人参加。分包工程完成后，应将工程有关资料交总包单位。在一个单位工程中，对满足生产要求或具备使用条件，施工单位已预验，监理工程师已初验通过的子单位工程，建设单位可组织进行验收。由几个施工单位负责施工的单位工程，当其中的施工单位所负责的子单位工程已按设计完成，并经自行检验，也可组织正式验收，办理交工手续。在整个单位工程进行全部验收时，已验收的子单位工程验收资料应作为单位工程验收的附件。

在竣工验收时，对某些剩余工程和缺陷工程，在不影响交付的前提下，经建设单位、设计单位、施工单位和监理单位协商，施工单位应在竣工验收后的限定时间内完成。

建设工程需验收合格后，方可交付使用。

5.2.3　工程竣工验收报告

工程竣工验收合格后，建设单位应当及时提供工程竣工验收报告(见表 5-5)。工程竣工验收报告主要包括工程概况，建设单位执行基本建设程序情况，对工程勘察、设计、施工、监理等方面的评价，工程竣工验收时间、程序、内容和组织形式，工程竣工验收意见等内容。

表 5-5　单位工程竣工验收报告

工程名称：×××大学行政大楼工程

建筑面积	10 008 m²	建筑层数	地下 1 层，地上 10 层
工程地点	×××	工程造价	5238 万元
建设单位	××大学	勘察单位	×××
设计单位	××工程设计公司	监理单位	××监理公司
施工单位	××建设公司		

验收组成员(姓名、单位、职务或职称、专业)				
验收组成员	验收组职务	姓名	工作单位	职务	职称(专业)
	验收组组长	×××	××技术创新中心	项目负责人	工程师(土建)
	副组长	×××	××监理公司	总监	监理工程师
		×××	××工程设计公司	总工	一级建筑师
	验收组成员	×××	××建设公司	技术负责人	一级建造师
		×××	××建设公司	项目经理	一级建造师
		×××	××技术创新中心	业主代表	助工
		×××	××监理公司	监理工程师	工程师(安装)
		…	…	…	…

验收情况(验收程序、验收标准、分组情况、验收内容、检查方式)

1. 验收程序

① 建设单位主持验收会议。② 建设、勘察、设计、施工、监理单位介绍工程合同履约情况和在工程建设各个环节执行法律、法规和工程建设强制性标准情况。③ 审阅建设、勘察、设计、施工、监理单位的工程档案资料。④ 验收组实地查验工程质量。⑤ 专业验收组发表意见，验收组形成工程竣工验收意见并签名。

2. 验收标准

国家的强制性标准、现行质量检验评定标准、施工验收规范、经审查通过的设计文件及有关法律、法规、规章和规范性文件规定。

3. 分组情况

分土建、水电(消防、设备)安装、工程资料审查三个验收组。

4. 验收内容

由建设单位组织勘察、设计、施工、监理等单位和其他有关方面的专家进行工程验收，对工程实物及技术资料进行全面检查。

5. 检查方式

屋面、地下室、室外工程：全方位检查

室内：楼梯全查，一、三、五层检查情况应由记录和查验人签字。

对安装质量和各管理环节等方面作出全面评价，形成验收人员签署的工程竣工验收意见。

续表

验收专家组评定意见	
技术资料审核情况	技术资料完整，该工程质量保证资料、隐蔽验收记录、检验批验收记录、分项分部工程验收记录均与工程同步且翔实齐全。
现场实体检测情况	根据工程实际情况对现场实体工程质量进行了全面检查和部分检测，核查工程安全和功能检验资料均符合质量验收标准。符合有关方面的法律、法规和工程建设强制性标准，符合设计文件及合同要求。
观感质量评价	工程观感质量共检查 13 项，每项抽查 5～10 个点，均能满足质量验收标准。观感质量各分部均评定为好。 (观感质量检查评价方法应符合下列规定： ① 检查标准：每个检查项目的检查点按"好""一般""差"给出评价，项目检查点 90% 及其以上达到"好"，其余检查点达到一般的为一档，取 100% 的标准分值；项目检查点"好"的达到 70% 及其以上但不足 90%，其余检查点达到"一般"的为二档，取 85% 的标准分值。 ② 检查方法：观察辅以必要的测量和检查分部(子分部)工程质量验收记录，并进行分析计算。)
工程质量验收结论	该工程建设、监理、勘察、设计、施工单位的相关管理行为及勘察、设计、施工、设备安装质量符合有关法律、法规和国家施工质量验收规范；符合合同及设计文件要求；工程资料完整、真实、有效。同意验收。
专家组签字	

工程竣工验收报告还应附有下列文件：

(1) 施工许可证。

(2) 施工图设计文件审查意见。

(3) 工程竣工验收应具备的条件(2)、(3)、(4)、(8)项的规定。

(4) 验收组人员签署的工程竣工验收意见。

(5) 法规、规章规定的其他有关文件。

5.3　工程竣工验收备案

5.3.1　工程竣工验收备案管理

工程竣工验收备案是一种程序性的备案检查制度，是对工程建设参建各方质量行为进行规范化、制度化约束的强制性控制手段，工程竣工验收备案不免除参建各方的质量责任。

办理竣工验收备案是指建设单位应当自工程竣工验收合格之日起 15 日内将工程竣工报告和有关文件，报工程所在地的县级以上地方人民政府建设主管部门(以下简称备案机关)备案，接受监督检查并取得备案机关收讫确认的行为。

1. 工程竣工验收备案的范围

凡在中华人民共和国境内新建、扩建、改建的各类房屋建筑工程和市政基础设施的竣工验收，均应按有关规定进行备案。抢险救灾工程、临时性房屋建筑工程和农民自建低层住宅工程，暂不列入此备案范围。军用房屋建筑工程竣工验收备案，按照中央军事委员会的有关规定执行。

国务院住房和城乡建设主管部门负责全国房屋建筑和市政基础设施工程(以下简称工程)的竣工验收备案管理工作，县级以上地方人民政府建设主管部门负责本行政区域内工程的竣工验收备案管理工作。

2. 竣工验收备案文件

依据《房屋建筑工程和市政基础设施工程竣工验收备案管理办法》(中华人民共和国建设部令第78号)，建设单位办理工程竣工验收备案应当提交下列文件：

(1) 工程竣工验收备案表。

(2) 工程竣工验收报告。竣工验收报告应当包括工程报建日期，施工许可证号，施工图设计文件审查意见，勘察、设计、施工、工程监理等单位分别签署的质量合格文件及验收人员签署的竣工验收原始文件，市政基础设施的有关质量检测和功能性试验资料以及备案机关认为需要提供的有关资料。

(3) 法律、行政法规规定应当由规划、环保等部门出具的认可文件或者准许使用文件。

(4) 法律规定应当由公安消防部门出具的对大型的人员密集场所和其他特殊建设工程验收合格的证明文件。

(5) 施工单位签署的工程质量保修书。

(6) 法规、规章规定必须提供的其他文件。

住宅工程还应当提交住宅质量保证书和住宅使用说明书。

3. 竣工验收备案的程序

建设单位竣工验收备案按照下列程序进行：

(1) 建设单位向备案机关领取房屋建筑工程和市政基础设施工程竣工验收备案表(以下简称工程竣工验收备案表)。

(2) 建设单位持有建设、勘察、设计、施工、监理等单位负责人、项目负责人签名并盖公章的工程竣工验收备案表一式四份及按规定要求提交的文件，向备案机关申报备案。

(3) 备案机关在收齐、验证备案文件后，根据质量监督报告及检查情况，15日内在工程竣工验收备案表上签署备案意见，由建设单位、城建档案部门、工程质量监督机构和备案机关各存一份。质量监督报告认定工程质量等级达不到国家验评标准的工程，备案部门不予备案。

备案机关发现建设单位在竣工验收过程中有违反国家有关建设工程质量管理规定行为的，应当在收讫竣工验收备案文件15日内，责令停止使用，重新组织竣工验收。备案机关决定重新组织竣工验收并责令停止使用的工程，建设单位在备案之前已投入使用或者建设单位擅自继续使用造成使用人损失的，由建设单位依法承担赔偿责任。

建设单位在工程竣工验收合格之日起15日内未办理工程竣工验收备案的，备案机关责令限期改正，处20万元以上50万元以下罚款。建设单位采用虚假证明文件办理工程竣工验收备案的，工程竣工验收无效，备案机关责令停止使用，重新组织竣工验收，处20万元以上 50 万元以下罚款；构成犯罪的，依法追究刑事责任。

4．竣工验收备案流程图

建设单位竣工验收备案具体流程见图 5-1。

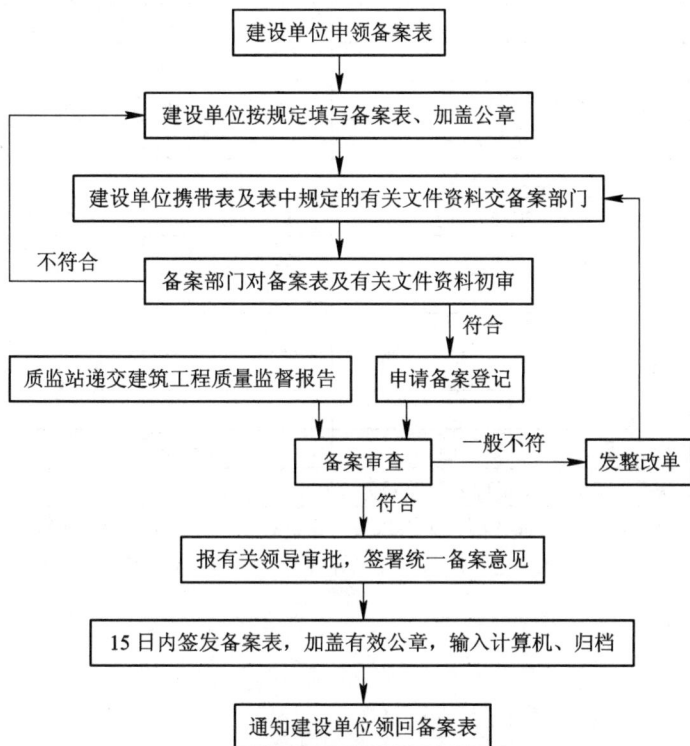

图 5-1　工程竣工验收备案流程图

5.3.2　工程竣工验收备案表

1．工程竣工备案表封面填写样例

工程竣工备案表封面样例如表 5-6 所示。

表 5-6　工程竣工备案表

编号：×××

房屋建筑工程和市政基础设施工程 竣工验收备案表   工程名称：×××大学行政大楼工程 建设单位：××大学 中华人民共和国住建部制

2. 工程竣工备案表第 1 页填写样例

工程竣工备案表第 1 页填写样例如表 5-7 所示。

表 5-7　工程竣工备案表第 1 页

工程名称		×××大学行政大楼工程	
工程地址		×××××	
建筑面积(m²)/工程造价(万元)		100 008 m²/5238 万元	
规划许可证号	×××××	工程类型	行政管理
施工许可证号	×××××	结构类型	框剪
开工时间	2013 年 2 月 12 日	竣工验收时间	2014 年 2 月 12 日
单位名称		法定代表人	联系电话
建设单位：××技术创新中心		×××	
勘察单位：×××××		×××	
设计单位：××工程设计公司		×××	
施工单位：××建设公司		×××	
监理单位：××监理公司		×××	
工程质量监督机构：×××××建设工程质量监督站			
本工程已按《建设工程质量管理条例》第十六条规定进行了竣工验收，并且验收合格。依据《建设工程质量管理条例》第四十九条规定，所需文件已齐备，现报送备案。 建设单位(公章)			
法定代表人(签字)	×××	报送时间	××××年××月××日

3. 工程竣工备案表第 2 页填写样例

工程竣工备案表第 2 页填写样例如表 5-8 所示。

表 5-8　工程竣工备案表第 2 页

竣工验收意见	勘察单位意见	单位(项目)负责人： 　　本工程地基为我院勘察，勘察报告编号为×××，经验槽槽底土质为×××土，与勘察报告相符。基底局部处理意见见工程洽商××号，同意竣工验收。 (公章) ××××年××月××日

	设计单位意见	单位(项目)负责人： 　　本工程为我院设计，现已施工完毕，经检查施工符合设计图样和设计变更要求，同意竣工验收。 (公章) ××××年××月××日
	施工单位意见	单位(项目)负责人： 　　本工程已按设计图样及变更洽商和施工合同完成，工程质量等级自评为合格，同意竣工验收。 (公章) ××××年××月××日
	监理单位意见	总监理工程师： 　　本工程为我公司监理，该工程施工符合设计图样及变更洽商和国家施工质量验收规范及标准，工程质量等级为合格，同意竣工验收。 (公章) ××××年××月××日
	建设单位意见	单位(项目)负责人： 　　本工程经我单位组织勘察、设计、施工、监理单位共同检查，满足设计要求，符合国家规范及标准要求，工程质量合格，同意竣工验收。 (公章) ××××年××月××日

4. 工程竣工备案表第 3 页填写样例

工程竣工备案表第 3 页填写样例如表 5-9 所示。

表 5-9　工程竣工备案表第 3 页

工程竣工验收备案文件目录	1. 工程竣工验收报告； 2. 工程施工许可证； 3. 施工图设计文件审查意见； 4. 单位工程质量综合验收文件； 5. 市政基础设施的有关质量检测和功能性试验资料； 6. 规划、公安消防、环保等部门出具的认可文件或者准许使用文件； 7. 施工单位签署的工程质量保修书； 8. 商品住宅的《住宅质量保证书》和《住宅使用说明书》； 9. 法规、规章规定必须提供的其他文件。

续表

备案意见	该工程的竣工验收备案文件已于××××年××月××日收讫，文件齐全。 (公章) ××××年××月××日		
备案机关负责人	×××	备案经办人	×××

5. 工程竣工备案表第4页填写样例

工程竣工备案表第4页填写样例如表5-10所示。

表5-10　工程竣工备案表第4页

备案机关处理意见： 　同意备案。   (备案专用章) ××××年××月××日

6. 填写说明

(1) 封面填写要求。

① 工程名称、建设单位：填写全称，与建设工程规划许可证、建筑工程施工许可证、质量监督注册登记表的名称一致；

② 编号：由竣工验收备案部门负责统一编写。

(2) 第1页填写要求。

① 工程名称：同封面名称；

② 工程地址：填写邮政地址，写明区(县)街道门牌号码；

③ 建筑面积：建筑工程填写竣工面积，应与工程施工许可证书的建筑规模相一致；

④ 工程类型：房屋建筑工程按使用性质，分别填写厂房、住宅、教育、医疗卫生、商业服务、文化体育、金融邮电、社区服务、行政管理、构筑物等；

⑤ 结构类型：混合、框架、框剪、剪力墙、钢结构等；

⑥ 规划许可证号：填写有效工程规划许可证编号号码；

⑦ 施工许可证号：填写有效施工许可证编号号码；

⑧ 开工时间：填写实际开工时间；

⑨ 竣工验收时间：必须与单位(子单位)工程竣工验收记录上的日期一致；

⑩ 单位名称和法定代表人：建设单位、勘察单位、设计单位、施工单位、监理单位、工程质量监督机构的名称均填写与规划、施工许可证相一致的单位全称。法定代表人即负责人；

⑪ 报送时间：填写建设单位报送备案表的日期。

(3) 第 2 页填写要求。

表内的竣工验收意见如勘察单位意见、设计单位意见、施工单位意见、监理单位意见、建设单位意见等均应为结论性评语。

① 勘察单位意见：本工程地基为我院勘察，勘察报告编号为××××-××××，经验槽槽底土质为××土，与勘察报告相符。基底局部处理意见见工程洽商××号，同意竣工验收。

② 设计单位意见：本工程为我院设计，现已施工完毕，经检查施工符合设计图样和设计变更要求，同意竣工验收。

③ 施工单位意见：本工程已按设计图样及变更洽商和施工合同完成，工程质量等级自评为合格，同意竣工验收。

④ 监理单位意见：本工程为我公司监理，该工程施工符合设计图样及变更洽商和国家施工质量验收规范及标准，工程质量等级为合格，同意竣工验收。

⑤ 建设单位意见：本工程经我单位组织勘察、设计、施工、监理单位共同检查，满足设计要求，符合国家规范及标准要求，工程质量合格，同意竣工验收。

以上各栏中签字可以是单位负责人，也可以是项目负责人，签字后加盖单位公章。

(4) 第 3 页填写要求。

① 竣工验收备案文件目录：由建设单位提供。

② 备案意见：由备案室备案经办人员填写备案文件收讫的日期，加盖备案文件收讫章。

③ 备案机关负责人：由备案室主任签字。

④ 备案经办人：由备案室备案经办人签字。

⑤ 日期：备案管理部门负责人签字的时间，备案以此日期为准。

⑥ 公章：加盖备案管理部门竣工验收备案专用章。

(5) 第 4 页填写要求。

备案机关处理意见由备案室主任签署同意备案的意见后，填写备案编号，加盖工程竣工验收备案专用章。

7. 工程竣工备案文件要求

备案工作是建设单位的职责，不能由施工单位、监理单位代替。建设单位由非法定代表人办理竣工验收备案的，均应由法定代表人签署法人委托书。

各种资料在收集整理时，目前只有竣工验收备案文件明细表中的单位工程验收文件必须是原件，其他资料可用复印件，但复印件要逐一加盖建设单位公章，并注明原件存放处及经办人姓名、日期；公章要压在说明文字上。

文件资料整理要齐全有效、规范统一。文件资料的整理规格要与备案表同等规格(A4)，复印件文字要清楚，公章要可辨认。

5.3.3 工程竣工验收备案证书

《中华人民共和国建筑法》《中华人民共和国民法典》等法律都规定了建筑工程竣工经验收合格后，方可交付使用，这是国家强制性规范。依据有关规定，我国目前的房屋经过验收和验收合格的标志是取得建筑工程竣工验收备案证。

建设部 2004 年发布的《关于加强住宅工程质量管理的若干意见》(建质〔2004〕18 号)第三条第四款规定："各地建设行政主管部门要加强对住宅工程竣工验收备案工作的管理，将竣工验收备案情况及时向社会公布。单体住宅工程未经竣工验收备案的，不得进行住宅小区的综合验收。住宅工程经竣工验收备案后，方可办理产权证。"

在实际的操作中，一般开发商是先拿到预售证，后办理竣工验收备案证。开发商暂时无法出示竣工验收备案证一般有两个原因：① 该证正在审批之中；② 该建筑工程没有通过相关部门的审核。如果是前者，购房者先不要着急，可以先等一段时间，但若是后者，就可以按照合同上的条款追究开发商的违约责任。特别需要指出的是，竣工验收备案表并不是竣工验收备案证，它只是竣工验收备案证的一个中间文件，有竣工验收备案证的前提是有竣工验收备案表。

本 章 习 题

1. 什么是竣工图?竣工图的作用是什么?
2. 竣工图的绘制要求有哪些?
3. 竣工验收应具备哪些条件?
4. 工程竣工备案的程序是什么?

第6章　建筑工程资料管理软件

专业知识目标

1. 了解常见的建筑工程资料管理软件，能根据相关规范操作资料管理软件。
2. 理解资料管理与信息管理的联系与区别，了解信息化与建筑工程资料管理的联系。
3. 掌握建筑工程资料管理软件的使用方法。

职业技能目标

1. 会使用建筑工程资料管理软件。
2. 会分析建筑工程资料管理软件的信息流程。
3. 能跟踪建筑工程及时规范地整理工程资料。
4. 能设计建筑工程质量后评价清单。
5. 能跟踪学习建筑工程资料管理软件的更新。

相关知识

在信息化时代，建筑业中传统粗放的管理模式已经无法适应精细化管理的要求。在建筑工程设计和施工中会出现各种不同的工程资料、图纸等，这些信息一般处于分离管理的状态，导致资料更新、保存的难度都很大，资料管理人员每天必须要处理各种资料，在具体使用到这些资料时又无法及时提供。BIM（建筑信息模型）技术的发展为建筑资料管理提供了新的平台，使得高效的建筑工程资料信息管理成为可能。基于 BIM 技术的建筑工程资料管理系统可以实现项目全生命周期内的全要素管理，对改变建筑业粗放的管理模式，提升工程资料管理效率有积极意义。

建筑工程资料一般可划分为 4 大类，即建设单位的文件资料、监理单位的文件资料、施工单位的文件资料、竣工图资料。其中，建设单位的文件资料又分为立项文件、建设规划用地文件、勘察设计文件、工程招标投标及合同文件、工程开工文件、工程竣工验收及备案文件、其他文件等 7 小类；监理单位的文件资料划分为监理管理资料、监理质量控制资料、监理进度控制资料、监理造价控制资料等 4 小类；施工单位的文件资料划分为施工管理资料、施工技术资料、施工物资资料、工程测量记录、施工记录、隐蔽工程检查验收记录、施工检测资料、施工质量验收记录、单位(子单位)工程竣工验收资料等 9 小类；竣工图资料划分为综合竣工图、室外专业竣工图、专业竣工图等 3 小类。每一小类，又可细分为若干种文件、资料或表格。

6.1 建筑工程资料管理软件

建筑工程资料管理工作长期以来以工作量大、涉及面广，对应各种规范标准种类繁多，表格形式多样繁杂而著称。为了适应现代建筑工程的发展，提高工作效率，提升管理质量，许多建筑工程资料管理软件应运而生。这些软件以现行的施工验收规范、标准及其强制性条文为基础，参照国家及地方的有关法律、法规和行政规章制度，遵循建筑工程文件材料的自然形成规律，全面、系统地提供了工程资料管理的内容及有关表格样式，能够形成完整、规范的工程档案资料，使资料管理人员能够更好地完成工程文件的整理、归档工作，积极发挥档案资料在项目管理中的作用。

当前整个建筑行业中工程资料的填制与管理是一个比较薄弱的环节。填制手段落后，效率低下；书写工具不合要求，字迹模糊；资料管理混乱，信息漏填、资料丢失现象严重。建筑工程资料的制作与管理无法满足建筑工程档案整理的基本要求，制约了施工企业的进一步发展。针对这一相对滞后的环节，目前市场上出现了大量的建筑工程资料制作与管理软件，如品茗施工资料制作与管理软件、建筑工程资料管理系统、恒智天成建筑资料管理软件等，这些软件都具有自动计算、智能评定功能，凡是需要计算及判断的项目，系统自动计算并给出判断。各表格表头数据可以自动生成，如工程名称、施工单位等通用信息，一个工程只需输入一次，便可一劳永逸。

这些软件的开发，彻底改变了过去落后的手工资料填制方式，极大地提高了资料员的工作效率，并且制作的资料样式美观，归档规范，给施工资料的制作与管理带来了一场新的技术革命。

6.1.1 主要的建筑工程资料管理软件

目前常用的建筑工程资料管理软件有北京铭洋建龙信息技术有限公司开发的工程资料管理系统、北京筑业新技术有限责任公司开发的工程资料管理系统、中国建筑科学研究院建筑工程软件研究所开发的建筑工程资料管理软件、上海建筑工程资料管理软件拓思建筑工程资料管理系统及筑业云资料等。

6.1.2 建筑工程资料管理软件的特点

(1) 自定义工程概况信息。按照表格填写要求，一次性定义工程概况信息，所有表格的有关信息自动填写完成，大大减轻了表格填写的工作量。

(2) 自动显示规范条文及填表指南。人性化的资料填写辅助工具，实时查阅表格填写指南及相应规范条目，根据规范要求实时指导填写符合规范要求的表格。

(3) 专家评语模板。组织专家编制表格填写规范结论，降低手工表格填写工作量，保障表格填写符合规范要求。

(4) 自动判定监测点。根据规范要求，监测点自动进行判定是否符合规范要求，并可扩充至 50 个监测点。

(5) 权限管理。根据规范要求可实现表格填写权限的全面分配，做到工程项目的不同表格各尽其职。

(6) 图形及文件插入。自由插入各种图像及 CAD 工程矢量图，支持扫描仪输入，配备数码设备输入支持。

(7) 汇总和组卷。自动进行分项、分部(子分部)单位工程汇总统计，自动生成有关各方及城建档案馆所需案卷。

(8) 数据传递与表格打印。数据可实时通过磁盘、电子邮件等途径与参建各方进行数据交换；所见即所得的打印功能，能输出精致美观的标准文件表格。

(9) 技术资料库。收录了强制性条文原文、大量施工规范及施工工艺、通病防治等资料；设置施工技术交底模板；适用于全国的多种地方版本，可根据需要在全国各地进行资料库切换。

6.1.3　建筑工程资料管理软件简介

建筑工程资料管理软件主要包含建筑工程施工质量资料软件、市政工程资料管理软件、公路工程资料管理软件、水利水电工程交工资料软件等四部分。

1. 建筑工程施工质量资料软件

建筑工程施工质量资料软件一般包括：验收资料管理、现场资料管理、安全资料管理三大系统，简洁易学易用，功能齐全强大，并且具备模板建立、修改、工程画图等诸多其他软件不具备的功能。

1) 建筑工程施工质量验收资料管理系统的主要功能

(1) 系统提供了丰富的施工质量验收标准表格，所有表格完全符合《建筑工程施工质量验收统一标准》的规定。

(2) 系统具有完善的施工技术资料数据库的管理功能，可方便地进行检索、汇总、修改、打印等操作。

(3) 系统提供功能强大的质量资料库，包括质量预防、通病防治等，为用户提供方便快捷的录入方式。

(4) 系统具有所见即所得的功能，能对录入内容自动作出判断。

2) 建筑工程现场资料管理系统的主要功能

(1) 系统提供了丰富的建筑工程现场资料表格，包括施工技术资料、施工管理资料、工程各方往来信函、施工记录等。

(2) 系统提供了快捷、方便的输入方式。工程的常用信息可设置为复用项，填写一次后就可在多处调用；系统提供功能强大的资料库，包括各种施工工艺标准，质量预控等，通过简单的复制粘贴操作就可完成技术交底、质量交底等复杂表格的填写；系统还提供专用词语库，收集了建筑行业的一些常用词语，用户填写表格时可以直接调用。

(3) 系统具有自动归档功能，用户可以根据工程名称提取与工程相关的各种表格。

(4) 系统实现了从原始数据录入到信息检索、汇总、维护一体化管理。

(5) 系统具有强大的信息检索功能，根据用户要求可以按工程名称、模板名称、文档名称进行检索。

(6) 系统为企业严格执行各种法律、法规和标准提供了信息化环境和手段，从而可以提高建筑工程质量和企业职工的工作效率。

(7) 系统提供了智能的录入方式以及安全的检查评分方式，可根据填写的记录进行自动评分。

(8) 系统提供了强大的资料库，包括各种施工工艺标准、安全资料等。

(9) 系统能够进行完善的文档管理，对工程安全管理中的相关文档可以快速地进行检索、汇总、修改和打印。

3) 建筑工程安全资料管理系统的主要功能

(1) 系统为企业严格执行各种法律、法规和标准提供了信息化环境和手段，从而可以提高建筑工程质量和企业职工的工作效率。

(2) 系统提供了智能的录入方式以及安全检查评分方式，可根据填写的记录自动进行评分。

(3) 系统提供了强大的资料库，包括各种施工工艺标准、安全资料等。

(4) 系统能够进行完善的文档管理，对工程安全管理中的相关文档可以快速地进行检索、汇总、修改和打印。

2. 市政工程资料管理软件

市政工程资料管理软件提供了丰富多样的市政资料表格，便于广大施工企业、官方管理机构等使用，有利于提升管理效率。

3. 公路工程资料管理软件

公路工程资料管理软件提供了国家颁布的全国通用的公路工程交工资料表格，便于广大施工企业、官方管理机构等使用，有利于提升管理效率。

4. 水利水电工程交工资料管理软件

水利水电工程交工资料管理软件根据水利部水利水电工程质量监督监测总站公布的规范编制，制作了模板，并填写了范例，具有较强的操作性、实用性和权威性，便于广大施工企业、官方管理机构等使用，有利于提升管理效率。

6.1.4 PKPM 建筑工程资料管理系列软件(V5.2 版)

1. 软件介绍

为了加强建筑工程资料的规范化管理，提高施工现场资料管理的工作效率，体现工程资料对工程质量的重要性，落实安全生产责任，切实加强施工现场的安全生产管理工作，根据国家有关规范、标准和全国各地区相关规定，结合各地区实际情况，中国建筑科学研究院建筑工程软件研究所开发了 PKPM 建筑工程资料管理系列软件(V5.2 版)。PKPM 建筑工程资料管理系列软件(V5.2 版)是一套面对工程资料管理全过程的管理系统，可完成工程项目建设各个阶段的工程资料和安全资料的填写、收集、整理、查询、组卷、打印等工作，同时软件具有操作方便快捷、自动组卷、打印清晰等特点，软件实现了计算机对工程资料的管理，是广大建筑资料管理人员的必备工具。

2. 软件的主要功能

PKPM 建筑工程资料管理软件是一套面向建筑工程资料管理全过程的管理软件，该软件的主要功能如下：

(1) 输入方式多样快捷，操作界面灵活，可编辑并自动导入工程常用信息，批量更新工程信息。

(2) 软件可对文件加密，可由管理员授权用户操作资料；提供多种文件自动备份功能，确保生成文件的安全性；具有强大的数据库查询功能。

(3) 图文并茂，内置自主版权图形平台，可直接插入 CAD 图，支持插入多种格式图片文件，有截图功能。

(4) 具有灵活多样的编辑功能，丰富的资料库，并支持电子签名。

(5) 具有根据相应规范实现表格自动计算、评判及统计的功能。

(6) 能够按照规程的要求对资料进行分类、组卷以及生成目录；能够提供填写范例、填写说明及填报助手。

(7) 支持自定义表格模板和修改已有表格模板；具有所见即所得的打印及预览功能。

3. 软件的系统运行环境

硬件环境需要电脑内存 1GB 以上可用的硬盘空间，且至少有一个空闲的 USB 接口；软件环境为 Windows9X/Me/NT/2000/XP，Windows Vista，windows7/8，windows10。

4. 软件系统的安装

1) 施工系列软件安装

(1) 将光盘放入光驱后，安装程序自动运行或以手动方式运行光盘根目录下的 Setup.exe 应用程序，进入系统安装界面，如图 6-1 所示。

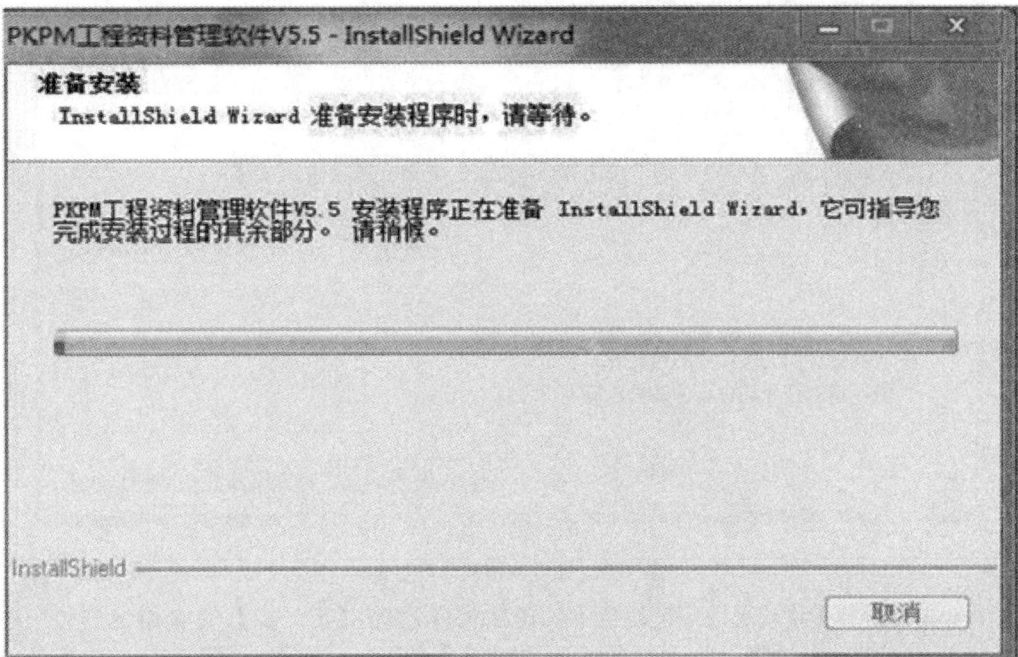

图 6-1　系统安装界面

(2) 进入欢迎安装界面，如图 6-2 所示。

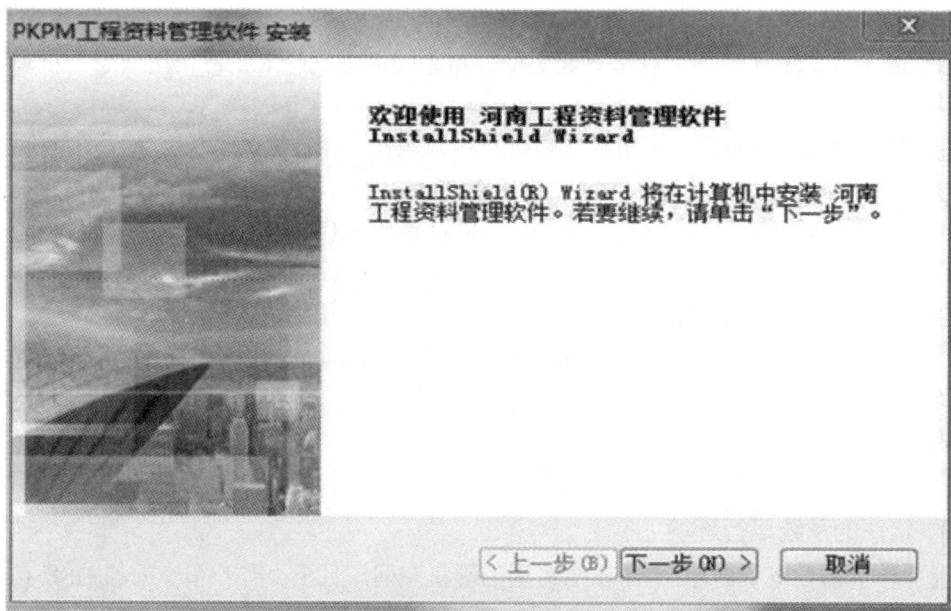

图 6-2　欢迎安装界面

(3) 点击【下一步】，进入许可证协议条款界面，如图 6-3 所示。

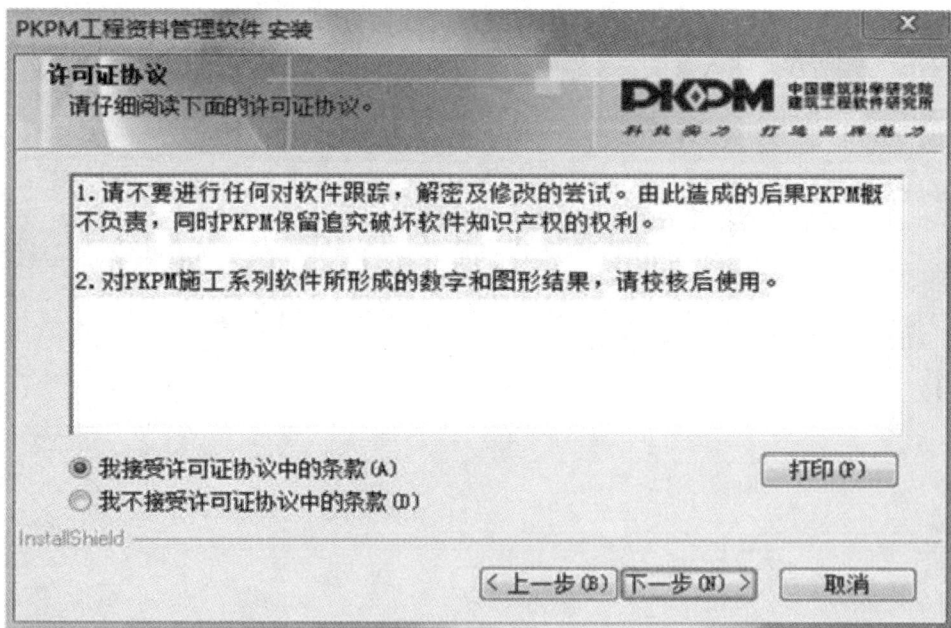

图 6-3　许可证协议条款界面

(4) 必须选择【我接受许可证协议中的条款(A)】，点击【下一步】，才能继续安装程序，并进入程序安装路径选择。

(5) 点击【下一步】，进入【选择程序文件夹】界面，用户可以修改程序文件夹名称，如图 6-4 所示。

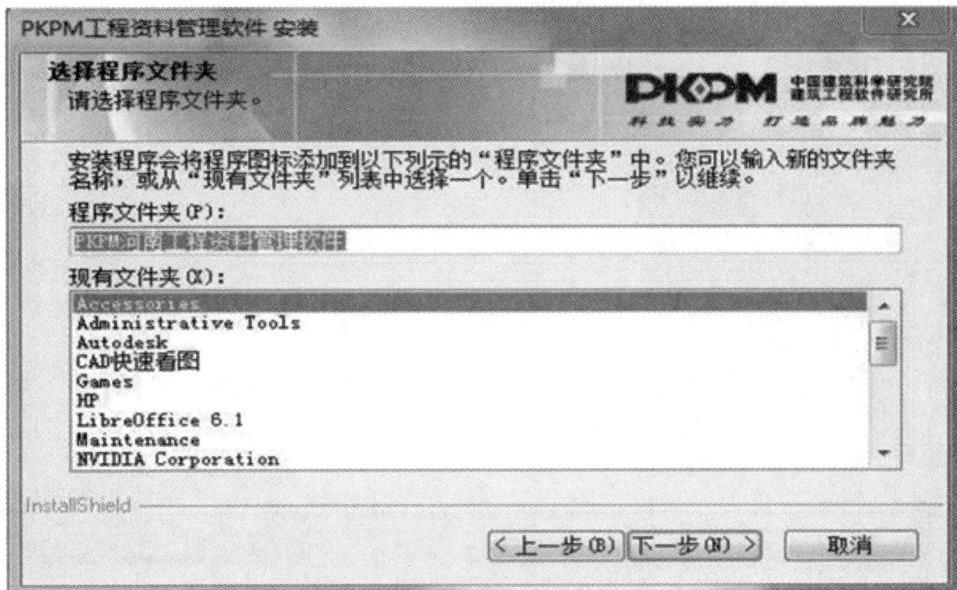

图 6-4　选择程序文件夹界面

(6) 点击【下一步】，进入【开始复制文件】的确认对话框。用户如果确认以上选择信息无误，则可以点击【下一步】开始程序安装。如果用户需要对前面的内容进行修改，可以点击【上一步】回去进行修改。

(7) 点击【下一步(N)】，进入安装进程界面，如图 6-5 所示。

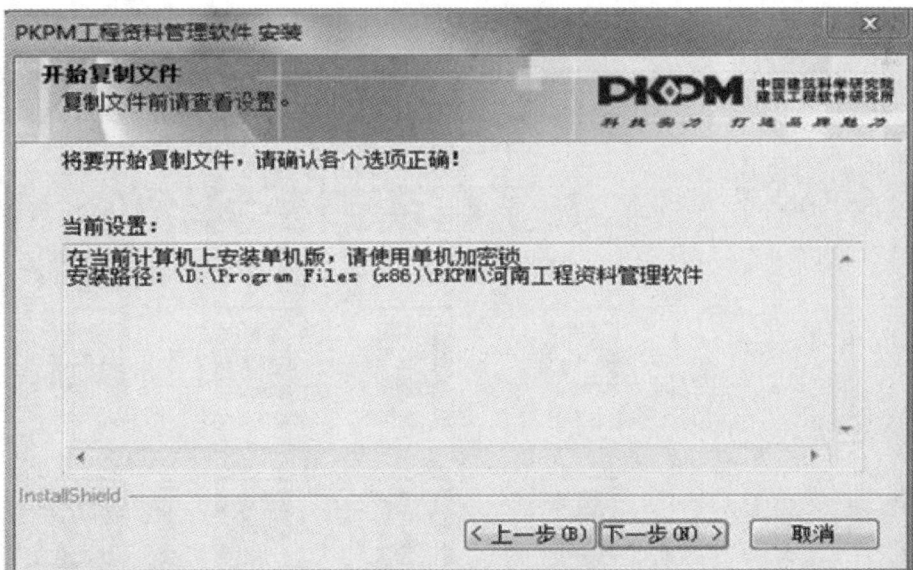

图 6-5　安装进程界面

(8) 程序自动安装完成后会出现完成界面，点击【完成】即完成安装，如图 6-6 所示。安装结束后一般会提示重启计算机，要求用户必须重新启动计算机才能保证软件的全部功能正常运行。

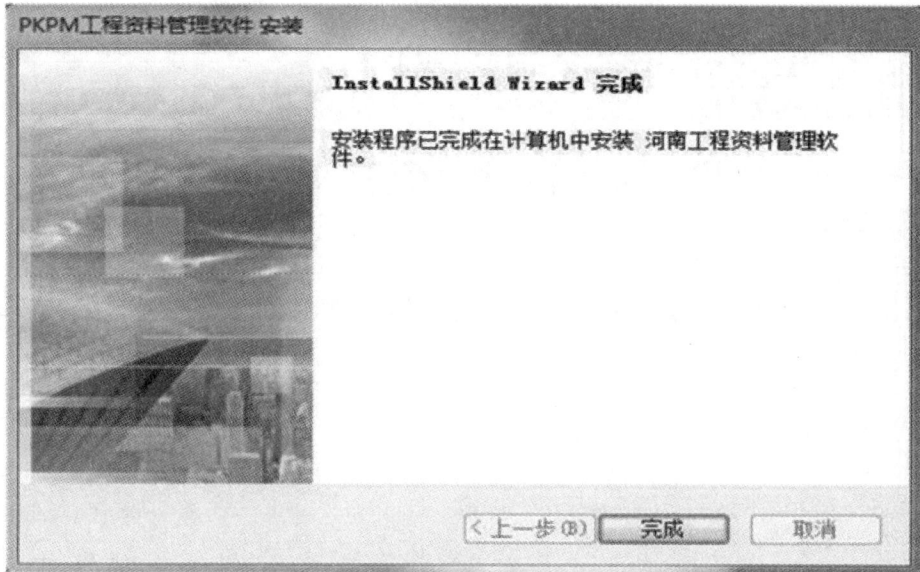

图 6-6　安装完成界面

2) 施工系列资料软件操作方法

(1) 进入主界面的操作系统,如图 6-7 所示。这里以河南省工程资料为例。软件安装完成后,桌面上自动生成一个 PKPM 河南工程资料管理软件图标。双击此图标,在弹出的主菜单中,用户可根据自己购买的软件版本和资料使用情况选择使用版本。我们以河南省工程资料为例(其他省份的工程资料软件的主要功能和操作与此差别不大,主要区别是各地表格不一样)。

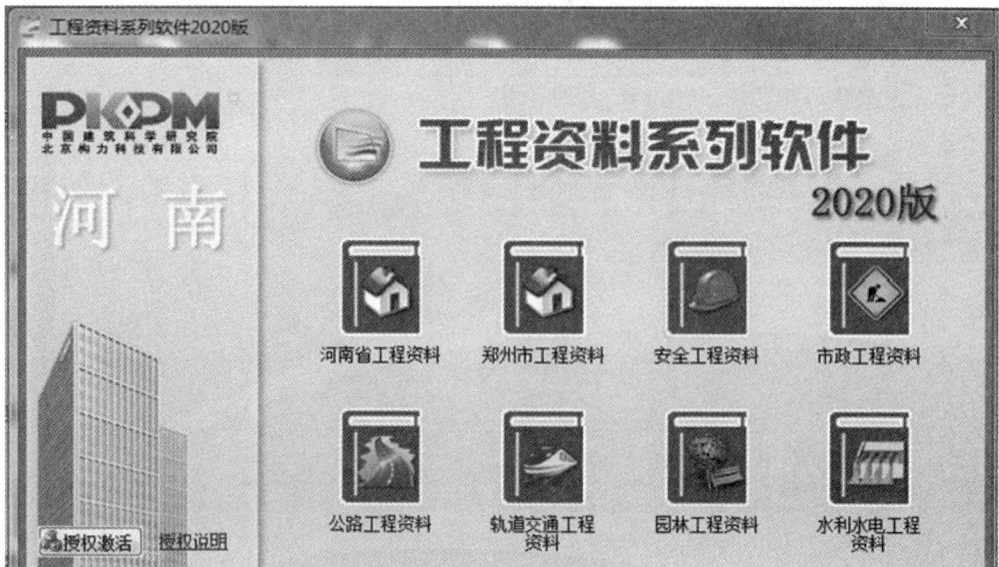

图 6-7　河南省工程资料软件主界面

(2) 系统自动进入开始向导界面。系统默认以管理员身份 admin 登录,密码为空。进去后可以修改密码,建立不同的用户,并赋予不同的权限。用户下次以不同的用户登录系

统，就可以操作(由该用户对应的角色决定)不同的表以及某个表的不同单元格，如图 6-8
所示。

图 6-8　开始向导界面

(3) 新安装的软件默认是【打开其它工程】，如果不知道具体的盘符路径，点击左上角
的【文件】按钮(可根据需要查找计算机中存在的资料文件)，软件会自动查找所选路径下
所有的工程资料文件，如图 6-9 所示。

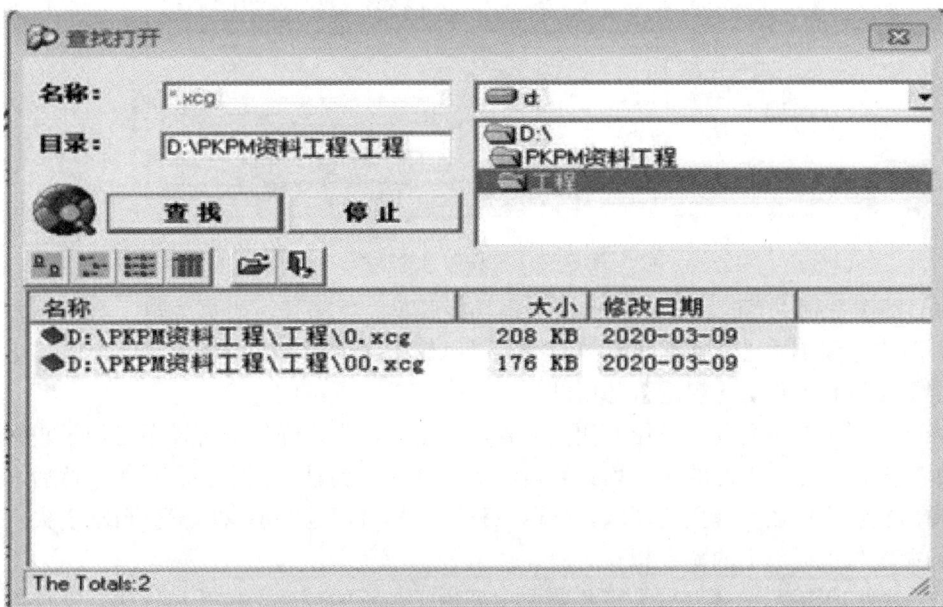

图 6-9　选择工程资料界面

(4) 新建一个工程。点击开始向导中的【创建新工程】，单击【确定】。在弹出的新建窗口中输入文件名：工程 01，单击【打开】。

(5) 新建工程文件。新工程文件建立后，自动弹出工程信息对话框，如图 6-10 所示。这里的工程信息在表格中经常被使用，后面介绍的快增加功能，会将这里填写的信息自动添加到表格的相应位置。工程信息的填写方法有两种：

① 从下拉选择框中选择，即用户在输入时不必录入汉字，只需选择即可，从而提高资料的录入速度。移动光标到右侧的倒三角处单击，在弹出的下拉列表中选择所需内容。

② 自由输入，将光标移动到要填写的位置，该位置变为可写状态，选择输入法直接录入信息。开工日期和竣工日期，可以根据实际情况进行填写。

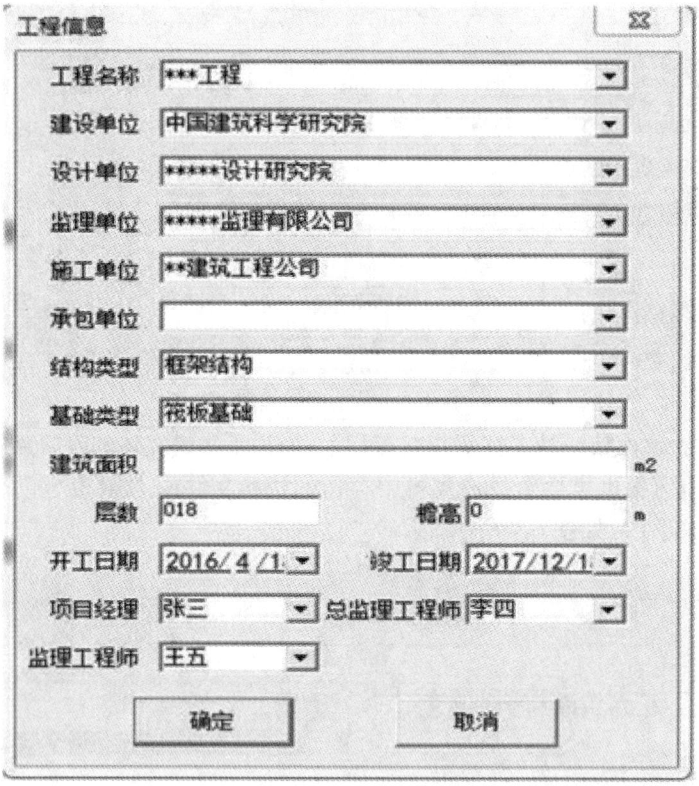

图 6-10 工程信息对话框

(6) 操作系统主界面。主界面包括常用功能菜单、状态条、表页编辑工具条等主菜单部分。其中主菜单由【文件】、【资料分类】、【编辑】、【单元】、【查询】、【签名】、【设置】、【归档】、【资料上传】、【视图】、【帮助】十一个菜单子项组成。

表格编辑工具条主要为操作方便而设置，有了它，常用操作就可以不必经过较繁的系统菜单来发出命令。上面的按钮均具有自动提示功能，当鼠标在它上面稍作停留后，系统就会弹出提示窗口显示其主要功能。当用户移动鼠标时，这些小窗口就会自动消失。工具条上的命令与主菜单上的命令相互对应。

(7) 软件功能操作。【文件】下拉菜单主要用于工程的创建、打开和打印及文件的管理等操作。文件下拉菜单包括的主要内容，如图 6-11 所示。

新建(N)	Ctrl+N
打开(O)	Ctrl+O
查找打开...	
上传存储	
服务器检索	
另存为(A)	
打印预览(P)	Ctrl+P
加密文件	
修改用户密码	
修复整理资料文件	
恢复备份文件	
导出工程资料	
导入工程资料	
导出Excel文件...	
导出HTML文件...	
导出PDF文件...	
C:\Users\pc-1\Desktop\桌面杂项\123.xcg	
D:\PKPM资料工程\工程\01110.xcg	
C:\Users\pc-1\Desktop\123.xcg	
退出(X)	

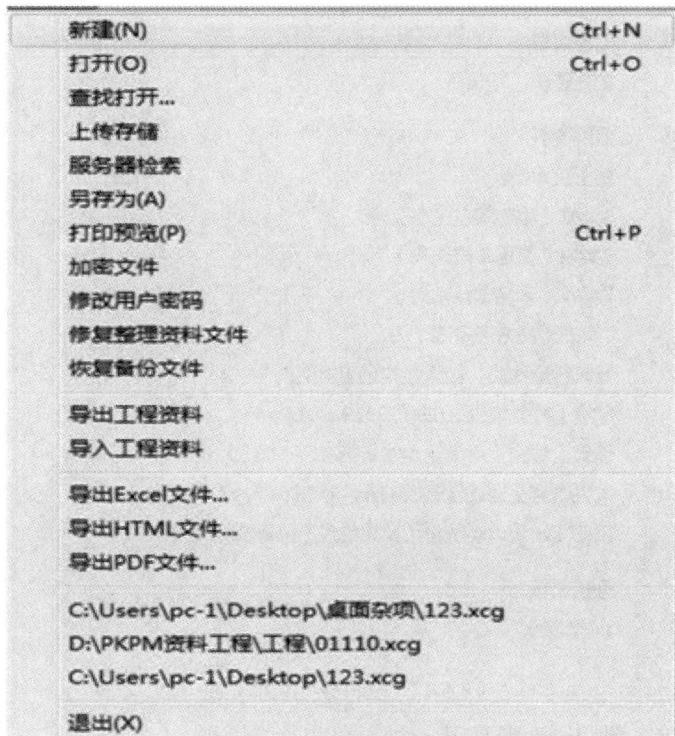

图 6-11　文件下拉菜单内容图

文件下拉菜单功能描述如表 6-1 所示。

表 6-1　文件下拉菜单功能描述

菜 单 命 令	功　　能
登录	登录不同的用户名
新建	在指定目录创建一个项目
打开	在指定目录打开一个项目
查找打开	查找指定的资料文件并打开
另存为	将当前文件另命名并保存
打印预览	预览当前表页
加密文件	为当前工程文件加密
修改用户密码	修改当前用户的密码
修复资料文件	对损坏文件进行修复并打开
导出工程资料	将所选节点工程资料导出并命名
导入工程资料	将所选工程资料文件导入当前文件中
导出 Excel 文件…	将所选表单导出为 Excel 文件并命名
导出 HTML 文件…	将所选表单导出为 HTML 文件并命名
导出 PDF 文件…	将所选表单导出为 PDF 文件并命名
最近文件列表	列出最近使用的资料文件，可直接点击打开
退出	退出软件操作系统

(8) 资料分类。【资料分类】菜单的功能根据地区的不同而不同，河南省 PKPM 软件中资料分类菜单功能描述，如图 6-12 所示主要是对资料及规范进行汇总分类。

```
工程信息...

批量更新工程信息...

全部资料

施工技术资料

A类表（承包单位用表）

B类表（监理单位用表）

B类表（新加国标监理）

C类表（各方通用表）

建筑质量管理、检查验收记录常用表

建设工程监理规范GBT50319-2013

建筑工程施工质量验收统一标准GB50300-2013

人民防空工程质量验收与评价标准（RFJ01-2015）

自动喷水灭火系统施工及验收规范(GB 50261-2017)

查找表样...                                    F3

查找文档...
```

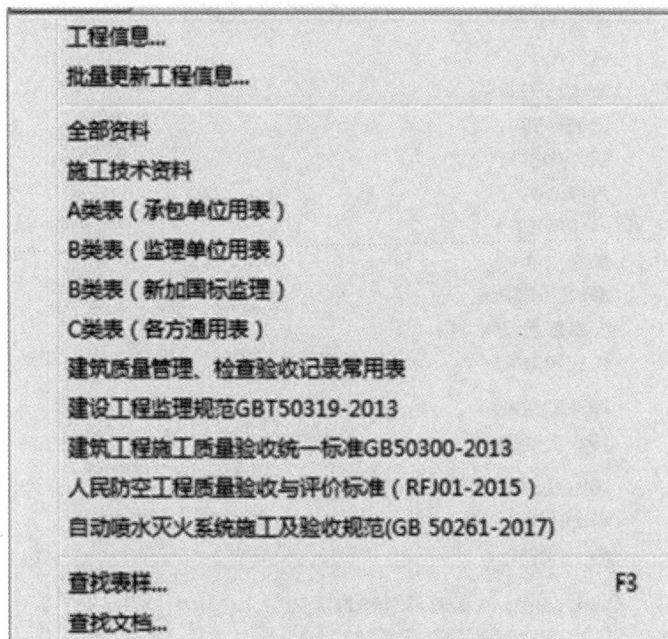

图 6-12　资料分类菜单界面

【编辑】菜单主要用于对具体某一种表单进行增、删、改。也可以在树的节点上单击鼠标右键弹出【编辑】菜单。【单元】菜单主要用于设置当前单元的各种格式。如图 6-13 所示。

设置当前单元格的格式时，必须是带黑框状态(选中状态)，不能是编辑状态。在某一单元中，输入文字时，如果要强制换行，界面回车 Enter 键。【查询】菜单主要用于查找当前表单中满足该单元表格模板一定条件的所有记录资料。【查询】菜单主要用于查找当前表单中满足该单元表格模板一定条件的所有记录资料。【签名】菜单主要用于设置各种签名及印章制作等。【设置】菜单主要用于管理员对不同用户的权限及单元权限进行设置和一般用户对常规选项、打印及套打等进行设置。【归档】菜单主要是对于资料文件归档组卷显示进行有关设置(个别地方资料规程如果没有归档要求，那么该菜单可能不显示)。【资料上传】菜单主要用于企业用户对企业内部的资料进行统一管理。【视图】菜单主要用于控制显示和进行有关设置。

(9) 资料输入。查找表样和查找文档、节点打印。用户可以直接查找到具体样式的表格模板：在左边的资料树上，在空白处单击鼠标右键，选择【查找表样】，然后输入表样的名称，如"工程开工报审表"直接在查询结果中显示该表单，双击即可锁定到相关表格。

```
单元格式
输入公式
插入CAD图形
插入特殊字符        Ctrl+T
插入图片...
插入浮动图片
删除图片
字体...
拆分
单元内行距...
✓ 自动换行
左对齐
✓ 居中
右对齐
顶端对齐
✓ 垂直居中
底端对齐
行高
列宽
动态修改行高及列宽
序列填充
✓ 字符模式
只读
打印时隐藏
打印时显示
```

图 6-13　单元菜单界面

　　用户可以直接查找到具体的资料，在左边的资料树上，在空白处单击鼠标右键，选择【查找文档】，然后输入资料名称，如"综合楼"。用户可以一次打印某一节点下的所有资料，在左边的资料树上，选择某一节点上，选择【常用工程菜单】中的【批量打印】。

　　当选择了某一类型的表单后，就可以用下面三种方式之一增加该类型的表单，在主菜单上【编辑】→【增加空白文档】，单击鼠标右键，弹出菜单，单击表单下方的按钮，选择【增加空白文档】，这时将显示一个空白表单，用户填写完后，可以按保存或按不保存按钮。

　　当选择了某一表单(被复制的对象)后，就可以用下面三种方式之一复制该表单保存。在主菜单上【编辑】→【复制当前文档】，单击鼠标右键，弹出菜单，单击表单下方的按钮，选择【复制当前文档】，用户输入新记录的名称后完成复制。

　　用户选择了某一个资料表单后，表单为只读状态，单击按钮进入修改状态，修改完成后，可以按保存或按不保存按钮。进入修改状态后，单击按钮，用户可以在当前表单上追加一页。【加一页】就是使一个表单中包含多个表页，但是打印时，只能一页一页打印。(实际上是将最后一页复制了一页，用户可以修改不同之处)。需要说明的是，检验批表除外。

　　当选择了某一表单(被操作的对象)后，就可以用下面三种方式之一删除该表单，在主菜单上【编辑】→【删除】，单击鼠标右键，弹出菜单，单击表单下方的按钮选择【删除】。系统将要求用户确认是否删除，选择【是】删除该记录，【否】不删除。用户可以将当前表单中的某一页删除。

　　资料表单被选定后点击右键，选择【增加子文件夹】，选择完毕后，在左侧资料树上会显示以该目录命名的文件夹。在该文件夹被选定状态下增加新表格会被自动归至该文件夹下。填加子文件夹可以方便文件(表格)的浏览。当所添的同一张表格很多时(如技术交底记录)，这时就可以使用添加子文件夹的功能，添加子文件夹可以命名为"XX层、XX段"或以施工工艺名称命名，总而言之，添加的文件夹只要便于记忆、浏览即可。资料库提供了施工工艺标准、通病防治和质量预控，用户可以直接复制、粘贴，使用其中的内容。用户还可以扩充修改该资料库，单击鼠标右键选择节点，弹出菜单→【增加】或【插入】，单击鼠标右键选择节点，弹出菜单→【增加下级】。单击鼠标右键选择节点，弹出菜单→【删除】或【重命名】，资料库实际是一个实用小工具，可以单独使用。如果用户对资料数据库做了扩充修改，那么重新安装资料软件时，就务必要将安装目录下的 docsys 文件备份到别的目录下，安装完系统后，再将该文件复制回来。

　　软件设置了电子签名的功能，条件成熟时，用户可用该功能实现无纸办公。现在要求用户在软件中输入或通过下拉菜单选择人员名称；在打印时自动隐掉人员名称，打印后要求相关人员手工签名。电子签名之前必须先进行签名设置，签名设置就是将签名图象保存到数据库。

　　套打。套打是指打印用户输入的文字数据(不打印只读单元和表格线)。套打的方法，先选中要套打的单元格，然后选择【设置】→【套打】即可。要取消【套打】，只需将【设置】→【套打】前的勾去掉即可。

　　软件设置了文件加密功能，用户可根据需要对工程项目文件进行加密。点击【文件】菜单，选择【加密文件】。加密软件会自动弹出对话框，输入密码并加以确认，文件加密就完成了。加密是对整个工程项目文件加密，不是对单张表格加密。

由于工程资料种类繁多，分类整理困难。为便于对工程资料进行分类整理，软件为用户提供了在过滤状态下进行分类的途径，包括添加分部工程、在分部工程下添加子文件夹，生成条理清晰的树状图，使资料管理工作有条不紊。单击进入文档筛选状态的编辑，软件会自动将用户以前填写的表格按其所在的分部工程和特殊子分部排列，有续地呈现在用户面前。(例如：用户填写了若干份技术交底记录，那么哪些是主体工程的，哪些是基础工程的，在这里会一目了然地列在左侧的树状显示图中。)接下来用户还可以在这个界面下继续进行填报工作。在文档筛选状态下编辑还可以完成成批复制、成批打印和统计等。

(10) 单元格式。先按住鼠标左键拖动，选择一块区域，如图 6-14 所示。

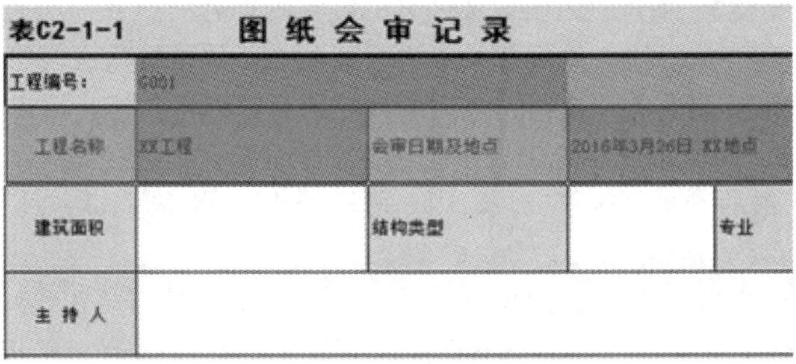

图 6-14　选择一块区域界面

单击主菜单【单元】→【字体】，或者在工具条上单击按钮，弹出对话框，设置字体后，按【确定】按钮即可。设置当前单元格的格式时，必须是带黑框状态(选中状态)，不能是编辑状态。插入图片，选择要插入图片的单元格，单击工具栏上的按钮，目前可以插入图片的格式有 bmp、jpg、gif、dwg 等，用户可以将 AuToCAD 软件绘制的图形直接插入。

在填写表格时除了可以直接插入已经画好的各种图片外,还可以通过软件系统内置的图形平台直接绘图。首先在编辑的表单中选中要插入图形的单元格，点击快捷图标" "，进入绘图操作界面，在绘图区域的方框内可以将用户需要的图形通过 CAD 方式或 PKPM 方式进行绘制，也可以录入文字，达到图文并茂的要求，还可以插入已有的 T图进行编辑。

绘制、编辑好图形后可以存为单独的一个文件，也可以直接退出并在弹出的对话框中选择【是(Y)】，即可将所绘制的图形插入到当前单元格中。

选择要对齐的单元区域，单击工具栏上的按钮，或主菜单【单元】→【居左】、【居中】、【居右】、【居上】、【垂直居中】、【居下】。

选择单元(这时单元上有黑框)，单击工具条上三角按钮(主要用于施工质量验收类表格)。选择画线类型及样式(细线、中粗线、粗线)、颜色，单击【画线】按钮或【抹线】按钮。选择要画圈的单元(这时单元上有黑框)，单击工具条上按钮。对于有明确上下界限的单元，如果超过界限程序会自动画圈，对于不能自动画圈的单元，用户需要手工画圈。(主要用于施工质量验收类表格)。

3) 资料归档

资料归档就是按照资料类别和对归档的要求，将各个表格保存到指定的路径下。

(1) 首先进行归档设置，【归档】→【归档设置】如图 6-15 所示。

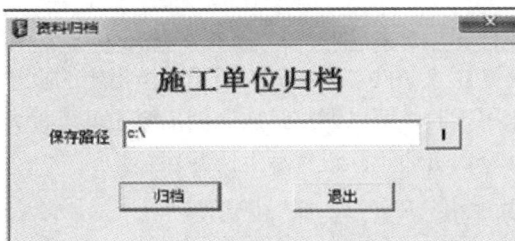

图 6-15　归档设置界面

系统默认情况下锁定了归档设置，用户需要修改时，只要单击【设置】→【锁定】，这时用户可以在表格上双击【修改】，还可以单击【设置】→【恢复默认设置】来恢复默认设置。

(2) 施工单位归档。【归档】→【施工单位归档】，如图 6-16 所示。

系统会在用户选择的路径下建立子目录【施工单位归档】，并将用户输入的资料表格按照类别放在相应的目录下。这时每个资料记录是一个文件，扩展名是"表"，可用本软件打开。方法是【文件】→【导入文档】，导入表格文件后，还可以修改并保存。

(3) 监理单位归档。【归档】→【监理单位归档】，如图 6-17 所示。

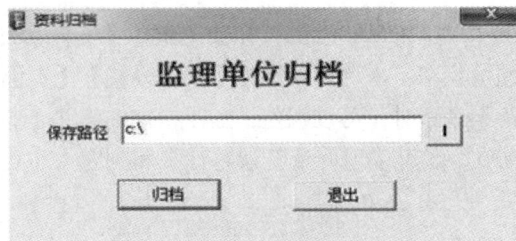

图 6-16　施工单位归档路径界面　　　　　图 6-17　监理单位归档界面

系统会在用户选择的路径下建立子目录【监理单位归档】，并将用户输入的资料表格按照类别放在相应的目录下。这时每个资料记录是一个文件，扩展名是"表"，可以用本软件打开。方法是【文件】→【导入文档】，导入表格文件后，还可以修改并保存。

(4) 【归档】→【建设单位归档】，如图 6-18 所示。

系统会在用户选择的路径下建立子目录【建设单位归档】，并将用户输入的资料表格按照类别放在相应的目录下。这时每个资料记录是一个文件，扩展名是"表"，可以用本软件打开。方法是【文件】→【导入文档】，导入表格文件后，还可以修改并保存。

(5) 城建档案馆归档。【归档】→【城建档案馆归档】，如图 6-19 所示。

图 6-18　建设单位归档界面

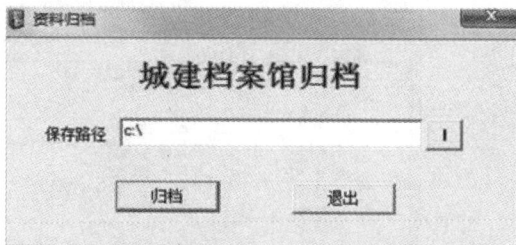

图 6-19　城建档案馆归档界面

系统会在用户选择的路径下建立子目录【城建档案馆归档】，并将用户输入的资料表格按照类别放在相应的目录下。这时每个资料记录是一个文件，扩展名是"表"，可以用本软件打开。方法是【文件】→【导入文档】，导入表格文件后，还可以修改并保存。

(6) 查询与打印。对于所有可单项查询的字段均可在组合查询中用于构造条件，形成复合条件，同时满足所有这些条件的当前类型的表单才会被列出来。先选取字段名称，构造好一条查询条件时，按【增加】按钮，则加入到查询条件列表框中；若想删除一个查询条件，则先在查询列表框中选中一个查询条件，按【删除】按钮即可，最后按【确定】执行查询。

在【查询】主菜单下的其它查询都是单项查询。对于字符型字段查询，查询框如图 6-20 所示。默认为模糊查询，执行非完全匹配查询，即只要包含该字符串就可以。而对于日期型和数值型字段的查询框，执行完全匹配查询，即"="查询，如图 6-21 所示。若用户要进行复杂查询，需使用组合查询。

图 6-20　单项查询字符型字段界面

图 6-21　单项查询日期型界面

单击工具栏上的按钮或主菜单【文件】→【打印预览】，即可进入【打印预览】。在打印预览状态下，还可以进行【打印设置】、【页面设置】，如图 6-22 和 6-23 所示。当指定的页边距不合适时，可以调整。当在指定的纸张上打印不下时，可以调整缩放比例，例如可以设为90%，还可以退回重新调整行高和列宽，也可以设置页边距，设置后返回并保存。

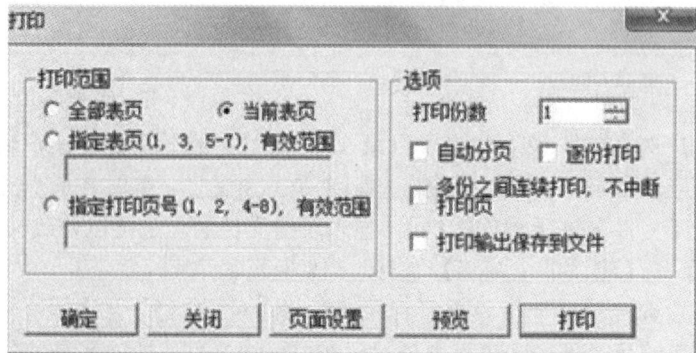

图 6-22　打印设置界面

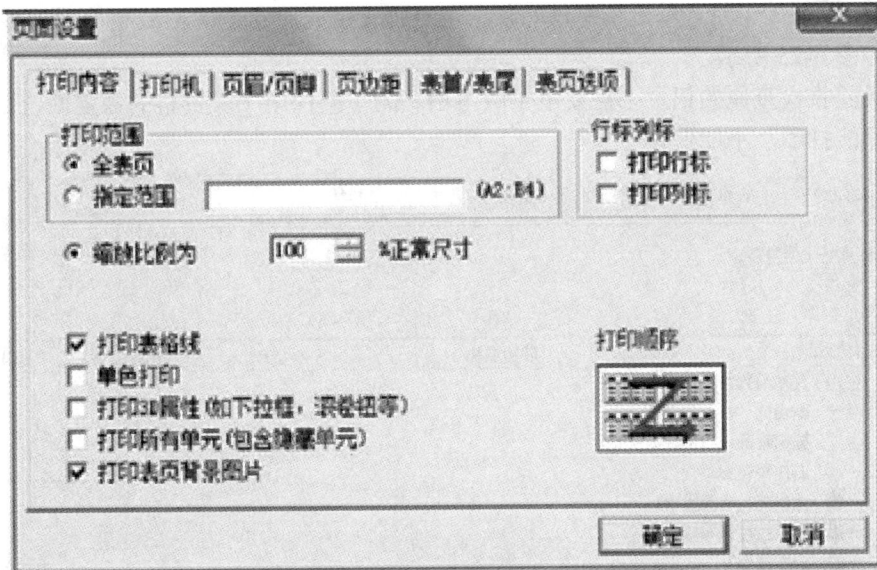

图 6-23 页面设置界面

4) 质量验收资料

质量验收资料是依据《建筑施工质量验收统一标准》以及各专业质量验收规范编写的标准表格。

(1) 模块说明。模块提供了快捷、方便的各项质量评定表的输入功能，自动完成分项、分部以及单位工程的质量评定，具有完善的质量评定功能，可方便地进行检索、汇总、修改等操作。

(2) 验收资料表格的填写。新建表格后，须填写检验批容量，如图 6-24 所示。

图 6-24 检验批容量填写界面

(3) 生成原始记录。基础信息填写后，可点击【生成原始记录表】。进入生成原始记录界面，如图 6-25 所示。

现场验收检查原始记录不需要电子版留档，为了确保电子版资料的稳定性，生成的原始记录只能打印，不能保存。

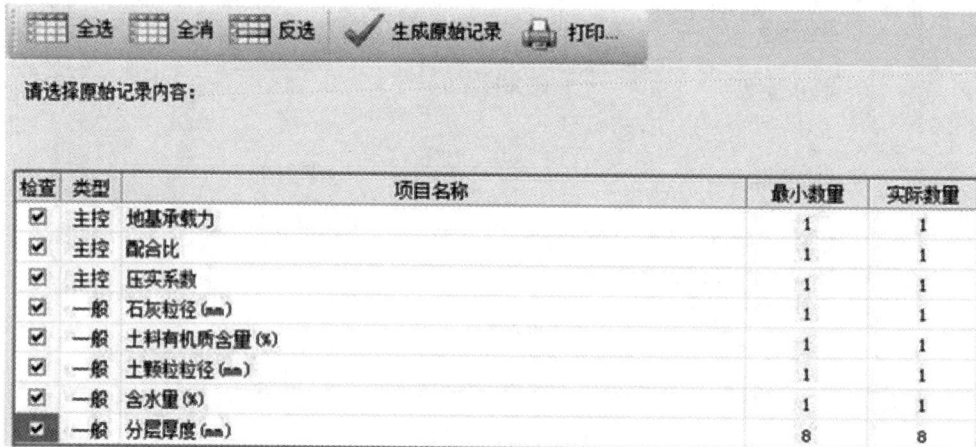

图 6-25　生成原始记录表界面

5. 软件的常见问题及解决路径

1) 对于打开软件发现特殊字符不见的问题

方案一：打开软件设置——选择修复 PKPM 特殊字符。

方法二：电脑的开始菜单——搜索(编辑)会出现——专用字符编辑程序——选择需要的符号确定即可。

2) 如何统计分部分项的问题

对着左边检验批——点鼠标右键选择检验批统计便可自动跳转到分项，分部的统计方法和分项一样。

3) Win8、Win10 系统装好以后可能会出现 5s 的错误提示的问题

第一步：鼠标右键指着 PKPM 工程资料的图标选择属性，第二步打开兼容性，以兼容模式运行这个程序前面小方框中勾选——以管理员身份运行此程序——点确定——结束。

4) 电脑安装 360 杀毒软件的，出现 360 拦截的问题

点击不再提醒——更多——运行程序所有操作。

5) 如何导出 excel 文件的问题

打开软件左上角文件——导出 excel 文件——选择自己想要导出的检验批——导出到相应路径(建议选择桌面上)点确定即可。

6) 出现 3111 错误的问题

打开软件、点击设置系统、文件安全、保存路径选择 D\PKPM 安装\BAK 按照这个路径找到 BAK 文件点击确定。

7) 出现 Win7 加载 DLL 文件失败的问题

从自己的电脑系统登录浏览器并搜索 360.DLL，下载后补充到自己的 C 盘程序里。

6.1.5　筑业云资料软件

1. 软件简介

工程资料经历了手工填写、电子化的过程，随着互联网的不断发展，资料管理信息化迎来了巨大的发展契机，特别是移动互联网的普及，将协同管理变成了现实。云资料，开启了工程资料信息化协同管理的 3.0 时代。

云资料引入信息化、协同管理、台账的理念，以效率为导向，遵循施工进度，按照资料形成的流程，创造性的实现了质检、试验、物资、工长、资料员等岗位的协同管理，将现场工作的原始数据，真实、准确地提交至云平台。云资料软件自动创建表格，生成台账跟踪表，所有数据同步保存至云平台，并且可追溯、可查询，为工程资料信息化提供真实、有效的数据基础。筑业云资料是筑业软件推出的新一代云资料软件产品，它不是常规意义上的云概念软件产品，而是兼容了本地和云端两种模式，同时在明确工程和单位工程的管理模式、强化工序的联建、提供工程范例等方面进行了全面的创新。

2. 功能特点

1) 史上范例最多的资料软件

软件汇集了工程实例、表格范例、微课等 12 个范例库，108 张施工记录，1816 张隐蔽范例，7572 张表格范例。解决了填哪些表格，怎么填表格的烦恼，实现了有参考不求人的目标。

2) 随时随地制作资料

无论在项目部，还是在家，一个账号登录，随时随地制作资料，表格自动保存在阿里云，换电脑换地点，无需 U 盘拷贝工程文件。

3) 做试块有提醒，有效避免漏检

软件绑定筑业服务号，混凝土、砂浆、钢筋原材、现场试验等 4 种试验，标养、抗渗、同条件、临界等 16 种养护方式，送检、报告、试块状态一目了然，做试块不用担心漏检。

4) 自动生成台账，智能查漏补缺

引入台账理念，按分部分项、部位自动生成台账，已出资料、未出资料一目了然，查漏补缺，快速校对，台账清单确保资料不缺。

5) 智能工序，建表不落项

依据流水段划分工序，软件内嵌了 17 个部分，100 多个工序，900 多个关联节点，快速联建生成资料表格。智能工序让制作资料有规可循，保障资料不落项，效率高。

6) 企业号一人管多人，母子账号更便捷

云资料特设企业号功能，一人管多人，一人管多个项目，足不出户检查他人资料，对于检查出的问题，直接下发整改通知，纠正错误，带着问题去检查，少跑腿，效率高。

7) 全套国标库，制作资料不再缺表格

云资料包括国标市政、园林、安全、人防、抗震加固、监理、消防、节能、住宅室内装饰、工业管道等 13 个国标表格库，制作资料有保障。

3．系统环境

用户通过阅读使用手册能更深入地了解筑业云资料软件的使用功能，明确各功能的影响和操作，为高效、顺利地使用本软件提供帮助，手册建议的硬件和软件环境如下。

1) 硬件环境

系统所需硬件环境如表 6-2 所示。

表 6-2　硬件环境一览表

硬件	最低配置	推荐配置
处理器	双核、主频 1.6GHz 或更高	四核、主频 3.0GHz 或更高
内存	2GB	4GB 或以上
硬盘	2GB 可用硬盘空间	10GB 可用硬盘空间
显示器	VGA、SVGA、TVGA 等彩色显示器，分辨率 1024*768，24 位真彩	分辨率 1920*1080 或以上，32 位真彩
打印机	各种针式、喷墨和激光打印机	各种喷墨和激光打印机

2) 软件环境

系统所需软件环境如表 6-3 所示。

表 6-3　软件环境一览表

操作系统	推荐操作系统
Windows XP　SP3	—
Windows　7	Windows 7
Windows　8	—
Windows　10	Windows 10
办公软件：建议使用 Office2003 及以上版本	

3) 网络环境

使用云资料软件需要网络环境的支持：最低保证 128 KB 的上下行纯净带宽(ADSL 宽带 2 MB 及以上即可)。

4．云资料软件的功能操作

1) 安装软件

双击筑业云资料软件的安装主程序开始安装。安装程序会弹出如图 6-26 所示的安装界面。

点击中间的【立即安装】，即可进行软件的安装。用户因为特殊原因需要修改软件的安装目录，可以点击【更改目录】按钮，然后选择相应的安装目录。

开始安装后，进度进行到 100％时软件安装完成。如果安装程序带有模板库等资源目录，安装程序会自动安装，如图 6-27 所示。

图 6-26　安装界面

图 6-27　自动安装界面

软件在安装过程中，安装程序会向系统注册表写入软件相应的数据，这时系统安装的安全软件有时会给出安全提醒，如图 6.28 所示，此时一定要选择更多中的【允许程序所有操作】选项，因为系统默认是阻止的，阻止后会导致软件不能正常使用。此提示有时会出现多次，都要按此处理。

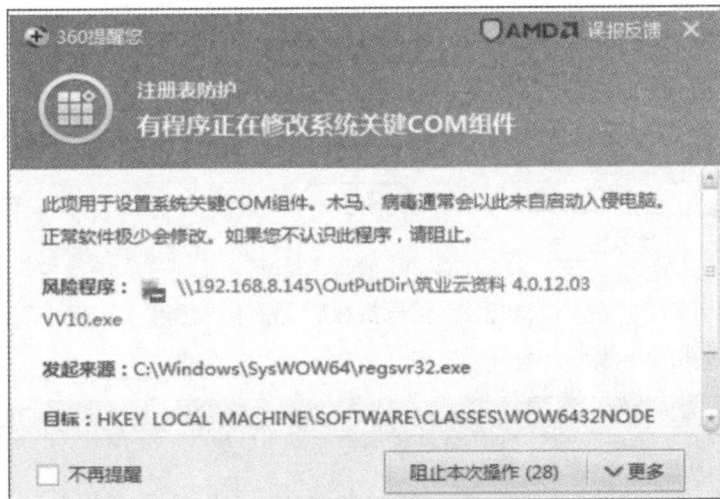

图 6-28　安装提醒界面

安装完成后，点击【立即体验】可以直接打开软件，点击右上角关闭，安装完毕。软件安装完后，会自动在桌面上生成软件启动的快捷方式。

2) 软件卸载

如果软件是正常安装到用户的电脑，一般可以通过执行卸载程序来卸载软件，按下列方式卸载软件，安装目录下的工程文件夹是不会被卸载的。

方法一：自动卸载。软件重新安装时，软件会自动提示卸载，卸载后会自动提示软件重新安装，云资料实现了自动卸载安装的更新方式。

方法二：通过控制面版卸载。如果是 WIN7/8/10 系统，通过控制面版，找到【程序和功能】→【卸载筑业云资料】卸载即可。

3) 软件使用流程

软件使用流程如图 6-29 所示。

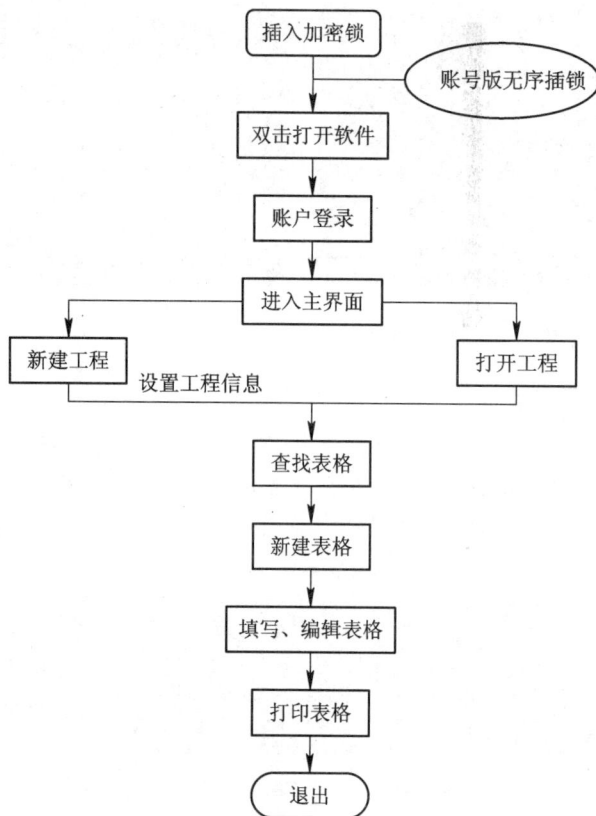

图 6-29　使用流程图

(1) 双击打开软件。先插入加密锁(账号授权版无需插加密锁)，然后双击打开软件，进入账户登录界面如图 6-30 所示。

图 6-30　登录界面

(2) 账户登录。进入账户登录界面后，如果有筑业网、筑业商城等软件账户，因它们是互通的，就可以直接登录；如果没有注册过筑业账户，直接点击【创建账号】按钮注册，注册后登录即可，登录后直接进入软件的主页面，如图 6-31 所示。

如果用户的账户授权过使用正版软件的话，直接用授权账号登录无需插加密锁，即可使用正版软件。

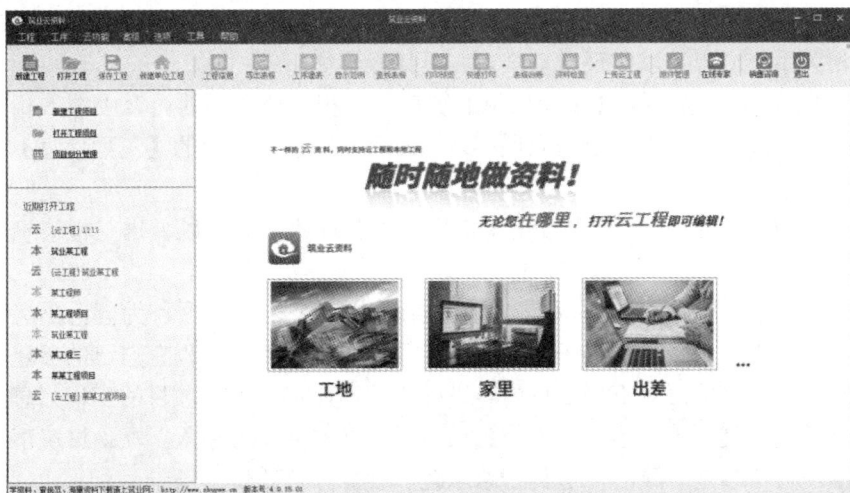

图 6-31　软件主页面

(3) 新建工程。在工具栏中点击【新建工程】按钮或点击工具栏下方的快捷操作中的【新建工程】按钮，弹出【新建工程】窗口，然后选择地区和模板，输入工程名称，存储位置可以选择存为【云工程】然后点击【新建】按钮，即可完成新建，如图 6-32 所示。

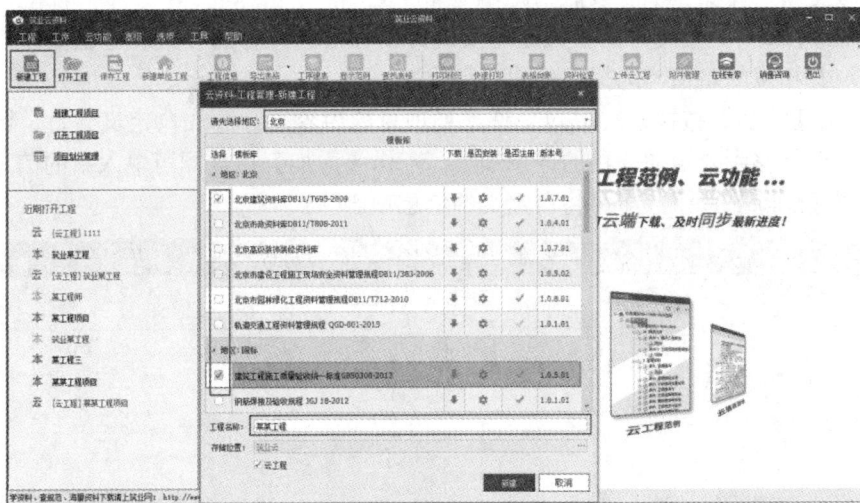

图 6-32　新建工程窗口

选择工程所在的区域，在下方当前地区现行模板库列表中选择所建工程使用的模板库，可选择一套或多套，然后输入工程名称，点击【新建】按钮，完成工程文件的创建。

云资料的模板库、创建工程和默认保存路径。① 云资料的模板库是可以从云端直接获取的，在界面上模板库名称后面有三个图标："　"按钮，点击此按钮，可下载模板库；"　"安装状态显示，有蓝灰两种状态，分别表示模板库是否安装；"　"注册状态显示，有蓝灰两种状态，分别表示了模板库是否授权。② 云资料创建的工程在用户登录的情况下默认创建的是云工程，即工程关闭后数据会自动进行保存处理；如果目前用户不能上网，则软件自动创建本地工程。③ 云资料工程文件的默认保存路径在软件安装盘符的根目录。

(4) 设置工程信息。工程信息是进行资料表格填写前需要完善的重要信息内容。云资料中的工程信息明确了工程项目和单位工程的关系，更契合工程项目本身的管理需要，新建表格时相关系统内容可以实现自动填表。具体操作如下：

① 新建工程后，会弹出【工程信息】窗口，在相关信息项的内容中填入相关内容，新建表格时可实现自动填表，填写完保存退出即可，点击工具栏的【工程信息】按钮可再次对工程信息进行填写。

② 打开工程后，在工具栏上点击【工程信息】按钮，也可以弹出工程信息窗口，如图 6-33 所示。

③ 窗口左侧为工程项目与单位工程的树形结构列表，工程项目为蓝色小房子图标，是顶级的，单位工程是绿色小房子，是工程项目的子级，单位工程有自己的参建单位等信息。选择具体的信息项可对工程信息内容进行维护，如点击工程项目的工程信息，右侧显示工程名称、结构类型等信息，点击信息项后面的文本框即可输入。默认情况下单位工程信息与工程项目信息是一致的，这契合总承包和独立分包的使用场景。

④ 点击工程信息顶部操作区域的【新建单位工程】按钮，可创建单位工程，在弹出的对话框中输入单位工程名称，点击新建按钮完成单位工程创建。

⑤ 点击【同步表格】按钮，可实现将修改的工程信息同步到已经创建的所有表格中，此场景主要针对工程信息有变化，需要全面替换的场景，但使用时要慎重，点击同步后所有表格将被更新，此操作不能被撤销。

⑥ 点击【导入】或【导出】按钮可实现对工程信息内容的导入和导出操作，点击相应按钮，选择相应的路径，选择文件即可完成操作。

⑦ 点击【添加】按钮，可以对允许增加项目的内容进行添加自定义条目，比如人员信息等，将光标移到要增加条目的信息项上，点击【添加】后，即可输入新的信息内容；同样，点击【删除】按钮，即可将自定义的信息项删除。

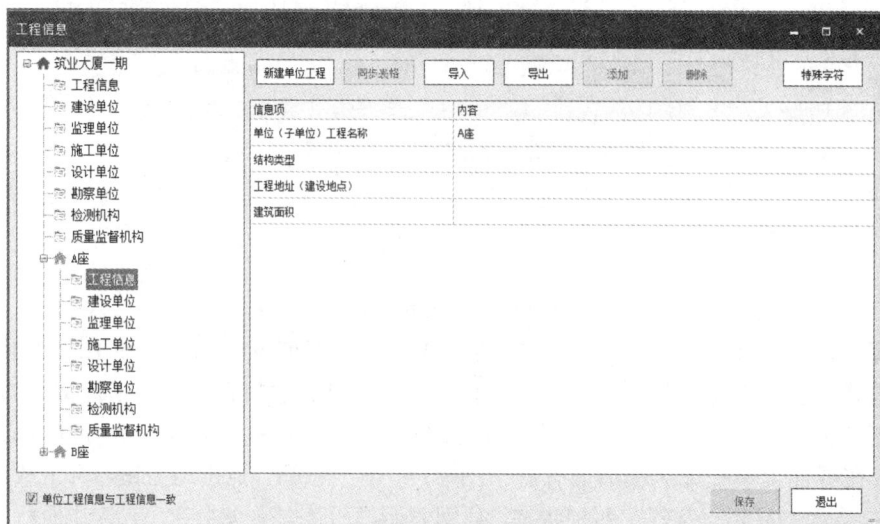

图 6-33　工程信息窗口

在工程信息窗口底部左侧有一个工程与单位工程信息一致的选项，默认是选中状态，此情况下，对工程信息的修改会自动同步修改单位工程信息，如果不希望这样操作，可将此设置选中取消。

(5) 查找表格或打开本地工程。软件进入编辑界面后，左边可以看到【模板视图】点开前面 📁 符号，找到所需要的表格或点工具栏 🔍 输入关键字查找到表格。

云资料虽然提供的了云工程，方便了操作，但因为行业的特殊性，仍有部分的工程是无法上网的，因此云资料同时提供了本地工程的编辑功能。本地工程的具体操作如下：

① 点击工具栏上或快捷操作区的【打开工程】按钮，弹出【打开工程】窗口，下半部分是本地工程的操作区域，如图 6-34 所示。

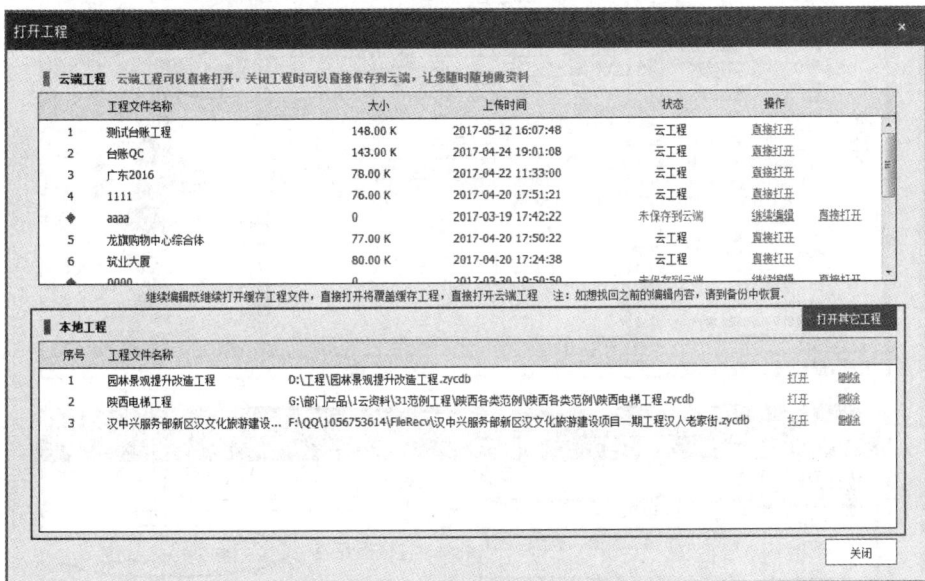

图 6-34　打开本地工程界面

② 在本地工程的列表中找到要打开的本地工程，然后直接点击【打开】按钮即可打开本地工程，如果要打开的本地工程不在本地工程列表中，点击【打开其它工程】按钮，通过浏览的方式找到相应路径下的本地工程文件即可打开。

③ 对本地工程列表中的工程如果不需要了可直接通过后面的【删除】按钮进行删除操作。

(6) 新建表格。找到表格后，双击表格目录或右击新建表格，选择单位工程，输入表格名称，然后点击【创建】，在模板视图目录里生成新建的表格。新建表格是资料软件使用最多的功能，可通过双击模板表格、右键新建表格、双击表格任意位置、右击选择新建表格等实现。

① 新建表格。找到表格以后，在模板视图中，普通表格图标为 📄 ，双击表格目录或双击表格任意位置或右击目录选择新建表格，都可以新建表格。如果找到对应的范例，还可以在范例目录右击选择新建表格，范例新建表格可以直接按范例的内容填写新建的表格，如图 6-35 所示。

在新建表格窗口，可以选择单位工程，选择好后可以输入表格名称，可以双击部位名称列表，输入多行可以同时新建多张表格。

　　导入部位，可以导入 Excel 格式的部位名称，这样可以直接导入到部位名称中，双击就可以选择。如果把报验表和隐蔽表选择框打上勾，可以同时新建报验表和隐蔽表。选择好后，直接点击创建按钮便可完成表格的新建。

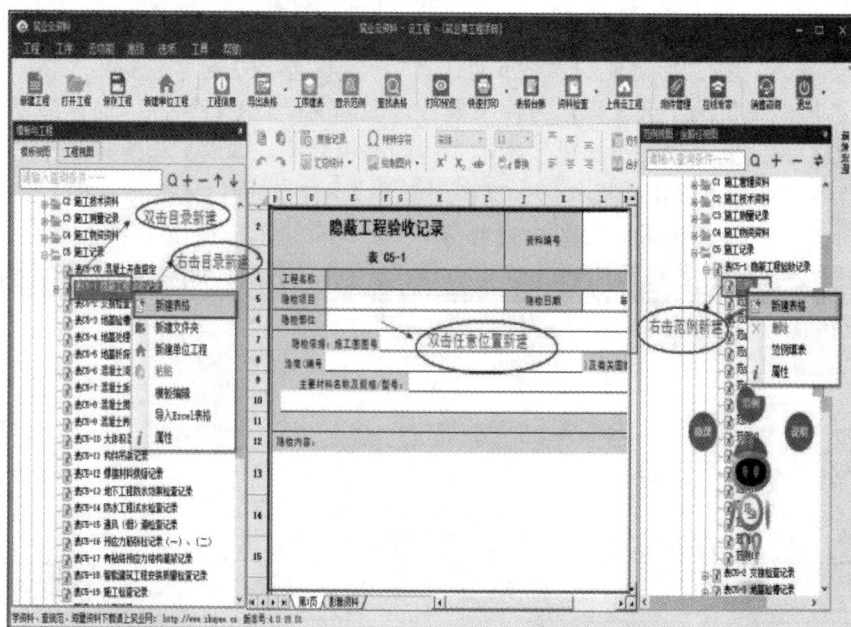

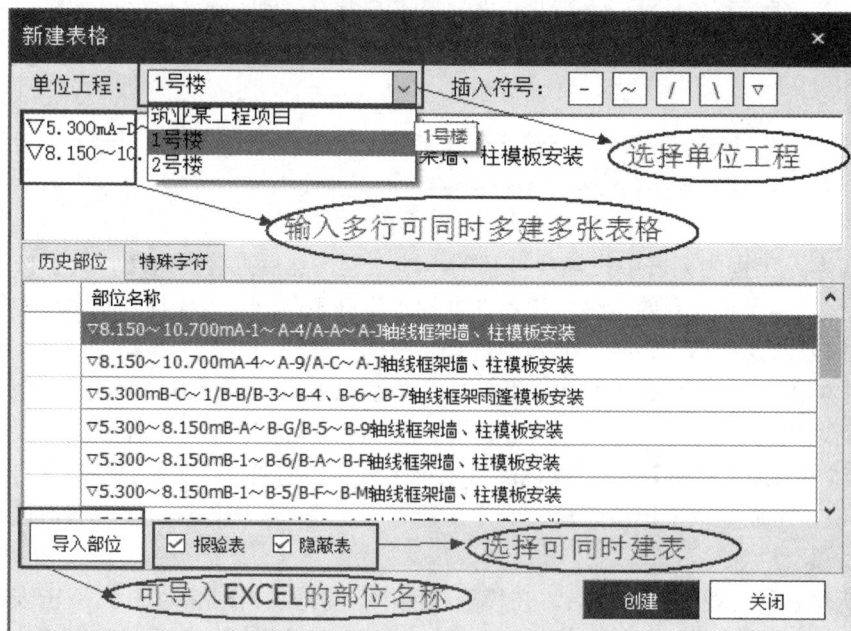

图 6-35　新建表格界面

　　② 新建检验批表格。找到检验批表格以后，检验批表格图标为^检。双击表格目录或双击表格或右击选择新建表格，都可以新建表格。检验批表格是通过工序建表的，可以选择施工配套用表和监理用表一起新建表格。如图 6-36 所示。

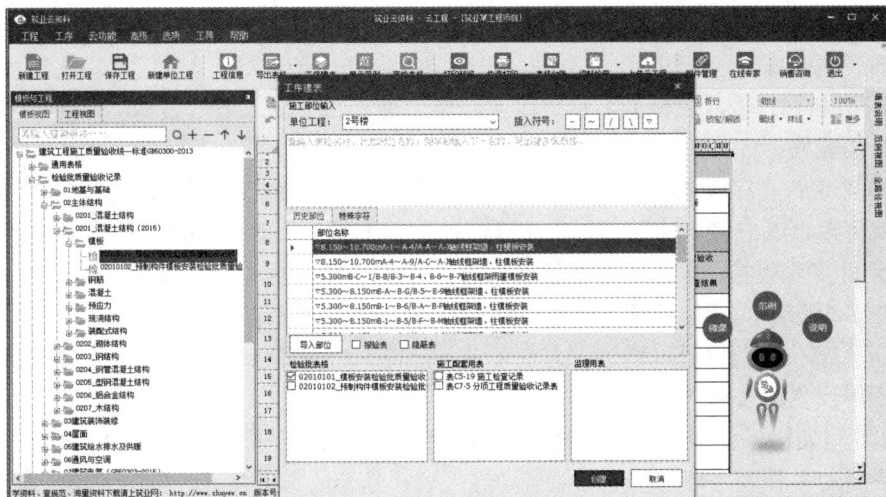

图 6-36　检验批表格界面

勾选项目的表格，然后点击【创建】即可同时创建出多张表格。创建表格完成后，会在表格编辑区域显示多个选项卡，同时显示相关联创建的表格进行编辑。

③ 工序联建表格。工序联建表格简称工序建表，是一种利用工序可同时创建多张相关性表格的智能化建表。它主要用于解决用户不知道需要建哪些表的难题。利用工序的关联性，通过对工序的分析，将工序需要的所有表格提前定义出来，这样用户建表时给予关联表格内容，可选择同时创建，同时还可以选择是否同时创建报验表或隐蔽表格。

点击工具栏的【工序建表】按钮，弹出工序建表窗口，选择单位工程，输入验收部位名称，按回车可输入多行，选择对应的检验批表、施工配套用表及监理用表，如果需要生成报验或隐蔽表可以勾选，然后点【创建】，即可进行工序建表，如图 6-37 所示。

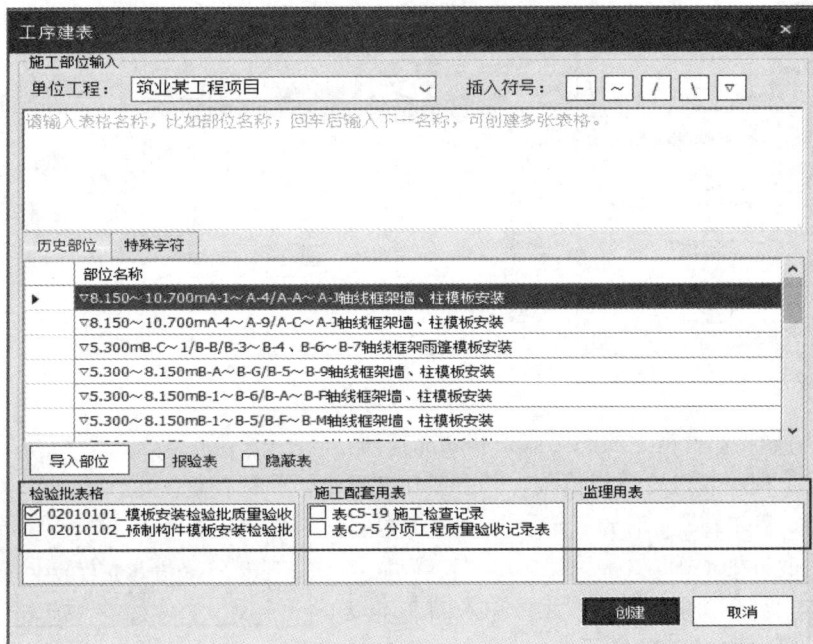

图 6-37　工序表界面

a. 单位工程：可选择当前表格进入的单位工程，确定后程序会为选择的单位工程创建所选择的表格。

b. 表格名称：输入表格的名称，比如部位名称，回车输入下一名称，可同时创建多个部位相同的表格。

c. 特殊字符：在插入符号中，我们可以看到常用的名称部位符号，方便用户插入，直接点击就可以，其它特殊字符可以点击【特殊字符】按钮，调出特殊字符进行查找选择。

d. 创建多张表格：输入表格部位名称后，按回车可以输入下一名称，有多少行名称就可以创建多少张不同部位的相同表格。

e. 导入部位。部位可以通过下方的【导入部位】功能导入 Excel 表格和 TXT 数据，这样可以不用反复输入名称。

(7) 填写表格。完成了新建表格的基本操作之后，接下来要填写表格。该软件提供了方便、快捷的多种表格填写功能，如自动导入表头信息、智能填充、自动评定、自动计算、汇总统计、自动生成统计表等。

资料表格单元格分为不同颜色，有灰色、黄色、白色等颜色的单元格。一般灰色单元格是为了要跟相关规定规范保持一致，所以是不可修改的，如果需要修改可用鼠标右击解锁后修改，也可以右击锁定单元格解锁后修改；黄色单元格是带自动填写功能的，双击单元格还可以选择自动填写的信息；白色单元格是编辑输入数据的，可以直接输入数据。新建表格后，在右边表格处的白色单元格内进行内容填写，如图 6-38 所示。

图 6-38　填写表格界面

(8) 编辑表格。表格上面的工具条和功能按钮，主要用于对工程用表进行编辑修改。其主要功能包括文本复制、字体设置、对齐方式设置、线形设置、表页设置、批量处理等。

① 文本复制。对表格中单元格输入的文本复制、粘贴操作，如图 6-39 所示。

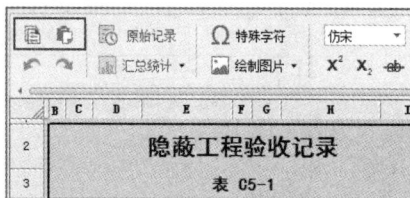

图 6-39　文本复制界面

②　字体设置。对表格中单元格输入文本的字体、字号、字体样式进行设置，同时提供文本输入时特殊符号、字体增大、字体减小、行间距增大、行间距减小、上标、下标的功能处理。方便用户在操作过程中输入文本及修改样式。

③　对齐方式设置。

a. 对表格中文本的对齐方式进行设置。

b. 多单元格的合并及增加(行、列)，删除(行、列)的操作。

c. 设置单元格的锁定及文本换行显示。

④　线形设置。绘制或隐掉单元格边框的线形，如图 6-40 所示。

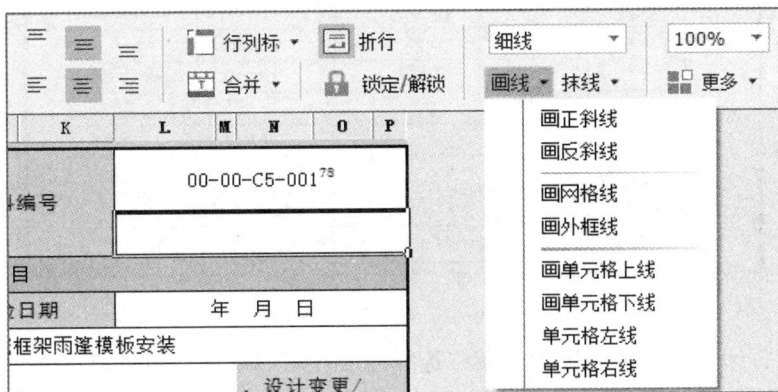

图 6-40　线形设置界面

⑤　表页设置。

a. 插入行或列，追加行或列，删除行或列，可以对行、列标进行操作。

b. 提供单元格的合并或拆分的功能。

c. 提供行、列标是否显示的设置。

(9) 打印表格。填写完表格以后，可直接进行打印预览或快速打印，工具栏有【打印预览和快速打印】按钮，如图 6-41 所示。

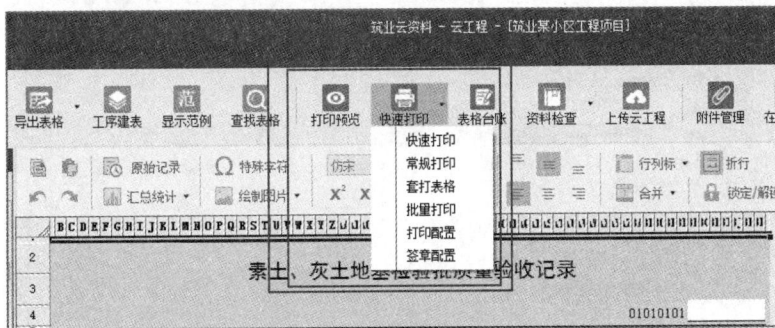

图 6-41　打印表格界面

云资料对打印进行了快捷操作优化处理，让所有打印尽可能地一步完成，实现快速打印。

①　表格预览。在模板或工程视图中选择需要打印的表格，然后点击工具栏上的【打印预览】即可预览表格内容，如图 6-42 所示。

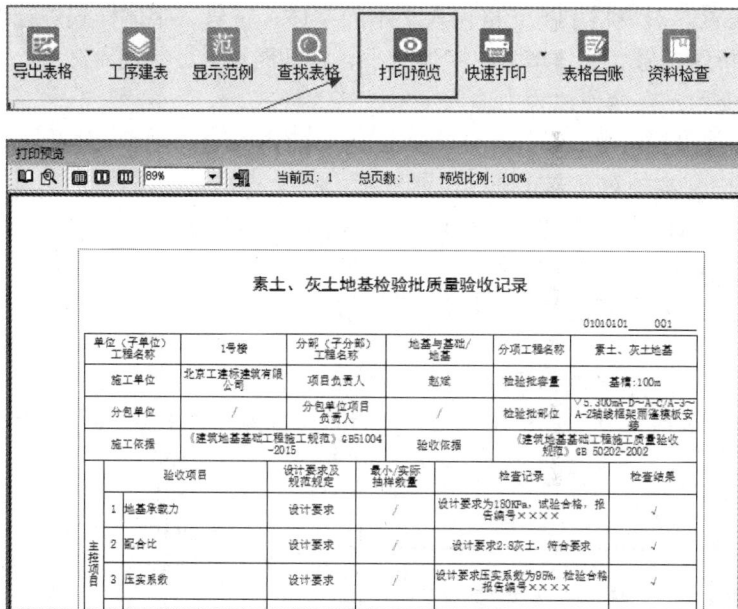

图 6-42　打印预览界面

② 表格打印。在模板或工程视图中选择需要打印的表格，然后点击工具栏上的【快速打印】，软件就会自动打印表格。如果用户想对打印进行相关设置，可以选择【常规打印】，此时会出现如图 6-43 所示界面。

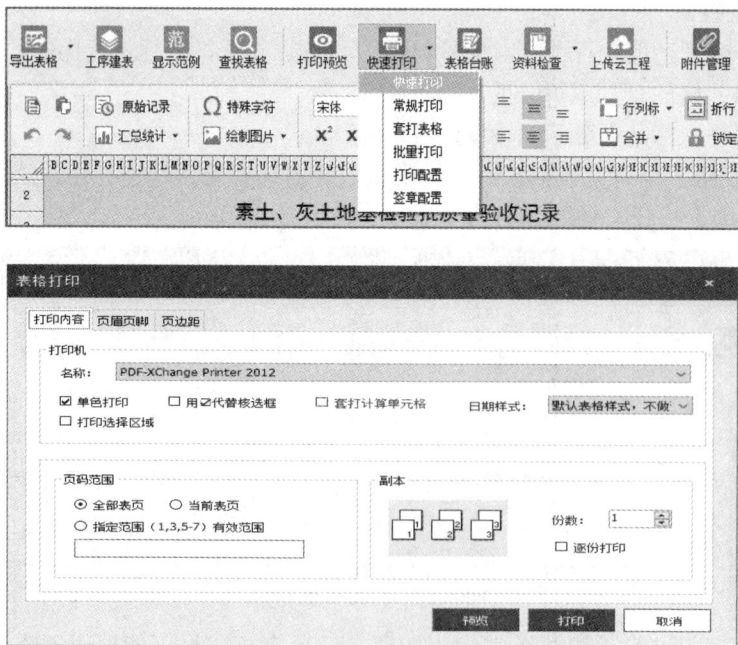

图 6-43　常规打印界面

③ 表格套打。在模板或工程视图中选择需要打印的表格，然后点击工具栏上的【快速打印】，选择【套打表格】，出现如图 6-44 所示界面，可以对表格进行套打。

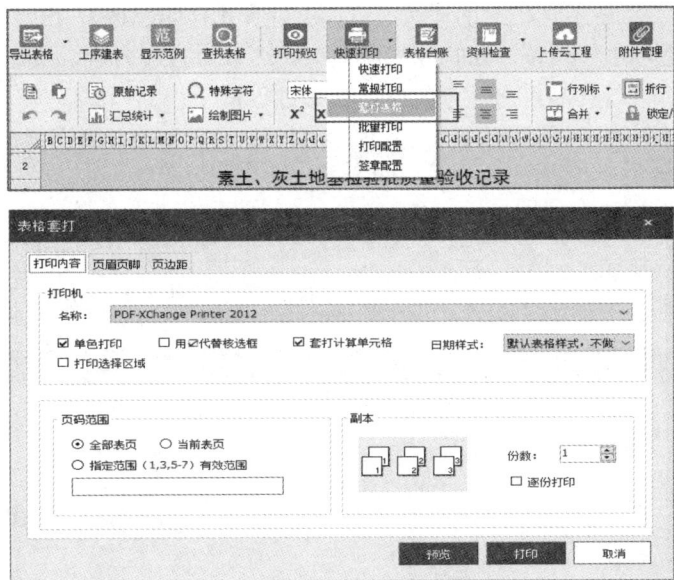

图 6-44　表格套打界面

　　表格套打指的是只打印用户所填写的内容，表格本身的文字、表格线等内容不会被打印。如果客户有空表，可以通过套打把对应需要填写的内容打印到空表中。

　　④ 批量打印。点击工具栏上的【快速打印】，选择【批量打印】，出现如图 6-45 所示界面，可以对表格进行批量打印。在批量打印窗口，可以自定义需要打印的表格及打印的份数；在左边可以对表格的打印进行过滤，选择按照日期区间打印或打印过的表格不显示；在打印设置中也可以对报验表的打印进行只打印或先打印的选择。

图 6-45　批量打印界面

⑤ 打印配置。点击工具栏上的【快速打印】选择【打印配置】，出现如图6-46所示界面，可以对表格选项进行调整，在打印选项窗口，可以对打印内容、页眉页脚和页边距进行设置，设置好后可以直接点击下方的预览直接进行打印。

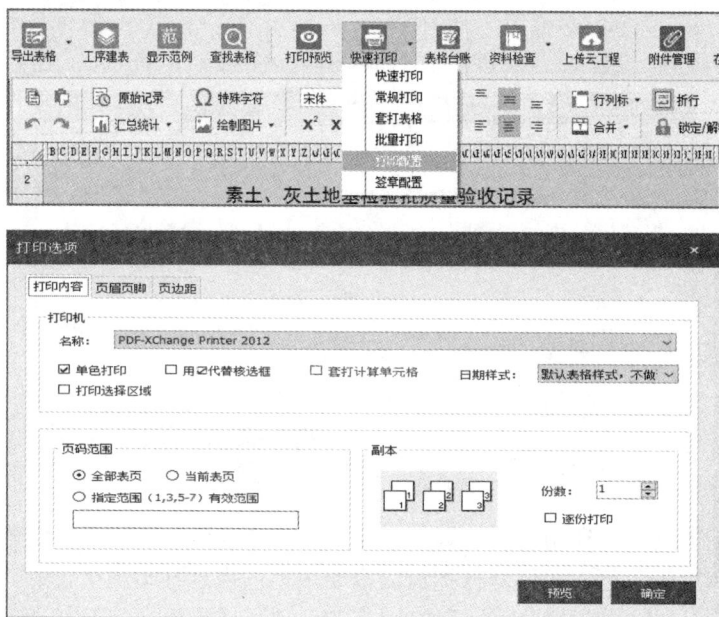

图6-46　打印配置界面

(10) 组卷管理。

① 单位组卷归档。在工程资料表格填写完成后，点击【工程】菜单→【组卷】项，弹出当前工程的组卷管理窗口，如图6-47所示。

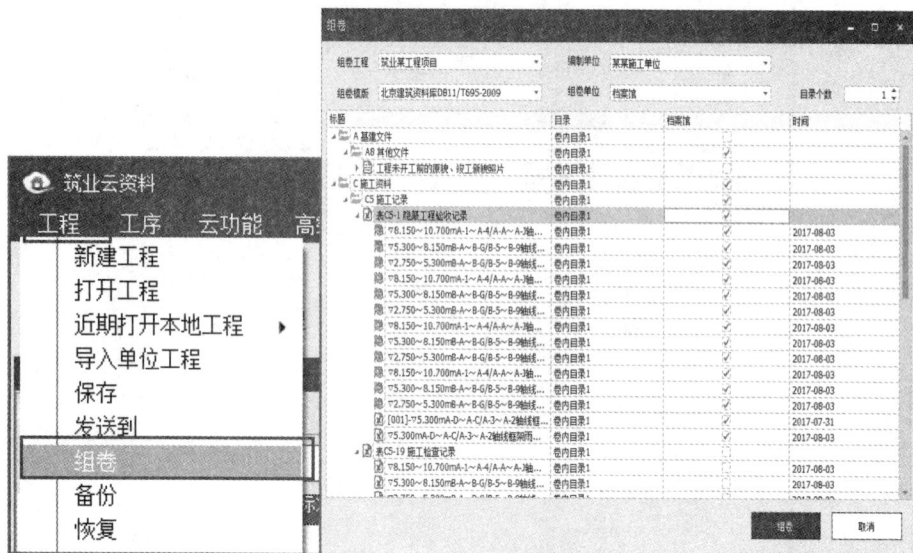

图6-47　组卷管理窗口

设置好相应的选项，包括组卷工程、编制单位、组卷模板、组卷单位、目录个数等。

目录个数如果两个以上，在目录列可以选择不同的卷内目录。选择好后，在所选表格对应的单位组卷类别上划"√"，便可手动组入所属的单位卷中。点击【组卷】按钮，弹出如图6-48所示窗口。

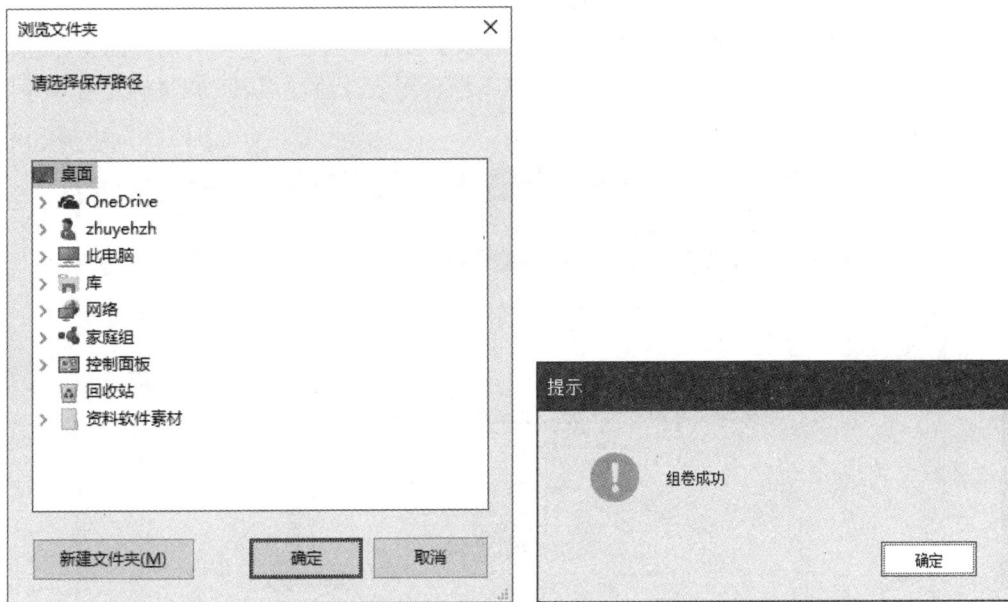

图 6-48　组卷窗口界面

选择所要的组卷目录后，如选择桌面，点击【确定】自动在系统桌面上生成以单位工程名称命名的文件夹，在文件夹中直接用组卷浏览器查看。

② 浏览组卷资料。组卷(归档)完成后，进入文件夹里双击左键打开【组卷浏览器】，默认是以该组卷单位的表格浏览，也可在【文件】菜单选择【打开文件】打开资料即可浏览组卷的资料，可以进行单页打印或整个工程打印。有了此功能，可以把组卷的资料随时随地移动到任何电脑上浏览或打印(必须拷贝整个文件夹)，把电子文档分类按不同上报单位输出。输出的卷内目录，如图6-49所示。

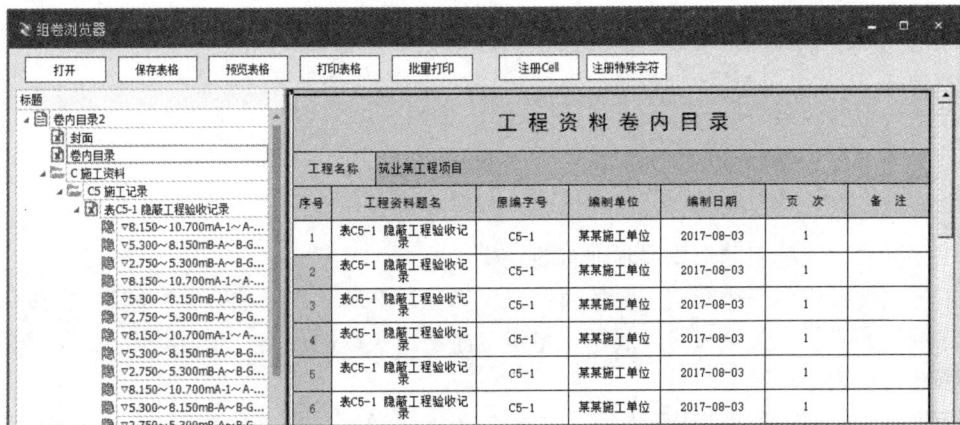

图 6-49　卷内目录界面

(11) 工序建表。

① 工序建表。以前资料软件都是直接在模板表格上创建表格，现在引入了工序的概念，把制作资料的工作与施工现场的工作内容紧密结合起来，做什么工作，就形成什么表格，既方便，又避免了出现漏表的情况，尤其对于新手资料员更是便捷高效。

点击菜单栏的【工序】按钮，选择【工序建表】在工序列表中选择所需要的工序名称，输入验收部位名称，选择对应的检验批表、施工配套用表及监理用表，点【确定】，即可进行工序建表。如图 6-50 所示。

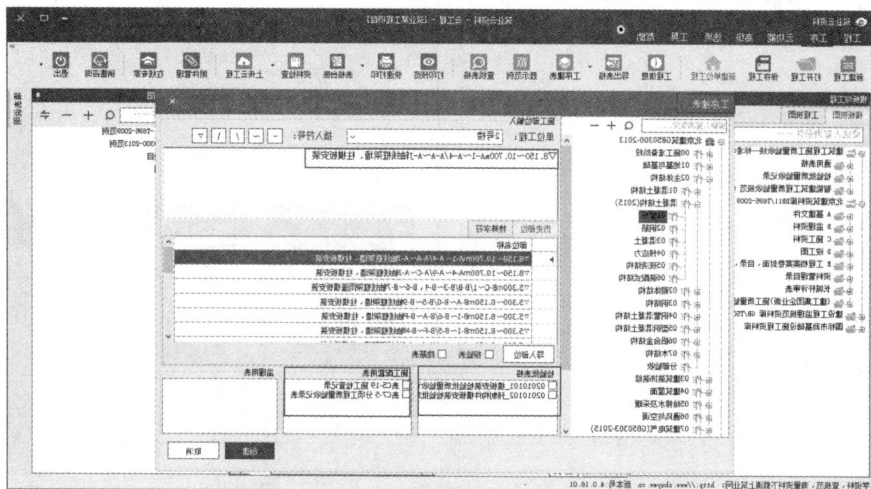

图 6-50　工序建表界面

② 工序编辑。点击菜单栏的【工序】按钮，选择【工序编辑】，【工序编辑】窗口主要分以下区域，如图 6-51 所示。

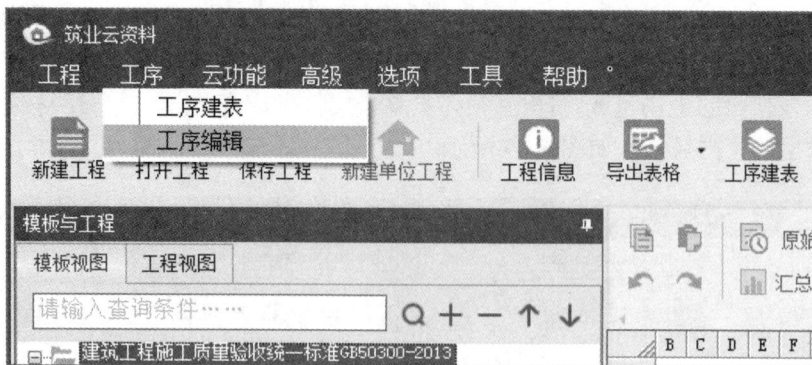

图 6-51　工序编辑界面

工序列表：以列表的形式展示现有的工序。

工序属性：展示一个特定工序的属性，包括工序名称、工序的开始时间和结束时间以及工序经历的时长。关联表格，展示在特定工序中所关联的表格，也就是做此工序时需要填报哪些资料表格。

模板列表：展示所选择模板中所有的模板表格，通过双击或右击可添加关联表格。

当有工序选定时，同时刷新工序属性以及工序关联表格，如图 6-52 所示。

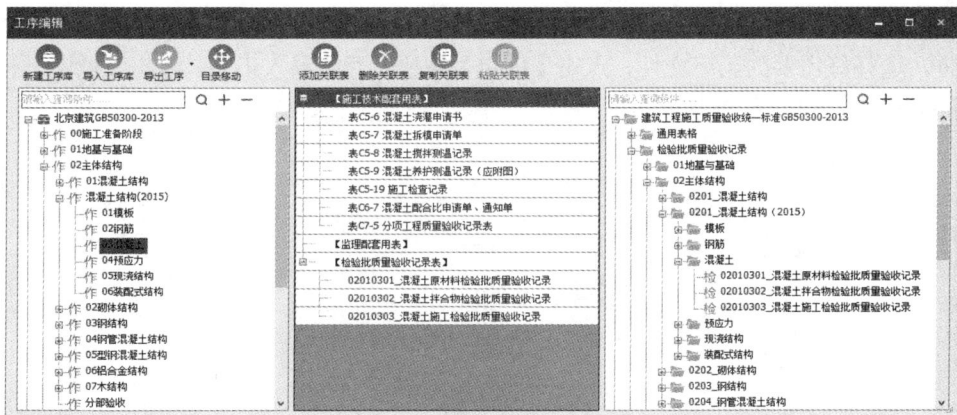

图 6-52　模板列表界面

③ 增加工序。在工序列表界面点击鼠标右键，会弹出右键菜单，选择增加同级(增加子级)菜单，弹出【增加工序】窗口。如图 6-53 所示。

在工序名称编辑栏输入工序名称，如果没有输入名称，新建工序的时候将提醒【不允许输入空值】并要求再次输入。点击【确定】按钮开始新建工序，工序新建成功后，将在工序列表中根据工序信息以及母子关系展示出来，并可以进行属性设置。增加工序的操作与增加子工序操作类似。

④ 复制工序。在工序列表中选中一个工序，点击鼠标右键，选择弹出菜单中的复制菜单，将在相同位置复制一份完全一样的工序，包括所有的子工序以及关联的表格，只要对工序进行简单的属性设置即可以作为一个新工序使用。如图 6-54 所示。

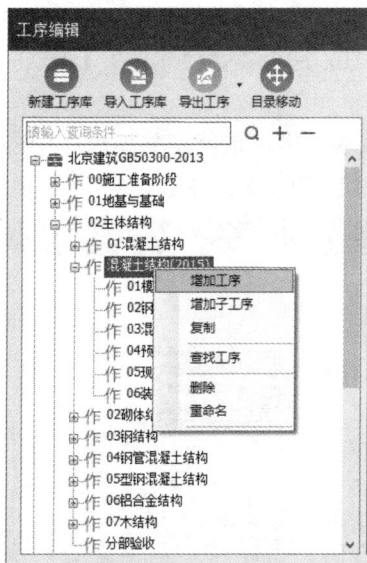

图 6-53　增加工序界面

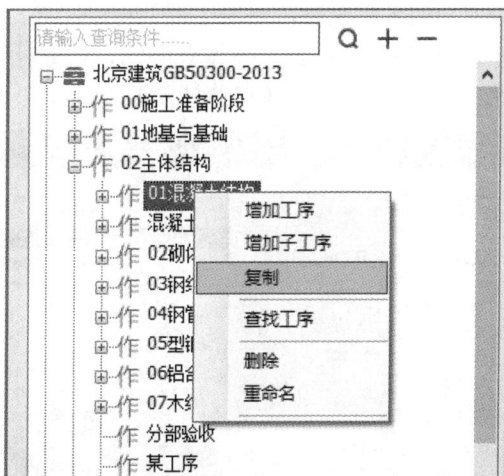

图 6-54　复制工序界面

⑤ 删除工序。在工序列表中选中一个工序，点击鼠标右键，选择弹出菜单中的【删除】菜单，或者直接按下键盘的 Del 键，会给出【删除】提示，让用户确认是否删除工序，如果选择【是】，则删除选择工序以及所有的子工序，如果选择【否】，则退出删除操作。

⑥ 导入工序库。在工序列表上方，选择【导入工序库】按钮，将弹出选择工序文件对话框，选择好需要的工序文件，点击【确定】按钮，开始导入工序，点击【取消】按钮，退出导入操作。如图 6-55 所示。

图 6-55　导入工序库界面

导入工序前，要先进行工序类型验证，比如工序文件关联的是北京建筑资料库，而当前工程为国标市政工程，则无法使用该工序，会给出错误提示，并退出导入过程。

⑦ 导出工序。导出工序分成导出选中工序和导出所有工序库，在工序列表上方，选择【导出工序】按钮，将工序导出到指定文件中，选择【导出选中工序】，就将当前选中的工序及子工序导出到指定文件中。导出工序时，首先让客户选择导出的位置，可以修改。点击【保存】开始导出工序到该文件中，导出成功后给出提示。点击【取消】退出导出操作。

导出工序时如果有重名文件，将提示【文件已经存在，是否要替换文件？】，点击【是】将覆盖原来的工序文件，点击【否】将退出导出操作。

⑧ 添加关联表格。工序设置好后，要开始修改关联表格，也就是将模板库中的表格与工序进行关联，这样在工序联建的时候就可以自动创建这些关联表格了，如图 6-56 所示。

图 6-56　添加关联表格界面

　　首先选中一个工序,然后在模板库列表中找到要关联的表格,双击表格或点击上方的【添加关联表格】按钮,就将表格与工序做好了关联,工序已经添加过的表格,将不能再次添加。

　　⑨ 删除关联表格。表格关联后,如果想解除表格关联,在关联列表中选中这个关联表格,点击工具栏中的【删除关联表】按钮删除关联表格即可,如图 6-57 所示。

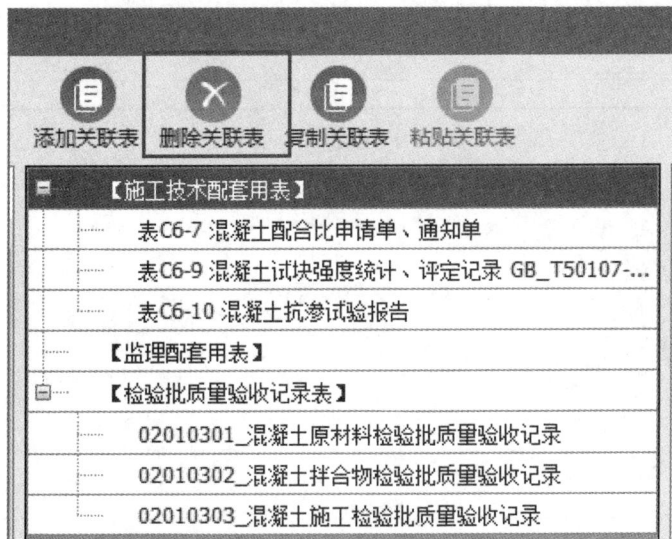

图 6-57　删除关联表格界面

　　如果是导入系统自带的工序,那么关联的表格已经全部做好了,不需要用户再次进行表格关联等操作,只有在不能满足用户要求的情况,对其进行简单调整即可。

　　⑩ 复制关联表格。表格关联后,如果想复制关联表格到另一个工序,在关联列表中选中这个关联表格,点击工具栏中的【复制关联表】按钮,然后切换需要粘贴的工序,点击工具栏上的【粘贴关联表】即可,按住 shift 键选中第一张表,然后再选中最后一张表,可以多选进行批量复制,按住 Ctrl 键可以任意多选进行批量复制粘贴,如图 6-58 所示。

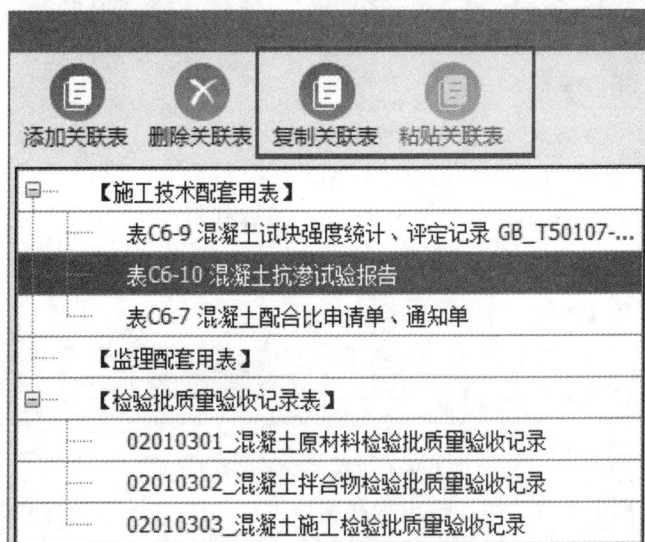

图 6-58　复制关联表格界面

(12) 资料管理。

① 同步单元格内容。选中一个可编辑的单元格，点击右键选择【同步单元格内容】，如图 6-59 所示。

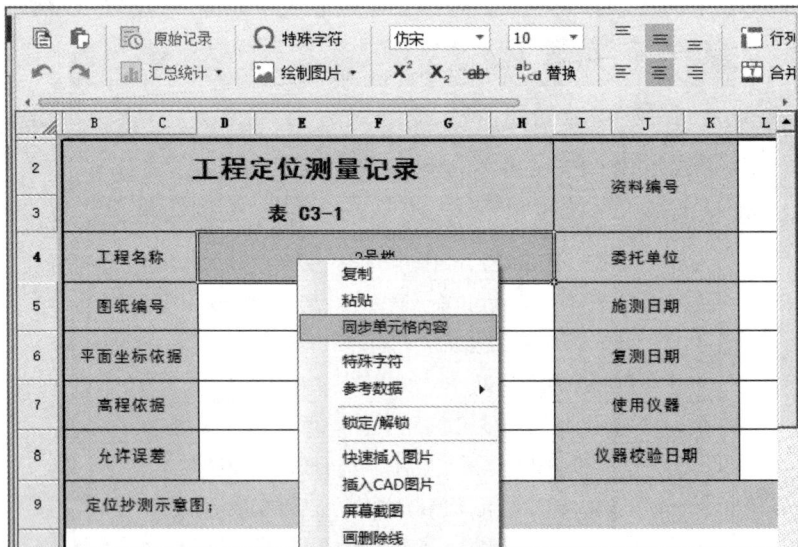

图 6-59　同步单元格内容界面

同步单元格内容可以将当前单元格的内容同步到其他同模板建立的表格中，可以针对多表页、多表格同时进行操作。用户不仅可同步用户的文本，还支持特殊字符、图片、轴线文本等样式文件的同步。

② 分部分项汇总。选中检验批表格，然后点击工具栏上的【汇总统计】按钮，选择分部分项汇总，会弹出【分部分项选择生成方式】窗口，根据需要选择生成方式即可生成分部分项汇总，如图 6-60 所示。

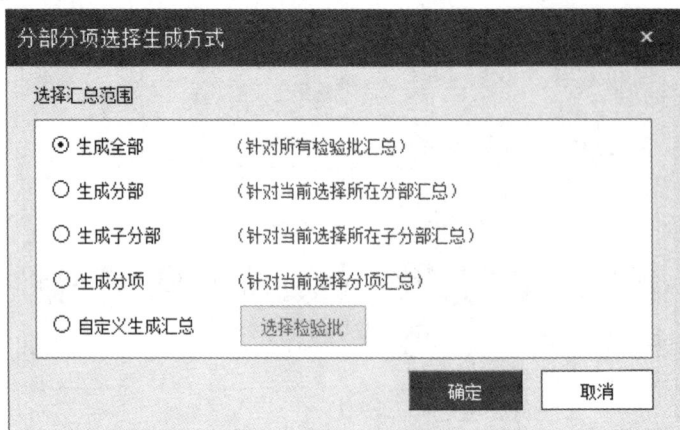

图 6-60　分部分项汇总界面

在分部分项选择生成方式中，可以选择自定义生成汇总，这样可以自定义选择所需要汇总的检验批，如图 6-61 所示。

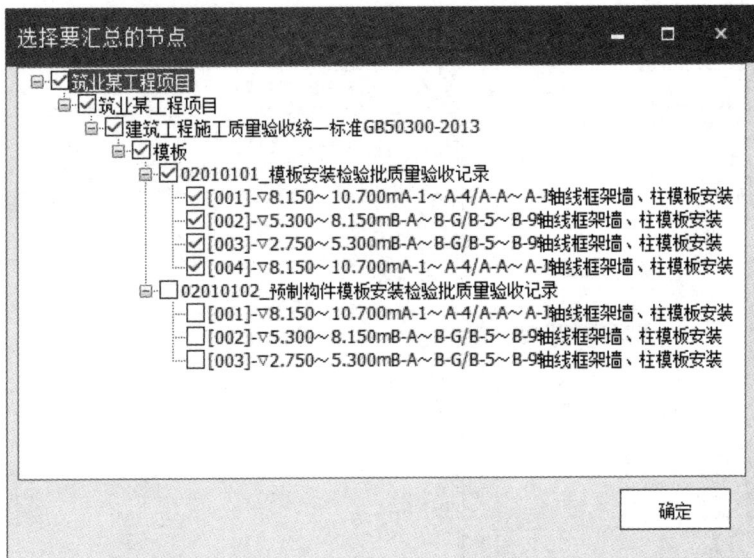

图 6-61　自定义生成汇总界面

③ 生成通用目录。在模板视图中，选中需要生成通用目录的单位工程，然后右击，选择【生成通用目录】，如图 6-62 所示。

如果在原来的位置已经生成过通用目录，会提示如何处理原通用目录，选择后点【确定】。

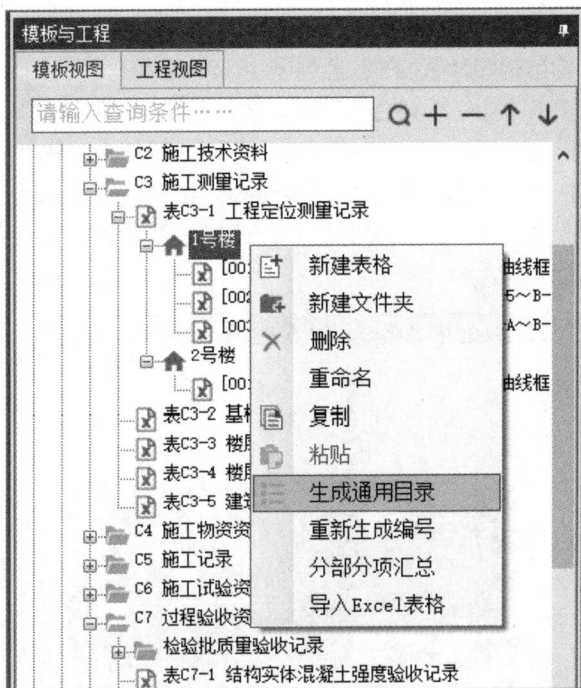

图 6-62　通用目录界面

④ 生成隐蔽表。在模板视图中，选中需要生成隐蔽表的表格，然后右击，选择生成隐蔽表，在表格目录下方自动会生成带"隐"字的隐蔽表的目录，如图 6-63 所示。

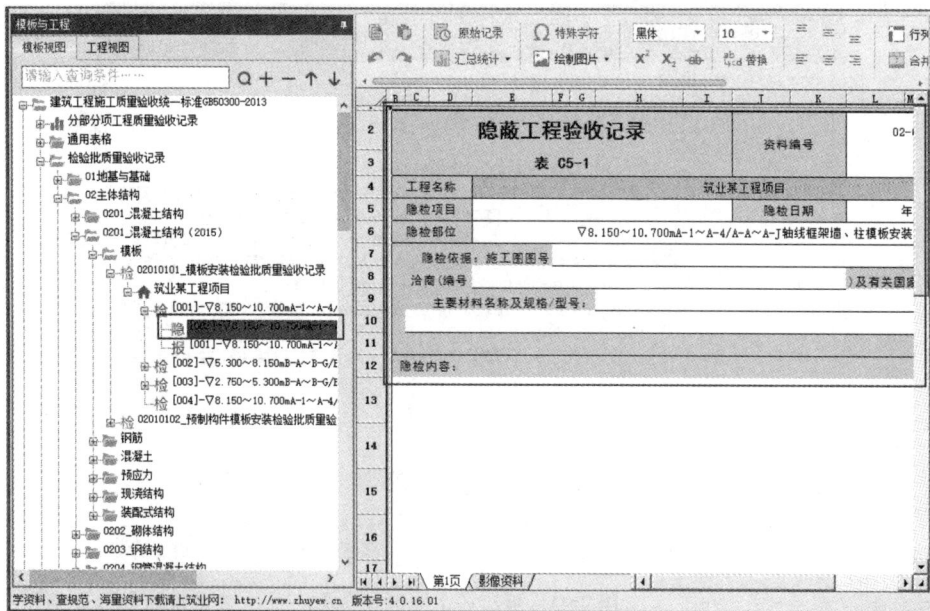

图 6-63　生成隐蔽表界面

⑤ 绘制图片。

a. 快速插入图片。填写表格过程中经常需要插入图片(CAD、JPG、WMF、GIF、BMP等)，插入普通图片，可以使用绘制图片的快速插入图片功能。

点击工具栏中的【绘制图片】，在下拉列表中选择【快速插入图片】，或右击鼠标选择【快速插入图片】，在弹出的窗口中选择要插入的本地图片或附件图片。图片插入后可以对图片进行方向对齐、样式、浮动图片等相关设置。拖动图片右边的按钮上下移动可以对图片的质量进行修改，拖到最上面质量最好、最清晰，拖到最下面图片最模糊，质量最差。用户可以根据情况修改图片质量。设置好后点击【确定】按钮，图片就插入到用户选择的单元格中了，如图 6-64 所示。

图 6-64　快速插入图片界面

b. 插入 CAD 图。点击工具栏中的【绘制图片】，在下拉列表中选择【插入 CAD 图片】，或右击鼠标选择【插入 CAD 图片】，在弹出的【筑业绘图工具】窗口中点击【打开 CAD】按钮，选择需要插入的 CAD 文件，CAD 图插入后可以对 CAD 图片进行缩放、位置调整，还可以对 CAD 图进行简单地编辑及删除部分机件等操作，把需要插入的 CAD 调到红色框中，设置好后点击工具栏上的【插入到表格】按钮，CAD 图就插入到用户选择的单元格中了，在筑业绘图工具里还可以插入图片，文字，还可以自己画一些简单的图形等，CAD 图插入后再次右击选择插入 CAD 图，还可以对 CAD 图进行编辑等操作，如图 6-65 所示。

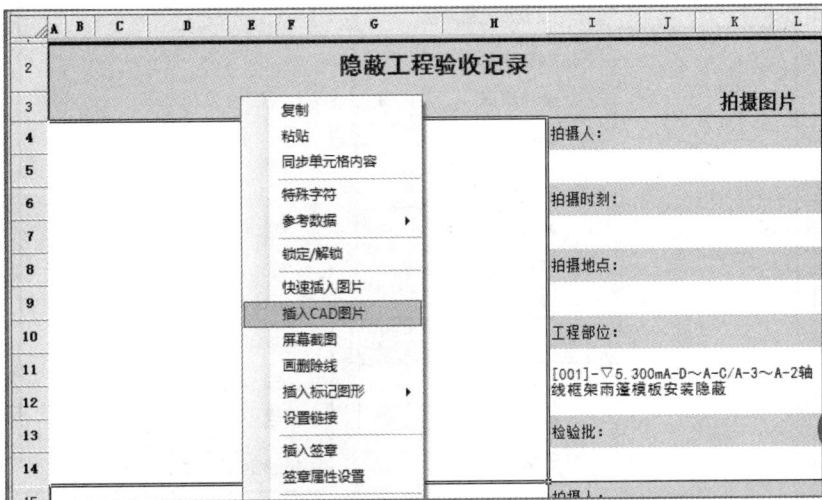

图 6-65　插入 CAD 图片界面

⑥ 屏幕截图。

第一步，选中要插入图片的单元格，点击菜单中的【截屏】后显示截屏工具，这时可以打开要截屏的图片。

第二步，在截屏工具上点击右键中的【截图】，将出现的选择区域移动到需要截取的图片位置并双击以完成截图。

⑦ 画删除线。

第一步，选择要画删除线的单元后点击插入图片中的【画删除线】。

第二步，可以修改绘制时的线形、颜色。在单元上按下鼠标左键并移动以绘制出删除线。按住"Ctrl"键可以画直线。

第三步，绘制完成后点击确定完成绘制。如图 6-66 所示。

图 6-66　画删除线界面

⑧ 插入标记图片。如图 6-67 中显示的【圆形】、【三角】、【斜线】及【自定义快捷图片】为插入标记图片。

自定义快捷图片，可以插入各种图片格式图片作为标记图片，如下图，插入后，在插入标记图形中就会多一行自定义的快捷图片，这样就可以随时插入自定义的快捷图片了。

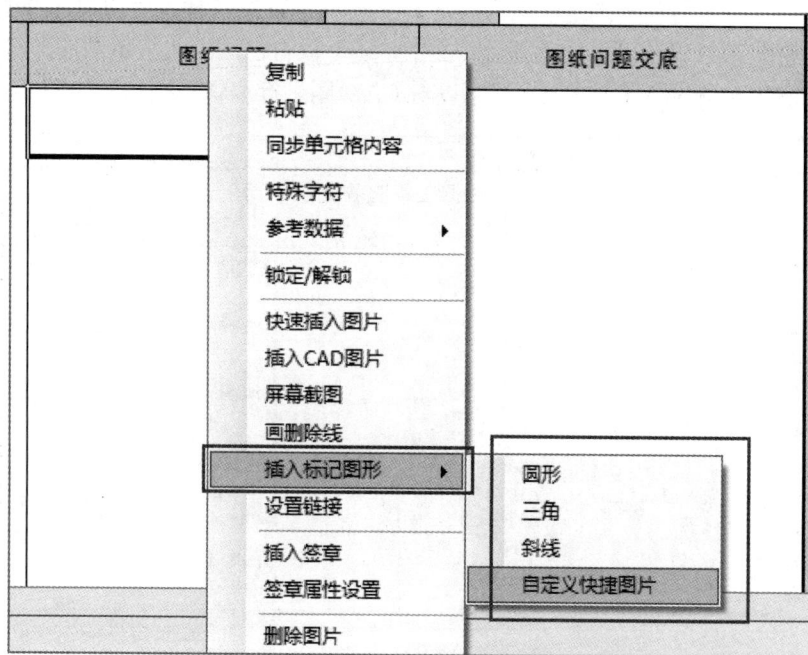

图 6-67　插入标记图片界面

⑨ 插入签章。首先对图章和签名进行设置管理，也就是将图章和电子签名的电子文件加到软件里。点击工具栏中的【绘制图片】，在下拉中选择【插入签章】，或右击鼠标选择【插入签章】进行添加设置，如图 6-68 所示。

第一步，点击添加签章，弹出创建签章的窗口，然后点击左上角的【导入文件】选择需要导入的图章或签名，导入后左下方还可以对是否将签章转为黑白色及是否需要设置密码进行设置。

第二步，图章添加后，可以进行签章删除，设置密码，调整尺寸等操作，然后选择需要插入到表格中的签章，然后点击【选定】完成签名的操作。

签章插入到表格以后，用户还可以在绘制图片中选择【签章属性设置】，在表格下方会弹出【签章属性设置】窗口，在窗口中，可以对签章进行是否显示、是否锁定、是否打印等设置。

⑩ 导入导出。

a. 导入表格。右击单位工程或新建的表格目录，可以将 Excel 文件导入工程中使用，如图 6-69 所示。

b. 导出表格。在工具栏选择导出表格，可以将工程中的表格导出为 Excel、pdf 文件，还可以批量自定义导出 pdf 文件，方便在不使用本软件的其他电脑中打印及阅读。

c. 自定义导出 pdf。可以将工程中所有表格按需要勾选并导出为 pdf 电子书。

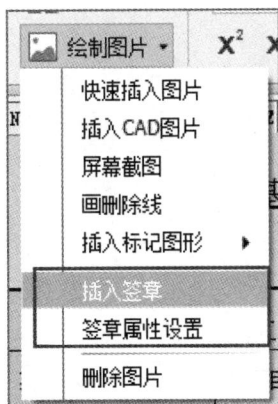

图 6-68　插入图章界面

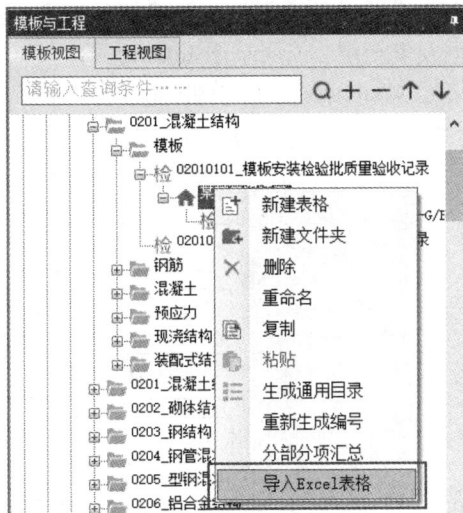

图 6-69　导入表格界面

6.2　建筑工程资料管理软件的智能化

1. 基于 Internet 的信息平台的特点和体系结构

1) 基于 Internet 的信息平台的特点

(1) 以 Extranet 作为信息交换工作的平台，其基本形式是项目主题网，它具有较高的安全性。

(2) 采用 100%B／S(浏览器／服务器)结构，用户在客户端只需安装一个浏览器即可。

(3) 与其他相关信息系统不同，基于 Internet 的项目信息平台的主要功能是项目信息的共享和传递，而不是对项目信息进行加工、处理。

(4) 基于 Internet 的项目信息平台不是一个简单的文档系统，通过信息的集中管理和门户设置为项目参建各方提供一个开放、协调、个性化的信息沟通环境。

2) 基于 Internet 的项目信息平台的体系结构

一个完整的基于 Internet 的项目信息平台的体系结构包括 8 层，如图 6-70 所示。

(1) 基于 Internet 的项目信息集成平台。该平台是项目信息平台实施的关键，它必须对来自于不同信息源的各种异构信息进行有效集成。

(2) 项目信息分类层。该层在项目信息集成平台基础上，对信息进行有效地分类编目，以便于项目参建各方的信息利用。

(3) 项目信息搜索层。该层为项目参与各方提供方便的信息检索服务。

(4) 项目信息发布与传递层。该层能支持信息内容的网上发布。

(5) 工作流程支持层。该层使项目参与各方通过项目门户完成一些工程项目的日常工作流程，如工程变更等。

(6) 项目协同工作层。该层使用同步和异步手段使项目参与各方结合一定的工作流程进行协作和沟通。

(7) 个性化设置层。该层使项目参与各方实现基于角色的界面设置。

(8) 数据及安全层。该层基于 Internet 的项目信息平台有严格的数据安全保证措施，用户通过一次登录就可以访问所有的信息源。

图 6-70　项目信息平台的体系结构

2. 基于 Internet 的项目信息平台的功能

基于 Internet 的项目信息平台的功能分为基本功能和拓展功能 2 个层次。其中，基本功能是大部分商业化的基于 Internet 的项目信息平台和应用服务所具备的功能，它可以看成基于 Internet 的项目信息平台的核心功能。而拓展功能则是部分应用服务商在其应用服务平台上所提供的服务，这些服务代表了基于 Internet 的项目信息平台的未来发展趋势。基于 Internet 的项目信息平台的功能框架如图 6-71 所示。

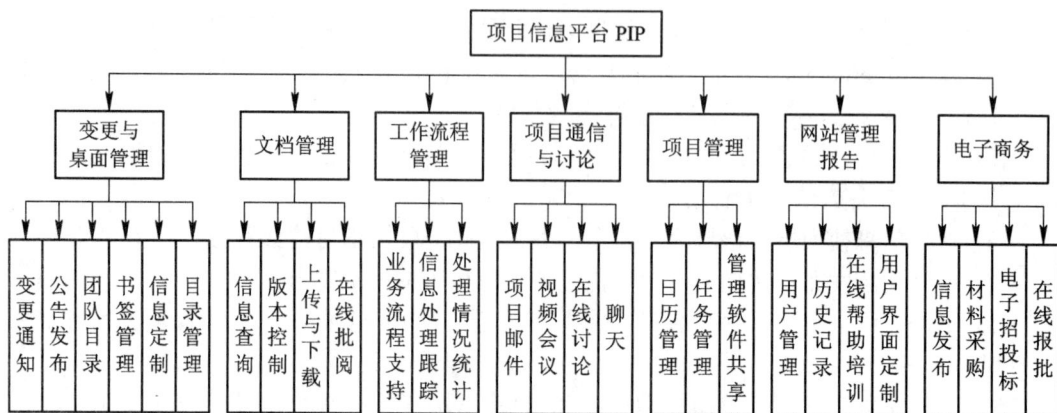

图 6-71　基于 lntemet 的项目信息平台的功能结构

1) 基本功能

基于 Internet 的项目信息平台的基本功能如下：

(1) 变更与桌面管理。包括变更通知、公告发布、团队目录及书签管理等功能。其中，变更通知是指当某一项目参建单位有关的项目信息发生改变时，系统用 E-mail 进行提醒和通知，它是基于 Internet 的项目信息平台应具备的一项基本功能。

(2) 电子商务和项目管理。电子商务和项目管理是一些简单的项目进度控制工作功能，包括共享项目进度计划的电子商务管理和项目管理。

(3) 文档管理。文档管理是基于 Internet 的项目信息平台一项非常重要的功能，它是在项目的站点上提供标准的文档目录结构，项目参建各方可以根据需求进行定制。项目参建各方可以完成文档(包括工程照片、合同、技术说明、图纸、报告、会议纪要、往来函件等)的查询、版本控制、文档上传和下载、在线批阅等工作，其中在线批阅的功能是基于 Internet 的项目信息平台的一项重要功能，可支持多种文档格式，如 CAD、Word、Excel、PowerPoint 等，项目参建各方可以在同一个文件上进行标记、圈阅和讨论，这样可以大大提高项目组织的工作效率。

(4) 项目通信与讨论。在基于 Internet 的项目信息平台为用户定制的主页上，项目参建各方可以通过基于 Internet 的项目信息平台中的内置邮件通信功能进行项目沟通，所有的通信记录在站点上都有详细的记录，从而便于争议的处理。另外，还可以就某一个主题进行在线讨论，讨论的每一个细节都会被记录下来，并分发给有关各方。项目信息门户系统的通信与讨论都可以获得大量随手可及的信息作为支持。

(5) 工作流程管理。工作流程管理是对项目工作流程的支持，包括在线完成信息请求、工程变更、提交请求及原始记录审批等，并对处理情况进行跟踪统计。

(6) 网站管理与报告。包括用户管理、使用报告生成等功能，其中很重要的一项功能就是要对项目参建各方的信息沟通(包括文档传递、邮件信息、会议等)及成员在网站上的活动进行详细记录。数据的安全管理也是一项十分重要的功能，它包括数据的离线备份、加密等。

2) 拓展功能

基于 Internet 的项目信息平台的拓展功能包括多媒体的信息交互、在线项目管理、集成电子商务等功能，如视频会议的功能、进度计划和投资计划的网上发布、电子采购、电子招标等功能，这些将是基于 Internet 的项目信息平台的主要发展趋势。

本 章 习 题

1. 工程信息化管理在建筑工程资料中的重要性有哪些？
2. 填写钢筋工程、模板工程及混凝土工程的检验批表格。
3. 以小组为单位合作完成一套小型工程资料的填写与整理。

参 考 文 献

[1] 谢咸颂. 建筑工程资料管理[M]. 2 版. 北京：化学工业出版社，2021.

[2] 孙刚，刘志麟. 建筑工程资料管理[M]. 北京：北京大学出版社，2021.

[3] 王辉，刘启顺. 建筑工程资料管理[M]. 2 版. 北京：机械工业出版社，2019.

[4] 谢咸颂，陈锦平. 建筑工程资料管理[M]. 北京：化学工业出版社，2020.

[5] 建筑工程资料管理规程(JGJ/T 185—2021). 北京：中国建筑工业出版社，2009.

[6] 建筑工程资料管理规范(GB/T 50326—2019). 北京：中国建筑工业出版社，2006.

[7] 建筑工程文件归档整理规范(GB/T 50328—2019). 北京：中国建筑工业出版社，2019.

[8] 建筑工程监理规范(GB 50319—2019). 北京：中国建筑工业出版社，2013.

[9] 万伟明. 基于 BIM 的铁路车站工程资料管理可视化研究[D]. 上海：上海工程技术大学，2020.

[10] 曾岚. 市政工程资料管理软件的设计与实现[D]. 成都：电子科技大学出版社，2014.

[11] 徐志斌. 工程资料管理子系统的设计与实现[D]. 长春：吉林大学出版社，2011.

[12] 何丽红. 基于项目管理的建设工程档案管理模式研究[D]. 沈阳：沈阳建筑大学出版社，2016.

[13] 黄建湘. 以工作过程为导向的高职工程资料管理课程改革研究[J]. 教育教学论坛，2017(42):246-247.

[14] 孙雪梅，徐汉涛，胥文彬，等. 论新形势下的建筑工程资料管理[J]. 施工技术，2017，46(S1):631-632.

[15] 杜鹏. 提升建筑工程资料管理规范化，完善工程质量管理[J]. 科学技术创新，2017(34):153-154.

[16] 袁中海. 加强建筑工程资料管理促进工程质量监督管理[J]. 科技创新导报，2019，16(13):46-47.

[17] 王丹，孟庆龙. 港珠澳大桥岛隧工程资料管理[J]. 中国港湾建设，2016，36(07):129-131.

[18] 刘伟，徐莹. 公路工程档案资料管理的信息化创新[J]. 中国公路，2021(07):118-119.

[19] 景鹏. 建筑工程施工现场的动态管理[J]. 建筑技术开发，2021，48(09):81-82.

[20] 林雪. 目前工程档案资料管理工作中的问题与对策[J]. 建筑技术，2021，52(08):1023-1024.

[21] 赵军. 建筑工程档案管理的重要性及其强化策略分析[J]. 城建档案，2021(10):52-53.